Histoire et culture 009-050

Madrid aujourd'hui 10-19
Gastronomie et boissons 20-21
L'histoire de Madrid 22-35
Les arts 36-50
La corrida 44-45

La Plaza Mayor et la vieille ville 051-068

La Plaza Mayor 54-55
La Plaza de la Villa 56-59
Balade dans le Madrid des Habsbourg 60-61
La Plaza de la Paja 62-63
Les tavernes traditionnelles 64-65
La Basílica de San Francisco el Grande 66
La Iglesia de San Isidore el Real 67

Le Palacio Real et ses abords 069-088

Le Palacio Real et ses jardins 72-77
Nuestra Señora de la Almudena 78-79
La Plaza de Oriente 80-81
Chocolat et churros 82-83
Le Real Monasterio de la Encarnación 84-85
Le Monasterio de las Descalzas Reales 86-87

Le centre de Madrid 089-108

La Puerta del Sol 92-93
La Calle Alcalá 94-95
La Real Academia de Bellas Artes de San Fernando 96-97
La Gran Vía 98-99
Le Madrid de Pedro Almodóvar 100-101
Le nord de la Gran Vía 102-105
Une balade dans Chueca et Malasaña 106-107

Autour de la Plaza de Santa Ana 109-122

La Plaza de Santa Ana 112-113
Promenade dans le Barrio de las Letras 114-115
La Calle Cervantes et alentour 116-117
Les cafés traditionnels 118-119
Lavapiés et le Rastro 120-121

Le Paseo del Prado 123-160

Le Museo nacional del Prado 126-135
Le nouveau Prado 136
Sur le Paseo del Prado 137-141
Les fontaines du Paseo del Prado 142-143
La Plaza de Cibeles 144-145
Le Museo Thyssen-Bornemisza 146-151
Le Real Jardín Botánico 152-153
Le Museo Reina Sofía 154-159

Photographies : p. 1 : La Puerta de Sol ; p. 2-3 : La Nuestra Señora de la Almudena, la nouvelle cathédrale de Madrid ; p. 8 : Le restaurant Fontanilla, sur la Calle Cuchilleros.

Le Parque del Buen Retiro et ses environs 161-172

Le Parque del Buen Retiro 164-167
La Puerta de Alcalá 168
Le Museo Nacional de Artes Decorativas 169
Au sud du Parque del Buen Retiro 170-172

La Castellana et Salamanca 173-194

Le Paseo de los Recoletos 176
La Plaza de Colón 177
Les terrasses 178-179
Le Museo Arqueológico Nacional 180-182
La Calle Serrano et alentour 183-184
Le Museo Lázaro Galdiano 185
Le Museo Sorolla 186
Le Museo Nacional de Ciencias Naturales 187
De Nuevos Ministerios à la Plaza Castilla 188-189
L'art contemporain 190-191
Les arènes de Las Ventas 192-193

La Plaza de España et l'ouest de Madrid 195-210

La Plaza de España 198-199
Le Museo Cerralbo 200
Le Templo de Debod 201
Les parcs de l'ouest de Madrid 202-203
Au nom de la patrie 204-205
Ermita de San Antonio de la Florida 206
Les musées de Moncloa 207-209

Excursions 211-232

Tolède 214-215
Une promenade dans Tolède 216-217
Le pays de Don Quichotte 218-219
Aranjuez 220
Chinchón 221
Alcalá de Henares 222
Ávila 223
Ségovie 224-225
Un circuit en voiture dans les montagnes de Guadarrama 226-227
El Escorial 228-231
D'autres excursions d'une journée au départ de Madrid 232

Informations pratiques et bonnes adresses 233-265

Préparer votre voyage 234
Vous rendre à Madrid 235
Vous déplacer 235-237
Conseils pratiques 237-239
Les urgences 240

Bonnes adresses

Hôtels 241
Restaurants 248
Shopping à Madrid 259
Sortir à Madrid 262
Lexique 265

Index 266-269 Crédits 270-271

COMMENT UTILISER

Palacio Real
www.patrimonionacional.es/preal/preal.htm
Plan p. 70-71
Calle Bailén
91 454 8800
Fermé dim. a.-m. et lors des cérémonies officielles
€€. (gratuit mer. pour ressortissants de la CEE)

RENSEIGNEMENTS

Des informations sur les principaux sites à visiter figurent en marge des pages (voir la légende des symboles sur le dernier rabat de la couverture). Lorsque la visite est payante, le tarif des entrées est indiqué par le symbole €.

€	moins de 5 euros
€€	de 5 à 10 euros
€€€	de 10 à 15 euros
€€€€	de 15 à 20 euros
€€€€€	plus de 20 euros

70

CODE COULEUR

Chaque quartier est identifié à l'aide d'une couleur afin de faciliter la navigation dans le guide. Ce même principe est appliqué dans la partie **Informations pratiques.**

TABLEAUX SYNOPTIQUES

Vous trouverez des tableaux à la fin du guide (p. 242-243 et p. 248-250) pour vous aider à choisir hôtels et restaurants.
Classé par ordre de prix, quartier, niveau de prestation, chaque établissement est précédé d'un numéro qui renvoie à une notice explicative dans les pages suivantes. Nos enquêteurs ont établi ces listes selon des critères objectifs, mais aussi selon leur coup de cœur.

242

HÔTELS

N°		tél.	prix	
25	AC PALACIO DEL RETIRO	91 523 7460	€€€€€	50
28	ADLER	91 426 3220	€€€€€	45
32	BAUZÁ	91 435 7545	€€	167
06	CARLOS V	91 531 4100	€€	67
04	CASA DE MADRID	91 559 5791	€€€€	8
12	DE LAS LETRAS	91 523 7980	€€	107

PARQUE DEL RETIRO ET ALENTOUR

HÔTELS

84-AC PALACIO DEL RETIRO
€€€€€ ★★★★★
CALLE ALFONSO XII 14
Tél. : 91 523 7460
Fax : 34 91 523 7461
www.ac-hotels.com
Cet hôtel a ouvert ses portes fin 2004 dans un impressionnant palais du début du XXe siècle. Confortable, doté d'excellentes installations, son décor conjugue avec bonheur styles traditionnel et moderne. Très bien situé à proximité des principaux musées, il jouit de jolies vues sur le Parque del Retiro.
50 Retiro Principales cartes bancaires

85-HOTEL WELLINGTON
€€€€€ ★★★★★
CALLE VELÁSQUEZ 8
Tél. : 91 575 4400
Fax : 91 576 4164
www.hotel-wellington.com
Ce bel hôtel classique donne sur le Parque del Retiro. Fréquenté par les toreros que l'on voit sortir en habit de lumière avant d'entrer dans l'arène, il est

Nom du quartier et code couleur

Numéro, nom de l'hôtel et indication de tarif

Adresse, téléphone, fax, site internet

Bref commentaire sur l'hôtel

RESTAURANTS

Les restaurants sont classés par ordre de prix, pour que vous n'ayez pas de mauvaises surprises au moment de l'addition. À chaque nom de restaurant correspond un chiffre qui renvoie à un bref commentaire. Le téléphone figure également car il vaut mieux réserver dans les bons restaurants. De France, composez le 00 34 avant les dix chiffres.

248

STAURANTS

N°		tél.	métro
	moins de 15 €		
22	CASA MINGO	91 547 7918	Príncipe Pío
64	CASA PELLO	91 574 0103	Ibiza
89	CON DOS FOGONES	91 559 6326	Plaza de España
44	CUANDO SALÍ DE CUBA !	91 522 9318	Callao, Santo Domingo
58	IBOO CIBELES	91 781 1555	Banco de España

CARTE DE SITUATION

ITINÉRAIRE DE PROMENADE

- Un encadré indique le point de départ et d'arrivée de la promenade, sa durée, son kilométrage et les lieux incontournables. Lorsque deux itinéraires sont proposés, le second est tracé en orange.

CARTE D'ESCAPADE

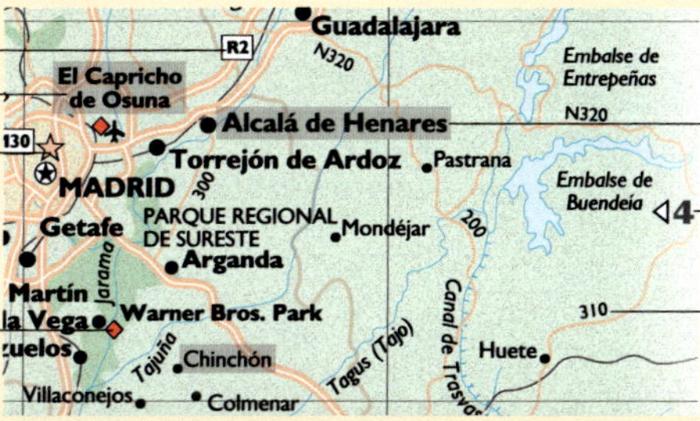

Histoire et culture

Madrid aujourd'hui **10-19**
Gastronomie et boissons **20-21**
L'histoire de Madrid **22-35**
Les arts **36-50**
La corrida **44-45**

La Garde royale au Palacio Real

Madrid aujourd'hui

Située au cœur de la péninsule ibérique, sur un plateau élevé, loin de la mer, Madrid ne conquit ses lettres de noblesse qu'en 1561, lorsque Philippe II choisit d'y installer sa cour. Son histoire est assez pauvre comparativement à celle des autres grandes capitales de l'Europe, mais elle n'a, de nos jours, rien à leur envier sur le plan du dynamisme commercial et culturel. Avec une population de 3,2 millions d'habitants, elle est l'une des grandes capitales de la vie nocturne en Europe, et elle sait également attirer les amateurs d'art.

Dès votre arrivée, vous ressentirez l'énergie de Madrid avec ses grands boulevards toujours animés et ses quartiers commerçants. Les immeubles les plus modernes côtoient les grands édifices de la fin du XIXe siècle. Dans le lacis des ruelles apparaît une métropole ambitieuse. À côté des tavernes sans âge, scintillent les enseignes de restaurants à la mode. Les hôtels anciens sont décorés de meubles contemporains. Toute la ville affiche sans complexe une vision enthousiaste et optimiste de la vie. Difficile de s'ennuyer à Madrid.

La capitale espagnole est surtout connue pour sa légendaire vie nocturne. Dans quelle

autre ville peut-on être pris dans un embouteillage un dimanche à 5 h du matin ? En été, les terrasses des cafés, que ce soit le long du Paseo de la Castellana ou sur l'une des nombreuses places de la ville, sont envahies des heures les plus chaudes aux petites heures du matin. Les Madrilènes, surnommés les *gatos* (les chats), ont pour habitude de passer de bar en bar, d'une fête à l'autre, d'un spectacle de flamenco à une salle de concert, d'un bar historique à un club branché, dans la même soirée.

Madrid est sans conteste le cœur culturel de l'Espagne. Dans ses trois plus grands musées, comme dans ses innombrables autres galeries, vous découvrirez la richesse de son patrimoine. Le Prado, qui a bénéficié d'une importante restauration, concentre les plus grands maîtres espagnols, – Vélasquez, Le Greco, José de Ribera, Zurbarán, Murillo et Goya, pour ne citer qu'eux. Les multiples collections comprennent des milliers de chefs-d'œuvre, du Moyen Âge au XIXe siècle. La collection Thyssen-Bornemisza comprend davantage de maîtres étrangers, de l'art médiéval italien aux artistes majeurs de la fin du XXe siècle, comme David Hockney et Francis Bacon. Le Centro de Arte Reina Sofia se consacre à l'art moderne et contemporain, avec une proportion importante de maîtres espagnols mais aussi de grands artistes internationaux, dont Picasso et son célèbre manifeste contre la guerre, *Guernica*.

D'autres œuvres et objets d'art sont présentés dans les bâtiments de style baroque et Renaissance qui bordent les rues étroites partant de la Plaza Mayor. Le Palacio Real (Palais royal), tout proche, riche de ses 2 000 pièces et de ses trésors magnifiques, fut longtemps la résidence des monarques espagnols. Aujourd'hui encore, elle est la demeure officielle de la dynastie des Bourbons, mais elle est rarement occupée. Des flots de visiteurs visitent chaque jour ses salons de réception, ses chambres, ses dédales de coins et recoins.

L'énergie trépidante de Madrid et la fréquentation éreintante de ses innombrables musées vous donneront sans doute envie de souffler un peu. Par chance, la ville est riche en espaces verts et parcs tranquilles. Juste derrière le Prado, s'étend le Parque del Buen Retiro, une grande étendue de jardins, de bois, de lacs artificiels où vous pourrez faire de la barque. Tout proche, le splendide Real Jardín Botánico (le Jardin botanique royal) est aussi instructif que reposant.

FOOTBALL, FESTIVALS ET CORRIDA

Demandez à la plupart des Madrilènes leur religion, et vous avez toutes les chances de les entendre répondre : le football. L'équipe de la ville, le Real Madrid, l'une des meilleures d'Europe (et aussi l'un des clubs les plus riches, ce qui lui permet de s'adjoindre les plus grands joueurs internationaux) est l'objet d'une réelle

Madrid s'étend tous les jours un peu plus vers le nord, derrière les tours penchées de la Puerta de Europa sur la Plaza Castilla, porte ouverte sur la banlieue.

vénération d'une grande partie des habitants. Officiellement fondées en 1902, les « meringues », à cause de la bande blanche de leur uniforme, sont en tête du classement en Espagne, avec 29 victoires en championnats nationaux depuis leur première victoire en 1932. En 1998, la FIFA a couronné le Real Madrid comme meilleure équipe de tous les temps.

Aussi importants que le football et le Real Madrid, et célébrés avec autant d'ardeur, les nombreux festivals de Madrid se tiennent principalement en été. La chaleur pousse les Madrilènes dans les rues pour des fêtes de quartier souvent endiablées, jusqu'aux petites heures du jour.

La Fiesta de la Comunidad de Madrid, en mai, l'événement sans doute le plus important, commémore le Dos de Mayo (le deux mai) et la révolte contre les Français en 1808 (voir p. 104-105). Les bars du quartier de Malasaña, notamment autour de la Plaza Dos de Mayo, sont particulièrement animés, et de nom-

breuses manifestations culturelles sont organisées pendant les deux semaines suivantes, dans tout le centre de Madrid. Également en mai, les Fiestas de San Isidro Labrador, en l'honneur du saint patron de la ville, ne marquent pas seulement l'ouverture de la saison des corridas sur la Plaza de Toros Monumental de Las Ventas (voir p. 44-45) mais inaugurent aussi un programme très chargé de concerts et de manifestations culturelles. Après les concerts de rock en plein air du mois de mai, la Gay Pride en

La magnifique Plaza de Toros Monumental de Las Ventas – Las Ventas, en abrégé – est le temple incontournable de la corrida. Art pour certains, décriée par d'autres, elle fait partie intégrante de la vie culturelle des Madrilènes, même si elle n'est pas aussi populaire que le football ou le basket.

juin, et le riche programme des Veranos de la Villa (« Étés en ville », avec des concerts classiques, du cinéma en plein air, de l'opéra, des

ballets), arrive l'étouffant mois d'août et ses festivités locales. Les Fiestas de San Lorenzo, San Cayetano et La Virgen de la Paloma, qui se tiennent respectivement dans La Latina, sur la Plaza de Lavapiés, et dans la Calle de Calatrava, sont l'occasion de boire, manger et danser dans les rues jusqu'à l'aube. Le reste du calendrier est ponctué par toutes sortes de manifestations, allant de l'ARCO, exposition d'art contemporain, au festival du Flamenco en février, sans parler des processions de Pâques.

À Madrid, contrairement à ce que l'on pourrait parfois penser, la foi catholique conserve une emprise importante. Une visite de l'Iglesia de Jesús de Medinaceli, sur la Plaza de Jesús, le premier vendredi de carême le confirmera. Ce lieu de pèlerinage attire toujours une longue file d'attente de fidèles venus baiser les pieds d'une statue en bois du Christ. Après avoir assisté à la messe, les pèlerins adressent trois vœux à Jésus, qui, d'après la tradition, en exaucera un.

Ce sont encore des foules ferventes mais d'un autre type, qui se regroupent dans les arènes de la ville. Critiquée par les étrangers et même un certain nombre d'Espagnols, la corrida est, pour le moins, l'expression d'une certaine dramaturgie typique du pays. Toute sa pompe et son cérémonial, son sens de la théâtralité, de la fatalité évoquent la *furia española*, cet ardent caractère légendaire des Espagnols qui a fait trembler nombre de leurs ennemis tout au long de l'histoire.

La Plaza Mayor est le centre de nombreuses activités depuis sa construction, au début du XVIIe siècle. Jadis théâtre d'exécutions publiques (notamment d'hérétiques), des mariages royaux, des corridas et de diverses autres célébrations, elle accueille aujourd'hui des foires et des marchés très animés.

UNE VILLE EN EFFERVESCENCE

Longtemps capitale politique de l'Espagne, Madrid a récemment détrôné Barcelone sur le plan économique et financier. La plupart des compagnies internationales basées en Espagne ont leur siège à Madrid. Des études prouvent que les trois quarts des investissements internationaux réalisés en Espagne vont à Madrid. Avec un revenu moyen de 24 000 euros annuels, les Madrilènes bénéficient des plus hauts salaires du pays.

La population s'élève à 3,2 millions d'habitants, et la ville bouillonne d'une énergie apparemment sans limite, construisant à vive allure de nouveaux bâtiments et des lignes de métro. Les chantiers sont si nombreux que les critiques déplorent l'absence d'un plan d'urbanisation cohérent. La ville, hérissée de grues, semble cernée par sa banlieue. Pas moins de douze communes résidentielles sont prévues pour accueillir près de un million de personnes. Cette expansion devrait se prolonger jusque dans les années 2020, mais l'espace potentiel de construction dans les limites de la ville est déjà bien entamé.

De nouveaux logements sont pourtant dramatiquement nécessaires. L'Espagne est une terre d'accueil pour des vagues d'immigrants pleins d'espoir, en situation légale ou non. Curieusement, les estimations officielles concernant la croissance de la population sont relativement modestes (3,3 millions en 2016). Mais entre 2000 et 2005 pas moins de 350 000 immigrants en situation régulière se sont installés dans la seule ville de Madrid. Le nombre d'immigrants clandestins peut seulement être estimé. Jusqu'au milieu des années 1990, les visiteurs en provenance de villes plus multiculturelles s'étonnaient de constater que « tout le monde se ressemblait » à Madrid. La présence de plus en plus importante de communautés africaines, asiatiques et sud-américaines a bouleversé cette impression pour toujours.

Les paradoxes abondent. Tandis que des ensembles d'immeubles sociaux s'élèvent dans les quartiers excentrés de la ville et que de nombreux appartements anciens du centre-ville sont soigneusement restaurés, beaucoup d'autres rappellent une époque plus sombre. Dans certains quartiers populaires du centre de Madrid, comme le coloré Lavapiés, des résidents de longue date, aujourd'hui très âgés et aux revenus modestes, vivent aux côtés de nouveaux arrivants eux-mêmes en difficulté financière, logés dans des appartements vétustes, sans gaz ni eau chaude ou salle de bains.

Certains architectes et urbanistes s'émurent de la vitesse de croissance de la ville. De plus, une politique des transports s'imposait pour la suivre. Ainsi, depuis le milieu des années 1990, le réseau du métro a été agrandi et rénové. À tel point qu'en 2012, ses lignes de 230 km en feront, d'après la mairie, le métro le plus moderne au monde. L'aéroport de Barajas est également entré dans le XXIe siècle, avec

un nouveau terminal signé par l'architecte anglais sir Richard Rogers.

Cette frénésie de construction a atteint le centre de la cité. Les trois grands musées du « Triangle de l'Art » ont subi des transformations majeures. Le grand architecte espagnol Rafael Moneo est responsable de l'expansion du Museo del Prado, de loin le plus complexe et le plus controversé des trois projets. En plus d'un budget explosé et de délais largement dépassés, cette réhabilitation entraîne la destruction de l'ancien cloître de l'Iglesia de San Jerónimo Real. L'extension du Centro de Arte Reina Sofía, réalisée par Jean Nouvel et ouverte

Les fresques peintes par Pellegrino Tibaldi décorent le plafond de la magnifique Bibliothèque royale du monastère de l'Escurial. La richesse de la décoration reflète l'importance de l'édifice au XVIe siècle. Elle abrite plus de 45 000 volumes des XVe et XVIe siècles.

en 2005, a surpris plus d'un observateur avec son patio au toit rouge. Dans le même temps, au Museo Thyssen-Bornemisza, deux bâtiments adjacents ont été acquis et transformés au cours de l'année 2004 pour accueillir la collection riche et éclectique de Carmen Thyssen-Bornemisza.

LA POLITIQUE À MADRID

Malgré la fierté et l'énergie consacrée au nouveau système du métro de Madrid, il paraît pour le moins étonnant que personne n'ait songé à créer une ligne desservant le nouveau terminal de l'aéroport international futuriste de Barajas. Le réseau conduit aux anciens terminaux mais ni l'*Ayuntamiento* (conseil municipal) ni l'administration régionale, la Comunidad de Madrid, ne veulent financer l'extension.

La face cachée de cette affaire peu compréhensible tient dans la rivalité entre Esperanza Aguirre, présidente de la région de la Comunidad de Madrid depuis la fin 2003 et proche de

Les hauts faits de l'histoire de Madrid sont représentés par des personnages en papier mâché devant le Palacio Real durant les Fiestas de San Isidro, au mois de mai.

l'aile droite du Partido Popular (PP), et le maire modéré (et largement plus populaire), Alberto Ruiz-Gallardón. Même s'ils appartiennent au même parti, Esperanza Aguirre insiste pour que le gouvernement (socialiste depuis 2004) assure le financement de la ligne, tandis que le ministre des Transports – avec le soutien tacite de Ruiz-Gallardón – souligne la responsabilité de la région. Et, comme bien souvent ailleurs, les deux personnalités politiques se servent du métro pour alimenter leurs querelles…

L'ombre des grandes figures politiques espagnoles plane sur la politique locale. Longtemps habituée aux assassinats et aux actes terroristes du mouvement de l'ETA, Madrid a été brutalement confrontée au terrorisme islamiste, au matin du 11 mars 2004, quand des bombes ont explosé à bord de quatre trains de banlieue, tuant 190 voyageurs et en blessant plus de 1 800. Survenue trois jours seulement avant les élections nationales, c'est la plus importante attaque de ce type qu'ait connue le sol espagnol. Le Premier ministre sortant, José María Aznar (PP), a, contre la volonté de la majorité des Espagnols (d'après les manifestations et les sondages), soutenu le président George Bush lors de l'invasion en Irak. L'Espagne y a envoyé des troupes en 2003. Les candidats du parti opposant, le Partido Socialista Obrero Español (PSOE), dirigé par José Luis Rodríguez Zapatero, se sont engagés à retirer les troupes d'Irak s'ils étaient élus. Le PP ayant tenté d'attribuer l'attentat à l'ETA, il a déclenché la colère de nombreux citoyens, dont les manifestations contre la guerre se sont transformées en marches contre le parti au pouvoir. Zapatero a gagné les élections le 14 mars 2004 et a aussitôt retiré les contingents espagnols d'Irak. Les relations américano-espagnoles ne sont pas, aujourd'hui, encore pleinement rétablies. Parallèlement, Zapatero tente de réformer de nombreux domaines, le plus controversé étant sans doute la légalisation du mariage homosexuel, votée en 2005.

Les Madrilènes ont beau considérer la politique avec beaucoup de sérieux, la vie leur paraît trop courte pour s'énerver contre les dirigeants du pays. Le *gato* moyen développe une ironie assez tonique envers la classe politique espagnole, une envie profonde de profiter de chaque jour sans s'inquiéter de l'avenir, et un sens de la convivialité inné. Cette joie de vivre viscérale maintient les bars, les restaurants, les boîtes de nuit, pleins à craquer. Entrez dans un bar, faites-vous une petite place, criez votre commande (quelques tapas et un verre de *caña*, une bière fraîche), et laissez-vous emporter par l'énergie de « la ville qui ne dort jamais ». ■

Gastronomie et boissons

CEUX QUI DÎNENT À MADRID ONT BIEN DE LA CHANCE. SITUÉ EN PLEIN CENTRE D'UN plateau brûlé par le soleil et pauvre en ressources naturelles, Madrid ne semble pourtant pas à première vue un lieu idéal pour les gourmets. Mais cette ville a attiré, pendant des siècles, les Espagnols de toutes les régions qui y ont apporté leurs propres traditions culinaires.

Les Madrilènes sont exigeants quand il s'agit de choisir de la charcuterie.

Nulle part en Espagne, vous ne pourrez aussi facilement savourer la gamme des spécialités espagnoles, de la simple et délicieuse soupe de Castille, aux plats raffinés de Catalogne. Sous l'impulsion du grand chef catalan Ferran Adrià et de son homologue basque Juan Mari Arzak, de jeunes talents ont ouvert leurs restaurants dans la capitale. Ils y servent une cuisine inventive et cosmopolite qui n'a rien à envier à celle des Français. Il faut découvrir la *nueva cocina española*.

Les spécialités madrilènes ressemblent beaucoup à celles de Castille. Les repas castillans commencent généralement par une *sopa a la castellana*, un bouillon maigre avec un œuf. La viande ayant pendant longtemps été un produit de luxe, les *callos* (tripes) sont devenues un plat apprécié. Mais la spécialité la plus populaire reste sans doute le substantiel *cocido madrileño*, une sorte de ragoût dans lequel on met tout ce que l'on a sous la main.

Le *cochinillo*, cochon de lait à la broche, est servi à Ségovie et dans quelques tavernes à Chinchón. Plus à l'ouest, l'Estrémadure est surtout connue pour son *jamón de bellota*, un jambon fumé issu de porcs élevés en liberté et nourris aux glands.

Pendant longtemps parmi les régions les plus pauvres du pays, la Galice a exporté deux choses : ses produits de la mer et ses cuisiniers, dont beaucoup se sont retrouvés à Madrid et ont ouvert des restaurants. De fait, les Madri-

Les Madrilènes préfèrent de loin le pain artisanal au pain industriel.

lènes ont une attirance particulière pour les *pescados* (poissons) et les *mariscos* (fruits de mer). Le *pulpo a la gallega* est une recette à base de poulpe bouilli, coupé en fines et tendres lamelles, servi avec des pommes de terre et une sauce épicée au paprika. Parmi les fruits de mer les plus rares, et donc les plus recherchés, les pouces-pieds et les *percebes* (bernacles).

Les régions montagneuses des Asturies, de l'Aragon et de la Catalogne ont introduit sur les tables d'hiver des plats comme la *fabada* d'Asturie (porc et haricots) ou l'*escudella* catalane (un ragoût plus simple de viande, de saucisses et de légumes). Avec la cuisine basque peut-être légèrement plus raffinée, la cuisine catalane est considérée comme la meilleure du pays. Elle utilise une riche palette de produits frais et des sauces variées. De Catalogne et de Valence proviennent de délicieuses spécialités à base de riz et de nouilles, telles la paella connue dans le monde entier ou la moins célèbre *fideuà* catalane, une variante de paella à base de nouilles et sans safran.

Les tapas, assortiment d'amuse-gueule ou de hors-d'œuvre, sont originaires d'Andalousie. Dans la plupart des bars de Madrid, on vous servira une *tapa* simple d'au moins quelques olives avec votre verre de *caña* (petit verre de bière glacée). Les tapas plus élaborées s'élèveront à quelques euros la pièce. Les portions plus copieuses sont appelées *raciones*. Les plus populaires sont les *boquerones* (anchois blancs servis dans du *vinagre*, vinaigre), les *pinchos morunos* (brochettes de porc), et les *patatas bravas* (tranches de pommes de terre trempées dans une sauce relevée à base de mayonnaise et de tomate). Les versions basques sont connues sous le nom de *pintxos* et sont délicieuses servies avec un vin blanc local, le *txacoli*, ou avec un cidre alcoolisé des Asturies.

Parmi les meilleures régions productrices de vin, on compte la Rioja (essentiellement du vin rouge), dans le nord, et la région de Penedès, aux environs de Barcelone, qui produit du vin blanc et du *cava*, un vin pétillant comme le champagne. Les vins jeunes et frais de Ribeiro, blancs, de Galice ainsi que le Ribera del Duero, rouges, de Castille – dont les vignes s'étendent le long du fleuve Duero –, sont d'excellente qualité. On trouve également des vignobles près de Madrid, mais on vous servira plus volontiers des vins de la région de Valdepeñas, du sud de la Castille-La Manche. Valdepeñas a longtemps fourni des vins de table ordinaires mais les producteurs ont récemment fait des efforts pour produire des vins de meilleure qualité. Le plus réputé des vins espagnols reste le *jerez* (xérès), produit en Andalousie, un vin fort qui peut être très sec ou très sucré. ■

L'histoire de Madrid

IMAGINEZ LA SATISFACTION DES FAMILLES RÉGNANTES DE MADRID QUAND, EN 1561, LE ROI PHILIPPE II d'Espagne, maître d'un empire qui s'étendait des Andes aux Pays-Bas, un des hommes les plus puissants du monde, choisit cette ville entourée de plaines pour établir *la* capitale de l'Espagne ! Les chroniqueurs de Madrid se sont vite attelés à une petite réécriture de l'histoire de la ville pour améliorer son image.

DES VILLAS ROMAINES AU FORT MUSULMAN DE LA FRONTIÈRE

Glorifier son présent était une entreprise plutôt difficile, Madrid n'étant ni Rome, ni Londres, ni Paris. En revanche, enjoliver son passé paraissait plus aisé. Personne ne savait que la ville avait été fondée par les musulmans… Une histoire plus noble fut donc concoctée, tout à fait vraisemblable, racontant que Madrid était née sous le nom de la ville romaine de Mantua.

L'existence de ce premier établissement est remarquable par l'absence de toutes traces permettant de l'établir. Mais le vieil adage qui veut que les faits ne doivent pas venir contrarier une bonne histoire a prévalu. Des fouilles ont révélé que le río Manzanares, de nos jours à peine plus qu'un filet d'eau traversant le centre de Madrid, a attiré une population éparse et sans doute nomade, à l'époque néolithique.

Durant la présence romaine (les Romains avaient envahi une première fois l'Espagne à l'époque des guerres puniques en 218 av. J.-C.), des familles d'agriculteurs vivaient dans la campagne alentour. Rien cependant pour prouver que les Romains avaient réellement fondé une ville ici.

Au Ve siècle apr. J.-C., l'empire romain a vacillé et les Wisigoths ont envahi la France, mais les choses ont peu changé dans les fermes des rives du río Manzanares. Les Wisigoths étaient peu nombreux et la population hispano-romaine qu'ils étaient venus diriger, demeura sous son propre contrôle administratif et financier, servant l'envahisseur comme elle l'avait fait avec Rome.

L'histoire se révéla très différente lorsqu'une expédition musulmane zélée, des guerriers berbères pour la plupart, débarqua en 711 sur la côte sud de l'Espagne, près de la ville actuelle d'Algeciras, sous le commandement du gouverneur de Tanger, Tariq Ibn Zayid. Moins d'un siècle après la mort du prophète Muhammad en Arabie en 632, les légions arabo-musulmanes lancèrent une guerre éclair sans équivalent. Ils se dirigèrent vers le Moyen-Orient et l'Afrique du Nord, envahissant chaque parcelle des territoires conquis et convertissant les populations, de l'Irak (et plus tard l'Iran) à l'est, jusqu'aux côtes atlantiques du Maroc.

En Espagne, Tariq Ibn Zayid et ses hommes trouvèrent le royaume des Wisigoths divisé et affaibli. Ils envahirent la péninsule et poursuivirent jusqu'en France, à Poitiers, où les forces chrétiennes et Charles Martel les arrêtèrent finalement, en 732.

Au IXe siècle, les musulmans avaient été repoussés jusqu'à une ligne défensive naturelle qui suivait le cours des fleuves Río Duero et río Ebro, des côtes atlantiques du Portugal jusqu'à la Méditerranée, juste au sud de Barcelone.

Un détail de la salle des Batailles de l'Escurial (en haut). Avant que Madrid ne devienne la capitale en 1561, la ville de Tolède (ci-contre) hébergeait la cour royale d'Espagne.

Charles Quint, saint empereur romain germanique, dans toute sa splendeur sur cette enluminure du XVe siècle. Son empire s'étendait de l'Autriche aux Amériques.

Au cours des premiers siècles de son existence, l'Espagne musulmane, désignée sous le nom de Al-Andalus et dirigée de Cordoue, connut de fréquentes rébellions, notamment près des frontières. De telles querelles intestines encouragèrent les tentatives d'invasion par les forces chrétiennes postées au nord. Pour se protéger de ces attaques, les musulmans élevèrent une série de forts le long de cette frontière instable, dont celui de Magerit.

Ce fort (*al-qasr* en arabe, d'où vient le mot espagnol désignant les châteaux et les forteresses, *alcázar*) fut fondé en 854 par Muhammad Ier, émir de Córdoba (r. 852-886), en lieu et place de l'actuel Palacio Real. Il occupait une place stratégique, dominant les principales routes du sud vers Tolède, à travers la chaîne de montagnes de Guadarrama. Cette forteresse est l'ancêtre de l'Alcázar qui pendant des siècles allait abriter les rois d'Espagne quand ils logeaient à Madrid.

En 1031, le califat de Córdoba se divisa en une nuée de royaumes en constantes rivalités, les *taifas*. Magerit tomba sous la domination du *taifa* de Tolède, mais les derniers dirigeants, se sentant menacés, cédèrent la ville (et Magerit) au roi de Castille, Alphonse VI (r. 1065-1109), vers 1085.

DU PETIT COIN PERDU À LA CAPITALE IMPÉRIALE

Durant les siècles de la *Reconquista* (la reconquête de l'Espagne, alors aux mains des musulmans, par les armées chrétiennes), les rois conquérants de Castille, León, Navarre et Aragon menèrent une politique de repopulation des territoires récupérés. C'est ainsi que de nouveaux occupants chrétiens arrivèrent bientôt en nombre à la ville fortifiée de Magerit.

Une poignée de ces nouvelles familles (le clan des Vargas et des Luzón, en particulier) exercèrent rapidement leur influence sur la municipalité. Mais Madrid avait perdu toute importance stratégique et était négligée par les monarques chrétiens qui préféraient s'établir, avec leur cour, dans des villes plus importantes.

La nouvelle ville chrétienne connut un moment d'anxiété quand, en 1109, une armée musulmane approcha des murs de la forteresse et tenta, mais sans succès, d'assiéger la ville, à l'origine de son nom de Campo del Moro (le camp du Maure).

Madrid, comme d'autres villes médiévales chrétiennes en Espagne, développa un système de gouvernement féodal, connu sous le nom de *Comunidad de Villa y Tierra*. En d'autres termes, les paysans de la *Tierra* (Terre) travaillaient comme des esclaves pour nourrir la *Villa* (Ville).

De plus en plus de villes étaient dirigées selon des règles établies par le roi. Madrid reçut finalement sa propre charte ou *fuero*, en 1202. Jusqu'à cette période, elle était considérée comme dépendant de Tolède. Cette charte mit la ville sous le contrôle direct du roi, l'autorisant à intervenir, en théorie du moins, pour freiner les abus de pouvoir des barons locaux.

Le XIVe siècle apporta les ravages de la peste et le malheur fondit sur Madrid et le reste du pays. La vague la plus terrible eut lieu en 1348, durant l'épidémie dite de la « Mort noire » qui balaya l'Europe. Les chroniques de l'époque rapportent également que, dans le siècle qui suivit, la ville fut affaiblie par des années de sécheresse.

Ferdinand et Isabelle, les Rois catholiques, regardent Christophe Colomb quitter le port de Palos de la Frontera en 1492, dans une illustration de Victor A. Searles.

L'unification de l'Espagne chrétienne sous les *Reyes Católicos* (les Rois catholiques), Ferdinand et Isabelle, à partir de 1474, rétablit la stabilité à Madrid. Les monarques mirent enfin un terme à la présence des Maures, achevant ainsi la Reconquête, en reprenant Grenade, ultime bastion musulman, en 1492. La même année, Christophe Colomb partit pour un voyage qui allait changer le cours de l'histoire. Les terres qu'il découvrit dans les Caraïbes et en Amérique du Sud allaient s'ouvrir aux flibustiers dont les caravelles reviendraient bientôt chargées d'or, d'argent et de toutes sortes d'extraordinaires produits exotiques, de la pomme de terre au cacao.

En 1550, quand l'héritier des Rois catholiques, le roi Charles Ier (r. 1516-1556), vint séjourner à l'Alcázar de Madrid, la population s'élevait à environ 12 000 à 15 000 personnes. Le roi guerrier fut également l'héritier du trône des Habsbourg en Autriche, dès 1519. Plus tard, mieux connu sous le nom de Charles Quint, saint empereur romain germanique (de fait, il parlait à peine espagnol), il dirigea un empire allant de l'Autriche jusqu'aux colonies d'Amérique. L'Espagne était alors au faîte de sa puissance et de sa gloire même si les guerres interminables avec la France, les provinces rebelles hollandaises et la Turquie, avaient lourdement grevé son trésor, et ce en dépit des arrivées massives de métaux précieux d'Amérique du Sud.

Le fils de Charles Quint, Philippe II (r. 1556-1598), estima que la cour d'un roi d'Espagne ne devait plus être itinérante. La question était de savoir quelle ville choisir. Valladolid ? Tolède ? Ségovie ? Chacune avait son cachet propre.

Les raisons pour lesquelles Philippe II choisit finalement Madrid en 1561, une ville crasseuse, de classe moyenne, furent l'objet de bien des supputations, dont certaines sont plus vraisemblables que d'autres. Tolède était, à première vue, la candidate la mieux placée. Mais la très puissante Église catholique espagnole, dont elle était le siège, pouvait représenter une rivale pour le pouvoir du roi. De même les familles nobles avaient investi dans de nombreuses autres villes. Madrid, insignifiante comme elle l'était, ne présentait pas de menaces potentielles et Philippe II se souvenait peut-être des révoltes, sociales notamment, contre son père, en 1520.

Ce choix surprit tout le monde et effraya les dirigeants de la ville qui réalisaient l'ampleur des problèmes qui ne manqueraient pas de surgir en accueillant une cour royale dans une ville qui n'y était absolument pas préparée. Mais ce choix avait un réel sens pour Philippe II et ses successeurs. Seul son fils, Philippe III (r. 1598-1621), se lassa un jour de Madrid et déménagea la cour à Valladolid, en 1601, mais cet exil ne dura pas plus de cinq ans.

Philippe II hérita de Charles Quint la moitié espagnole des possessions impériales, comprenant les provinces de Hollande, les colonies d'Amérique et d'immenses territoires en Italie. En 1581, il devint également roi du Portugal. Mais l'Espagne perdait peu à peu de sa superbe. La défaite de l'Armada espagnole contre l'Angleterre en 1588, la cession des provinces protestantes de Hollande et les guerres constantes dans ce pays, les révoltes à Grenade et dans de nombreuses autres cités du Sud, eurent raison de la puissance du pays.

LA CAPITALE DES AUTRICHES

À cette époque, le déclin imminent de la puissance espagnole pouvait difficilement être ressenti à Madrid. Philippe II construisait l'imposant palais-monastère de l'Escurial à San Lorenzo, juste à l'extérieur de la ville. La cour attirait les nobles, les courtisans, les artistes et les écrivains de tout le pays. Le Siglo de Oro (Siècle d'or) de la peinture et de la littérature espagnoles prenait nais-

Philippe II, qui fit construire le palais-monastère de l'Escurial, non loin de Madrid, au cours de la seconde moitié du XVIe siècle, a tenté d'associer à la fois les fonctions de l'Église et de l'État.

sance. Et les métaux précieux en provenance d'Amérique continuaient de remplir sans cesse les coffres royaux…

Philippe II était trop absorbé par ses guerres et la construction de l'Escurial pour prêter une réelle attention à l'expansion et à l'embellissement de sa capitale. Madrid, qui bouillonnait pourtant d'activité, n'avait pas un aspect impérial mais plutôt celui d'une cité rurale et pauvre. À la mort du roi, en 1598, la population s'élevait à 60 000 personnes. Dans les années 1650, elle atteignait le seuil de 150 000 habitants.

Si Philippe II était considéré comme un dirigeant austère, soucieux de conserver un œil sur les affaires de son empire, ses successeurs n'étaient pas de la même étoffe. Philippe III et Philippe IV préférèrent tous les deux céder le contrôle du pouvoir à leurs conseillers, comme le comte-duc d'Olivares.

Quand ce dernier prit des mesures pour renforcer l'économie intérieure (la région castillane était particulièrement en déclin), le marché de la construction connut un sérieux regain. Le Palacio del Buen Retiro fut achevé en 1630 et devint la résidence préférée des monarques (tout ce qu'il en reste aujourd'hui est le bâtiment qui abrite le Museo del Ejército et le Casón del Buen Retiro). De nombreuses églises et couvents furent construits ainsi que des hôtels particuliers.

La croissance de la ville devint rapidement incontrôlée. Au milieu du XVIIe siècle, elle s'étendait du Campo del Moro, à l'ouest, jusqu'au Paseo de los Recoletos, à l'est, et de l'actuelle Ronda de Toledo, au sud, à la Calle de Sagasta, au nord. Le seul espace vraiment planifié était la Plaza Mayor, où se tenaient les principaux marchés de la ville. Sa taille et son bon état en firent le site idéal pour les corridas, les exécutions publiques, les autodafés et tous les grands événements publics. La première exécution à Madrid de prétendus hérétiques se produisit en 1632, en présence du roi et de la reine.

Depuis 1561, les gens convergeaient de tout le pays vers Madrid, pour y tenter leur chance. Marchands, paysans prêts à tout pour un quignon de pain, artistes et écrivains pleins d'espérance furent rejoints par un flot d'*hidalgos* (*hijos de algo* : « fils de quelque chose »), une catégorie typiquement espagnole d'aventuriers appauvris, cherchant à se placer dans une société rigoureusement hiérarchisée. Les *hidalgos*, descendants de familles bien éduquées mais sans, ou peu de sang noble, se considéraient eux-mêmes bien au-dessus du peuple. Pour être identifiés plus encore à la noblesse, ils préféraient refuser les métiers manuels et s'échinaient à obtenir une modeste sinécure dans l'administration de la cour. Si certains y parvinrent, nombreux furent ceux qui durent rejoindre les rangs les plus miséreux de la ville.

Dans ce portrait du XVIe siècle de Alonso Coello, Philippe II est vêtu sobrement.

L'arrivée de la cour en 1561 entraîna très vite la disparition du pouvoir municipal. Le *Consejo* de Madrid, le conseil municipal, malgré les importantes sommes qu'il consacra aux parades et aux festivités, fut rapidement placé sous l'autorité de la maison royale. C'est seulement au XVIIe siècle que le *Consejo* osa demander la création d'un hôtel de ville. L'accord royal fut donné en 1621, mais la *Casa de la Villa* (aujourd'hui *Ayuntamiento)* ne fut pas achevée avant la fin du XVIIe siècle.

LA SUCCESSION ESPAGNOLE ET LE DÉBUT DU DÉCLIN

En 1700, Charles II mourait sans laisser d'héritier à la couronne, conduisant ainsi le pays à la guerre de Succession d'Espagne (1702-1714). La France prit le parti de Philippe V (1700-1746), un Bourbon, petit-fils du roi de France Louis XIV et de Marie-Thérèse (une fille de Philippe IV). Sa lignée était difficilement contestable, mais des hostilités éclatèrent en 1702. La France et l'Espagne, alliées de circonstances, s'opposèrent à une coalition composée de l'Autriche, de l'Angleterre, de la Hollande, du Portugal, de certains États allemands, et de la Maison de Savoie, rassemblée derrière l'archiduc Charles, un prétendant autrichien au trône.

Philippe V l'emporta mais à un prix exorbitant. L'Espagne était exsangue et avait perdu d'immenses territoires (l'île de Minorque, par exemple, devint territoire britannique). La victoire chèrement payée de Philippe V servit d'abord à précipiter le déclin du pays en temps que puissance sur la scène européenne. Absolutiste, Philippe V accéléra le processus de centralisation du pouvoir aux mains du roi, abolissant les chartes visant à l'autonomie et à l'existence des gouvernements locaux de Catalogne, Aragon, Valence et des îles Baléares.

À Madrid, l'Alcázar brûla en 1734, ce qui ne déplut pas à Philippe qui trouvait cette résidence déprimante. Il fit construire à sa place le nouveau Palacio Real (Palais Royal), achevé trente ans plus tard, à temps pour que

Le Palacio Real d'origine, construit en 1537, fut détruit par les flammes en 1734. Philippe V a tout de suite ordonné la construction d'un nouveau palais qui éclipserait tous les autres. L'édifice nécessita vingt-six ans de travaux.

le plus astucieux des monarques espagnols, Charles III (r. 1759-1788), en profite. Mais Madrid avait besoin de beaucoup plus qu'un nouveau palais, aussi beau soit-il. Réputée pour être la *pocilga de Europa* (la porcherie de l'Europe), elle avait cruellement besoin d'un sérieux projet d'urbanisme.

Surnommé le *rey-alcalde* (le roi-maire) en raison de l'intérêt qu'il portait à l'amélioration de sa ville, Charles III fit élargir et paver les rues, améliorer l'éclairage et réduit la criminalité. Un bureau de poste central fut établi à la Puerta del Sol (le bâtiment d'origine est toujours là). Il ordonna également la création du Jardín Botánico et encouragea les projets d'embellissement de la ville, telle l'avenue arborée du Paseo del Prado. C'est à cette époque que le Palacio de Villanueva, de style néoclassique, aujourd'hui le Museo del Prado, fut construit pour accueillir l'académie des Sciences.

Sur le plan national, Charles III entreprit un vaste programme de construction de routes dans un pays où il était alors très difficile de circuler. Le commerce entre les ports d'Espagne et les colonies latino-américaines fut libéralisé, et des petites industries, comme le textile en Catalogne, commencèrent à prendre leur essor.

NAPOLÉON ET LA GUERRE D'INDÉPENDANCE

Malgré les graves difficultés de l'Espagne, le règne de Charles III a au moins donné au pays une forme de stabilité. Mais la situation devait sérieusement s'aggraver dans les vingt années qui suivirent sa mort.

Un an seulement après le début du règne de Charles IV, l'Europe fut bouleversée par la Révolution française. Le nouveau roi eut à affronter son ancienne alliée, la Grande-Bretagne, qui allait devenir la plus grande ennemie de la France révolutionnaire. Malgré les sentiments profondément monarchiques du pays qui auraient dû le pousser à venger la mort de Louis XVI, Manuel Godoy, porte-parole et ministre de Charles IV, décida de changer de camp et de s'allier à la France. L'Espagne en paya le prix fort quand le gros de sa flotte fut coulé lors de la bataille de Trafalgar, en 1805, alors que l'amiral Nelson pourchassait l'armada franco-espagnole loin des côtes d'Espagne.

Trois ans plus tard, Napoléon persuada Manuel Godoy de laisser passer les troupes françaises à travers l'Espagne pour envahir le Portugal, allié à la Grande-Bretagne. Les premières troupes arrivèrent au début de 1808 et en mars, elles étaient à Madrid. Alors qu'il devenait clair que la présence française tournait à l'occupation, le 2 mai, le peuple de Madrid se souleva (Charles IV et Godoy avaient déjà fui). Les révolutionnaires avaient peu de chances de l'emporter et, à la fin de la journée, l'émeute était réprimée. Francisco Goya a immortalisé cette journée et les exécutions massives des rebelles dès le lendemain. Ses chefs-d'œuvre impérissables sont visibles au Museo del Prado.

Le prince impérial Joseph Bonaparte, en grand uniforme.

En juillet, Joseph Bonaparte (1768-1844), le frère de Napoléon, était installé sur le trône d'Espagne. Dans tout le pays, des résistants livrèrent des combats contre les troupes françaises, mais c'est seulement quand le duc de Wellington (1769-1852) entra en Espagne avec une troupe britannique et portugaise que la *Guerra de la Independencia* (la guerre d'Indépendance) commença sérieusement. Les Français furent chassés en 1814.

Le séjour de Joseph Bonaparte à Madrid eut quelques effets positifs. Les privations de la guerre avaient touché sévèrement la ville et, en 1812, 30 000 Madrilènes étaient morts de faim. Afin d'améliorer leurs conditions de vie, de très nombreuses églises et couvents furent détruits, laissant la place à de nouvelles constructions, et le quartier de la Plaza de Oriente fut nettoyé de ses labyrinthes de ruelles et de ses maisons délabrées. Les cimetières furent déménagés à l'extérieur de la ville. Mal perçus à l'époque, ces changements furent plus tard très appréciés des Espagnols.

LA PÉRIODE DES COUPS D'ÉTAT

La guerre d'Indépendance s'acheva en 1814 avec la restitution de la couronne au Bourbon Ferdinand VII (r. 1814-1833). Les nouvelles idées libérales furent rejetées en bloc par le nouveau roi qui interdit les pamphlets politiques et satiriques qui fleurissaient alors dans la capitale. Fermement ancré dans le passé, il ouvrit au grand public certaines parties du Parque del Buen Retiro, jusqu'alors domaine privé de la famille royale. C'est également lui qui fut à l'origine de la création de la galerie d'art du Palacio de Villanueva, et de la première ligne de diligences, en 1816, entre Madrid et Barcelone.

Les temps restaient durs pour l'Espagne. Après les désastres des guerres napoléoniennes, de nombreuses colonies américaines récupérèrent leur indépendance, particulièrement après la défaite des forces espagnoles au Pérou, en 1824.

À sa mort, Ferdinand VII laissa pour seule héritière sa fille alors âgée de 3 ans, Isabelle II. Commença alors la longue régence de sa mère, María Cristina. Le frère de Ferdinand VII, Charles, refusa l'accession d'une femme sur le trône et déclencha les guerres carlistes qui se sont enlisées pendant une grande partie du XIXᵉ siècle, essentiellement dans le nord du pays, en Navarre et dans le Pays basque.

Pour combattre les carlistes, María Cristina puis Isabelle II cherchèrent des appuis auprès des libéraux, dans l'armée et parmi les politiques. Dans les années 1840, et jusqu'à ce qu'Isabelle II soit contrainte d'abdiquer et de quitter le pays en 1868, les *pronunciamientos* (coups d'État militaires), les émeutes et leurs contre-coups se succédèrent avec une constante régularité.

En 1814, Madrid s'était peu développée depuis l'interruption par les Bourbons des projets urbanistiques de Joseph Bonaparte. En 1837, le gouvernement ordonna la confiscation (*desamortización*) des biens de l'Église. Celle-ci allait perdre jusqu'à 1 600 propriétés dans Madrid au cours des quatre décennies suivantes. Cela favorisa l'émergence d'une classe d'entrepreneurs, dans une ville jusqu'ici dominée par une noblesse dédaignant toute forme de travail.

La première ligne ferroviaire de la ville, entre Madrid et Aranjuez, fut inaugurée en 1851 et fut suivie sept ans plus tard par le canal d'Isabelle II qui approvisionne toujours la ville en eau, en provenance de la Sierra de Guadarrama. D'autres grands chantiers publics furent entrepris comme le Teatro Real (le Théâtre royal), la Biblioteca Nacional (la Bibliothèque nationale) et le Congreso de los Diputados (la Chambre des députés).

Des projets pour agrandir la ville, sans doute plus nécessaires, furent votés dans les années 1860. Des travaux d'*ensanche* (extension) commencèrent alors autour de la Calle de Serrano.

La fuite d'Isabelle II en France entraîna le pays dans une période d'instabilité. En l'espace de sept ans, Madrid fut dirigée par un gouvernement provisoire, un roi italien, une série de gouvernements républicains et finalement, après un nouveau coup d'État, par le fils d'Isabelle, Alphonse XII (r. 1875-1885) auquel succéda ensuite Alphonse XIII (r. 1886-1931).

UN NOUVEAU SIÈCLE ET LA RÉPUBLIQUE

À la suite de la guerre hispano-américaine, en 1898, l'Espagne dut céder ses dernières grandes possessions – Cuba, Porto Rico et les Philippines – aux États-Unis. Pourtant, cette catastrophe coloniale semble avoir permis au pays de se concentrer enfin sur ses propres affaires intérieures.

En 1891, la banque nationale d'Espagne, Banco de España, ouvrit ses bureaux à Madrid. Sept ans plus tard, la première ligne de tramways électrifiée voyait le jour. En 1910, les travaux sur la Gran Vía débutaient et, en 1919, la première ligne de métro souterrain fonctionnait. En octobre 1934, les grandes arènes Las Ventas étaient inaugurées. La population avait doublé grâce à l'immigration intérieure et s'élevait à un million d'habitants, en 1930. Madrid était alors au centre de la vie intellectuelle du pays, attirant notamment le poète Federico García Lorca et le peintre Salvador Dalí.

Cette frénésie ne pouvait masquer les profondes crises politiques du pays, aggravées par de sérieux problèmes intérieurs comme extérieurs. La neutralité lors de la Première Guerre mondiale avait dans un premier temps apporté la prospérité à l'Espagne. Les échanges commerciaux étaient possibles avec

María Cristina de Borbón a gouverné le pays jusqu'à ce que sa fille, Isabelle II, soit assez âgée pour monter sur le trône.

tous les participants au conflit. Mais ce boom économique fut de courte durée et une guerre coloniale au nord du Maroc, dans les années 1920, provoqua un véritable désastre.

En 1923, le général Miguel Primo de Rivera s'empara du pouvoir mais le roi mit fin à cette dictature, en 1930. L'année suivante, une coalition entre républicains et socialistes remporta les élections municipales dans tout le pays et la IIe République fut proclamée. Le roi quitta l'Espagne sans abdiquer. Le président décida de dissoudre l'Assemblée, mais les élections nationales de 1933 firent éclater la coalition républicaine socialiste et renforcèrent les partis catholiques de droite. En 1934, le général Francisco Franco Bahamonde, peu connu alors, mit violemment fin à une révolte de mineurs dans le nord des Asturies. Deux ans plus tard, en 1936, la victoire du *Frente Popular* (Front populaire) triompha sur l'aile droite, *Frente Nacional* (Front national), aux élections nationales. Ce qui déclencha une rébellion de l'armée et marqua le début de la guerre civile.

LA GUERRE CIVILE

Pressentant le danger, le gouvernement du Front populaire éloigna de la capitale des généraux suspects, dont le général Franco, envoyé aux îles Canaries.

Ce ne devait pas être suffisant. En juillet 1936, Franco donna le signal d'une insurrection militaire dans des enclaves espagnoles d'Afrique du Nord. Des garnisons dans tout le pays suivirent bientôt le mouvement. Trois ans de carnage et d'épreuves s'ensuivirent, qui déchirèrent le pays.

Madrid elle-même fut l'objet d'un siège en novembre, au moment où les volontaires des Brigades internationales arrivaient dans la capitale. Les duels d'artillerie entre les nationalistes et les forces du gouvernement placés dans des endroits stratégiques, comme Las Vistillas, devinrent le quotidien des Madrilènes. La Gran Vía, cible des obus des nationalistes, fut renommée « allée Howitzer », du nom des canons meurtriers. Mais les gens continuaient à prendre le métro, à aller au cinéma, à vivre du mieux possible. Affaiblis, inférieurs en nombre, les républicains perdaient toutefois de plus en plus de terrain. Madrid tomba en avril 1939, quelques jours après Barcelone et le reste du pays. Trois jours plus tard, la guerre était finie.

DE FRANCO À LA DÉMOCRATIE

Après une première période d'euphorie, Madrid entra dans une sombre période, entre les années 1940 et 1950, les *Años de Hambre* (les Années de la Faim). De très nombreux procès et exécutions sommaires eurent lieu pendant les années 1940 mais aucun chiffre officiel n'est disponible. On estime à 200 à 250 exécutions quotidiennes, en 1939. La plupart des 200 000 sentences de mort prononcées en 1944 ont été commuées en peines de prison et d'internement dans des camps de travail. Un responsable de syndicat évalue à deux millions le nombre d'Espagnols envoyés en prison au cours des trois années qui suivirent la guerre. Certains furent désignés à la construction d'un monument fasciste dédié à la guerre, dans la Valle de los Caídos, à l'extérieur de Madrid.

Après 1945, et bien que l'Espagne soit restée neutre lors de la Seconde Guerre mondiale, le régime fut mis à l'écart de toutes les grandes décisions par toutes les grandes puissances. Et ce n'est qu'en 1953, au cours de la guerre froide, lorsque les États-Unis décrétèrent que les bases militaires espagnoles pouvaient leur être utiles, que Washington offrit à Madrid l'aide du plan Marshall. Deux années plus tard, l'Espagne avait un siège aux Nations Unies.

Pendant les années 1950, des paysans venant des régions les plus pauvres comme l'Andalousie au sud, l'Estrémadure au sud-ouest et la Galicie, au nord-ouest, convergèrent vers Madrid. En 1960, leur nombre était estimé à 600 000, créant de grandes *chabolas*, des villes entières de baraques sans eau courante ni électricité, aux abords de la ville.

Mais le plan Marshall et les investissements étrangers commençaient à porter leurs fruits et à insuffler un peu de vitalité à Madrid. L'usine américaine Chrysler représentait le premier employeur de la ville dans les années 1960. Le marché de la construction prit son essor et de nombreux bâtiments et tours de bureaux le long du Paseo de la Castellana commencèrent à émerger.

La prospérité n'avait cependant pas calmé l'opposition politique au régime de Franco. Les manifestations dans les universités étaient devenues plus ouvertes, et des réunions clandestines de syndicats commencèrent à s'organiser. En 1973, le groupe séparatiste basque, Euskadi Ta Askatasuna (ETA, « Patrie basque et liberté ») assassinait dans une rue de Madrid l'amiral Carrero Blanco, Premier

Le général Francisco Franco, qui a dirigé l'Espagne en dictateur, de 1939 à 1975, fait le salut nationaliste.

ministre de Franco et son successeur désigné. L'année suivante, Franco tomba malade et mourut le 20 novembre 1975. À ce stade, personne ne pouvait prévoir ce qui allait se passer par la suite.

Le général Franco avait préparé à sa succession le prince Bourbon, Juan Carlos, mais le jeune roi, une fois couronné, appliqua bien d'autres plans. Le *Partido Socialista Obrero Español* (PSOE : Parti socialiste ouvrier espagnol), le *Partido Comunista de España* (PCE : Parti communiste espagnol) et les syndicats s'exprimant au grand jour, le roi demanda au modéré Francoist Adolfo Suárez de former un gouvernement et de voter une série de réformes devant conduire à la création d'une démocratie parlementaire. Et, en 1978, une nouvelle constitution de type fédéral naissait enfin, avec le roi à la tête de l'État.

De mauvais souvenirs resurgirent momentanément quand, en février 1981, le lieutenant-colonel Antonio Tejero Molina mena un détachement armé pour occuper le parlement. Le coup d'État prit fin après 18 heures, quand le roi ordonna à l'armée de rester dans les casernes, sauvant ainsi la démocratie.

Un an plus tard, Felipe González mena le PSOE à la victoire. Il resta au pouvoir jusqu'en 1996, lorsque le parti de droite, le *Partido Popular* (PP : Parti populaire) dirigé par José María Aznar l'emporta. Les années González furent celles d'une croissance des plus rapides qu'ait jamais connues l'Espagne

mais de nombreux problèmes restaient irrésolus. Sous la direction du charismatique Sévillan, l'Espagne entra à l'OTAN et dans ce que l'on nommait alors la Communauté économique européenne, aujourd'hui l'Union européenne. Le pays devint rapidement le plus grand bénéficiaire des fonds de soutien destinés à élever le pays au niveau des autres membres de l'Union. L'essentiel du réseau autoroutier d'Espagne et d'autres infrastructures furent construits avec de l'argent européen. Ajoutés aux profits du tourisme – l'Espagne est l'une des destinations les plus prisées au monde –, ces programmes permirent au pays de sortir de ses difficultés. Mais le chômage restait un problème crucial et un nombre croissant de scandales de corruption noircissaient le prestige du PSOE. Sous José María Aznar, une politique économique conservatrice a permis de réduire le chômage et d'améliorer la productivité, mais en 2004, les signaux étaient à nouveau dans le rouge. La santé du pays dépend principalement de la construction et du tourisme, tandis que les investissements en matière de recherche et de développement sont peu élevés et l'inflation plus forte que dans la plupart des autres pays d'Europe. Les salaires stagnent encore au-dessous de la moyenne européenne.

Au niveau municipal, Enrique Tierno Galván, idéologiquement proche de la pensée marxiste, fut élu maire de Madrid en 1979, lors des premières élections après la mort de Franco. Il dirigea jusqu'à sa mort en 1986, une ville en constante ébullition. C'étaient les années de la *movida*, qui entraînèrent la ville dans un tourbillon de folie, loin des années sombres et austères du règne du général Franco. Pour exemple, le cannabis était, en un certain sens, virtuellement légalisé.

Les choses s'assagirent un peu avec le successeur socialiste de Enrique Tierno Galván, Juan Barranco, qui fut chassé après une motion de censure, en 1989. Après une courte période de direction centriste, le conservateur José María Álvarez del Manzano accéda au pouvoir en 1991. À cette époque, dans la capitale, les effets secondaires des excès précédents se faisaient sentir avec l'explosion de la toxicomanie et l'augmentation de la criminalité. L'émergence du Sida dans les années 1980, en grande partie propagé par l'utilisation d'aiguilles contaminées, a généré une notion supplémentaire de danger.

En mai 2003, Alberto Ruiz-Gallardón du PP, président du gouvernement régional de la Communauté urbaine de Madrid, fut élu maire. Six mois plus tard, sa consœur au parti, Esperanza Aguirre, devint la première femme présidente de région jamais élue à Madrid.

La ville de Madrid, en tant que capitale, est née d'une décision royale, mais elle a réussi à s'imposer comme le cœur de l'Espagne et s'est fait une place incontournable dans l'Europe d'aujourd'hui. ■

Les dirigeants des 17 communautés autonomes d'Espagne se rencontrent à Madrid, en 2005.

Les arts

EN ESPAGNE, LES PÉRIODES LES PLUS GLORIEUSES DE LA PEINTURE COÏNCIDENT AVEC UNE ÉPOQUE de déclin et de confusion. Quant au plan architectural, Madrid a longtemps été négligée et s'est développée tard, et par à-coups. Les vestiges d'une ville ancienne côtoient des constructions de la fin du XIXe et du XXe siècle. La cité possède également une riche scène musicale, qui va du flamenco, présenté dans des bars étouffants, aux grands spectacles du nouvel opéra.

L'ARCHITECTURE

Elle n'était qu'une petite ville de province quand elle fut catapultée capitale du pays, à la fin du XVIe siècle. Madrid ne possède aucun vestige architectural digne d'intérêt de cette période. L'agréable concentration de bâtiments historiques dans le centre de la ville n'est que le témoignage des deux siècles suivants. Les grands boulevards et les édifices un peu hautains qui se distinguent dans le centre ville sont pour la plupart des créations du XIXe et du début du XXe siècle, quand Madrid s'enticha des styles de la Belle Époque et un peu plus tard, Art déco.

Du fort musulman à la Renaissance

Du fort musulman à l'origine de Madrid, il ne reste plus aujourd'hui qu'un modeste mur de défense, sous la cathédrale Nuestra Señora de la Almudena. Les tours des clochers de deux petites églises dans la vieille ville, l'Iglesia de San Pedro El Viejo et l'Iglesia de San Nicolás de los Servitas, sont les vestiges d'un édifice de l'art mudéjar (les mudéjars étaient des musulmans restés vivre sur le territoire conquis par les chrétiens).

Assez répandue dans le centre et le sud de l'Espagne, d'où les forces catholiques ont peu à peu chassé les musulmans, cette architecture se distingue par l'emploi de briques et une décoration stylisée. Les seuls vestiges de la période gothique à Madrid sont la merveilleuse chapelle de la Capilla del Obispo et la Casa de los Lujanes, de style gothique tardif, sur la Plaza de la Villa.

Juan de Herrera (1530-1597) fut l'un des plus grands architectes espagnols de la Renaissance. Son style austère et sobre est parfaitement illustré par l'Escurial, l'imposant palais-monastère-panthéon de Philippe II, aux environs de Madrid. Son influence sur l'architecture même de Madrid est plus indirecte.

Le Madrid baroque et le XVIIIe siècle

Juan Gómez de Mora (1586-1648) et son oncle Francisco de Mora (1560-1610) ont travaillé dans un style hybride clairement influencé par Juan de Herrera et connu sous le nom de *barroco madrileño*. Le premier a construit l'*ayuntamiento* (l'hôtel de ville), qui servit à la fois de résidence au maire et de prison municipale, et le Convento de la Encarnación. On doit au second le Palacio del Duque de Uceda (aujourd'hui la *Capitanía General* sur la Calle Mayor). La colorée Real Casa de la Panadería sur la Plaza Mayor date aussi de cette période.

Plus nettement baroque, bien que modestement chargée, la Basílica de San Isidro a été construite dans les années 1660.

Ventura Rodríguez (1717-1785), qui a dessiné le Palacio de Liria et conçu les jardins du Campo del Moro, rivalisait avec l'Italien Francesco Sabatini (1722-1797), qui travailla aussi sur le Palacio Real et éleva la Puerta de Alcalá. L'autre figure dominante du XVIIIe siècle fut Juan de Villanueva (1739-1811) qui conçut le bâtiment que nous connaissons encore aujourd'hui, le Museo del Prado.

La Belle Époque

La seconde moitié du XIXe siècle a connu un nouvel essor de l'architecture à Madrid. Mené par Antonio Palacios (1874-1945), un groupe d'architectes s'unit pour offrir à la capitale un rayonnement qu'elle possède encore aujourd'hui. Des boulevards comme le Paseo de la Castellana et le quartier résidentiel de Salamanca furent ainsi construits. Ce mouvement prit fin à la fin du XIXe siècle. Il était temps de

La tour de San Nicolás du XIIe siècle, un des quelques exemples d'architecture de style mudéjar à Madrid.

Le Palacio de Comunicaciones, qui domine la Plaza de Cibeles, est l'un des bâtiments les plus extravagants construits par Antonio Palacios, au début du XXᵉ siècle.

regarder en arrière et de s'inspirer du passé. Le monumental Palacio de Comunicaciones était, et reste, un exemple extrême de style néogothique.

Mais c'est aussi à cette époque que les architectes se sentirent libres de céder à toutes leurs envies, créant ainsi des joyaux Art déco comme l'Edificio Grassy (1917) et l'Edificio Metrópolis (1911). La Gran Vía est remplie de ces nombreux caprices quelque peu chimériques.

L'époque moderne

Les années Franco n'ont pas contribué à embellir Madrid. L'Edificio de España, sur sa place éponyme, est un amalgame ibérique des gratte-ciel de New York et de l'austérité soviétique. Les réalisations les plus modernes de – et depuis – l'époque de Franco jalonnent le Paseo de la Castellana. À l'exception des célèbres tours inclinées de Kio sur la Plaza de Castilla, peu de bâtiments spectaculaires ont vu le jour à Madrid.

Aujourd'hui, à l'aube du XXIᵉ siècle, la ville connaît un développement urbain sans précédent. Un trajet en voiture sur les voies qui ceinturent la ville révèle le nombre de communes de banlieue qui fleurissent, émergeant de nulle part. De grands bâtiments se repèrent dans la perspective. Le nouveau terminal de l'aéroport de Barajas, que l'on doit à Richard Rogers, est d'un design original, avec ses lignes onduleuses. Henry Cobb projette une tour de verre, la Torre Espacio, qui serait construite au nord du Paseo de la Castellana. Et l'Espagnol Rafael Moneo, qui a brillamment réussi la difficile restauration de l'ancien bâtiment de la gare d'Atocha et sa conversion en un jardin tropical (1992), est à l'origine de la réfection et de l'extension moderne du Museo del Prado.

PEINTURE ET SCULPTURE

Les grands maîtres espagnols, conduits par Vélasquez, répandirent leur lumière dans la morosité du déclin politique et économique de l'Espagne du XVIIᵉ siècle. La capitale et la cour étaient liées et c'est largement de cette dernière que les mécénats artistiques provenaient. Deux siècles plus tard, le titan du XIXᵉ siècle artistique espagnol, Goya, allait également en bénéficier. La guerre civile et les années Franco avaient poussé plusieurs artistes à s'exiler. Aujourd'hui, les temps ont changé et Madrid n'est pas seulement le principal détenteur de peintures du pays, elle

Le stade de football Bernabéu, propriété du célèbre club du Real Madrid, fait partie des réalisations signées par de grands architectes du Madrid moderne.

accueille de surcroît ce qui est devenu la principale manifestation d'art contemporain en Europe : l'Arco.

Les grands maîtres du siècle d'or

La décision de Philippe II de faire de Madrid la capitale n'a peut-être eu qu'une seule et véritable conséquence artistique. Le Crétois Domenikos Theotokopoulos (1541-1614), plus connu sous le nom du Greco, s'était installé dans la ville de Tolède, alors perçue comme la candidate la mieux placée pour devenir la capitale espagnole. Il tenta sans succès d'attirer l'attention du roi sur ses personnages éthérés. Quand il devint évident que le choix de Madrid était irréversible, Tolède perdit de son importance, et Le Greco sa fortune.

Diego Rodríguez de Silva y Vélasquez (1599-1660) fut à l'apogée des arts en Espagne, un homme au talent extraordinaire, au goût certain pour la gloire et le pouvoir. Peintre de la cour, il était né à la bonne époque. Si Philippe II avait montré un véritable penchant pour les peintres italiens, ses successeurs surent apprécier le travail de l'artiste.

Les œuvres les plus importantes de cet immense artiste sont présentées au musée du Prado. Sans doute son tableau le plus connu, *Las Meninas* (*Les Ménines*), ce chef-d'œuvre, mérite une observation attentive. Il ne représente pas seulement le portrait de la fille du roi Philippe IV, l'Infanta Margarita, et de leurs proches. Sur la gauche se trouve le peintre lui-même, peignant un portrait de... De qui ? La réponse est dans le miroir dans le fond de la pièce, dans lequel se reflètent le roi et la reine. Vélasquez a su saisir moult détails sur la toile, dont un qui n'est pas des moindres. Sur sa veste, on peut voir la croix de l'Ordre de Santiago, une décoration qu'il souhaitait ardemment et qu'il finit par obtenir à la fin de sa vie.

Au musée du Prado, plusieurs salles sont consacrées à ses chefs-d'œuvre. Le plus puissant est le *Cristo Crucificado* dans lequel il est parvenu à rendre toute la peine et l'horreur de la mort du Christ, et *La Rendición de Breda* (*La Reddition de Breda*), décrivant la reddition de la ville hollandaise aux forces espagnoles après un siège de dix mois.

Un ami et contemporain de Vélasquez, Francisco de Zurbarán (1598-1664), avait fait ses débuts à Séville, mais il vint aussi à Madrid (vers 1634-1635) pour exécuter les commandes de la cour et des couvents de la capi-

L'intrigant tableau de *Las Meninas* (*Les Ménines*), peint par Diego Vélasquez en 1656, est l'un des chefs-d'œuvre les plus connus au monde.

tale. Il retourna à Séville avec le titre d'Artiste royal. Il est connu par-dessus tout pour ses *chiaroscuros*, ses portraits de saints et de moines en clair-obscur, dont certains peuvent être admirés au Prado et à la Real Academia de Bellas Artes de San Fernando. Il revint à Madrid, où il mourut dans une relative pauvreté.

Bien que n'ayant pas beaucoup de contact avec Madrid, deux autres maîtres de cette période sont également visibles au Prado, et méritent d'être mentionnés. José (Jusep) de Ribera (1591-1652) vivait à Naples, alors sous contrôle espagnol (les Italiens le surnommaient Lo Spagnoletto, le « petit Espagnol ») et était un élève du Caravage, maître du *chiaroscuro*, où l'ombre et la lumière jouent un rôle déterminant.

Bartolomé Esteban Murillo (1618-1682) est né à Séville comme Vélasquez et a accompli l'essentiel de son œuvre dans sa ville natale. Grand maître des couleurs vives, les scènes religieuses dominent ses peintures, comme il était de rigueur à l'époque, mais l'artiste est également célèbre pour ses portraits de jeunes enfants des rues.

L'école de Madrid

Des artistes moins réputés, connus sous le nom collectif d'école de Madrid, étaient également très sollicités. Les frères Ricci, Fray Juan (1600-1681) et Francisco (1614-1685), étaient très actifs dans les couvents et les églises, dans toute la Castille.

Plus connu est le dernier artiste d'importance à émerger dans le contexte baroque de l'École de Madrid, Claudio Coello (1642-1693), qui a également marqué son époque. Né à Madrid de parents portugais, il étudia avec Francisco Ricci. Le Prado abrite certaines de ses œuvres mais la plus importante, l'immense *Sagrada Forma* (*L'Adoration de la sainte hostie*), est accrochée dans la sacristie de l'Escurial. Au sein d'un décor somptueux, Charles II est montré recevant la sainte communion, dans une atmosphère vibrante qui révèle tous les talents de coloriste du peintre. Cette scène symbolisait ainsi le rôle du monarque comme garant de l'ordre catholique en Espagne.

Goya

Dominant les autres artistes espagnols du XIXe siècle, Francisco José de Goya y Lucientes (1746-1828) est arrivé à Madrid, en provenance d'une petite ville d'Aragon, pour travailler à l'atelier des tapisseries royales. En 1799, il devint peintre de la cour du roi Charles III.

Tout au long de sa longue carrière, son style changea continuellement, bousculant les conventions artistiques dans une somptueuse indifférence. Il continua à exécuter des portraits religieux et des gens de la cour mais avec un réalisme de plus en plus accentué, voire impitoyable. On raconte qu'il connut une longue histoire d'amour avec la duchesse d'Albe, et les spécialistes pensent que ses tableaux de *La Maja Vestida* (*La Maja vêtue*) et *La Maja Desnuda* (*La Maja dévêtue*) sont des portraits de la jeune femme. Le scandale fut tel que ce dernier chef-d'œuvre fut longtemps caché aux yeux du public.

Le plus extraordinaire à propos de ses œuvres est leur immense variété, à la fois dans la méthode et dans la manière de traiter les sujets. Profondément sensible aux événements de son époque, et par-dessus tout à la

La série de gravures de Goya *Les Caprices* reflète sa vision pessimiste de la vie, à la fin du XVIIIe siècle.

guerre d'Indépendance, il exécuta plusieurs séries d'eaux-fortes sur le sujet, dont *Los Desastres de la Guerra* (*Les Désastres de la guerre*). La cruauté de la guerre y est reflétée sans pitié. Dans une autre série, *La Tauromaquia* (*La Corrida*), on sent combien Goya appréciait peu ce spectacle. Ses peintures les plus connues évoquent le soulèvement des Madrilènes contre les Français. *El Dos de Mayo* (*Le 2 Mai*) et *El Tres de Mayo* (*Le 3 Mai*) illustrent respectivement une scène de révolte et l'exécution des rebelles, le jour suivant.

Les *Pinturas negras* (*Les Peintures noires*) que Goya exécuta à la fin de sa vie sur les murs de sa maison aux abords de Madrid reflètent

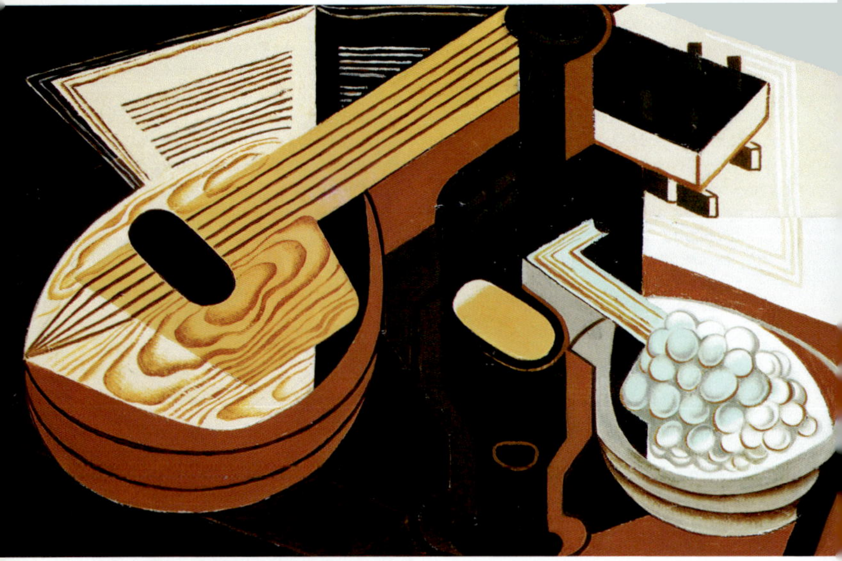

Juan Gris, un maître de la nature morte cubiste, comme en témoigne *La Mandoline* (1921).

ses tourments intérieurs. Ce sont des images cauchemardesques dont celle de *Saturno devorando a su hijos* (*Saturne dévorant ses fils*) est la plus célèbre.

Goya était très en avance sur son temps. Il allait inspirer par la suite des générations de peintres en Europe, et notamment les Impressionnistes français.

Le XXe siècle

Il était difficile de songer à égaler Goya. Pourtant les peintres du XXe siècle ne furent pas sans talent. Séjournant à Madrid à la fin du XIXe siècle, Joaquín Sorolla (1863-1923), natif de Valence, était célèbre pour ses scènes de plages ensoleillées. On peut les admirer dans la galerie située dans son ancienne demeure de la capitale. José Gutiérrez Solana (1886-1945), dont certaines œuvres sont visibles au Centro de Arte Reina Sofía, a su peindre dans des tonalités sombres et un style avant-gardiste les habitants de sa ville. Il fut largement influencé par les tragiques événements de la guerre civile.

À la même époque, un autre Madrilène, Juan Gris (1887-1927), devint un important artiste cubiste, avec son ami Picasso.

Benjamín Palencia (1894-1980) fut le fondateur de l'école de Vallecas (une banlieue de Madrid) et l'artiste de la nouvelle approche du paysage castillan. Le sculpteur Alberto Sánchez (1895-1962) était l'un des chefs de file des sculpteurs modernes espagnols. Il travaillait la pierre, le plâtre, le bois et le métal, et créait des personnages très minces que l'on retrouve dans les œuvres de Benjamín Palencia. Alberto Sánchez préféra s'exiler en Union soviétique plutôt que de vivre dans l'Espagne de Franco, et une grande partie de son œuvre fut détruite. Les créations de ces deux artistes sont exposées au Centro de Arte Reina Sofía. N'oublions pas un autre exilé, Eduardo Arroyo (né en 1937), dont les peintures allient la légèreté du Pop Art et la critique sociale.

LA LITTÉRATURE

Le centre de l'édition espagnole contemporaine est actuellement situé à Barcelone, mais Madrid a pendant longtemps attiré de grands auteurs. Pendant des siècles, ils étaient séduits par la cour et son mécénat. Plus tard, ils vinrent à Madrid simplement parce que la capitale était devenue la ville des gens de lettres.

Des générations d'écrivains, à Madrid et au-delà, ont tenté de faire perdurer l'esprit des grands auteurs espagnols du Siècle d'or.

Pour beaucoup, le roman européen a surgi de l'esprit d'un seul homme, né aux environs de Madrid, à Alcalá de Henares, Miguel de Cervantès Saavedra (1547-1616). Soldat de fortune, prisonnier aux mains des Maures, fonctionnaire public, accusé une fois de meurtre, Cervantès s'installa finalement à Madrid où, pour gagner un peu d'argent, il commença à raconter une petite nouvelle. *El Ingenioso Hidalgo Don Quijote de la Mancha* (*Don Quichotte*), le récit des tribulations d'un chevalier ruiné et de son fidèle compagnon, Sancho Panza, finit par être un bien plus long récit que Cervantes ne l'avait prévu, devenant ainsi le précurseur du roman moderne.

La même époque vit la naissance d'un des grands poètes espagnols, Luis de Góngora (1561-1627). L'art dramatique eut également ses célébrités, en particulier l'auteur de théâtre Lope de Vega (1562-1635), dont on peut toujours visiter la maison dans la vieille ville. Sur les plus de 2 000 pièces qu'il a écrites, environ 300 ont perduré jusqu'à aujourd'hui. Tirso de Molina, un contemporain de Lope de Vega, a créé le personnage de Don Juan dans *El Burlador de Sevilla* (*Le Séducteur de Séville*) qui aura la postérité qu'on connaît. À la toute fin du Siècle d'or émergea aussi un autre grand auteur espagnol, Pedro Calderón de la Barca (1600-1681).

Né environ deux siècles plus tard, dans les îles Canaries, le Balzac espagnol, Benito Pérez Galdós (1843-1920) a vécu presque toute sa vie à Madrid. Il y publia un des romans les plus célèbres de la littérature européenne du début du XXe siècle, *Fortunata y Jacinta*, une fascinante description de la vie au XIXe siècle dans le Madrid bourgeois.

Benito Pérez Galdós a vécu à Madrid à une époque d'effervescence politique et intellectuelle qui amena certains observateurs à parler de « l'âge d'argent », débutant en 1898 et s'achevant avec le déclenchement de la guerre civile. Il suivit les pas du philosophe-essayiste José Ortega y Gasset et participa au mouvement de la Génération de 1898, né du traumatisme de la guerre hispano-américaine.

Les procès des années Franco ont fasciné les écrivains des décennies durant. Le prix Nobel Camilo José Cela (1916-2002) a exploré les blessures de la ville après la guerre civile dans les années 1950, dans son roman *La Colmena* (*La Ruche*). Sans ouvertement critiquer le régime, il dépeint une sombre image de la vie des Madrilènes pendant les années 1940.

Un musée consacré à Dulcinea, la bien-aimée de Don Quichotte, reconstitue l'intérieur de sa maison, à El Toboso, dans La Mancha.

Comme Camilo José Cela, Francisco Umbral (né en 1935) a gagné le prestigieux prix littéraire espagnol, le Premio Cervantes. Écrivain prolifique et journaliste, Francisco Umbral a rédigé plusieurs romans dont l'action se passe à Madrid, le plus important étant la *Trilogía de Madrid*, un voyage à travers la vie et l'époque de Madrid durant les années Franco.

Une statue de matador salue les visiteurs de la Plaza de Toros Monumental de Las Ventas.

La corrida

Un bourdonnement remplit les arènes, un après-midi ensoleillé de la mi-mai. Depuis l'heure du déjeuner, les spectateurs ont convergé vers les plus grandes arènes du monde. Ils viennent de Madrid et de toute l'Espagne. Ce spectacle de mort et de vie, une danse de courage et de sang, n'est pas fait pour les âmes sensibles.

À Madrid, la Plaza de Toros Monumental de Las Ventas, avec une capacité de 25 000 personnes, offre un cadre imposant. Construite en 1931, elle se distingue par un mélange de grandeur classique et de mystique maure. Remporter une victoire ici est le rêve suprême de tous les toreros.

Les toreros recherchent gloire et fortune à travers prouesses physiques et bravoure. Ils aspirent à devenir un *matador* (tueur) et à parvenir au sommet en combattant à Las Ventas.

La *lidia*, autre nom de la corrida, date de l'époque romaine et, bien que le plus souvent associée à l'Espagne, elle est également pratiquée au Portugal, dans le sud de la France et en Amérique latine.

La haute-saison dure un mois et les combats sont quotidiens. Elle commence à Las Ventas avec les Fiestas de San Isidro Labrador (le saint patron de Madrid) à la mi-mai mais la corrida figure dans les festivals du pays. Dans les plus grandes villes, les corridas peuvent avoir lieu tous les week-ends.

Le spectacle commence vers 18 h. Comme le veut la règle, trois matadors avec leur *cuadrilla* (équipe de toreros) défilent pour combattre six taureaux d'éleveurs différents (chaque matador et son équipe prennent en charge deux taureaux). Les *toros bravos* (taureaux de combats) sont spécialement élevés pour ce jour particulier. Chaque combat dure environ 20 min. La rencontre est cruelle et le taureau est destiné à perdre mais personne ne mésestime les dangers encourus. Les matadors sont souvent horriblement blessés et nombreux sont ceux qui ont perdu la vie.

Un rituel complexe accompagne le combat. Le taureau est libéré d'un corral sombre dans l'arène, furieux et affolé d'avoir été enfermé. Les toreros surgissent, munis d'une cape de percale rose vif et jaune, excitant le taureau et le poussant à exprimer toute la force de son caractère.

Entre ensuite le matador qui combat le taureau avec une petite cape rouge. Son talent réside dans l'audace et la finesse de ses *faenas* (mouvements). À chaque manœuvre bien réussie, le public crie « Olé ! » pour l'encourager. Il est suivi par les *picadores* à cheval, armés de lances avec lesquelles ils blessent l'animal pour l'affaiblir. Puis viennent les *banderilleros*, qui se précipitent sur la bête pour l'atteindre avec des banderilles, *banderillas*, au garrot. Tout ceci contribue à fatiguer et stimuler le taureau pour le retour du matador, dont le *bravado*, le courage, va être maintenant pleinement mis à l'épreuve. Il dispose de dix minutes, 5 minutes de plus si nécessaire, pour donner l'*estocada* finale.

Si un matador a particulièrement bien combattu, le président de l'arène peut lui permettre de recevoir une oreille, voire deux, et parfois la queue, symboles de reconnaissance. Le rêve de tout matador est de sortir de Las Ventas par la Puerta de Moros de Madrid, un honneur réservé seulement aux plus grands triomphes dans la plus prestigieuse arène du monde. ■

Le picador à cheval (ci-dessous) éprouve le taureau avant l'arrivée du matador (ci-dessus) et la mise à mort.

Almudena Grandes (née en 1960) est l'un des auteurs madrilènes les plus couronnés de succès aujourd'hui. Ses thèmes sont assez généraux mais tournent plutôt autour de la complexité des rapports humains. L'action se passe souvent à Madrid, et dans son dernier roman, *Castillos de Cartón* (2004), l'histoire commence par un suicide et s'attache à trois jeunes étudiants dans une école d'art.

Le flamenco, apporté par les Gitans espagnols venus du sud du pays au XIVe siècle, est devenu la quintessence de la culture espagnole.

D'autres auteurs contemporains, locaux ou non, choisissent souvent Madrid pour cadre. Juan Eduardo Zúñiga (né en 1929) étudie la façon dont la ville a résisté à Franco pendant les années de guerre civile dans son célèbre roman *Capital de la Gloria*, tandis que Antonio Muñoz Molina (né en 1956) a choisi la capitale comme toile de fond à son *Dueño del Secreto* (*Le Sceau du secret*).

LE FLAMENCO

Il surgit des tréfonds de l'âme espagnole pour délivrer toute sa tristesse et sa passion. Pour beaucoup, le flamenco, que ce soit la musique, le chant ou la danse, est la quintessence de l'Espagne. En fait, il vient de la communauté des *Gitanos* (Gitans) du pays, et son berceau se situe en Andalousie. Mais Madrid, la ville des immigrants, a longtemps été sa seconde patrie.

Les origines du flamenco restent assez obscures. On pense qu'il prend ses racines au XVe siècle, quand les Gitans sont arrivés dans le sud du pays en provenance de l'Inde par l'Égypte et l'Europe de l'Est. Les musulmans contrôlaient toujours Grenade et certaines parties de l'Andalousie à cette époque, et les immigrants ont vite intégré des éléments de musique arabe et berbère.

Le chant flamenco a évolué pendant des siècles, passant des *siguiriyas* et *soleás* de Séville emplies de souffrance, aux *bulerías* plus enlevées de Jerez de la Frontera, ainsi que les *boleros*, *fandangos*, *alegrías*, *farrucas* et d'autres formes encore.

À l'origine de tout, le *cante hondo*, « chant profond », est un chant guttural, angoissé qui évoque souvent les reproches, la perte et l'injustice. La guitare flamenco (jouée par un *tocaor*), n'est à l'origine qu'un accompagnement à la chanson, qui a évolué vers un genre beaucoup plus virtuose. C'est ce phénomène que l'on retrouve avec la puissante danse des *bailaores.*

Ce qui a longtemps été une musique folklorique méconnue a commencé à attirer l'attention au cours du XIXe siècle. À Madrid, les Gitans vivaient aux abords de la Calle de Toledo, et les tavernes andalouses de cette rue accueillaient souvent des interprètes de flamenco. Cet art a connu ensuite des hauts et des bas à Madrid. Mais après les années 1950, la multiplication de *tablaos* (bars flamencos) l'a maintenu vivant dans la capitale. Quelques-uns, comme le Corral de la Morería et le Café de Chinitas, sont toujours en activité.

L'histoire de Carmen, la belle Sévillane, est contée de façon tragique par les talentueux danseurs du Ballet de Madrid.

Le flamenco aujourd'hui

Depuis les années 1980, le flamenco a subi une révolution, et les opinions sont largement divisées. Fierté des puristes, les Gitans affirment que les non-Gitans (les *payos*) ne peuvent pas vraiment acquérir la *duende*, cette qualité indéfinissable qui permet au musicien ou au chanteur de flamenco de faire vibrer sa flamme noire, sa flamme intérieure. Les traditionalistes ne prêtent donc que peu d'intérêt au travail des jeunes générations qui tentent de mélanger les genres, créant du flamenco-fusion, du rock flamenco, et même du flamenco hip-hop. Mais c'est cette ouverture aux influences nouvelles qui a permis aux artistes flamenco d'acquérir un public dans le monde entier.

Des artistes les plus traditionnels, la famille Carmona (également connue sous le nom de Los Habichuela) est sans doute la plus connue, particulièrement Juan (né en 1933) et Pepe (né en 1944), ainsi que la famille Montoya.

Acclamé dans le monde entier comme le plus grand chanteur de la jeune génération, El Camarón de la Isla (1950-1992) était proche de Paco de Lucía (né en 1947), sans doute le guitariste flamenco le plus connu d'Espagne. Dans la même génération, on trouve les *cantaores* Enrique Morente (né en 1942) et Carmen Linares (née en 1951). Vicente Amigo (né en 1967) est un jeune guitariste très prometteur.

Parmi les *bailaores* (danseurs de flamenco) contemporains, le fier et théâtral Joaquín Cortés (né en 1969) et le plus classique Antonio Canales (né en 1961) mènent des carrières internationales. À suivre également Belén López (née en 1987), Belén Maya (née en 1966), Eva la Yerbabuena (née en 1973), et Antonio El Pipa (né en 1971).

LA NOUVELLE VAGUE

Le nouveau flamenco a beau attirer l'opprobre des puristes, les groupes qui ont osé innover depuis les années 1980 ont acquis un public jeune qui n'avait à l'origine aucun intérêt particulier pour cette musique. Deux célèbres groupes notamment, Ketama et Pata Negra, ont choisi le camp du flamenco rock.

Pour les plus jeunes générations, ces groupes commencent même à être un peu dépassés. Cela explique le succès grandissant de chanteurs comme Raquel Riquelme, un non-Gitan (*payo*) dont la musique a été décrite comme « payo punk ».

D'autres musiciens se sont dirigés vers la fusion. Le groupe Radio Tarifa expérimente un mélange de flamenco, de musique médiévale et de sons nord-africains. Juan Peña Lebrijano ou El Lebrijano interprètent un flamenco plus traditionnel, accompagné par la musique mélodieuse d'orchestres marocains.

Hors des *tablaos*, assez touristiques, on trouve un petit nombre de bars flamencos plus authentiques dans les quartiers de Lavapiés et La Latina dans le centre de Madrid. Des concerts assez fréquents y sont donnés, comme sur la scène du Centro Cultural de la Villa. (Pour plus d'informations, consultez www.deflamenco.com en espagnol et en anglais.)

LA MUSIQUE

En 1997, le Teatro Real, le grand Opéra de Madrid sur la Plaza de Oriente, a rouvert après neuf ans de travaux. Aujourd'hui, les Madrilènes bénéficient d'une grande salle de concert avec les dernières innovations technologiques.

Les Madrilènes apprécient l'opéra et la musique classique, mais Madrid a produit peu d'artistes très prestigieux dans ce domaine, à une exception près, et de taille, le grand ténor Plácido Domingo (né en 1934). Il est

L'Orchestre national donne régulièrement des concerts à l'Auditorio Nacional, l'une des plus grandes salles de musique classique de Madrid.

né à Madrid mais il a grandi à Mexico dans une famille d'interprètes de *zarzuela*.

La *zarzuela*, une création typiquement madrilène, est un croisement de comédie musicale, d'opérette et de théâtre. Elle est née au XVIIe siècle pour divertir le roi Philippe IV, tirant son nom d'un palais (la résidence officielle de la famille royale aujourd'hui) dans lequel elle était régulièrement interprétée. Tombée dans l'oubli au XVIIIe siècle, la *zarzuela* est revenue à Madrid en tant que divertissement populaire au XIXe siècle. L'auteur dramatique Calderón de la Barca a écrit, à l'époque, de nombreuses pièces originales, souvent sur des thèmes mythologiques.

De nos jours, tout drame humain peut être traité sous la forme d'une *zarzuela*. Bien qu'elle puisse être assimilée aux comédies musicales d'une autre époque, elle reste très populaire auprès des Madrilènes et régulièrement mise en scène au Teatro de la Zarzuela.

Pour les oiseaux de nuit, pas plus l'opéra que les *zarzuelas* ne font le poids. Et l'intense scène nocturne compte d'innombrables groupes de rock, de pop, de hip-hop…

L'une des icônes de Madrid en matière de soft pop reste Antonio Vega (né en 1957), qui joue en solo depuis la dissolution de son groupe, Nacha Pop, dans les années 1980. Rosendo Mercado et Seguridad Social font également partie des groupes de rock de légende. Ce dernier a produit plus d'une douzaine d'albums depuis sa création dans les années 1980 et, bien qu'inconnu hors d'Espagne, il possède un très large public de fidèles.

Un nouveau talent est à suivre en la personne de Belén Arjona, native de Madrid et comparée par certains à l'enfant sauvage du rock and roll au Canada, Avril Lavigne.

LE CINÉMA

Franco était mort depuis seulement sept ans et la *movida*, une vague d'énergie hédoniste qui avait submergé Madrid à la fin des années 1970, était toujours aussi vive. La mort du *Generalísimo* avait attisé l'esprit créatif de la ville. Enrique Tierno Galván, philosophe marxiste et maire socialiste, qui avait prévenu un jour les Madrilènes « Défoncez-vous et prenez garde », était toujours au pouvoir municipal en 1982, quand un film culte, *La Colmena* (*La Ruche*), sortit dans les salles. Inspiré d'un

Pedro Almodóvar, lauréat de l'Oscar 2003 du meilleur scénario original, pour son film *Parle avec elle*.

roman de Camilo José Cela (qui y fait une petite apparition), le film de Mario Camus se passe pendant les années 1940, à Madrid. Il décrit les tribulations de personnages tirant le diable par la queue durant les jours sombres de la capitale de l'après-guerre civile, les suivant dans des cafés moroses, des bureaux de police, des appartements obscurs. Une telle représentation aurait été impensable quelques années plus tôt et, en un sens, elle symbolise la naissance du cinéma moderne espagnol.

Vingt plus tard, l'industrie cinématographique espagnole est plus prolifique que jamais et explose d'inventivité et d'originalité. L'essentiel des activités est basé à Madrid, et la ville elle-même sert de cadre à de nombreux films. La plupart d'entre eux restent méconnus en dehors des frontières mais on note cependant quelques exceptions.

Au moment de la sortie de *La Colmena*, un jeune et extravagant employé d'une com-

Tout sur ma mère **de Pedro Almodóvar, qui traite de la difficulté des relations entre les femmes, a remporté l'Oscar du meilleur film étranger en 1999.**

pagnie de téléphone du sud de la Castilla-La Mancha, Pedro Almodóvar, essayait également de se lancer dans le cinéma. Il était arrivé à Madrid vers la fin des années 1960. Pedro Almodóvar, et certains autres proches de lui et de son travail, furent le fer de la lance de la *movida* dans un style cruel et caustique.

Son premier vrai succès se fit attendre jusqu'en 1988, avec *Mujeres al Borde de un Ataque de Nervios* (*Femmes au bord de la crise de nerf*), une histoire typiquement almodovarienne de personnages aux relations hystériques à travers Madrid. Au passage, certains de ses acteurs favoris se firent remarquer, dont Carmen Maura, Antonio Banderas et Rossy de Palma.

Cette surprenante concentration de talents, particulièrement des actrices, venait de Madrid ou au moins y vivait. Icône locale de la scène et de l'écran, Victoria Abril a pendant des années été l'une des comédiennes favorites de Pedro Almodóvar, grande vedette de *¡Átame!* (1990, *Attache-moi*). Ana Belén, Maribel Verdú en font également partie ainsi que Penélope Cruz, qui, avant de faire carrière à Hollywood, a joué dans le film oscarisé de Fernando Trueba, *Belle époque* (1992). Trueba a co-écrit le scénario de ce film avec le Madrilène Rafael Azcona, un des scénaristes espagnols les plus marquants.

Quand le film d'Almodóvar *Todo Sobre Mi Madre* (1999, *Tout sur ma mère)* fut distingué par un Oscar, plusieurs de ses collègues de Madrid et lui-même avaient déjà acquis une réputation internationale, dont Penélope Cruz et Antonio Banderas, installés à Hollywood.

Javier Bardem, le neveu du grand réalisateur madrilène Juan Antonio Bardem, a également fait carrière à l'étranger, après avoir tourné dans plusieurs films d'Almodóvar. Son impressionnante performance dans *Mar Adentro* (2004), l'histoire controversée d'un paraplégique souhaitant mourir, lui a ouvert les portes du cinéma international. Il a obtenu un Oscar en 2007 pour son rôle dans *No Contry for Old Men,* des frères Coen. Almodóvar a également fait de Madrid et de La Mancha les décors de son dernier film, *Los Abrazos rotos* (2009, *Étreintes brisées*). ■

La Plaza Mayor est le cœur historique de Madrid, le symbole du prestige dont jouissait la ville au XVIIe siècle. Autour de la vieille place, le lacis des étroites ruelles est resté inchangé depuis l'époque médiévale.

La Plaza Mayor et la vieille ville

Introduction et carte **52-53**
La Plaza Mayor **54-55**
La Plaza de la Villa **56-59**
Balade dans le Madrid des Habsbourg **60-61**
La Plaza de la Paja **62-63**
Les tavernes traditionnelles **64-65**
La Basílica de San Francisco el Grande **66**
La Iglesia de San Isidore el Real **67**
Autres sites à visiter **68**
Hôtels **241**
Restaurants **251**

Châles brodés traditionnels

La Plaza Mayor et la vieille ville

Si la vieille ville est parfois appelée la Madrid de los Austrias, la Madrid des Autrichiens, elle fut pourtant habitée par les Maures bien avant eux, dès le IXe siècle. Il est vrai que sous le règne des Habsbourg, entre 1516 et 1700, Madrid connut de très nombreux changements. Elle devint la capitale de l'Espagne et le cœur de l'empire après la découverte des Amériques.

Peintures murales sur la Plaza de la Puerta Cerrada, autrefois l'une des portes de la ville.

L'architecture ne reflète pas cette période de grande prospérité, mais davantage les goûts relativement austères de la dynastie des Habsbourg, adepte des édifices élégants de brique rouge aux toits d'ardoises, agrémentés de tourelles et de pinacles. On découvre dans cette partie de la ville comment le bastion maure que fut Madrid à l'origine devint un acteur incontournable sur la scène mondiale.

La Plaza de la Villa, centre administratif de la ville, fut la place principale durant les 500 ans qui suivirent la reconquête chrétienne au XIe siècle. L'hôtel de ville s'y trouve encore aujourd'hui, dans un superbe édifice, mais il est prévu qu'il déménage dans les années à venir, dans l'ancien bureau de poste principal de la Plaza de Cibeles.

Au XVIIe siècle, la construction de la Plaza Mayor constitua la plus importante œuvre d'urbanisation de l'ère des Habsbourg. Édifiée à l'origine pour accueillir toutes sortes de cérémonies et de spectacles, cette place publique est aujourd'hui appréciée pour les nombreuses terrasses de café où il fait bon s'asseoir un moment au cours de la visite du quartier, mais elle n'est plus le cœur véritable de la ville.

Au sud de ces deux places historiques s'étend un entrelacs de ruelles et de petites places où, bien qu'il reste peu de l'ère médiévale, l'on peut encore deviner le tracé des vieilles enceintes de la ville. La Plaza de la Paja, qui offre le soir un espace de choix pour déguster un verre sous les arbres, était il y a 900 ans le site d'un grand marché. Du XIe au

XIVe siècle, certains des plus grands événements survenus à Madrid se déroulèrent ici. Maures et chrétiens se partagent un riche héritage dans ce quartier qui abrite certaines des plus vieilles et des plus intéressantes églises de la ville.

On peut sans peine faire remonter quelques immeubles au XVIIe siècle et la plupart, magnifiquement restaurés, comptent parmi les logements les plus convoités de Madrid. Les constructions les plus anciennes sont celles qui comportent deux étages, des toits en tuiles rouges et plates et arborent de petites fenêtres. Tout le quartier regorge de tavernes traditionnelles, de cafés en terrasse et de bars modernes, ce qui en fait l'un des endroits de la ville les plus propices à la flânerie, qu'elle soit diurne ou nocturne. ■

Les terrasses des cafés de la Plaza Mayor sont fréquentées toute l'année.

La Plaza Mayor

CONSTRUITE IL Y A QUELQUE 400 ANS, LA PLAZA MAYOR EST UN ENDROIT spectaculaire. Ceinte de bâtiments en brique rouge aux toits d'ardoises, ornés de flèches et de lucarnes typiques de l'architecture de l'époque, cette place magistrale héberge aujourd'hui quantité de cafés avec terrasse, d'échoppes traditionnelles et de bars à tapas. Des concerts, des spectacles et des feux d'artifice s'y déroulent certains soirs, et le dimanche matin s'y tient un marché de timbres et de monnaies.

Plaza Mayor

Carte p. 53

Sol

Informations touristiques

www.esmadrid.com

Office du tourisme de Madrid Plaza Mayor 27

91 588 1636

Durant les siècles qui ont précédé la construction de la place, le site abrita un marché situé en dehors de l'enceinte de Madrid. Puis, devant l'expansion rapide que connut la ville dans les décennies suivant son avènement en tant que capitale (en 1561), il fut décidé de convertir l'endroit en véritable place publique, capable d'accueillir toutes sortes d'événements officiels.

Et c'est d'après les plans de Juan Gómez de Mora (1586-1648), célèbre architecte de l'époque, que les travaux commencèrent, en 1617, pour s'achever à peine deux ans plus tard.

Les édifices encerclant la place logeaient alors environ 3 000 personnes, une densité inhabituelle qui fit l'objet de nombreuses plaisanteries locales sur le fait de vivre les uns sur les autres.

Outre les cérémonies officielles, la place pouvait accueillir des corridas, des joutes, ainsi que des spectacles de théâtre écrits par certains des plus grands dramaturges du temps. Un public de près de 50 000 personnes pouvait y assister. Mais les foules affluaient aussi pour voir des événements plus sinistres, tels que les exécutions et les macabres actes de foi de l'Inquisition espagnole, les autodafés.

Côté nord, on ne peut manquer les extraordinaires fresques qui ornent l'édifice de la **Casa de la Panadería**, présente sur le site avant la construction de la place, et foyer de la corporation des boulangers pendant plusieurs siècles. Les fresques, qui mettent en scène les signes du zodiaque et des allégories sur le climat et le temps, ont été créées en 1992 par Carlos Franco. La famille royale possédait des appartements dans l'édifice, dont seule la porte d'origine a subsisté, et assistait aux spectacles depuis le balcon surplombant la place.

Ce bâtiment abrite aujourd'hui le conseil municipal de la ville, ainsi que son **office de tourisme** principal, installé au rez-de-chaussée. À l'opposé, côté sud, s'élève la **Casa de la Carnicería**, où les bouchers de jadis emballaient, stockaient et vendaient leur viande.

L'apparence actuelle de la place doit tout à la fin du XVIIIe siècle. Après un terrible incendie, l'architecte du musée du Prado, Juan de Villanueva, remodela l'espace en uniformisant les édifices et en y ajoutant les entrées voûtées. Ces modifications firent de la place un lieu beaucoup plus fermé qu'à l'origine, ce qui, pour certains Madrilènes, fut la cause du déclin définitif de sa popularité.

La statue équestre de Philippe III par Giambologna et Pietro Tacca date de 1616, mais elle ne fut pas installée sur la Plaza Mayor avant le milieu du XIXe siècle.

Aujourd'hui, l'endroit est fréquenté davantage par les touristes que par les Madrilènes, et tous les cafés et restaurants ont malheureusement aligné leurs menus sur les goûts étrangers. De plus, il est conseillé de regarder les prix avant de passer sa commande, et également de bien vérifier la monnaie qu'on vous rend. ■

Un marché de timbres et de monnaies se tient sous les galeries de la Plaza Mayor chaque dimanche matin.

La Plaza de la Villa

Plaza de la Villa

Carte p. 53

Sol

Casa de la Villa

Plaza de la Villa 5

91 588 1000

Visites guidées gratuites le lun. à 17 h.

LA PLAZA DE LA VILLA, QUI EXHALE AUJOURD'HUI UNE DIGNITÉ SEREINE, était la plus importante place de la ville avant d'être détrônée par la construction de la Plaza Mayor. Les édifices qui l'encerclent sur trois côtés furent bâtis entre le XVe et le XVIIe siècle. Au Moyen Âge, le conseil municipal se rassemblait dans l'église San Salvador, qui coiffait le haut de la place et qui fut démolie au XIXe siècle.

L'édifice le plus ancien de la place est la **Torre y Casa de los Lujanes**, qui date de la fin du XVe siècle. Elle se situe à gauche lorsqu'on regarde depuis la Calle Mayor. François Ier y fut détenu jusqu'en janvier 1526 après qu'il fut fait prisonnier à la bataille de Pavie, le 24 février 1525. La façade, qui présente une alternance de bandes de silex et de mortier et de rangs de briques, est typique du style des résidences aristocratiques d'alors. Sur la droite, la voûte est de style mudéjar, tandis que le portail principal, sur la gauche, date des années 1920, moment de la reconstruction en style gothique castillan par Luis Bellido. Les armoiries, d'époque, sont celles de la très prestigieuse famille Lujanes. La Torre abrite aujourd'hui l'Académie royale des sciences morales et politiques.

Au centre de la place se trouve la statue de l'amiral Ivaro de Bazán, vainqueur de la bataille de Lépante qui opposa les chrétiens aux Ottomans au large des côtes grecques en 1571, et, pour l'anecdote, au cours de laquelle Cervantès perdit l'usage de son bras gauche.

De l'autre côté de la place, se dresse la **Casa de la Villa**, l'hôtel de ville, qui compte parmi les plus importants édifices de la dynastie des Habsbourg. Dessiné par Juan Gómez de Mora vers 1640, le bâtiment ne fut pas achevé avant 1693 faute d'avoir pu en lever le financement – les édiles madrilènes ne bénéficiant alors pas du soutien royal. À la fin du XVIIIe siècle, c'est l'architecte Juan de Villanueva qui ajouta la colonnade débouchant sur la Calle Mayor.

La Casa de la Villa abrite des tapisseries du XVIIIe siècle, créées par la manufacture royale de tapisserie, ainsi qu'un ostensoir en argent du XVIe siècle qui se montre dans les rues avoisinantes pendant les processions de la Fête-Dieu. La salle de réunion des conseillers municipaux possède des banquettes de cuir rouge datant du XVIIIe siècle, sous de superbes plafonds ornés de fresques qui sont l'œuvre de l'artiste Antonio Palomino (1655-1726).

La **Casa de Cisneros** (*Plaza de la Villa 4, tél. : 91 588 2906/7*), située au fond de la place, fut bâtie en 1537 pour loger Benito Jiménez de Cisneros, neveu du cardinal Jiménez de Cisneros. Elle est aujourd'hui reliée à l'hôtel de ville par une galerie. L'ensemble des bureaux du maire se trouve dans la tour plateresque, style caractérisé par l'usage d'un filigrane, comme celui que l'on voit dans le travail d'orfèvrerie et très typique de la Renaissance espagnole au XVIe siècle. La façade, modifiée par Luis Bellido au début du XXe siècle, constitue l'actuelle entrée principale, mais c'était, à l'origine, l'arrière de l'édifice. De l'autre côté, on peut admirer le portail délicatement sculpté qui donne sur la Calle Sacramento.

Non loin de la Casa de Cisneros siège l'élégante **Basílica Pontificia de San Miguel** (*Calle San Justo 4, tél. : 91 548 4011*), église baroque à façade concave dessinée par l'archi-

Page de droite : Des pinacles d'ardoises couronnent l'austère Casa de la Villa, cœur de la vie civique madrilène depuis le XVIIe siècle.

MADRID
2012

Plaza de la Villa, siège du gouvernement de Madrid depuis sa création. La Casa de Cisneros de facture plateresque, qui date de 1537, se dresse à l'extrémité sud.

tecte italien Giacomo Bonavia et construite entre 1739 et 1745 pour le prince don Luis – dernier-né de Philippe V et d'Élisabeth Farnèse – qui était alors l'archevêque de Tolède malgré son très jeune âge. L'église fut à l'origine dédiée à deux enfants, saint Juste et saint Pasteur, martyrisés sous le règne de l'empereur romain Dioclétien à Alcalá de Henares, à l'est de Madrid. Des sculptures représentant les saints sont placées en arc de cercle au-dessus du portail. La basilique appartient aujourd'hui à l'institution de l'Opus Dei, dont le fondateur, Josemaría Escrivá de Balaguer, est représenté de façon très réaliste par une statue située dans la deuxième chapelle à gauche.

Près de la basilique, se trouve le Palacio Arzobispal (palais archiépiscopal), construit à la même époque. Prenez à gauche la Calle de la Pasa, puis traversez la Plaza Conde de Barajas pour arriver à la Plaza Conde de Miranda. Sur la gauche se dresse le **Convento de las Carboneras** (*tél. : 91 548 3701, fermé dim.*) fondé au XVIIe siècle, qui appartient à l'ordre hiéronymite espagnol. En sonnant chez les nonnes – le bouton sous la mention *monjas* –, vous pourrez acheter des gâteaux au travers d'un *turno*, tambour rotatif qui permet aux nonnes cloîtrées de communiquer avec le monde extérieur sans être vues. L'église renferme un beau retable d'Antón de Morales, ainsi qu'une *Cène* par Vicente Carducho.

En empruntant l'étroite Calle del Codo (nommée « la rue du Coude » à cause de son tracé) depuis le couvent, on retrouve la Plaza de la Villa. À gauche de la place, la Calle Mayor donne, par la première rue à droite, sur la Calle San Nicolás, où se trouve la **Iglesia de San Nicolás de los**

Servitas (*Plaza de San Nicolás, tél. : 91 559 4064*). Commencée au XIIe siècle, c'est la plus ancienne église de Madrid. Elle fut détériorée et restaurée de nombreuses fois au fil des ans. On pense qu'elle fut édifiée sur le site d'une mosquée : les arches en fer à cheval du clocher, construit par des artisans arabes, évoquent clairement un minaret. Le presbytère présente des voûtes gothiques du XVe siècle soutenues, elles aussi, par les arches en fer à cheval de la nef. Juan de Herrera, l'architecte de l'Escurial (voir p. 228-231), y est enterré.

De nouveau sur la Calle Mayor, on aperçoit un ange de bronze qui vient rappeler la bombe, dissimulée dans un bouquet de fleurs, qui explosa le 31 mai 1906. On célébrait ce jour-là les noces d'Alphonse XIII et de Victoria-Eugénie de Battenberg, petite-fille de la reine d'Angleterre Victoria et grand-mère de l'actuel roi Juan Carlos. C'est au passage du cortège nuptial que la déflagration se produisit. Et si les deux monarques en sortirent sans dommage, 23 personnes périrent dans l'attentat, et la robe de la mariée fut maculée de sang.

Derrière le monument, se dresse la **Iglesia Arzobispal Castrense** (*Calle del Sacramento 11, tél. : 91 547 3624*), entamée au XVIIe siècle, et achevée au milieu des années 1740 par Bartolomé Hurtado pour le puissant duc d'Úceda, dont le palais de brique est à côté et abrite aujourd'hui le Conseil d'État, entre autres. L'église appartenait à l'origine à un couvent qui fut démoli en 1970. Les fresques qui ornent les plafonds voûtés furent exécutées en 1744 par les frères González Velázquez, qui travaillèrent sur plusieurs églises madrilènes de l'époque. L'édifice est aujourd'hui l'église de l'armée espagnole dans la capitale. ■

Il n'est pas toujours facile d'avoir une conversation téléphonique depuis une cabine au milieu de la cacophonie qui règne dans le centre-ville.

Baiser volé devant la Taberna de San Isidro, Plaza de la Puerta Cerrada.

Balade dans le Madrid des Habsbourg

Dans les ruelles du Madrid de las Austrias, seules quelques constructions d'époque ont résisté à l'épreuve du temps, mais l'atmosphère médiévale qui se dégage du quartier reste largement palpable, particulièrement à la tombée de la nuit.

Quittez la **Plaza Mayor** ❶ (voir p. 54-55) par la voûte nord-ouest en suivant le passage nommé Calle Ciudad Rodrigo. Le Bar Valle del Tiétar, à gauche, au n° 5, avec sa devanture typique de bois rouge, était un repaire de brigands notoire au XIXᵉ siècle. Le **Mercado de San Miguel** ❷ *(fermé sam. a.-m. et dim.)*, construit en 1916, est le dernier marché en fer forgé de Madrid. Au cours de ces dernières années, de nombreux étals ont malheureusement disparu, car les Madrilènes préfèrent de plus en plus les supermarchés aux marchés traditionnels...

Prenez ensuite la première à gauche pour rejoindre la Calle Cava San Miguel, qui était à l'origine un fossé extérieur aux murs de la ville. Les bâtiments du XVIIᵉ siècle se font de plus en plus hauts au fur et à mesure qu'on descend la colline, pour former l'enceinte de la Plaza Mayor. L'endroit est aujourd'hui bordé de bars à tapas, ou *mesones*, chacun proposant sa propre spécialité culinaire.

La rue devient ensuite la **Calle Cuchilleros**, baptisée en souvenir des fabricants de couteaux et d'épées qui la peuplaient autrefois. Sur la gauche au n° 17, **Casa Botín** est le restaurant le plus ancien et le plus renommé de la capitale espagnole. On atteint plus loin la **Plaza de Puerta Cerrada** ❸, où se trouvait l'une des portes de la ville ; les peintures murales qui ornent les bordures intérieures ont été réalisées dans les années 1980.

Prenez à droite la **Calle Segovia** en pente raide qui, aux temps médiévaux, était le cours d'un ruisseau qui se jetait dans la rivière Manzanares. Des vestiges des ères paléolithique, romaine et wisigothe y ont été retrouvés. Plus avant, l'imposant pont en béton construit dans les années 1930 est appelé **Viaducto**. La tour mudéjare penchée de l'église **San Pedro el Viejo** ❹ (voir p. 62) se dresse sur la gauche.

Sur la droite, la **Plaza de la Cruz Verde** inclinée tire son nom de la sinistre croix de bois verte qu'on y érigea jadis. Ces croix témoignaient des lieux où l'Inquisition avait jugé, condamné, et exécuté, ses victimes. Aujourd'hui, de paisibles tables de café se sont installées sous les arbres.

À l'autre extrémité de la place, tournez à gauche dans la Calle Alamillo, qui mène à la **Plaza de Alamillo** 5, petite et triangulaire, où étaient autrefois installés les tribunaux arabes et le cœur du quartier maure, après la reconquête chrétienne.

Prenez ensuite la Calle Alfonso VI, qui mène à la **Plaza de la Paja** et à l'église **San Andrés** (voir p. 63).

En remontant la colline située derrière San Andrés, on débouche sur un vaste site ouvert envahi de cafés, la **Plaza de los Carros** 6, dont chaque côté possède un nom distinct. L'endroit abritait autrefois une autre porte de la ville, la **Puerta de Moros**, par où passaient les négociants en vins venus des vignobles de La Mancha. Quittez la place par la **Calle Cava Baja** 7 qui, comme la Calle Cava San Miguel, était autrefois un fossé extérieur à l'enceinte. Les nombreux bars et restaurants qui longent la rue sont des vestiges des auberges médiévales qui hébergeaient jadis les négociants de vins.

La Cava Baja ramène à la Puerta Cerrada. Traversez la rue et passez de la Calle Latoneros à la Calle Toledo, puis prenez le chemin de retour vers la Plaza Mayor. ■

Voir plan p. 53
Plaza Mayor
1,6 km
30-40 min
Plaza Mayor

À NE PAS MANQUER
- Plaza Mayor
- Calle Cuchilleros
- Plaza de la Paja

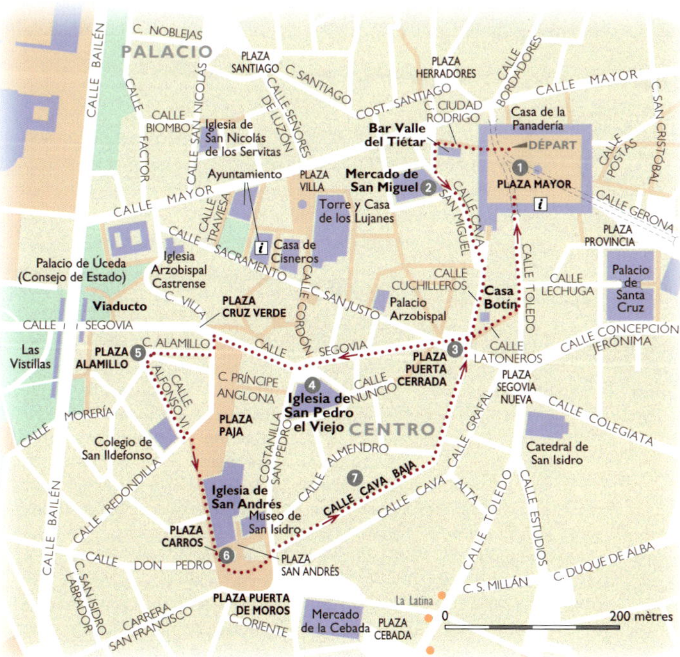

La Capilla de San Isidro était à l'origine bien davantage décorée, mais elle a été sérieusement endommagée pendant la guerre civile.

La Plaza de la Paja

AUJOURD'HUI PAISIBLE, LA PLAZA DE LA PAJA FUT AU MOYEN ÂGE L'ENDROIT le plus animé de la ville. Elle abritait en effet le plus important marché du Madrid maure. Puis, plusieurs siècles après la reconquête, c'est là que vécurent les familles les plus illustres de la ville. Les fermiers qui travaillaient dans les champs environnants étaient tenus de céder un dixième de leur récolte à l'église San Andrés, qui devint ainsi une puissante institution économique.

Plaza de la Paja
Carte p. 53
La Latina

Au début du XIIe siècle, un jeune homme nommé Isidore travaillait comme laboureur pour Iván de Vargas, un noble qui vivait sur la place et était propriétaire d'une terre de l'autre côté de la rivière. Profondément religieux, Isidore consacra sa vie à aider les malades, les enfants, les indigents et les animaux. Plus de 400 miracles sont attribués à ce saint patron de Madrid.

Lorsque Ferdinand II d'Aragon et Isabelle de Castille, qui allaient devenir les Rois catholiques, vinrent à Madrid proclamer leur droit au trône, à la fin du XVe siècle, ils s'établirent dans un palais de la place, à l'actuel n° 14. Plus bas, on peut se reposer dans le **Jardín del Príncipe de Anglona**, petit jardin aménagé en 1920 aux côtés du Palacio de Anglona, à l'époque vaste résidence aristocratique aujourd'hui reconvertie en appartements. Juste à l'extérieur de la place, derrière le palais, se trouve la **Iglesia de San Pedro el Viejo** (*Calle Nuncio 14, tél. : 91 365 1284*), construite au milieu du XIVe siècle sur le site d'une mosquée et dotée d'une tour penchée à meurtrières, érigée par des ouvriers arabes. L'église fut largement reconstruite au XVIIe siècle, mais elle a conservé sa belle voûte gothique du XVe siècle et une porte Renaissance datant de 1525.

À l'extrémité de la Plaza de la Paja, la **Iglesia de San Andrés** (*tél. : 91 365 4871*) fut l'une des premières à être construite après la reconquête chrétienne, au cœur du quartier maure historique. L'édifice fut en grande partie détruit par un incendie pendant la guerre civile. La façade qui fait face à la Plaza de la Paja est celle d'une chapelle privée séparée, nommée **Capilla del Obispo**. Comptant parmi les plus beaux édifices de la fin du style gothique à Madrid, elle fut construite en 1520 par la famille Vargas pour installer le tombeau de saint Isidore (voir encadré) dans un site prestigieux. Actuellement en cours de restauration, la chapelle devrait être intégrée au Museo de San Isidro à la fin 2007.

Le dôme octogonal qui se dresse derrière appartient à la **Capilla de San Isidro** récemment rénovée, qui fut construite en même temps que San Andrés, au XVIIe siècle, à partir de pierres provenant d'un ancien rempart maure. Les vestiges de **San Andrés** ont été incorporés à l'arrière de cette structure. La Capilla de San Isidro fut également édifiée pour abriter le tombeau de saint Isidore, mais à la fin du XVIIIe siècle, celui-ci fut déplacé dans la Iglesia de San Isidro el Real voisine (voir p. 67).

De l'autre côté de l'église, sur la Plaza de San Andrés, se trouve l'intéressant **Museo de los Orígenes**, sur un site où saint Isidore aurait vécu et où l'on peut affirmer qu'il est mort. Le musée met en scène la vie du saint et expose l'évolution de Madrid depuis la préhistoire jusqu'au XVIIe siècle. ■

San Isidro

Isidore devint le saint patron de Madrid après avoir été l'auteur de plusieurs miracles. Entre autres, il obtint d'anges qu'ils labourent un champ, fit jaillir des sources d'eau et ranima son fils, alors bébé, qui était tombé dans un puits. ■

Museo de los Orígenes
www.munimadrid.es/museosanisidro
✉ Plaza de San Andrés 2
☎ 91 366 7415
🕒 Fermé sam. a.-m., dim. a.-m. et lun.
Ⓜ La Latina, Tirso de Molina

La Iglesia de San Andrés est située au cœur du Madrid médiéval.

Les tavernes traditionnelles

L'engouement de la capitale espagnole pour les bars a entraîné la disparition de dizaines de tavernes traditionnelles dans la seconde moitié du XXe siècle. Ces dernières années pourtant, les Madrilènes ont pris conscience de l'héritage que représentent pour eux ces établissements, et ils fréquentent avec assiduité ceux qui ont survécu.

Les tavernes sont intimement liées à l'histoire de Madrid, étant apparues peu de temps après la reconquête chrétienne en 1085. Les muletiers apportaient alors le vin des vignes de Valdepeñas de La Mancha jusqu'à la Puerta de Moros, au cœur de la vieille ville. Au XIVe siècle, on comptait 40 établissements, chiffre qui fut multiplié par six au cours du XVIIe siècle, sous le règne du roi épicurien Philippe IV.

Les tavernes classiques arborent des devantures de bois peint en rouge ou en brun, suivant une tradition qui remonte au XIXe siècle. Les enseignes sont peintes à la main ou gravées à l'acide sur le verre. Dans les années 1920, les façades ont commencé à être davantage ornementées, notamment au moyen de carreaux de faïence peints à la main. À l'intérieur, on trouve généralement un bar en marbre ou en bois sculpté, prolongé à son extrémité par une gout-

tière peu profonde, en étain ou en zinc, où un robinet d'eau, constamment ouvert, assure fraîcheur et hygiène aux flasques de vins qui y sont conservées.

On ne peut plus authentique, la **Taberna de Antonio Sánchez** (*Calle Mesón de Paredes 13, tél. : 91 539 7826, fermé dim. a.-m*), fondée en 1830, est depuis lors tenue par d'anciens toreros, comme l'attestent peintures et photographies, sans parler de l'énorme tête de taureau, accrochées aux murs. On y boit du vermouth accompagné de délicieuses tapas sur des tables en marbre. À l'arrière, la partie restaurant est spécialisée dans la queue de taureau braisée et le boudin, ainsi que dans les *torrijas*, succulent dessert à base de pain trempé dans du lait, du sucre et de la cannelle.

Considérée comme la plus ancienne taverne de la ville, la **Casa Alberto** (*Calle Huertas 18, tél. : 91 429 9356, fermé dim. a.-m. et lun.*) ouvrit en 1827. Quelques siècles plus tôt, Cervantès vécut dans une maison de la rue, où il écrivit la deuxième partie de *Don Quichotte*. Aujourd'hui, une gamme de tapas traditionnelles est présentée sur le comptoir en inox, tandis que des plats plus substantiels sont servis dans la partie restaurant.

Les tavernes de caractère, comme Venta el Buscón (à gauche) ou Bodega de Ángel Sierra (ci-dessus) redeviennent à la mode.

La **Casa Labra** (*Calle Tetuán 12, tél. : 91 531 0081*) présente une façade en bois typique, et son enseigne est gravée à l'acide sur le verre, un savoir-faire qui malheureusement se perd. Fondée en 1860, la taverne fut un lieu de prédilection pour Ernest Hemingway, ainsi que pour les toreros Antonio Ordoñez et Luis Miguel Dominguín. En 1879, le parti socialiste espagnol fut créé dans son arrière-salle par Pablo Iglesias. Tout, sauf le comptoir, est d'origine, et les clients affluent des rues commerçantes voisines pour ses beignets de morue et ses croquettes, et son excellente bière à la pression.

Avec sa mosaïque carrelée réalisée en 1908, la **Taberna La Dolores** (*Plaza de Jesús 4, tél. : 91 429 2243*) est remarquable. L'intérieur fut également carrelé jusque dans les années 1960, lorsque le propriétaire jugea son établissement démodé et les fit retirer. La bière qu'on y sert est réputée comme la meilleure de Madrid ; tirée à l'ancienne, la mousse qui la coiffe n'est ajoutée qu'au dernier moment, juste avant de servir. ■

La Basílica de San Francisco el Grande

Plaza de San Francisco

Carte p. 53

91 365 3800

Fermé sam. a-.m., dim. et lun.

€

La Latina, Puerta de Toledo

San Francisco fut la cathédrale officieuse de Madrid jusqu'à l'achèvement de la cathédrale de l'Almudena en 1994, et nombre de Madrilènes continuent de la considérer comme l'église la plus importante. Après des décennies d'abandon, elle est progressivement restaurée. Une œuvre de Goya compte parmi ses nombreux trésors artistiques.

Le large dôme de la Basílica de San Francisco el Grande surplombe les ruelles de la vieille ville.

Selon la légende, saint François d'Assise fonda un monastère sur ce site en 1217, inaugurant l'un des tout premiers édifices du genre à Madrid. Mais, en 1760, Charles III désirant un bâtiment plus vaste et plus prestigieux, fit détruire le bâtiment d'origine.

Architecte peu expérimenté, le frère Francisco Cabezas dessina un plan ambitieux pour la nouvelle cathédrale, dont un dôme de 56 m de haut pour un diamètre de 33 m, mesures qui devaient en faire l'un des plus grands du monde. La réalisation n'alla pas sans problèmes, que les plus grands architectes de l'époque – Francesco Sabatini, Ventura Rodríguez et Diego de Villanueva – aidèrent à résoudre dans un climat de grande acrimonie. Les moines durent quitter la basilique, à la suite de la confiscation des biens ecclésiastiques en 1836, et elle servit alors de caserne militaire et de panthéon national.

Le maître-autel de la cathédrale, restauré en 2005, présente des peintures illustrant la vie de saint François par Manuel Domínguez et Alejandro Ferrant. L'œuvre de Goya, qui date de 1782-1783, se trouve dans la première chapelle à gauche en entrant dans l'église. Elle montre saint Bernardin de Sienne prêchant pour le roi Alphonse V d'Aragon et sa cour. Goya s'est représenté lui-même sur la droite de l'œuvre, en veste jaune. Âgé de seulement 37 ans à l'époque de cette peinture, l'artiste n'avait pas encore été désigné comme peintre officiel de la cour. L'église renferme en outre des peintures des remarquables Francisco de Zurbarán, Alonso Cano et Francisco Pacheco, qui était le beau-père de Vélasquez.

À droite de l'entrée principale se trouve la **Capilla del Cristo de los Dolores de la Venerable Orden Tercera**. Construite au XVIIe siècle, elle présente un baldaquin abritant une sculpture du Christ. ■

La Iglesia de San Isidro el Real

ÉGLISE PARMI LES PLUS IMPORTANTES DE MADRID, SAN ISIDRO FUT LA cathédrale officielle de la ville pendant un siècle, jusqu'à l'ouverture de Nuestra Señora de la Almudena (voir p. 78) en 1993. Construite entre 1622 et 1664, elle fut à l'origine l'église du Colegio Imperial de la Compañía de Jesús, prestigieuse institution jésuite fondée par l'impératrice Marie de Habsbourg. Le patronage royal attira des noms fameux dans l'institution, dont certains écrivains de l'âge d'or tels Lope de Vega, Calderón de la Barca et Francisco de Quevedo.

Iglesia de San Isidro el Real

- Carte p. 53
- Calle de Toledo 37-39
- 91 369 2037
- La Latina

La structure baroque aux clochers jumeaux et au dôme d'ardoises fut pensée par Pedro Sánchez et Francisco Bautista, inspirés par l'église du Gesù à Rome.

Après l'expulsion des jésuites d'Espagne en 1767, sous Charles III, Ventura Rodríguez redécora l'intérieur dans un style néoclassique. En 1789, les dépouilles de saint Isidore et de sa femme, Santa María de la Cabeza, furent transférées ici depuis la Capilla de San Isidro voisine (voir p. 63).

L'église fut rendue aux jésuites sous le règne de Ferdinand VII, mais la tragédie frappa de nouveau en 1834, suite à des rumeurs qui accusaient les prêtres d'empoisonner l'eau des fontaines de Madrid. Une foule hystérique prit d'assaut l'église, tua 14 prêtres et en blessa 5 autres grièvement. L'édifice fut par ailleurs sévèrement endommagé pendant la guerre civile, en 1938, et il dut être en grande partie reconstruit. L'Instituto San Isidro s'est toutefois maintenu à ses côtés, avec sa cour baroque en granit d'origine.

Le maître-autel, construit au XVIIIe siècle par Ventura Rodríguez, abrite les tombeaux du saint et de sa femme, tandis qu'à gauche de l'autel, une chapelle ovale renferme les figures des deux saints. Les trois chapelles disposées sur la droite en entrant exposent les statues de la Virgen de los Reyes, de la Virgen de la Esperanza Macarena et de Jesús del Gran Poder, tous trois vénérés par la communauté andalouse de Madrid. ■

Des pèlerins vénèrent le saint patron de Madrid à San Isidro.

Le Palacio de Abrantes, aujourd'hui le centre culturel italien, date du XVIIe siècle.

Autres sites à visiter

LA IGLESIA DE SANTA CRUZ

Cette église néogothique au clocher néomudéjar fut dessinée en 1878 par le marquis de Cubas (1826-1899), mais ne fut achevée qu'en 1902. Elle renferme une riche et importante collection : peintures, sculptures sacrées, et ostensoirs provenant de couvents environnants détruits au XIXe siècle.

Carte p. 53 Calle de Atocha 6
91 369 1239 Sol, Tirso de Molina

LE PALACIO DE ABRANTES

Aujourd'hui Centre culturel italien, après avoir été le siège de l'ambassade d'Italie (1888-1939), ce palais fut construit en 1652 et restauré à partir de 1842, après son acquisition par le duc d'Abrantes. Pendant la guerre civile, l'édifice fut occupé par les sections italiennes des brigades internationales. Des vestiges de l'église Santa María du XIIe siècle et des enceintes maures du IXe siècle sont encore visibles.

Carte p. 53 Calle Mayor 86
91 547 5205 Ópera

LE PALACIO DE SANTA CRUZ

Façade de brique rouge et tourelles d'ardoises, ce palais illustre le style architectural baroque des Habsbourg. Dessiné par Cristóbal de Aguilera, le palais héberge aujourd'hui le ministère des Affaires étrangères, après avoir servi de prison entre 1629 et 1643, et accueilli la cour de justice et le ministère d'Outre-mer. Le portail de pierre présente les armoiries de Philippe IV, sculptées par Antonio Herrera Barnuevo. George Borrow (1803-1881), écrivain et linguiste anglais, passa trois semaines emprisonné dans le palais en 1838 pour croyances hérétiques, mais il y fut plutôt traité comme un invité d'honneur. Notons deux autres détenus remarquables : le célèbre bandit de Madrid Luis Candelas et le dramaturge Lope de Vega.

Carte p. 53 Plaza Provincia 1
91 379 9550 Sol, Tirso de Molina

LE PALACIO DE ÚCEDA

Édifié au début du XVIIe siècle pour le duc d'Úceda, favori du roi Philippe III, ce palais servit de référence à certains bâtiments publics de cette période, dont la Casa de la Villa (voir p. 56). Il perdit de sa superbe avec la destruction de ses deux tours lors d'un incendie, au XVIIIe siècle. Le palais abrite aujourd'hui le conseil d'État, et le quartier général de l'armée.

Carte p. 53 Calle Mayor 79
91 516 6262 Ópera ■

Au caractère majestueux du palais royal, vient s'ajouter l'élégance de son environnement où de somptueux bâtiments témoignent d'influences française et italienne, en vogue dans le Madrid des XVIIIe et XIXe siècles.

Le Palacio Real et ses abords

Introduction et carte **70-71**
Le Palacio Real et ses jardins **72-77**
Nuestra Señora de la Almudena **78-79**
Plaza de Oriente **80-81**
Chocolat et churros **82-83**
Le Real Monasterio de la Encarnación **84-85**
Le Monasterio de las Descalzas Reales **86-87**
Autres sites à visiter **88**
Hôtels **244**
Restaurants **252**

Un jeune Madrilène en costume traditionnel.

La relève de la garde royale a lieu chaque premier mercredi du mois devant le palais.

Le Palacio Real et ses abords

Le Palais royal se dresse à l'ouest de Madrid, sur une hauteur dominant jusqu'à la Sierra Guadarrama. Ce site, jadis hautement stratégique, fut occupé dès le IXe siècle par l'Alcázar érigé par les Maures pour venir renforcer la ceinture de fortifications destinée à la défense de Tolède, plus au sud. Après avoir conquis la ville à la fin du XIe siècle, le roi Alphonse VI de Castille s'y installa et fit ériger aux abords les premières églises, souvent sur l'emplacement d'anciennes mosquées. L'Alcázar servit de résidence aux souverains espagnols jusqu'à sa destruction par un incendie en 1734.

Après le transfert de la capitale à Madrid en 1561 par Philippe II, les ordres religieux vinrent nombreux s'y établir et les monastères se multiplièrent. L'un des plus importants fut celui de las Descalzas Reales, fondé en 1559 par Jeanne d'Autriche, la sœur du roi, qui renferme des trésors inestimables. Un demi-siècle plus tard,

en 1611, la reine Marguerite, épouse de Philippe III, faisait bâtir à proximité de la résidence royale le couvent de la Encarnación.

L'incendie qui ravagea l'Alcazar en 1734 fut l'occasion pour Philippe V de faire édifier un palais digne de la puissance des Bourbons dont il était le premier représentant. Sa construction s'acheva en 1764, sous le règne de son fils Charles III. C'est à lui, et à son successeur Charles IV, que l'on doit la débauche de décorations et une grande partie des riches collections d'œuvres d'art.

Les Madrilènes ne sont pas encore habitués à leur nouvelle cathédrale, Nuestra Señora de la Almudena. Les travaux – une longue litanie de changements de plans, d'architectes et d'interruptions –, entrepris en 1879, durèrent plus d'un siècle. Le résultat final souleva une vive controverse qui s'apaisa quelque peu lorsque le mariage du prince Philippe, héritier du trône, avec Letizia Ortiz, une ancienne journaliste de la télévision, y fut célébré en 2004. Le couple échangea son premier baiser public sur le balcon du Palacio Real donnant sur la Plaza de Oriente, une immense place dont les jardins sont ornés de statues.

De l'autre côté de la place, le Teatro Real, l'opéra, accentue le caractère de noblesse du quartier qui est devenu l'une des adresses les plus en vue de la capitale. L'atmosphère qui y règne contraste avec celle des rues médiévales autour de la Plaza Mayor, pourtant toute proche. ■

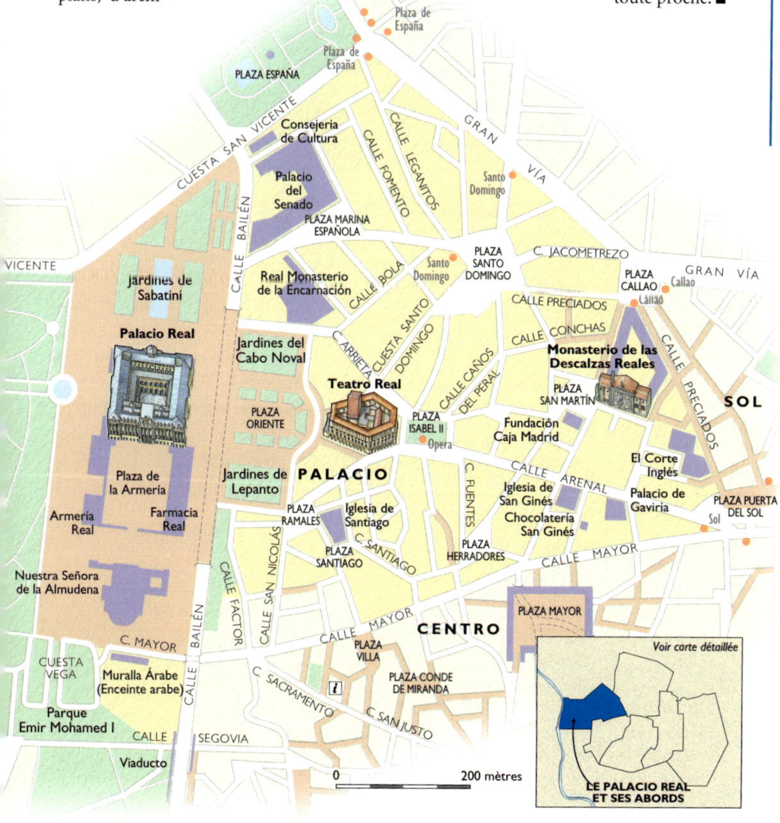

Construit sur une hauteur, le Palacio Real offre des vues panoramiques sur la ville et la sierra Guadarrama.

Le Palacio Real et ses jardins

SI LES MEMBRES DE LA FAMILLE RÉGNANTE AFFICHENT UNE RELATIVE simplicité, leurs ancêtres des XVIIIe et XIXe siècles aimaient faire montre de leur puissance et de leurs richesses. En témoignent l'ensemble époustouflant des salles abondamment décorées de leur palais et la profusion d'œuvres d'art qu'il renferme. Le Palacio Real resta la résidence officielle des monarques espagnols jusqu'à l'abdication en 1931 et le départ en exil d'Alphonse XIII. Son petit-fils, l'actuel Juan Carlos, occupe aujourd'hui un palais plus modeste, le Palacio de la Zarzuela, à l'ouest de Madrid, le Palacio Real étant désormais réservé aux réceptions officielles.

Palacio Real

www.patrimonionacional.es/preal/preal.htm

Plan p. 70-71

Calle Bailén

91 454 8800

Fermé dim. a.-m. et lors des cérémonies officielles

€€. (gratuit mer. pour ressortissants de l'U.E.), supplément visite guidée en français

Ópera

Le palais s'élève sur l'emplacement d'une forteresse arabe érigée au IXe siècle, devenue résidence royale en 1561 lorsque Philippe II élut Madrid comme capitale, et détruite par un incendie en 1734. Philippe V, de la maison des Bourbons, décida alors de faire construire un nouveau palais dont le style fut influencé par celui de Versailles, où il avait passé son enfance, et par son épouse italienne, la dominatrice s'il en est Élisabeth Farnèse.

Il fit appel à l'architecte italien Filippo Juvarra, qui dressa les plans d'un palais de deux fois la taille de celui de Louis XIV ! Sa mort mit un terme à ce projet, qui fut modifié et ramené à de plus modestes proportions par son élève, un autre Italien, Giovanni Battista Sacchetti, assisté d'un compatriote, Francesco Sabatini, et de l'Espagnol Ventura Rodríguez. Pour réduire les risques d'incendie, ils eurent recours à la pierre calcaire de Colmenar et au granit de Guadarrama.

VISITE

L'entrée principale donne sur la Plaza de la Armeria, une vaste place d'armes où la relève de la garde royale s'effectue chaque premier mercredi du mois, à midi, sauf en juillet, août et septembre. La visite commence par le hall d'entrée où une statue de Charles III en général romain se dresse au pied d'un escalier monumental en marbre de Tolède. Ses marches, très basses, permettaient aux dames de la cour, entravées par leurs robes, de monter à l'étage, quand elles n'y étaient pas conduites en chaise à porteurs. Les splendides fresques du plafond sont l'œuvre de Corrado Giaquinto (1703-1765).

L'escalier mène à la **salle des Hallebardiers**, décorée de tapisseries flamandes, et dont le plafond a été peint par Giovanni Battista Tiepolo (1696-1770). La **salle des Colonnes** renferme des bronzes et des bustes d'empereurs romains sauvés de l'incendie de l'ancien Alcázar. C'est dans cette pièce que le corps de Franco fut exposé après sa mort, en 1975.

La **salle du Trône** présente un magnifique plafond, également l'œuvre de Tiepolo, qui représente une allégorie de la grandeur de la monarchie espagnole. Le décor, auquel participent des miroirs, des chandeliers vénitiens et plusieurs horloges surchargées d'ornementations, est d'origine. Sur les deux trônes, exécutés en 1977 pour le roi Juan Carlos et la reine Sofia, on aperçoit leurs portraits en miniature. N'ayant pas été sacré roi, mais proclamé par le Parlement, le souverain ne coiffe pas la couronne lorsqu'il siège sur son trône, et la reine non plus par conséquent.

Les **appartements dits de Charles III** sont les salles occupées par le monarque dès son installation en 1764. L'antichambre abrite le fleuron pictural du palais : quatre portraits de Charles IV et de son épouse Marie-Louise de Parme, par Goya. Le peintre réalisa des portraits de chacun des membres de la famille royale avant de les rassembler dans une vision générale. La **salle Gasparini**, de style rococo, porte le nom du décorateur italien qui lui donna ses tentures murales de soie brodée, les motifs de son sol en marbre et son plafond en stuc richement décoré. Les murs de la **chambre du roi**, où il s'éteignit en 1788, portent les lys d'or sur champ d'azur, armes de la monarchie. La **salle de porcelaine**, qui servait de fumoir, est entièrement couverte de porcelaine illustrant le thème de Bacchus. C'est dans la **chambre jaune**, adjacente, que les dames, assises sur des chaises en marqueterie, croquaient du chocolat, en attendant que leurs époux en aient fini avec les ronds de fumée.

La **salle des banquets**, qui fut aménagée en 1879 sous le règne d'Alphonse XII à partir de plu-

Au garde-à-vous comme il se doit, les soldats de la garde royale durant une parade sur la Plaza de Armas.

sieurs petites pièces, est somptueusement parée de murs en stuc doré, de tapisseries flamandes en soie, et de vases français et chinois. Réservée aux repas officiels, elle peut accueillir jusqu'à 144 convives autour d'une table éclairée par une rangée de vingt-cinq lustres. La peinture du plafond représente Christophe Colomb annonçant la découverte du Nouveau Monde aux Rois catholiques Ferdinand et Isabelle. Les deux chaises un peu plus grandes sont celles réservées au couple royal.

On pénètre ensuite dans les salles où sont exposées les collections. La première salle, celle où Alphonse XIII se faisait projeter des films, accueille parfois des hôtes de marque pour des concerts. Bien que Joseph Bonaparte ait fait fondre une grande partie de l'**argenterie royale**, la salle qui lui est consacrée contient quelques belles pièces, dont notamment un bol à punch ramené d'outre-Manche par l'épouse anglaise du roi Alphonse XIII, Victoria-Eugénie, qui avait vainement tenté d'introduire cette boisson en Espagne pour remplacer la sangria.

La **salle Stradivarius** abrite un violoncelle, un alto et deux violons fabriqués sur commande de Philippe V par le célèbre luthier Antonio Stradivari (1644-1737). Ces instruments, qui constituent un inestimable trésor, sont parfois confiés à des musiciens pour les concerts donnés dans la salle des Colonnes. Dans la **salle des Céramiques** on peut admirer des porcelaines de l'East India Company, et des manufactures de Meissen et de Sèvres.

Au centre du palais, la **Capilla Real** (chapelle royale) qui ouvre

PALACIO REAL

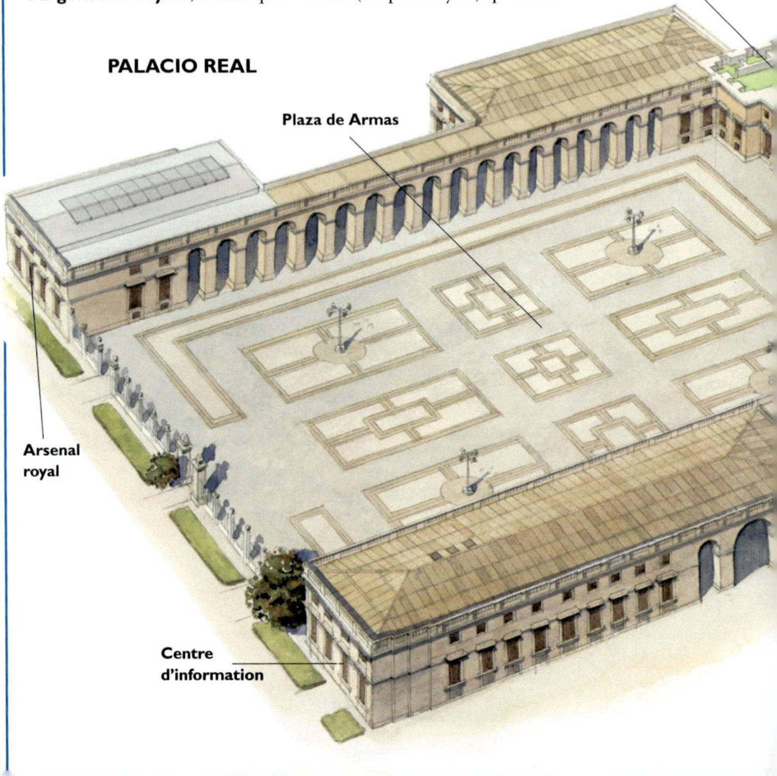

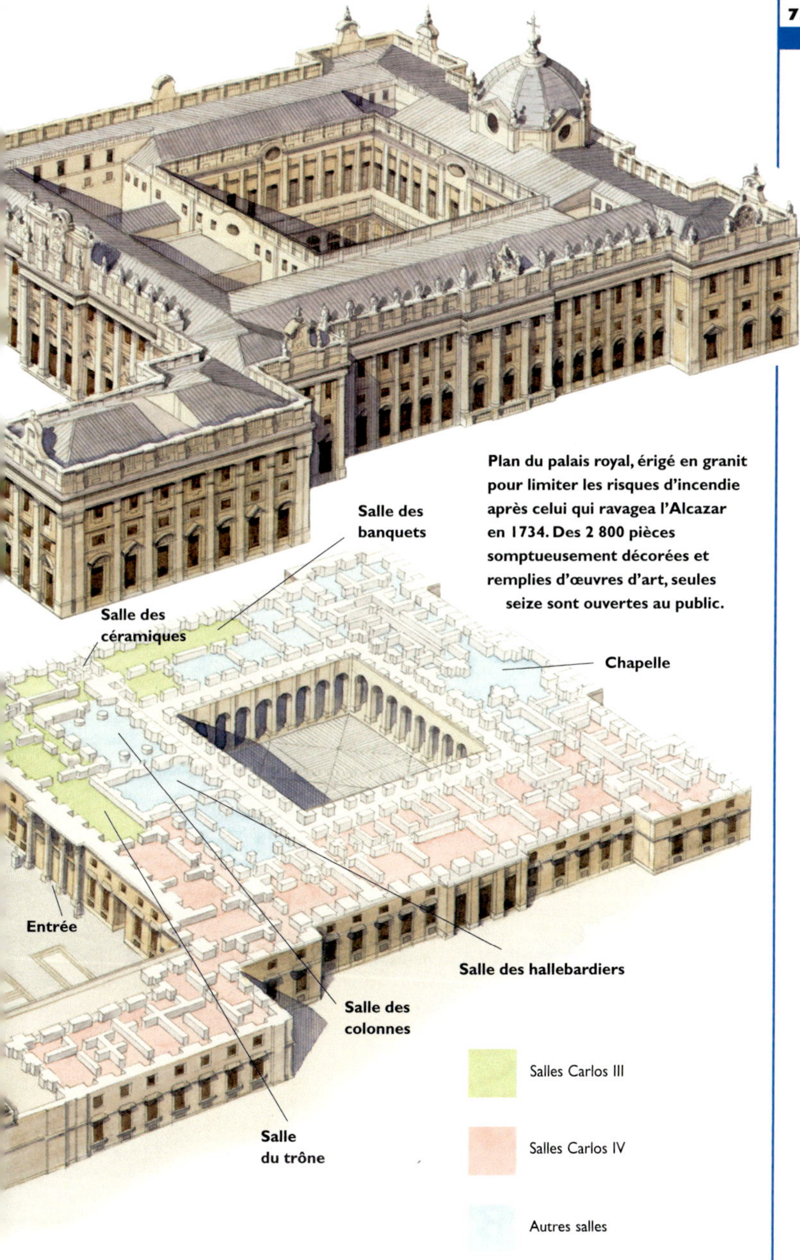

Plan du palais royal, érigé en granit pour limiter les risques d'incendie après celui qui ravagea l'Alcazar en 1734. Des 2 800 pièces somptueusement décorées et remplies d'œuvres d'art, seules seize sont ouvertes au public.

sur les arcades d'un immense patio, a été conçue par Ventura Rodriguez dans un style néoclassique. Sa nef est délimitée par des colonnes de marbre noir, et son plafond enrichi de fresques de Corrado Giaquinto.

Les dernières pièces – la salle de billard aux lambris en noyer, le fumoir aux décors japonisants, le cabinet de travail rococo, avec un sol en marbre travaillé comme de la marqueterie, et des tentures murales en soie brodée – ont été aménagées par Alphonse II dans les anciens appartements de la reine Marie-Louise de Parme.

Armures de monarques et de princes espagnols, exposées dans l'Armurerie royale (ci-dessus). L'escalier monumental conduit aux salles de réception (à droite).

À droite de l'entrée, en sortant, l'**Armurerie royale**, fondée par Philippe II, recèle une remarquable collection d'armes, d'armures et de casques ayant appartenu à plusieurs monarques et princes espagnols. On peut y remarquer la collection d'armes de Charles Quint – rapportée à Madrid en 1561 par son fils Philippe II –, son armure et celle de Philippe II, les épées du Cid, de Hernán Cortés, de Boabdil, des Rois catholiques…

Sur la gauche, la pharmacie royale, la **Real Oficina de Farmacia,** de 1594, où l'on découvre les copies de l'alambic et du laboratoire d'alchimie de l'Escorial. Elle renferme aussi une collection de vases en faïence de Talavera, un alambic en cuivre, des pilons et des mortiers, d'énormes livres où furent consignés les traitements prescrits à la famille royale, et les malles en cuir contenant sa pharmacie de voyage. À côté, se trouvent un point d'information, un café, et une bonne librairie au dernier étage.

LES JARDINS

Pour atteindre les **Jardines de Sabatini**, qui se trouvent derrière le palais, il faut longer ce dernier après avoir tourné à gauche en sortant de la Plaza de la Armeria. Ces jardins à la française ont été créés dans les années 1920, sur des plans dessinés au XVIIIe siècle, et sur un emplacement qui fut celui des écuries royales pendant des siècles. Ils offrent une vue sur le dôme de la chapelle et permettent d'apprécier la manière dont le palais s'articule sur la colline.

Après les avoir traversés, on peut rejoindre le parc du **Campo del Moro**, le « Champ du Maure », beaucoup plus grand, en descendant la Cuesta de San Vicente et en prenant à gauche le Paseo de la Virgen del Puerto. Il doit son nom aux troupes arabes qui y bivouaquèrent en 1109, vingt-quatre ans après la reconquête de Madrid par Alphonse VI.

Il fut aménagé à la fin du XIXe siècle par l'architecte Narciso Pascual y Colomer, sur un terrain extrêmement pentu. On peut s'y promener le long de grandes allées ou de sentiers sinueux bordés d'une végétation luxuriante et extrêmement diversifiée, composée notamment de magnolias, noisetiers, acacias, cèdres, bambous… La majestueuse pelouse qui mène au palais est un ajout des années 1960. La fontaine des Tritons, du XVIe siècle, provient des jardins du palais d'Aranjuez (voir p. 220). ■

Nuestra Señora de la Almudena

Cathédrale de la Almudena

Plan p. 70-71
Calle Bailén 10
91 542 2200
Cathédrale : gratuit. Expositions temporaires : €
Ópera

Enceinte arabe

Plan p. 70-71
Parque Emir Mohamed Ier Cuesta de la Vega
Ópera

MADRID N'AVAIT PAS DE CATHÉDRALE JUSQU'À LA CONSÉCRATION DE CE sanctuaire par Jean-Paul II en 1993. Sa construction, interrompue à plusieurs reprises et pendant de longues années, dura plus d'un siècle. Les architectes successifs modifiaient à chaque fois les plans pour les adapter aux évolutions des goûts architecturaux. Qualifier le résultat d'éclectique serait un euphémisme !

Les travaux furent entrepris pendant la période d'embellie économique qui suivit la restauration de la monarchie à la fin du XIXe siècle. Le premier architecte, le marquis de Cubas, la dota d'une structure néogothique, restée longtemps inachevée pour cause de bouleversements politiques, de restrictions financières et finalement de guerre civile (1936-1939). L'immense crypte de style roman, par laquelle les travaux commencèrent, fut achevée en 1911. Dans les années 1940, les plans des nouveaux architectes responsables du projet, Fernando Chueca Goitia et Carlos Sidro, allaient dissimuler les murs déjà construits de cette coquille vide derrière une façade de facture néoclassique.

Le nom d'Almudena vient d'un mot arabe qui signifie « grenier à grains ». Selon la légende, les Wisigoths auraient caché au VIIIe siècle une effigie de la Vierge dans un mur de l'un de ces entrepôts, situé près du quartier arabe, pour la mettre justement à l'abri des infidèles. Après la Reconquête, elle réapparut encadrée de bougies allumées. Un miracle qui vint enrichir l'héritage chrétien de Madrid, plutôt ténu.

L'intérieur néogothique paraîtrait froid s'il n'était orné d'œuvres d'art remarquables, comme l'arc funéraire de San Isidro (XIIIe siècle).

Son dôme en ardoises qui se dresse au-dessus du transept, octogonal à la base, est l'élément architectural le plus marquant. À l'intérieur, les nefs latérales baignent dans une lumière filtrée par des

rosaces. La chapelle, située en face d'un saint Jean-Baptiste, œuvre du sculpteur français Robert Michel (XVIIIe siècle), recèle une remarquable sculpture de Giacomo Colombo (XVIIe siècle), *Le Christ à la colonne.*

Mais le véritable intérêt de la visite réside dans la **crypte**. On y accède par l'entrée principale sur la Cuesta de la Vega, ou par un escalier en pierre, situé dans le hall du sanctuaire. On y découvre une centaine de chapiteaux romans, ornés d'une profusion de sculptures, florales et animales notamment, sur lesquels miroite la lumière polychrome des vitraux. La chapelle abrite des tombeaux de la noblesse du XIXe siècle. Derrière le maître-autel, trône la sainte icône de la Vierge de la Almudena – une copie.

Une plaque, à droite en sortant, indique l'endroit où l'original fut découvert il y a presque un millénaire. En traversant la Cuesta de la Vega, on aperçoit un petit tronçon de l'**enceinte arabe** édifiée au IXe siècle, qui fait aujourd'hui partie d'un jardin, le Parque del Emir Mohamed Ier. ■

Côte à côte, à l'orée de la vieille ville, la cathédrale de l'Almudena et le palais royal.

Un peu de fraîcheur près des fontaines de la Plaza d'Oriente, entre le Palacio Real et le Teatro Real.

La Plaza de Oriente

PARMI LES NOMBREUX AMÉNAGEMENTS ENTREPRIS PAR JOSEPH BONAPARTE, roi d'Espagne de 1808 à 1813, le plus important fut le dégagement de cette vaste place semi-circulaire, dont les travaux ne prirent fin qu'en 1841. Les toits en plomb troués de mansardes, les façades en stuc des bâtiments qui l'entourent témoignent de l'influence française, déterminante à l'époque. Contrairement à la Plaza Mayor, à vocation populaire, la Plaza de Oriente était destinée à l'appareil cérémoniel. Elle servit également de cadre aux grands rassemblements franquistes, le Caudillo s'adressant à ses partisans du balcon du Palacio Real.

Les travaux, commencés en 1811, impliquèrent la destruction de nombreux édifices, dont plusieurs églises et la bibliothèque du palais. À son retour au pouvoir, en 1814, Ferdinand VII reprit le projet, mais fit modifier les plans qui devaient désormais inclure un opéra – l'imposant Teatro Real. Quand l'architecte Narcisso Pascual y Colomer (1801-1870) fut appelé, en 1842, à prendre la direction du chantier, celui-ci était interrompu depuis 30 ans.

C'est lui qui eut l'idée d'installer la statue équestre en bronze de Philippe IV au centre de la place. Exécutée en 1639, elle était à l'origine destinée aux jardins du palais du Buen Retiro qui prit le nom de Parque del Retiro au milieu du XIXe siècle. Juan Montañés se chargea du modelage du roi d'après un portrait par Vélazquez, Pietro Tacca fit celui du cheval cabré. Galilée, le célèbre physicien et astronome italien, dont il eut le concours, comprit que la condition *sine qua non* pour qu'il tienne en équilibre était qu'il soit creux à l'avant et plein à l'arrière.

Les statues en pierre représentant des empereurs romains et des monarques wisigoths et espagnols qui agrémentent les jardins auraient dû orner le toit du palais. Charles III interdit qu'il en soit ainsi, invoquant leur lourdeur avec le risque de les voir tomber, mais il est plus probable qu'elles ne correspondaient pas à ses goûts néoclassiques.

L'important remaniement dont la place fit l'objet à la fin du XXe siècle, avec le creusement de tunnels de déviation pour la circulation automobile, a permis aux piétons madrilènes de se la réapproprier. Elle est désormais plus agréable, et les visiteurs apprécient de s'y arrêter après l'exténuante visite du palais.

TEATRO REAL

À l'est de la place, s'élève la masse imposante du Teatro Real, conçu par López Aguado (1764-1831). C'est un euphémisme de dire que l'histoire de l'opéra de Madrid a été mouvementée. Il fut construit sur l'emplacement d'un petit lac alimenté au Moyen Âge par plusieurs cours d'eau descendant des collines environnantes. On aménagea plus tard des bains sur ses berges de sable qui, dès le début du XVIIIe siècle, virent des troupes de théâtre itinérantes y donner des spectacles.

Aux difficultés techniques rencontrées dès le début des travaux par la présence de cette nappe d'eau, désormais souterraine, vinrent se greffer des problèmes chroniques d'ordre financier. En 1826, afin de récolter des fonds pour poursuivre la construction, les autorités levèrent un impôt spécial sur les chênes-lièges. Finalement achevé en 1850, le théâtre fut inauguré par Isabelle II, le jour de son vingtième anniversaire, avec une représentation de *La Favorite* de Donizetti.

Il ne tarda pas à devenir un haut lieu de rencontres et de culture. Sa salle de bal, aujourd'hui transformée en restaurant, accueillait les gens après le spectacle. En 1863, Verdi y assista à la première de l'un de ses chefs-d'œuvre, *La Force du destin*, et les Ballets russes de Diaghilev s'y produisirent entre 1916 et 1917, avec les danseurs étoiles Nijinski et la Pavlova.

Mais les problèmes d'eau persistaient, et ils allaient durer des années. Durant la guerre civile, le théâtre servit à entreposer de la poudre, et une explosion causa d'énormes dégâts. Il rouvrit en tant que salle de concert dans les années 1960. Celle-ci fut fermée en 1988, à la création de l'Auditorio Nacional, puis rouverte en 1997 après remaniements. Il accueille dorénavant des opéras du grand répertoire, des ballets et également des récitals de solistes mondialement reconnus.

L'intérieur de l'édifice de neuf étages et de six sous-sols est tout à fait grandiose, avec une scène de 1 390 m^2, une salle de 1 740 places, et une galerie au deuxième étage, splendide, ornée de peintures, de tapisseries, de lustres et de miroirs. Les clients du restaurant, conçu par le décorateur catalan Pascua Ortega, savourent leur repas sous un plafond bleu nuit constellé d'étoiles. ■

Teatro Real
www.teatro-real.com
Plan p. 70-71
Plaza Oriente
91 516 0600
Ferm. lun.
Visite guidée : €

Chocolat et *churros*

Tremper ces beignets frits dans un épais chocolat chaud est une expérience à laquelle on doit absolument se livrer quand on visite la capitale espagnole. Cela oblige, bien sûr, d'oublier un temps le problème des calories. Cette grande spécialité madrilène se déguste au petit déjeuner, en en-cas, l'après-midi, ou après une nuit blanche. On en trouve à tous les coins de rues et particulièrement les jours de fêtes.

Les *churros* sont fabriqués à partir d'une pâte à crêpes épaisse et onctueuse qu'une machine transforme en un long tuyau strié, qui est ensuite plongé dans d'immenses bassines d'huile bouillante. Une fois frit, il est coupé en bâtonnets, parfois roulés dans du sucre, auxquels on donne, comme à Madrid, une forme de boucle. Ils doivent être mangés chauds, sous peine d'être caoutchouteux et indigestes.

Les Espagnols boivent du chocolat depuis le XVIe siècle, époque où les Conquistadores rapportèrent des Amériques les fèves de cacao. Le goût et la texture du chocolat chaud servi dans les *chocolaterías*, les cafés spécialisés, peuvent surprendre. Le mélange de chocolat noir amer, de lait, de maïzena et de sucre, est généralement si épais qu'un *churros* peut y tenir debout, et moins doux qu'on pourrait s'y attendre.

Vers 11 h, les Madrilènes se bousculent dans les cafés pour prendre leur second petit déjeuner, qui est souvent un *chocolate con churros.* C'est à cette heure que vous devez vous aussi en commander un, les beignets ayant alors toutes les chances d'être frais. On n'en trouve pas dans tous les bars, mais les pressés peuvent en acheter à emporter dans les nombreuses petites boutiques, appelées *churrerias*, qui vendent également des frites, et le déguster en marchant.

Dans les cafés, à l'heure du thé (*merienda* en espagnol), on voit souvent des assiettes de *churros* circuler pour accompagner le café et le chocolat chaud. Rien de tel pour se remettre de la fatigue de longues heures de visite et pour retrouver de l'énergie en attendant l'heure du dîner, qui se prend rarement avant 22 h.

Mais la plus grande consommation de cette douceur s'effectue entre 4 et 7 heures du matin, lorsque les noctambules affamés émergent des boîtes de nuit de la capitale. Les *chocolaterias* doivent alors faire face à la plus grande période d'affluence de la journée.

Ouverte depuis 1894, la **Chocolatería San Ginés** (Pasadizo de San Ginés 5, tél. : 91 365 6546) est la plus réputée de Madrid. Les serveurs, en gilet vert et nœud papillon noir, qui dorlotent avant l'aube les rats des discothèques, exténués, assis autour des tables en marbre, verront ensuite défiler jusqu'au soir une clientèle d'employés de bureau, de familles et de chalands.

À l'ère du fast-food, cette tradition, loin de vouloir disparaître, est au contraire on ne peut plus dans l'air du temps. **Maestro Churrero** (Plaza Jacinto Benavente 2, tél. : 91 369 2406) a démarré ses activités, il y a plus d'un siècle, avec un modeste éventaire du Paseo del Prado. C'est aujourd'hui une chaîne dont les serveurs, coiffés de casquettes de base-ball, viennent prendre les commandes avec, en main, un petit appareil qui les transmet instantanément en cuisine. Mais le « fast » s'arrête là, car les produits utilisés par les cuisiniers sont de qualité, et le contenu des assiettes affiche toujours une grande quantité. On peut y savourer les *churros* traditionnels, mais également des versions nappées de chocolat ou fourrées, notamment de crème à la fraise. ■

Page de gauche : rien ne vaut un *chocolate con churros* pour se redonner des forces quand on veut profiter de la fête !
À la Chocolatería San Ginés, les beignets, toujours frais, sont préparés par des experts, et servis par des garçons en nœud papillon.

Lieu de retraite au XVIIe siècle, le Real Monasterio de la Encarnación abrite toujours quelques religieuses qui y vivent retirées du monde.

Le Real Monasterio de la Encarnación

SEULES NEUF RELIGIEUSES AUGUSTINES VIVENT ENCORE EN RECLUSES DANS CE couvent fondé en 1611 par Marguerite d'Autriche, épouse de Philippe III. Situé à proximité du Palais royal et de la Plaza de Oriente, mais à l'abri de l'agitation qui y règne, il renferme des collections de peintures et de sculptures, œuvres de grands artistes espagnols de l'époque, exécutées pour la plupart pour le monastère.

Ce couvent, la très pieuse reine Marguerite le voulut près de l'Alcázar, la forteresse qui occupait alors l'emplacement du Palais royal, avec un passage souterrain entre les deux, pour faciliter ses déplacements. Mais elle n'eut guère le temps d'en profiter, car elle mourut en couches à l'âge de 26 ans, peu après son achèvement.

Conçu par Juan Gómez de Mora et Fray Alberto de la Madre de Dios qui lui donnèrent de si belles proportions, il fut construit

par juxtapositions de briques et de moellons. Le couvent d'origine, restauré au XVIIIe siècle, était beaucoup plus grand que l'édifice actuel, avec, sur l'arrière, un très grand jardin potager, et sur l'avant une cour très fréquentée où circulaient les potins de la cour.

VISITE

La visite guidée d'une heure, obligatoire, commence dans le hall d'entrée où est exposé un tableau de Peter van der Meulen, remarquable pour son intérêt historique. Il représente la grande cérémonie d'échange des fiancées royales – Anne d'Autriche qui épousera Louis XIII, et Isabelle de Bourbon qui deviendra la femme du futur Philippe IV d'Espagne —, qui eut lieu en 1615 sur les rives de la Bidassoa.

Elle se poursuit par une succession de salles contenant des tableaux de Vicente Carducho, José de Ribera, Corrado Giaquinto, Antonio Pereda, et Juan Carreño de Miranda. Le cloître, d'une sobre élégance, qui fait actuellement l'objet d'une longue restauration, n'est pas sans faire penser à celui du monastère de l'El Escorial (voir p. 228-231) construit sur des plans de Juan de Herrera.

Parmi les sculptures, on remarquera les deux très beaux Christ en bois, dont le *Christ à la colonne*, *Saint Augustin et Sainte Monique*, exécutés par Gregorio Fernández, les minuscules figurines en cire polychrome de saint Antoine de Padoue et de sainte Thérèse. Les salles possèdent encore du mobilier d'époque, ainsi que des décorations, dont les célèbres carreaux de Talavera.

Mais le clou de la visite est la **salle des reliques**, au plafond à caissons et aux murs couverts de quelque 700 précieux reliquaires en bois d'acajou. Une minuscule ampoule renferme le sang coagulé de saint Pantaléon, un médecin vivant en Turquie au IVe siècle, censé se liquéfier chaque année le 27 juillet, jour de sa fête. Si le miracle ne se produit pas, cela augure une catastrophe imminente.

L'**église**, l'une des plus belles de Madrid, fut détruite par un incendie puis reconstruite par Ventura Rodriguez en 1767. Sorte de grand vaisseau surmonté d'une coupole, elle est ornée de marbre en provenance de nombreuses régions d'Espagne, et son plafond présente des fresques des frères González Velásquez et de Francisco Bayeu, le beau-frère du peintre Goya. ■

Real Monasterio de la Encarnación

www.patrimonionacional.es/encarna/encarna.htm

Plan p. 70-71

Plaza de la Encarnación 1

91 454 8800

Fermé lun., ven. a.m., dim. a.m.

€. Gratuit mer. pour les ressortissants de l'U.E.

Ópera

Le Monasterio de las Descalzas Reales

La salle des reliques du Monasterio de las Descalzas Reales contient des trésors, légués par les royales et nobles dames qui s'y étaient retirées.

DES MILLIERS DE PERSONNES SE RENDENT CHAQUE JOUR DANS LE GRAND magasin El Corte Inglés, sur la Calle Preciados, en plein centre-ville, pour faire des achats. Et pourtant, beaucoup ignorent que, derrière lui, un édifice renferme des œuvres d'art d'une valeur inestimable. Cet ancien palais de la maison d'Autriche, aménagé au XVIe siècle en couvent, abrite aujourd'hui l'un des plus beaux musées de Madrid.

Monasterio de las Descalzas Reales
www.patrimonionacional.es/descreal/descreal.htm
Plan p. 70-71
Plaza de las Descalzas Reales 1
91 454 8800
Fermé lun., ven. a.m., dim. a.m.
€.
Ópera, Callao & Sol

Ce monastère fut construit pour Alonso Gutiérrez, le trésorier de l'empereur Charles-Quint. Celui-ci et son épouse, Isabelle du Portugal, l'occupèrent quelque temps, et leur fille Jeanne d'Autriche, la sœur de Philippe II, y vit le jour en 1535. En 1557, elle décida d'y fonder un couvent et chargea Antonio Sillero et Juan Bautista de Toledo des travaux.

De nombreuses dames appartenant à la grande noblesse et à la famille royale s'y retirèrent. Ce fut le cas de l'impératrice Marie d'Autriche, l'autre sœur de Philippe II, qui y était également née et s'y installa en 1582, après avoir quitté Prague à la mort de son époux Maximilien II. Ce beau monde valut au monastère de recevoir de nombreuses et précieuses donations d'œuvres d'art, parmi lesquelles des tapisseries flamandes et des peintures signées Le Greco, Zurbarán, Vélasquez, Goya, Titien, et Rubens, que l'on peut admirer aujourd'hui.

Le couvent abrite toujours des religieuses – 22 clarisses, souvent assimilées à tort aux franciscaines, et qui vivent retirées dans une partie du bâtiment, dont l'accès est interdit au public.

L'**escalier principal**, héritage de l'ancien palais, est orné de fresques de la fin du XVIIe siècle, exécutées par Claudio Coello (1642-1693) et Francisco Ricci (1608-1685). Le portrait en trompe-l'œil représentant Philippe IV et sa famille sur un balcon est attribué à Antonio Pereda (1611-1678).

Dans la galerie supérieure du cloître, on remarquera *L'Ange gardien* de Luisa Roldán (1656-1704), *La Vierge à l'Enfant* de Bernardino Luini (v. 1480-1532), et un remarquable *Christ gisant* de Gaspar Becerra. La chapelle dédiée à la Vierge de Guadalajara, l'une des plus richement décorées, renferme des portraits exécutés sur verre, peu courants.

À l'étage, la **salle des Tapisseries**, aménagée dans un ancien dortoir, contient *Le Triomphe de l'Eucharistie*, une série de tapisseries réalisées à Bruxelles à partir de cartons de Rubens (1577-1640), sur commande de l'infante Isabelle d'Autriche, fille de Philippe II, dont on aperçoit le portrait.

Les salles surplombant le jardin potager du couvent renferment de nombreux tableaux, de maîtres flamands et néerlandais – Pieter Bruegel l'Ancien, Gossaert, Van Cleve et Rubens –, de peintres italiens – Titien et Sebastiano del Piombo – et espagnols – Zurbarán et Fray Juan Sanchez.

Une des peintures les plus surprenantes, *Le Voyage de l'impératrice Marie de Prague à Madrid*, montre une procession de petites orphelines masquées que l'impératrice accompagne au couvent.

L'escalier du monastère est orné de portraits de souverains espagnols, dont un en trompe-l'œil représentant Philippe IV et sa famille sur un balcon.

Jeanne d'Autriche repose à l'intérieur de l'**église** dans un décor néoclassique que l'on doit à Diego de Villanueva, chargé de la restauration du couvent au XVIIIe siècle. Le tombeau de la princesse est orné d'une statue due à Pompeo Leoni la représentant gisant. Le **chœur**, où se retrouvent quotidiennement les religieuses, abrite également les sépulcres en marbre de Marie d'Autriche et de sa fille Marguerite, ainsi qu'une Vierge sculptée de Pedro de Mena (1628-1688), d'un réalisme tout à fait surprenant, et un tableau représentant sainte Thérèse. ■

L'office du dimanche matin dans l'Iglesia de Santiago, une église du quartier de l'opéra.

Autres sites à visiter

FUNDACIÓN CAJA MADRID

La fondation de la Caisse d'Épargne de Madrid, installée dans un élégant bâtiment de la fin du XIXe siècle, y présente une collection permanente d'art contemporain et des expositions temporaires de peintures et de photographies. Elle sponsorise de nombreuses manifestations culturelles, organise des concerts, et finance la restauration de monuments historiques.

Plan p. 70-71 Plaza de San Martín 1
91 379 2050 Ópera, Sol

IGLESIA DE SAN GINÉS

Cette église baroque, érigée en 1645 sur le site d'un ancien sanctuaire datant du XIIe siècle, était fréquentée au XVIIe siècle par le dramaturge Lope de Vega et l'écrivain Quevedo y Villegas. Lors de sa reconstruction à la suite d'un incendie en 1824, on déplaça son entrée sur la Calle Arsenal en 1872. La chapelle du Saint-Esprit abrite le tableau du Greco, *Les Marchands chassés du Temple.*

Plan p. 70-71 Calle Arenal 13
91 366 4875 Ópera, Sol

IGLESIA DE SANTIAGO

Cette église néoclassique fut édifiée en 1811 sur l'emplacement d'une ancienne église romane, détruite lors de l'aménagement de la Plaza de Oriente. Entièrement dédiée à l'ordre de Saint-Jean, elle renferme des peintures du XVIIe siècle, dont le tableau intitulé *Saint Jean, le tueur de Maures,* de Francisco Ricci.

Plan p. 70-71 Plaza de Santiago 24
91 548 0824 Ópera

PALACIO DE GAVIRIA

Érigé en 1851 par le marquis qui lui donna son nom, ce palais est l'un des rares édifices du règne d'Isabelle II à avoir survécu. Fort prisé de la haute société, sa salle de bal fut le témoin de somptueuses réceptions. Il a été transformé en discothèque laquelle a conservé quelques éléments de sa riche décoration.

Plan p. 70-71 Calle Arenal 9
91 526 6069 Ópera, Sol

PALACIO DEL SENADO

Ancien séminaire, construit en 1581 dans le style Renaissance, il héberge le Sénat espagnol depuis 1834, date de l'entrée en vigueur dans le pays du système des deux assemblées législatives. Il siège depuis 1991 dans un nouvel édifice, bâti sur l'arrière.

Plan p. 70-71 Plaza de la Marina Española 8 91 538 1000 Visites guidées sur rendez-vous. Plaza de España, Ópera ■

Exubérante, bruyante, toujours agitée, la Puerta del Sol est le centre névralgique de Madrid. Les grands bâtiments de la Calle Alcalá et la Gran Vía montrent combien la ville s'est libérée de son passé provincial, quelques siècles plus tôt.

Le centre de Madrid

Introduction et carte **90-91**
La Puerta del Sol **92-93**
La Calle Alcalá **94-95**
La Real Academia de Bellas Artes de San Fernando **96-97**
La Gran Vía **98-99**
Le Madrid de Pedro Almodóvar **100-101**
Le nord de la Gran Vía **102-105**
Une balade dans Chueca et Malasaña **106-107**
Autres sites à visiter **108**
Hôtels **244**
Restaurants **253**

Des cariatides ornent la façade d'une banque, dans un ancien palais sur la Calle Alcalá.

La foule arpente la Gran Vía à toute heure du jour et de la nuit.

Le centre de Madrid

La place de la Puerta del Sol a toujours été un important lieu de rassemblement et le cadre de nombreux grands événements durant toute l'histoire de Madrid. Elle marque et symbolise le centre du pays. C'est à cet endroit que se situe le kilomètre zéro du calcul des distances pour le pays. Sur les avenues majestueuses de la Calle Alcalá et de la Gran Vía, l'atmosphère de la grande ville se ressent fortement. En revanche, les rues juste à proximité, au nord, ont un caractère plus intime.

Avec dix rues partant de la place et une des stations de métro les plus fréquentées de Madrid, la Puerta del Sol est toujours très animée. Contrairement à la Plaza Mayor (voir p. 54-55), ce n'est pas une place faite pour s'asseoir aux terrasses des cafés et regarder les gens passer. Tout le monde semble au contraire pressé de se rendre quelque part, que ce soit dans les bureaux de la Calle Alcalá, les magasins de la Calle Preciados, ou simplement attraper un métro ou un bus pour se rendre quelque part dans la ville.

La Calle Alcalá, qui part de la place vers l'est, a changé d'allure au cours des siècles. Au Moyen Âge, c'est d'ici que partait la route royale vers Alcalá de Henares (voir p. 222). Après la démolition de nombreux édifices religieux au XIXe siècle, elle devint un lieu de réunion pour le beau monde, l'endroit pour voir et être vu.

L'atmosphère animée de cette époque disparut peu à peu quand des banques vinrent s'y installer, au début du XXe siècle. La construction d'immeubles de belle facture symbolisait la façon dont Madrid s'illustrait dans le domaine financier. Les influences étrangères montrent le souhait de la ville de se positionner en tant que cité européenne moderne.

Cette tendance s'est prolongée le long de la Gran Vía qui n'existait pas avant la première moitié du XXe siècle, et a changé le visage du centre de Madrid.

Les quartiers au nord de la Gran Vía possèdent une plus longue histoire. Certains lieux existaient déjà au XVe siècle. L'essentiel de ce qui a résisté jusqu'à aujourd'hui a été construit à la fin du XIXe siècle, notamment les immeubles élégants en briques, ainsi que des balcons en fer forgé. Le quartier de Chueca est devenu le centre de la vie gay à Madrid, avec l'apparition de dizaines de bars, restaurants et boutiques.

Juste à côté, Malasaña, depuis toujours un quartier bohème, s'embourgeoise peu à peu mais dégage toujours un charme particulier. ■

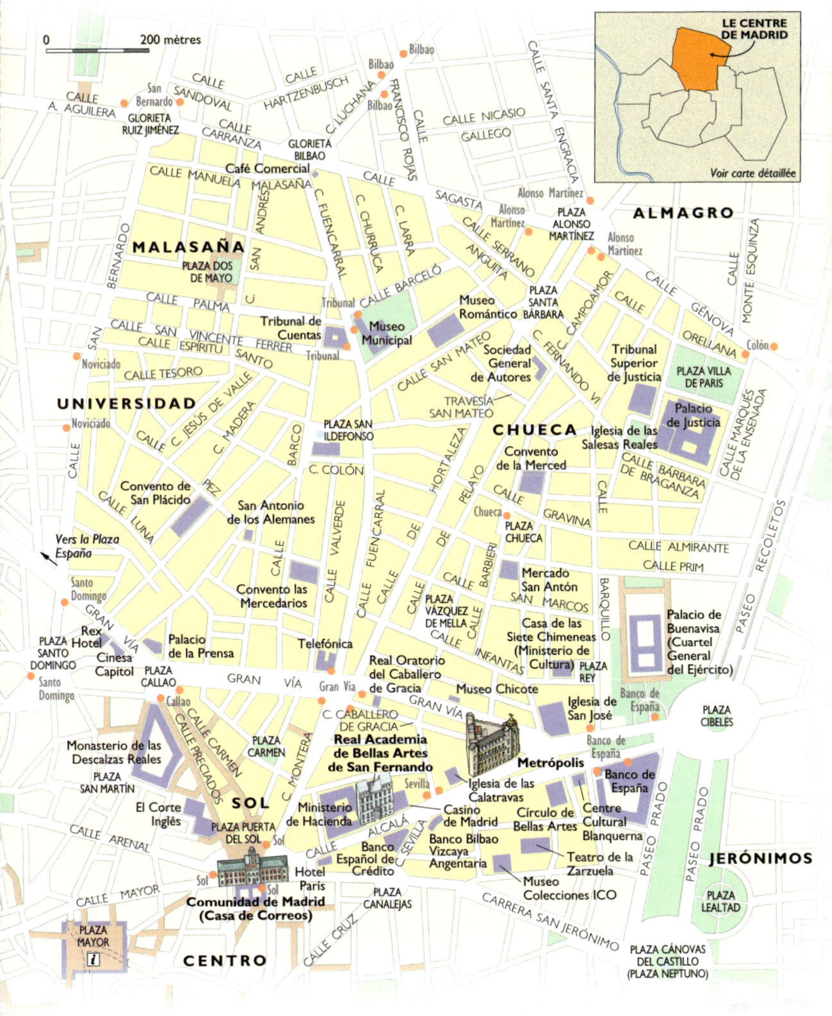

La Puerta del Sol est non seulement le centre de Madrid, mais aussi celui de toute l'Espagne.

La Puerta del Sol

LE CARACTÈRE ACTUEL DE LA PUERTA DEL SOL DATE DU MILIEU DU XIXE SIÈCLE, quand la société, moins influencée par l'Église, s'intéressa aux divertissements et au shopping. Les couvents qui bordaient la place ont été démolis et remplacés par des immeubles résidentiels et commerciaux, qui forment une courbe semi-elliptique. Les zones piétonnes ont été développées récemment, mais la densité de la population les rend difficiles d'accès aux heures de pointe.

Puerta del Sol

Plan p. 91

Sol

Le nom Puerta del Sol, la Porte du Soleil, a pour origine la porte est de la ville, qui s'élevait, au XVe siècle, à l'emplacement de l'actuel Hôtel París. Appelée familièrement Sol, cette porte était un centre très populaire aux XVIIe et XVIIIe siècles, quand les gens avaient l'habitude de se donner rendez-vous sur les marches de l'Iglesia San Felipe (à l'emplacement du McDonald's). Longtemps avant la création des journaux consacrés à la vie des célébrités, les gens venaient ici échanger les potins. Jusqu'à il y a un siècle, les intellectuels discutaient de l'actualité dans les cafés qui se trouvaient à presque chaque coin de rue.

La place est dominée par la **Casa de Correos**, un immeuble en pierre et brique rouge conçu par le Français Jacques Marquet, en 1768, pour abriter le bureau de poste central, et qui conféra à ce lieu l'importance qu'il revêt aujourd'hui. La façade est couronnée par un fronton représentant le blason de Charles III. La tour de l'horloge fut ajoutée en 1866. Pendule officielle de l'Espagne, elle est l'un des monuments les plus célèbres de Madrid.

Au milieu du XIXe siècle, ce bâtiment abritait le ministère de l'Intérieur, puis, sous la dictature du général Franco, de 1939 à 1975, il est devenu le quartier général des sinistres services de sécurité. Nombreux sont ceux qui ont été torturés ou tués dans ses caves. Il accueille aujourd'hui le gouvernement régional, la Comunidad de Madrid, et sert de lieu de réceptions officielles.

En face de ce bâtiment, la pierre semi-circulaire sur le sol, le *kilómetro cero*, le kilomètre zéro, est considérée comme le centre de l'Espagne. Ce lieu fut le siège de nombreux événements historiques dont la révolte contre les troupes de Napoléon, le 2 mai 1808 (voir p. 204-205), commémoré sur la plaque à gauche de la porte principale, ou encore la proclamation du roi Ferdinand VII, en 1812.

La statue équestre de Charles III, au nord de la place, ne fut pas installée avant 1997, mais elle semble être là depuis des siècles. Juste derrière, à l'entrée de la Calle del Carmen, s'élève un des plus célèbres symboles de Madrid : une statue de bronze d'un ours et d'un arbousier (ou fraisier sauvage). Cette ourse incarne la fertilité de la terre autour de Madrid, tandis que l'arbre symbolise l'aristocratie qui, traditionnellement, possédait tout ce qui se trouvait au-dessus du niveau du sol.

Les rues piétonnes au nord de la statue sont bordées de boutiques, et dominées par plusieurs bâtiments occupés par des magasins à l'enseigne de la grande marque El Corte Inglés. ■

La tradition du nouvel an

Le soir du nouvel an, des milliers de personnes se retrouvent à la Puerta del Sol pour participer au même rituel : manger un grain de raisin à chaque coup de carillon. Cette tradition est censée porter chance pour l'année qui commence. Une fois la fête terminée, des bouteilles de vin pétillant de cava sont ouvertes et partagées dans la foule. ■

Une statue de Charles III se dresse sur la Puerta del Sol, dominée par la Casa de Correos.

La Calle Alcalá

Calle Alcalá
Plan p. 91
Sol, Sevilla

À L'ORIGINE EMPRUNTÉE PAR LES CONDUCTEURS DE BESTIAUX POUR EMMENER leurs troupeaux de l'Estrémadure vers le nord de l'Espagne, la Calle Alcalá s'est dotée d'hôtels particuliers et de couvents aux XVIIe et XVIIIe siècles. Au début du XXe siècle, cette rue devint le centre financier de la capitale, entraînant les impressionnantes constructions que l'on voit encore aujourd'hui. Si le quartier des affaires s'est déplacé vers la Paseo de la Castellana, certaines banques y ont conservé leur siège.

Le Casino de Madrid reflète le style extravagant très répandu au début du XXe siècle.

Círculo de Bellas Artes
www.circulobellasartes.com
Plan p. 91
Calle Alcalá 42
91 360 5400
Expositions fermées dim. a.-m. et lun.
€
Banco de España, Sevilla

Le premier bâtiment imposant est le grand **Ministerio de Hacienda** (ministère des Finances), sur la gauche au n° 5. À l'origine bureau des Douanes, il fut conçu par Francesco Sabatini (1722-1797) qui s'est inspiré du Palais Farnese, à Rome. À côté s'élève la **Real Academia de Bellas Artes de San Fernando** (voir p. 96-97), le musée de l'Académie royale des Beaux-Arts, qui abrite une impressionnante collection de peintures.

Au numéro 15, le somptueux **Casino de Madrid** (*tél. : 91 521 8700*) est devenu un club privé haut de gamme. Fermé au public, vous pouvez tout de même apercevoir l'imposante entrée et la montée d'escalier. Et nul besoin d'être membre pour prendre un repas dans le superbe restaurant situé au dernier étage et doté d'une étoile Michelin.

Le premier grand bâtiment commercial dans la rue, le **Banco Español de Crédito**, possède une structure triangulaire sur la droite, au coin de la Calle Sevilla. Il fut conçu par l'architecte catalan José Grases Riera, dans les années 1880. Admirez les têtes d'éléphants en pierre qui soutiennent le balcon.

En face, la **Banco Bilbao Vizcaya Argentaria**, au coin de la Calle Sevilla, a été conçue par Richard Bastida, au début du XXe siècle. Les deux chariots, chacun tiré par quatre chevaux, semblent galoper hors du toit.

Surgissant sur la gauche, s'élève le dôme en ardoise de l'**Iglesia de las Calatravas** (*Calle Alcalá 25, tél. : 91 521 8035*). Construite au XVIIe siècle dans l'enceinte du couvent, la façade de l'église a été sculptée pour refléter les influences de la Renaissance milanaise, au milieu du XIXe siècle, et détone avec le style baroque de l'intérieur de l'église. On peut admirer un magnifique retable que l'on doit à José Benito de Churriguera (1665-1725).

Le carrefour de la Calle Alcalá et de la Gran Vía est marqué par l'un des immeubles les plus remarquables de Madrid : le **Metrópolis** (*Calle Alcalá 39*). Conçu par les architectes français Jules et Raymond Février, entre 1907 et 1910, la façade élaborée combine des colonnes corinthiennes, de nombreuses sculptures et un dôme en ardoise couronné par une Victoire ailée en bronze, particulièrement spectaculaire, surtout de nuit, lorsqu'elle est éclairée.

La grande structure éclectique face au Metrópolis est le **Círculo de Bellas Artes**. Dessiné par Antonio Palacios en 1919-1920, il ressemble à plusieurs bâtiments empilés. Plusieurs expositions sont généralement présentées dans ce centre culturel très actif, ainsi que des films, du théâtre et des concerts. Le grand café au premier étage, La Pecera, avec ses fenêtres panoramiques, est un lieu de rendez-vous particulièrement prisé des écrivains et des artistes. ■

L'édifice grandiose du Metrópolis ouvre de façon spectaculaire le début de la Gran Vía.

La Real Academia de Bellas Artes de San Fernando

PEU NOMBREUX SONT CEUX QUI PENSENT À VISITER LE MUSÉE DE L'ACADÉMIE royale des Beaux-Arts alors qu'il recèle des œuvres de premier ordre. Il suffit de contempler les 13 tableaux de Goya, ceux de Vélasquez, du Greco, de Zurbarán, de Van Dyck et de Rubens. Le dernier étage de ce bâtiment néoclassique du XVIIIe siècle abrite des dessins, des estampes, des gravures, ainsi que des croquis de Picasso.

Un artiste au travail à la Real Academia de Bellas Artes de San Fernando.

Real Academia de Bellas Artes de San Fernando
rabasf.insde.es
Plan p. 91
Calle Alcalá 13
91 524 0864
Fermé dim. a.-m. et lun.
€. Gratuit mer.
Sol, Sevilla

Le bâtiment fut conçu vers 1720, par José Benito de Churriguera (1665-1725) pour en faire une résidence privée et il fut remanié sous le règne de Ferdinand V, en 1775, pour abriter une académie destinée à former les meilleurs artistes du pays. On y enseignait la peinture, la sculpture et l'architecture jusqu'en 1967. Les premières collections étaient faites d'œuvres d'art d'artistes espagnols et étrangers qui travaillaient à Madrid à cette époque, et le musée reçut plus tard des dons privés de grande valeur. Les nouveaux membres s'engagent à donner une de leurs œuvres quand ils sont reçus à l'Académie.

Les collections comprennent à l'heure actuelle plus de 1 000 œuvres, du XVIe au XXIe siècle. Seule une petite partie est présentée mais des projets de rénovation et d'expansion sont envisagés. Deux séries d'eaux-fortes de Goya sont parfois exposées dans le cadre de la Calcografía Real (collection royale d'estampes et de dessins), au deuxième étage.

L'exposition commence dans les **salles 11-14** avec les artistes espagnols du XVIIe siècle dont les peintures florales de Juan de Arellano (1614-1676) et un *Christ crucifié* de Alonso Cano (1601-1667). José de Ribera (1591-1652) est bien représenté avec plusieurs portraits de saints, dont celui de saint Jérôme. Deux portraits du roi Philippe IV et de Marianne d'Autriche, qui furent longtemps attribués à Vélasquez, sont l'œuvre de certains élèves de son atelier. Francisco de Zurbarán a peint une série de cinq portraits de moines (1598-1664), et une magistrale *Vision de saint Alonso Rodrígue.*

La **salle 17** présente plusieurs œuvres de Bartolomé Esteban Murillo (1618-1682), dont *La Magdalena*, qui reflète la tendance, datant de la Contre-Réforme, de peindre des madones d'une façon plus douce et réaliste.

Un des plus célèbres tableaux de l'Académie est le *Printemps* (vers 1563) de Giuseppe Arcimboldo (1527-1593), **salle 19**. Cette toile surprenante montre un homme de profil, fait entièrement de fleurs et de plantes. Elle fut présentée à l'empereur Maximilien II par l'artiste lui-même en 1569 et fait partie de la série des quatre saisons. Cette salle contient également *Suzanne et les vieillards* de Rubens (1577-1640) et des œuvres de Martin de Vos, Leandro Bassano et Van Dyck.

Les peintures de Goya (1746-1828) sont exposées dans les **salles 20 et 21** et comprennent deux petits autoportraits. Le premier date de 1793-1795 et représente l'artiste en pied au travail devant son chevalet, vêtu d'un costume élégant et d'un chapeau. Le second, peint vingt ans plus tard, montre un Goya plus détendu alors qu'il approchait de ses 70 ans.

Viennent ensuite six portraits dont un de Juan de Villanueva, l'architecte du Prado, et une représentation pleine de sensibilité de l'écrivain Leandro Fernández de Moratín. *L'Enterrement de la Sardine* (1813-1814) montre le rituel du carnaval de Madrid qui existe encore aujourd'hui, mais qui, à un autre niveau, fait référence à l'occupation française de la ville. *La Procession des Flagellants* et *La Maison des fous* expriment les thèmes sinistres qui ont pu obséder Goya à la fin de sa vie. ■

Un expert reproduit une sculpture classique dans l'atelier du musée.

La Gran Vía

Gran Vía

Plan p. 91
Banco de España, Gran Vía, Callao

La Gran Vía, l'une des artères principales de la ville, est encombrée par la circulation à toute heure du jour et de la nuit. Conçue il y a plus d'un siècle dans le but de relier les nouveaux quartiers résidentiels de Salamanca et Argüelles, elle reste un passage stratégique entre l'est et l'ouest de la ville.

Vitrine de l'architecture du XXe siècle, avec de fortes influences françaises et américaines, la Gran Vía s'est développée en trois temps et sa construction a duré près de cinquante ans.

La première partie, conçue entre 1910 et 1917, s'étendait de la Calle Alcalá au carrefour avec Montera, Hortaleza et Fuencarral. Les bâtiments de style Art nouveau reflètent l'économie prolifique de cette époque. Le joaillier Grassy, en bas de la rue sur la gauche, symbolise toute la grandeur passée avec sa façade à colonnades de couleur crème. On peut y visiter le **musée** des Montres et des Pendules, dont certaines datent du XVIe siècle (*tél. : 91 532 1007, fermé dim.*).

Une des plus grandes institutions de Madrid s'élève sur la droite au n° 12. Le bar du **Museo Chicote** (*tél. : 91 532 6737, fermé dim.*) a conservé son intérieur Art déco des années 1930. Repaire d'Ernest Hemingway, Orson Welles et Salvador Dalí – pour ne citer qu'eux –, ce bar est aujourd'hui une bonne adresse pour siroter un verre en compagnie d'élégants Madrilènes.

Sur la gauche au n° 17, vous pourrez admirer la façade arrondie du **Real Oratorio del Caballero de Gracia** (*entrée par la parallèle Calle Caballero de Gracia n° 5, tél. : 91 532 6937*). Récemment restaurée, cette église a été dessinée par Juan de Villanueva, à la fin du XVIIIe siècle, et représente un bel exemple d'architecture néoclassique à Madrid. La nef étroite est flanquée de colonnades corinthiennes. On remarquera un étonnant Christ baroque, du milieu du XVIIe siècle, œuvre de Juan Sánchez Barba.

Le second tronçon de la rue, construit dans les années 1920, est bordé de cinémas et de boutiques. L'imposant immeuble de la **Telefónica**, sur la droite, avec ses 88 m de haut, a été conçu entre 1926 et 1929 par l'architecte américain Louis S. Weeks et fut le premier gratte-ciel de Madrid. La Fundación Telefónica présente des expositions temporaires au premier étage, et un musée permanent des télécommunications a été aménagé au deuxième étage (*tél. : 91 522 6645, fermé sam. a.-m., dim. a.-m. et lun.*) Cette section se termine à la Plaza de Callao, baptisée d'après la bataille navale de Callao, au Pérou, en 1866.

La troisième partie de la Gran Vía, qui va jusqu'à la Plaza de España, a été développée des années 1930 à 1950. Elle est dominée par le spectaculaire théâtre Art déco du **Capitol** (n° 41), conçu par Luis Martínez Feduchi et Vicente Eced, dans les années 1930. En face, s'élève le **Palacio de la Prensa** au n° 46, en brique rouge, conçu par Pedro Muguruza, en 1926. ■

Affiches

Depuis des dizaines d'années, les cinémas de la Gran Vía présentent leur programme grâce à d'immenses calicots peints à la main, et non avec les affiches officielles. Un accord très ancien avec les syndicats en est la cause. Aujourd'hui, les Madrilènes considèrent ces peintures comme partie de leur patrimoine culturel. ■

À gauche : La Gran Vía, toujours très animée, traverse le centre de Madrid. Ci-dessus : On aperçoit l'abside du Real Oratorio del Caballero de Gracia à travers une arche de la Gran Vía.

Le Madrid de Pedro Almodóvar

Depuis ses débuts, il y a quarante ans, Pedro Almodóvar, véritable emblème de la *movida* madrilène et réalisateur le plus célèbre d'Espagne aujourd'hui, s'est toujours inspiré de Madrid dans ses films. Il donne le beau rôle à de célèbres monuments, mais il aime aussi montrer des lieux très éloignés des circuits fréquentés par les touristes.

Volver (2006) se passe dans La Mancha, où est né Almodóvar, mais a également été tourné à Vallecas, une banlieue de cols-bleus dans le sud de la capitale, et dans Cuatro Caminos, un endroit qui a beaucoup changé durant ces dernières années en raison de l'afflux de travailleurs étrangers. Le réalisateur s'est concentré sur le nord de ce secteur, devenu « Les petites Caraïbes » étant donné la multiplication de boutiques et de restaurants typiques de la nouvelle communauté.

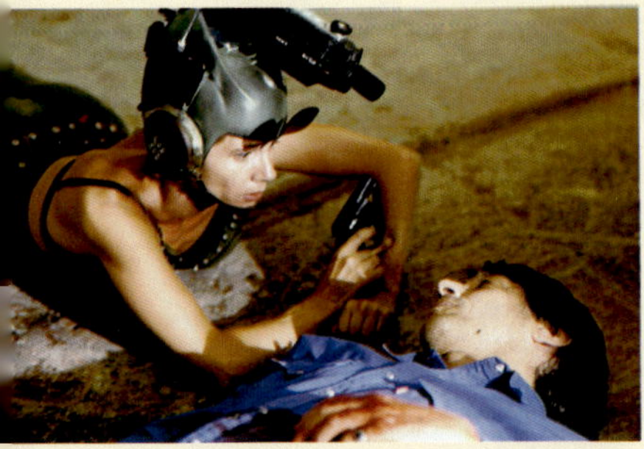

La star espagnole Victoria Abril incarne une journaliste obsédée dans *Kika*, dont l'action se déroule à Madrid au début des années 1990.

Almodóvar aime montrer les changements de la ville. *Kika* (1993) se passe dans un appartement près du Paseo de la Castellana, mais des scènes se déroulent dans le nouveau terminus de la gare d'Atocha, construit pour le train à grande vitesse AVE ralliant Séville, et près de la Torre Picasso, l'immeuble le plus élevé de Madrid.

Dans *En chair et en os* (1997), il montre les Torres Kio, les tours jumelles penchées en haut du Paseo de la Castellana. À l'époque, l'espace devant les tours n'était occupé que par quelques maisons en grande partie détruites. Aujourd'hui, c'est un quartier d'affaires en pleine activité, avec de très importants immeubles, qui participent à l'extension de la ville vers le nord.

Vous pouvez également reconnaître des lieux filmés par Almodóvar dans le centre de la ville. Les premières scènes du *Labyrinthe des passions* (1982), son deuxième long-métrage, montre les deux acteurs principaux, Imanol Arias et Cecilia Roth, déambulant dans les rues encombrées du marché Rastro, un dimanche matin. Ils prennent leur petit déjeuner à La Bobia, un café légendaire sur la Calle San Millán. Ce café, aujourd'hui un marchand de glaces, est loin de sa célèbre réputation, mais vous pouvez toujours vous asseoir à une table sur le trottoir, juste comme l'ont fait les comédiens du film.

Victoria Abril et Peter Coyote, dans *Kika*, sont assis à une table à la terrasse du café Círculo de Bellas Artes (voir p. 95) qui même avec les années a à peine changé. Dans *Talons aiguilles* (1991), les comédiens vont voir un spectacle de travestis à la Villa Rosa, un célèbre bar flamenco sur la Plaza Santa Ana. Également très reconnaissable, le Cine Doré, une célèbre salle de cinéma madrilène, apparaît dans *Parle avec elle* (2002).

Dans *Talons aiguilles*, Marisa Paredes habite dans un appartement en sous-sol sur la Plaza de Alamillo, au coin de la Calle Alfonso VI, au cœur du Madrid des Habsbourg. On reconnaît aussi ce quartier dans *La Fleur de mon secret* (1995), avec Marisa Paredes. Dans ce film, elle essaie d'enlever ses bottes, assise sur le bord de la fontaine de la Puerta de Moros, près de l'Iglesia de San Andrés.

Marisa Paredes se promène aussi la nuit avec l'acteur Juan Echanove sur la Plaza Mayor, qui semble encore plus théâtrale sans la foule habituelle. Il habite un appartement spectaculaire dans le Palacio de la Prensa sur la Gran Vía, avec une superbe vue panoramique sur la ville.

Le film nominé pour les Oscars, *Femmes au bord de la crise de nerfs* (1988), se déroule dans un encore plus grand appartement, dans le quartier très résidentiel de Los Jerónimos, entre le parc Retiro et le Prado.

Dans *Matador* (1986) apparaît un des endroits les plus impressionnants de la ville, le Viaducto qui enjambe la Calle Segovia. Assumpta Serna, dans sa cape noire et jaune gonflée par la brise, se tient debout sur le pont et attend son destin en regardant au loin les montagnes de la Sierra de Guadarrama. Le réalisateur a de nouveau posé sa caméra dans ce quartier, Calle Bailén, à l'occasion du tournage de son dernier film *Étreintes brisées* (2009). ■

Cette partie de la gare d'Atocha, conçue par Alberto del Palacio à la fin du XIXe siècle, apparaît dans *Kika*.

Le lacis des ruelles du quartier de Malasaña s'étend au nord de la Gran Vía.

Le nord de la Gran Vía

LES QUARTIERS DES DEUX CÔTÉS DE LA GRAN VÍA SONT TYPIQUES DU CENTRE-ville de Madrid. L'ambiance au niveau de la rue est très commerçante, mais il suffit de lever le nez pour admirer des rangées de balcons fleuris et protégés par des volets verts en bois. Les quartiers traditionnels de Chueca et Malasaña sont de plus en plus à la mode. Les marchands de légumes et les ateliers de charpentiers, de tapissiers et d'électriciens ont laissé place aux boutiques, aux bars surpeuplés, aux cinémas qui font le cœur bouillonnant de la cité.

Nord de Gran Vía
Plan p. 91
Banco de España, Chueca, Gran Vía

Iglesia de las Salesas Reales
Plan p. 91
Calle General Castaños 2
91 319 4811
Colón, Alonso Martínez

Le plus ancien bâtiment du quartier est de très loin la **Casa de las Siete Chimeneas** (Maison des Sept Cheminées), construite en 1577 sur la Plaza del Rey, à Chueca. Elle a été restaurée et abrite aujourd'hui une partie des bureaux du ministère de la Culture. La rumeur dit qu'une jeune femme, morte dans l'immeuble, continue de hanter les lieux, apparaissant parfois sur le toit en robe blanche. Au début du XVIIe siècle, Charles Ier, futur roi d'Angleterre a logé ici quand il est venu faire la connaissance de sa promise, la Princesse María, la sœur de Felipe II.

La Calle del Barquillo, au nord de la Plaza del Rey, est bordée de magasins spécialisés dans le matériel de musique. À l'origine, cette rue faisait partie de la route royale qui conduisait à la majestueuse **Iglesia de las Salesas Reales**. Connue également sous le nom de Santa Bárbara, cette église fut bâtie au milieu du XVIIIe siècle dans l'enceinte du couvent destiné à la retraite de l'épouse portugaise de Ferdinand VI, Bárbara de Braganza. Conçus par l'architecte français François Carlier, les plans ont été modifiés après sa mort par Francisco Moradillo.

À l'intérieur, d'un somptueux style baroque tardif, se trouvent les tombes de Ferdinand VI et de Bárbara de Braganza, dessinées par Francesco Sabatini et sculptées par Francisco Gutiérrez. Les statues de San Fernando et de Santa Bárbara ornent le grand autel, flanqué de colonnes de marbre. Le couvent a été reconstruit après un incendie en 1915 et abrite aujourd'hui la Cour Suprême.

La rue en face de l'église est également appelée du nom de Bárbara de Braganza. Un pâté de maisons plus loin à l'ouest, elle devient la Calle Fernando VI. Au bout, sur la gauche, s'élève l'extraordinaire bâtiment qui abrite la **Sociedad de Autores** (*Calle Fernando VI 4, tél. : 91 349 9550*), la Société des Auteurs, une organisation qui gère les droits des auteurs et des artistes. Conçu par José Grases Riera en 1902 comme résidence privée, c'est un bel exemple d'Art nouveau à Madrid. Plus influencées par le style d'Hector Guimard que par le modernisme catalan, les plantes en pierre de ce bâtiment semblent dégouliner le long de la façade couleur caramel, entourée de grilles aux volutes vertes. Du coin de la Calle Pelayo, vous pourrez apercevoir les jardins exotiques derrière le bâtiment.

MUSEO ROMANTICO

Prenez la première rue à droite dans la Calle Pelayo, vers la Travesía San Mateo, qui mène à la Calle San Mateo. Après rénovation, le **Museo Romántico** rouvrira ses portes très prochainement. Ce musée original est logé dans un hôtel particulier de la fin du XVIIIe siècle, la résidence du marquis de Vega-Inclán (1858-1942). Cet aristocrate excentrique ne collectionnait pas seulement des objets d'art mais aussi des instruments de musique, des éventails et de la porcelaine chinoise. Fervent promoteur du tourisme en Espagne, il est l'homme à l'origine de la reconstruction de la maison du Greco à Tolède et du quartier de Santa Cruz, à Séville. Il eut plus tard l'idée de transformer des demeures historiques en hôtels, ce qui a donné naissance à la célèbre chaîne des Parador.

Le marquis était un grand admirateur du Mouvement romantique qui dura des années 1820 aux années 1870, pendant le règne d'Isabelle II. Les artistes et les écrivains, influencés par les Libéraux, ont alors commencé à se débarrasser des contraintes de l'académisme pour explorer une expression plus libre de leur œuvre. Visiter ce musée donne un bon aperçu de ce que fut cette période si fertile de la culture espagnole.

L'exposition commence au premier étage avec une présentation des nombreuses réalisations du marquis. Ses collections se situent à l'étage supérieur principal. La plus belle pièce est une peinture de Goya, *Saint Grégoire le Grand*. Vous y verrez aussi des portraits de grands maîtres du XIXe siècle dont Leonardo Alenza et José et Federico de Madrazo, et des scènes de la vie quotidienne – un genre connu sous le nom de *costumbrista* – par Valeriano Bécquer et Eugenio Lucas. Une pièce est consacrée à l'écrivain

La croisade des capes

Le marquis italien de Squillace a causé une révolte en 1766 quand il interdit le port des capes et des grands chapeaux, sous le prétexte que les voleurs s'en servaient pour cacher leur butin. Les Madrilènes refusèrent de céder et se manifestèrent dans divers endroits de la ville, dont la Plaza del Rey à Chueca. ■

Museo Romántico
http://museoromantico.mcu.es
Plan p. 91
Calle San Mateo 13
91 448 0163 et 91 448 1045
réouverture prévue fin 2009.
€. Gratuit dim.
Tribunal, Alonso Martínez

Les fresques richement décorées dans l'église baroque de San Antonio de los Alemanes.

Mariano José de Larra (1809-1837), qui s'est suicidé après un chagrin d'amour.

MUSEO DE LA HISTORIA

À deux pas, se trouve le **Museo de la Historia**, également en cours de restauration mais il reste partiellement ouvert. Le bâtiment, conçu au début du XVIIIe siècle par Pedro de Ribera, possède un portail baroque très ouvragé, caractéristique de ce style. À l'origine un hospice, ce bâtiment a abrité des ateliers d'artistes. L'activiste Pablo Iglesias y a travaillé comme imprimeur.

Entrez, ne serait-ce qu'un instant, dans le musée pour admirer l'extraordinaire maquette en bois de Madrid. Mesurant 5,2 m par 3,5 m, elle fut conçue en 1830 par León Gil de Palacio, quelques années seulement avant la confiscation et le démantèlement des propriétés religieuses qui a conduit à la disparition de nombreuses églises, couvents et monastères. Il montre à quel point la ville a pu changer depuis le développement urbain du milieu du XIXe siècle.

Pendant les travaux, seule une partie des riches collections du

musée est visible. Les travaux terminés, les expositions seront consacrées au Madrid historique, de l'âge paléolithique jusqu'aux temps des Romains, avant de montrer comment la ville s'est développée pendant la période musulmane et la Reconquête.

LE QUARTIER DE MALASAÑA

La Calle Fuencarral marque la limite entre Chueca et le quartier de Malasaña. Son nom vient de Manuela Malasaña, une héroïne de la révolte contre l'armée française du 2 mai 1808 (voir p. 204-205), qui s'est déroulée non loin. Cette couturière de 17 ans a attaqué les soldats français qui tentaient de l'arrêter en se servant de sa paire de ciseaux comme d'une arme. Les soldats l'ont tuée net.

Ce quartier est un haut lieu de la vie nocturne depuis les années 1960, quand les artistes et les musiciens s'installèrent dans les appartements traditionnels, attirés par les loyers modestes dans ce qui était alors un quartier délabré. Calme durant la journée, l'atmosphère change radicalement le soir avec ses nombreux bars et boîtes de nuit. Une des églises les plus surprenantes de Madrid est cachée juste à proximité. **San Antonio de los Alemanes** paraît très modeste de l'extérieur et la plupart passent devant sans deviner la richesse de son intérieur baroque. Construite entre 1624 et 1633 par Pedro Sánchez, un célèbre bâtisseur d'églises de l'époque, l'intérieur est couvert de fresques consacrées à l'histoire de saint Antoine de Padoue (1195-1231), un moine franciscain mort à Padoue, en Italie. Elles ont été peintes par de grands maîtres de l'époque dont Francisco Ricci (1608-1685) et Juan Carreño de Miranda (1614-1685). ■

Cuisine populaire historique

Au début du XVIIIe siècle, une communauté religieuse établit un refuge à côté de l'Iglesia de San Antonio de los Alemanes. Tous les soirs, les moines parcouraient les rues avec pain et œufs durs pour les distribuer aux clochards. La tradition a perduré jusqu'au XXIe siècle avec une soupe populaire pour des dizaines de personnes tous les jours. ■

Museo de la Historia
- Plan p. 91
- Calle Fuencarral 78
- 91 701 1863
- Fermé sam. a.-m., dim. a.-m. et lundi
- Tribunal, Bilbao

Iglesia de San Antonio de los Alemanes
- Plan p. 91
- Calle Puebla 22
- 91 522 3774
- Gran Vía, Callao

Promenade à Chueca et à Malasaña

Cette promenade vous entraînera au nord de la Gran Vía, dans des quartiers qui ont beaucoup et rapidement changé. Peu riches en monuments, ils connaissent un regain d'activité et possèdent les boutiques et les bars les plus branchés de la ville. Le meilleur moment pour s'y rendre est le début de soirée, particulièrement le week-end, quand les rues sont remplies de monde.

De la station de **métro Gran Vía**, remontez la Calle Hortaleza, une rue très commerçante. Le réseau de rues partant sur la droite correspond au quartier de Chueca, un des quartiers gays les plus flamboyants d'Europe. Sa popularité grandissante l'a conduit à devenir plus ouvert et il est maintenant fréquenté par une population jeune et branchée.

Tournez à droite dans la Calle Augusto Figueroa, bordée de magasins de chaussures de marques à prix discount. Prenez à gauche, la Calle Barbieri, qui mène à la **Plaza de Chueca** ①, une place qui illustre parfaitement les changements survenus dans ce quartier. Les cafés en terrasse sont pris d'assaut les soirs d'été. La **Taberna de Ángel Sierra** *(Calle Gravina 11, tél. : 91 531 0126)* de l'autre côté de la place possède un bar traditionnel en zinc, des murs carrelés et propose d'excellentes tapas. Les immeubles d'habitation autour de la place, la plupart datant d'un siècle environ, ont été ravalés, transformant cet endroit autrefois un peu étouffant en une place accueillante.

Descendez la Calle Gravina, qui après avoir coupé la Calle Barquillo devient la Calle Almirante, réputée pour ses boutiques de stylistes espagnols. Tournez à gauche dans la Calle Conde de Xiquena, dont les portes ouvragées, assez larges pour les voitures à cheval, montrent la richesse de ce quartier à la fin du XIXe siècle. Au bout de la rue, s'élève la magnifique **Iglesia de Salesas Reales** ② (voir p. 102).

Des enfants jouant sur la Plaza Dos de Mayo ombragée, au cœur du quartier de Malasaña.

Tournez à gauche et longez la Calle Fernando VI, avec la **Sociedad de Autores** ③, la Société des Auteurs (voir p. 103), au bout à gauche. Continuez le long de la Calle Mejía Lequerica, puis tournez à gauche dans la Calle Barceló. Sur la droite, au n° 11, le Pachá *(tél. : 91 447 0128)*, avec sa façade arrondie,

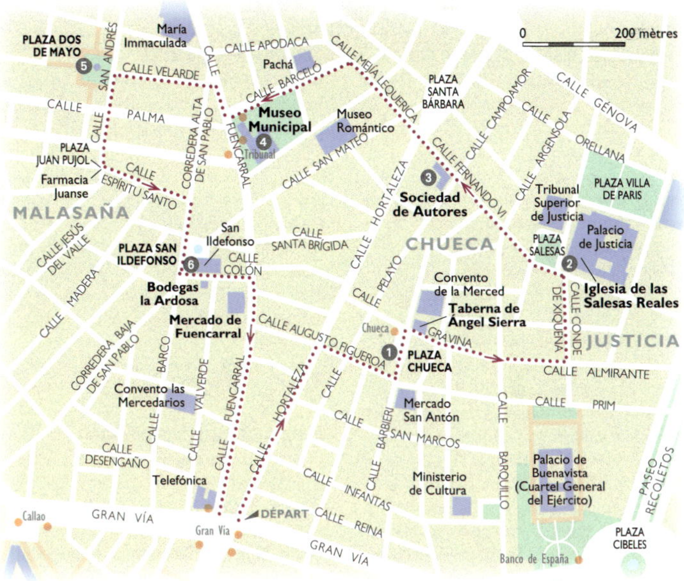

est une des plus célèbres boîtes de nuit de Madrid. Construit dans les années 1930 pour en faire un cinéma, ce bâtiment est un bon exemple d'architecture fonctionnelle. Le **Museo Municipal** ❹ (voir p. 104-105), sur la gauche, vaut bien un coup d'œil.

Traversez la Calle Fuencarral pour rejoindre le quartier Malasaña, où l'environnement gay laisse la place à une atmosphère New Age. Descendez la Calle Velarde vers la **Plaza Dos de Mayo** ❺, baptisée ainsi après la révolte qui a vu le jour ici le 2 mai 1808 (voir p. 204-205). Le monument au centre représente Pedro Velarde et Luis Daoíz, les héroïques capitaines d'armée qui ont perdu leur vie pendant la bataille.

Quittez la place par le sud vers la Calle San Andrés, qui conduit à la **Plaza de Juan Pujol**. Ne manquez pas la pharmacie Juanse à l'angle sur la droite, dont la façade est décorée de carreaux peints à la main représentant différentes maladies. Tournez à gauche le long de la Calle Espíritu Santo, qui tient son nom de la Croix du Saint-Esprit installée ici au XVIIe siècle pour commémorer la destruction par la foudre de plusieurs maisons closes.

Voir plan du quartier p. 91
- Ⓜ Gran Vía
- 5 km
- 2 heures
- Ⓜ Gran Vía

NE MANQUEZ PAS

- Plaza de Chueca
- Calle Almirante
- Iglesia de las Salesas Reales

Tournez à droite et allez au bout de la Corredora Alta de San Pablo, qui conduit à la **Plaza de San Ildefonso** ❻, dominée par son église du XIXe siècle. Prenez à gauche la Calle Colón, où se trouve un bar carrelé au nº 13, **Bodegas La Ardosa** *(tél. : 91 521 4979)*. Tournez à droite dans la Fuencarral, un des endroits les plus branchés de la ville pour faire du shopping. Le **Mercado de Fuencarral** *(tél. : 91 521 4152, fermé dim.)*, au nº 45, est une petite galerie commerciale dotée d'un centre Internet au sous-sol. Continuez cette rue pour revenir à la Gran Vía. ■

Autres sites à visiter

CENTRE CULTUREL BLANQUERNA

Ce nouveau centre fait la promotion de la culture de la région de Catalogne. Bien que spécialisé dans les auteurs catalans, le centre dispose d'une grande sélection de livres de fiction, d'art et de guides de voyage. L'espace du sous-sol accueille des expositions, des conférences, des concerts et autres manifestations.

www.gencat.es/blanquerna Plan p. 91
Calle Alcalá 44 91 524 1890
Fermé sam. et dim. Banco de España

COUVENT DE SAN PLÁCIDO

Construit au milieu du XVIIe siècle par Fray Lorenzo San Nicolás, ce couvent a rapidement été victime d'un scandale impliquant les novices, leur confesseur, des membres de l'aristocratie, et même le roi, Philippe IV. La richesse de décoration dans l'église provient en partie de donations faites pour éteindre les rumeurs, et comprend un impressionnant et très réaliste *Christ gisant* de Gregorio Fernández. Une œuvre de Vélasquez, *Christ en croix*, peinte à l'origine pour le couvent sur une commande de Philippe IV, se trouve aujourd'hui au musée du Prado et a été remplacée ici par une copie. Le dôme du couvent est décoré de fresques de Francisco Ricci, et les peintures de l'Annonciation sur le maître-autel sont signées de Claudio Coello.

Plan p. 91 Calle San Roque 9
91 531 7999 Fermé sam. matin et dim.
Gran Vía

La station de métro Tribunal dessert le Museo Romántico et d'autres sites au nord de Madrid.

IGLESIA DE SAN JOSÉ

Conçue par Pedro de Ribera en 1730, cette église baroque est aujourd'hui nichée entre de grands immeubles commerciaux. Elle faisait à l'origine partie du couvent des Carmélites qui fut démoli après le démantèlement des propriétés religieuses, en 1836. Elle contient des sculptures du XVIIIe siècle, signées par Robert Michel et Juan Pascual de Mena. Une plaque commémore le mariage de Simón Bolívar (1783-1830), le grand général vénézuélien, avec Maria Teresa Rodriguez del Toro y Alaysa, la fille d'un noble espagnol, en 1802.

Plan p. 91 Calle Alcalá 43
91 522 6784 Banco de España.

MUSEO COLECCIONES ICO

Cet intéressant musée est dirigé par la fondation culturelle de l'organisme du crédit de l'État, l'Instituto de Crédito Oficial. La collection permanente comprend des œuvres d'artistes espagnols de tout premier ordre dont José María Sicilia, Jaume Plensa, Miquel Barcel, et Pablo Picasso (la *Suite Vollard*). De nombreuses expositions temporaires se succèdent, consacrées à des artistes espagnols autant qu'à des artistes de renom qui viennent du monde entier.

www.ico.es Plan p. 91 Calle Zorrilla 3
91 420 0717, gratuit 900 121 121 Fermé dim. a.-m. et lun. Visites guidées gratuites mar. et jeu. À 11 h 30, 17 h 30 et 18 h 30
Banco de España

TEATRO MARIA GUERRERO

Construit en 1885 par Agustín Ortiz de Villajos, le théâtre porte le nom d'une célèbre actrice qui en fut longtemps propriétaire et s'y produisait régulièrement. Auparavant, il fut nommé Teatro Princesa, en hommage à la fille d'Alfonso XII. C'est pourquoi les initiales T et P sont gravées dans la pierre de la façade néogrecque. Le bâtiment est l'un des plus beaux exemples d'immeubles à charpente métallique de Madrid, son intérieur de style mujedar resplendissant d'une décoration rouge et or. Aujourd'hui Centro Dramático Nacional, le théâtre présente surtout des pièces contemporaines, dont beaucoup sont d'auteurs espagnols.

www.artenetsgae.com Plan p. 91 Calle Tamayo y Baus 91 310 2949 Colón ■

Regorgeant de cafés, de bars et de restaurants, la Plaza de Santa Ana draine une multitude de visiteurs le week-end. C'est un haut lieu des loisirs depuis que les premiers théâtres madrilènes s'y sont installés dans les cours des maisons, il y a quatre siècles.

Autour de la Plaza de Santa Ana

Introduction et carte **110-111**
La Plaza de Santa Ana **112-113**
Promenade dans le Barrio de las Letras **114-115**
La Calle Cervantes et alentour **116-117**
Les cafés traditionnels **118-119**
Lavapiés et le Rastro **120-121**
Autres sites à visiter **122**
Hôtels **245**
Restaurants **254**

Portrait en céramique de l'écrivain du XVIIe siècle Francisco de Quevedo.

Autour de la Plaza de Santa Ana

La zone triangulaire qui s'étend à l'est de la Puerta del Sol forme le Barrio de las Letras, ou « quartier littéraire ». Délimité par la Carrera de San Jerónimo, le Paseo del Prado, la Calle Atocha et la Calle de la Cruz, le quartier doit son nom à l'affluence de poètes, de dramaturges, de journalistes et d'écrivains qui le fréquentèrent après que les premiers théâtres de fortune de la ville y furent fondés, à la fin du XVIe siècle.

Réclame pour le lait sur carreaux peints à la main, devant le bar à tapas Casa Locas.

Appelés *corrales*, les deux premiers théâtres à s'installer dans une cour furent le Príncipe, remplacé aujourd'hui par le Teatro Español, Plaza de Santa Ana, et le Cruz, situé dans la rue éponyme. Le XVIIe siècle fut l'âge d'or du théâtre espagnol, et les pièces des grands dramaturges de l'époque – Lope de Vega, Calderón de la Barca, Tirso de Molina – continuent d'être jouées en Espagne comme à l'étranger.

La population madrilène connut une forte augmentation après que Philippe II eut fait de la ville la capitale, en 1561. Les nombreux oisifs passaient le temps dans ces *corrales*, qui restaient ouverts de midi à 10 h du soir. Ils assistaient à toutes les représentations, debout, et ne constituaient qu'un public passif. Seuls le clergé et l'aristocratie pouvaient s'asseoir, devant ou dans des loges privées sur les côtés.

La création incessante de nouvelles pièces entraîna l'apparition de dizaines d'ateliers d'imprimerie. Les librairies se multiplièrent également, de même que les tavernes, destinées à recevoir les milliers de gens qui passaient dans le quartier chaque jour. Le XIXe siècle vit ensuite l'émergence des cafés littéraires, où écrivains, artistes et personnalités politiques se retrouvaient pour discuter de leurs arts et de leurs affaires (voir p. 118-119).

Si le Teatro Español reste la salle la plus prestigieuse de Madrid, le quartier de Santa Ana est maintenant davantage réputé pour sa vie nocturne animée, qui séduit les locaux comme les visiteurs de tous âges. C'est un bon endroit pour s'initier aux tapas.

Les *corrales* se développèrent également au sud de Santa Ana, dans le quartier de Lavapiés, où les cours qui les connurent se nichent encore derrière les façades du XIXe siècle. C'est l'un des quartiers de Madrid les plus traditionnels, et que l'on retrouve d'ailleurs comme décor principal de l'œuvre de nombreux écrivains de l'âge d'or. Au cours de ces dernières années, l'installation de populations venues d'Afrique, d'Amérique latine et d'Extrême-Orient a donné un nouveau souffle au quartier. Le dimanche matin, le grand marché aux puces du Rastro attire des milliers de visiteurs. ■

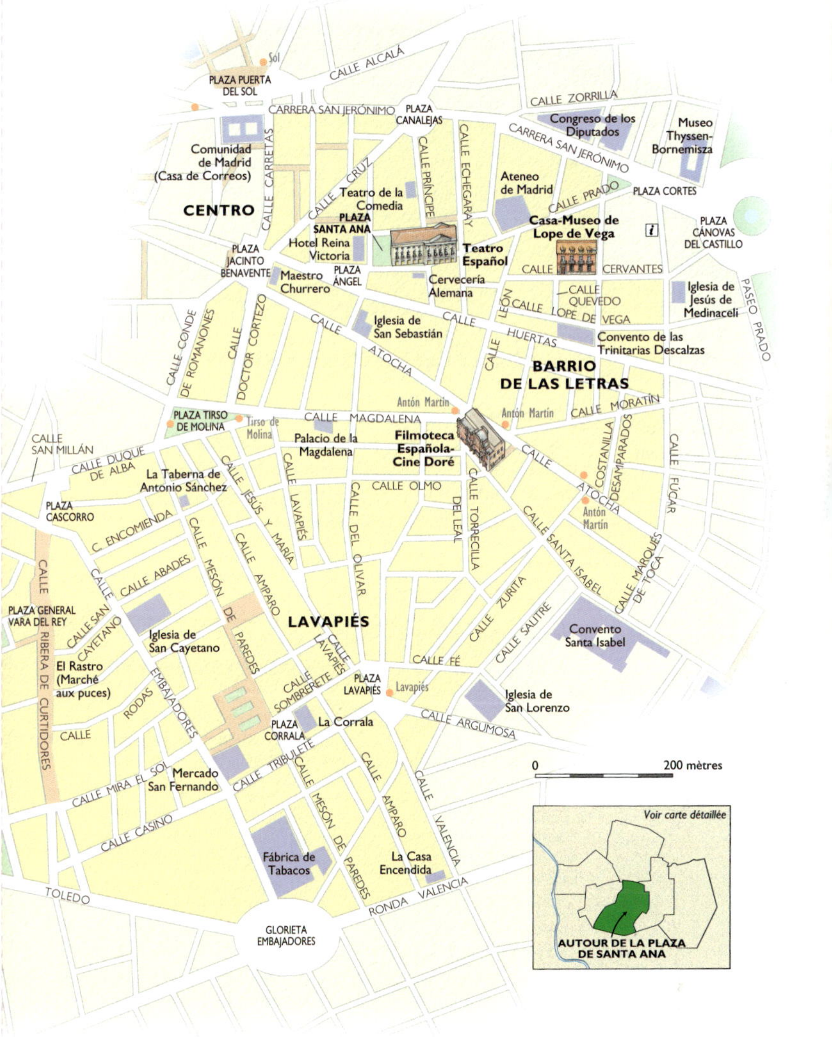

Les Madrilènes sortent leur chien sur la Plaza de Santa Ana, cœur du quartier littéraire.

La Plaza de Santa Ana

La Plaza de Santa Ana tient son nom du couvent qui était situé sur le site jusqu'au XIXe siècle. Cette place, très vaste et très aérée, est à ce jour un lieu de rencontre privilégié qui abrite nombre de cafés et de bars à tapas. Le Teatro Español, à l'origine théâtre rudimentaire, est devenu, au cours des siècles, l'important édifice actuel qui domine le site.

Plaza de Santa Ana

Carte p. 110-111

Antón Martín, Sol

Teatro Español

Calle Príncipe 25

91 360 1484

Antón Martín, Sevilla

Public dangereux

Au XVIIe siècle, quand le public n'aimait pas une pièce ou un comédien, il le faisait savoir en jetant des fruits pourris sur la scène ou en tapant bruyamment sur des ustensiles de cuisine. Ces réactions sans équivoque pouvaient faire disparaître une pièce après une seule représentation. À l'inverse, les spectateurs se trouvaient parfois tellement captivés par la pièce qu'ils se croyaient dans la réalité et pouvaient sauter sur scène pour intervenir dans l'action avec des couteaux ou d'autres armes. ■

Appelé à l'origine Corral del Príncipe, ce théâtre fut fondé comme une œuvre de bienfaisance pour récolter des fonds destinés à un hôpital de la Calle Toledo. Le théâtre rencontra rapidement un franc succès, et il fallut même mettre en place des contrôles sévères pour empêcher la foule indisciplinée d'entrer sans payer.

La salle, qui était à l'origine en bois et en plein air, fut remplacée, en 1745, par un théâtre couvert de facture italienne, qui fut détruit par un incendie au XIXe siècle et reconstruit par Juan de Villanueva.

Après la création de la place là où se dressait l'ancien couvent, les propriétaires de la salle ajoutèrent une nouvelle façade néoclassique à l'édifice, décorée par les bustes de dramaturges célèbres. L'intérieur fut reconstruit après un autre incendie, en 1975. Le théâtre présente aujourd'hui un répertoire classique et contemporain sous la direction de Mario Gas.

Une statue à la gloire du dramaturge et poète Federico García Lorca (1898-1936) se dresse devant le théâtre. Un peu plus loin, une statue de marbre représente le dramaturge Pedro Calderón de la Barca (1600-1681), qui figure parmi les auteurs les plus célèbres de l'âge d'or. Des scènes de quatre de ses pièces ornent la partie inférieure de la statue.

Le plus connu des innombrables bars qui occupent la place est la **Cervecería Alemana**, au n° 6 (*tél. : 91 429 7033*), qui a peu changé depuis sa création, en 1904. L'établissement était le point de ralliement de nombreux toreros, ainsi que d'Ernest Hemingway.

Les toreros, dont Manolete et Luis Miguel Dominguín, aimaient aussi à fréquenter l'**Hotel Reina Victoria**, dont la façade est de couleur crème éclatante et est agrémentée d'une petite tour d'angle originale. Construit en 1919, l'établissement a fermé en 2005 pour être transformé en premier hôtel Hard Rock d'Europe. Il a rouvert au printemps 2006.

Juste au bord de la place, à gauche de l'hôtel, s'élève la **Iglesia de San Sebastián**, dont la structure d'origine du XVIe siècle fut détruite pendant la guerre civile. Au XVIIe siècle, l'église servit de base aux sociétés de bienfaisance qui avaient mis en place les deux premiers petits théâtres. Les fonds récoltés permettaient aux comédiens et aux auteurs de parer aux dépenses de première nécessité et de prendre soin de leur santé.

Lope de Vega fut enterré dans la crypte de l'église et, bien que sa dépouille ait disparu, un monument y commémore le dramaturge. De nombreux autres hommes de lettres, dont Valle Inclán, Bécquer, Larra et Zorrilla, se sont mariés en ces lieux. Dans l'église, une vitrine de verre laisse voir la **chapelle Notre-Dame de Bethléem** néoclassique, dessinée par Ventura Rodríguez au XVIIIe siècle et méticuleusement restaurée par la corporation des architectes. De grands architectes espagnols, dont Juan de Villanueva et Ventura Rodríguez, sont enterrés ici. ■

Iglesia de San Sebastián

✉ Calle Atocha 39

☎ 91 429 1361

Ⓜ Antón Martín

Avec ses bars à tapas et ses cafés, la Plaza de Santa Ana est un lieu de rendez-vous privilégié.

Les bars et les restaurants fréquentés par les associations littéraires peuplent les alentours.

Promenade dans le Barrio de las Letras

Il s'agit plus ici d'atmosphère que de sites en tant que tels : laissez libre cours à votre inspiration en parcourant les étroites ruelles, et projetez-vous au XVIIe siècle dans ce quartier qui était alors le cœur culturel de Madrid.

En partant de la **Puerta del Sol** (1), empruntez la Carrera de San Jerónimo puis tournez à droite Calle Victoria. L'un des plus grands romanciers espagnols, Benito Pérez Galdós (1843-1920), a pris pour cadre de son premier roman, *La Fontana de Oro* (*La Fontaine d'or*), le café du même nom qui se dressait à l'angle. Le café d'origine a disparu il y a un siècle, mais le roman est mentionné sur une plaque de marbre, un peu plus loin, devant un bar qui en a repris aujourd'hui l'enseigne.

À droite, au n° 23 de la Calle de la Cruz, se trouve le magasin **Capas Seseña** (*tél. : 91 531 6840*), qui fabrique et vend des capes traditionnelles. En arrivant ensuite sur la petite place, on découvre une grande peinture murale qui représente la rue telle qu'on la voit aujourd'hui, avec la figure de Philippe IV en bas à droite. Le Corral de la Cruz, l'un des premiers théâtres de Madrid, fut installé ici, dans une cour, à la fin du XVIe siècle. Philippe IV s'y rendait souvent, et sa liaison avec La Calderona, l'une des plus grandes comédiennes du moment, fit sensation.

Prenez sur la gauche la Calle de Álvarez Gato, qui présente sur la gauche une série de miroirs déformants, dont les originaux figuraient dans la pièce *Lumières de Bohême* (1924) de Ramón del Valle Inclán. Au bout, à droite, une fresque en carrelage peint à la main représentant les villes d'Espagne décore la **Villa Rosa** (*tél. : 91 521 3689*), club de flamenco créé en 1919.

Prenez à droite pour trouver la **Plaza de Santa Ana** (2), avec le **Teatro Español** à son extrémité (voir p. 112-113). Traversez la place en diagonale, puis prenez à droite la Calle Príncipe. Au premier angle à droite se trouve le **Palacio de Santoña**, dessiné en 1734 et dont les portes baroques sur la Calle Príncipe sont dues à Pedro de Ribera. Le palais n'est pas ouvert au public, mais l'office du tourisme de Madrid (*tél. : 91 588 1636*) organise des visites de ses luxueux intérieurs.

En 1614, Cervantès vivait en face, là où se trouve à présent la taverne **Casa Alberto** (voir p. 64-65). Prenez à gauche la Calle Huertas, l'une des rues les plus animées de la capitale

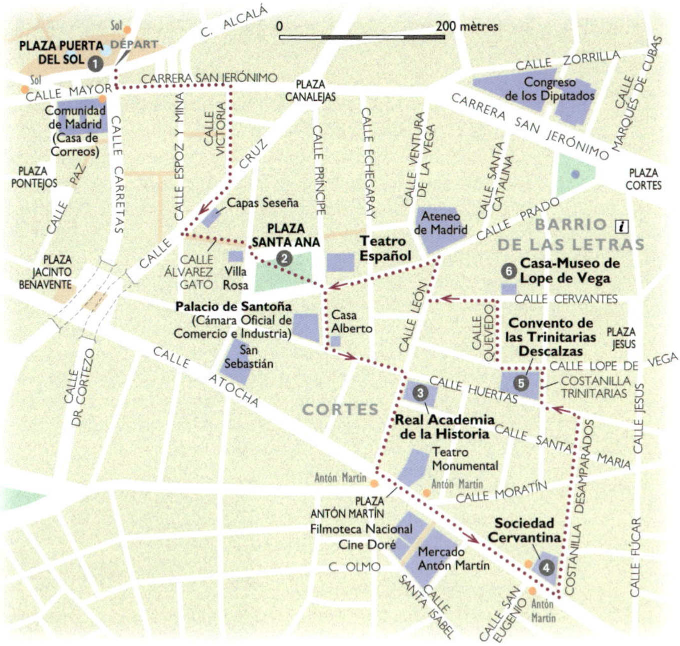

quand vient la nuit, et où des citations des écrivains Galdós, Góngora et Cervantès sont inscrites en lettres de bronze sur le trottoir.

Le très sévère édifice néoclassique qui fait l'angle avec la Calle León fut dessiné par Juan de Villanueva en 1788 ; il héberge aujourd'hui la **Real Academia de la Historia**, l'Académie royale d'histoire ❸. Il servait à l'origine aux moines de l'Escurial (voir p. 228-231), qui y imprimaient leurs livres de prières.

Remontez la Calle León, qui doit son nom au lion qui y était gardé en cage au XVIIe siècle, puis prenez à gauche la large Calle Atocha. Au numéro 87, la **Sociedad Cervantina** ❹ (*tél. : 91 420 3437*) promeut l'œuvre de Cervantès. Une plaque indique que c'est ici que fut imprimée la première partie de *Don Quichotte*, en 1605.

Prenez à gauche la Costanilla de los Desamparados, puis tournez à la troisième rue à gauche pour retomber sur la Calle Huertas, et montez la pente sur votre droite, la Costanilla Trinitarias. Sur la gauche, le mur longeant toute la côte est celui du **Convento de las Trinitarias Descalzas** ❺ (voir p. 117). En prenant la Calle Lope de Vega à gauche, on peut apprécier la taille de l'édifice. Coupez la Calle Quevedo pour prendre la Calle Cervantes, où se trouve la **Casa-Museo de Lope de Vega** ❻ (voir p. 116-117), et tournez à droite pour retrouver la Calle León. À l'angle, une plaque indique où vécut Cervantès. Prenez à gauche la Calle Prado, puis à droite, pour retomber sur la Plaza de Santa Ana. ■

Voir le plan p. 110-111
Puerta del Sol
2,25 km
45 minutes
Plaza de Santa Ana

À ne pas manquer
- Plaza de Santa Ana
- Teatro Español
- Casa-Museo de Lope de Vega

Calle Cervantes et alentour

Carte p. 110-111

Antón Martín, Sevilla

Casa-Museo de Lope de Vega

Calle Cervantes 11

91 429 9216

Fermé a.-m. et lun.

gratuit.

Antón Martín, Sevilla

La Calle Cervantes et alentour

De nombreuses rues de ce quartier portent le nom d'hommes de lettres y ayant vécu – ou y étant enterrés. Ainsi, la Calle Cervantes connut Cervantès et Lope de Vega, mais seule la maison de ce dernier a été conservée. Parallèle, la Calle Lope de Vega est aussi associée à Cervantès, qui y fut enterré dans un premier temps. La Calle Quevedo, qui relie ces deux rues, est dédiée au poète et satiriste Francisco de Quevedo (1580-1645) qui y vécut.

En grande partie reconstruite, la **Casa-Museo de Lope de Vega** est une maison du XVIIe siècle qui mérite d'être visitée pour découvrir comment on vivait à cette époque. L'un des plus grands dramaturges espagnols, Félix Lope de Vega, vécut dans cette maison de 1610 jusqu'à sa mort en 1635, à l'âge de 73 ans. Marié deux fois, on lui connut trois maîtresses notoires et on lui attribue la paternité d'au moins 14 enfants... Cette vie tumultueuse lui laissa pourtant le temps d'écrire environ 1 500 pièces, ainsi que d'innombrables poésies et des romans.

Construite sur deux étages, la maison est organisée autour d'une cour paisible plantée d'orangers, de citronniers, de figuiers et de cyprès. Au temps de Lope de Vega, une bonne moitié de ce jardin était consacrée à un potager qui nourrissait la famille.

Si les meubles et la décoration datent bien du XVIIe siècle, la majeure partie n'en a pas appartenu à l'écrivain. Dans le bureau, la table de travail se trouve près de la fenêtre, car Lope de Vega utilisait le plus possible la lumière naturelle.

Dans la même pièce, on peut voir deux peintures lui ayant appartenu, dont une représentant ses enfants Carlitos et Lope Félix. Et comme Lope de Vega est devenu prêtre à l'âge de 51 ans, la maison est enrichie d'une chapelle dédiée au saint patron de Madrid, saint Isidore (voir p. 62-63).

Au deuxième étage, l'une des pièces contient un échiquier, jeu extrêmement populaire du temps de l'écrivain. À l'époque, on ne disposait pas de salle de bains : on se lavait dans un bac à l'aide d'un broc, et les eaux sales étaient jetées par la fenêtre, la nuit.

Lope de Vega et une comédienne célèbre, Micaela de Luján, eurent cinq enfants ensemble, dont une fille qui devint mère supérieure du **Convento de las Trinitarias Descalzas** voisin (*Calle Lope de Vega 18*). Aujourd'hui encore, 21 nonnes vivent recluses dans ce couvent fermé au public. À gauche, en entrant dans l'église, une trappe munie d'un tambour rotatif permet aux nonnes de communiquer avec le monde extérieur sans être vues. À gauche du presbytère, une plaque de pierre indique l'endroit où fut enterré Cervantès. Une messe est donnée en sa mémoire, le jour anniversaire de sa disparition, le 23 avril.

À un pâté de maison au nord de la Calle Cervantes, la **Calle Prado** est bordée de vieilles librairies. Au n° 21, l'une des plus grandes institutions intellectuelles du XIXe siècle, l'**Ateneo**, est toujours en activité. Fondée en 1835 par un groupe de penseurs libéraux, elle était à l'origine dédiée à la réforme du système éducatif. Ses activités se heurtèrent à plusieurs reprises au gouvernement et à l'Église, et elle dut fermer plus d'une fois.

Dessiné en 1884 par Enrique Fort, l'édifice actuel comprend une salle de conférence, une bibliothèque et une salle de détente. Le club est privé, mais les visites sont possibles et le café est ouvert au public. ■

Ateneo de Madrid

✉ Calle del Prado 21
☎ 91 429 1750
Ⓜ Antón Martín, Sevilla

Les intellectuels se rencontrent dans l'imposante bibliothèque du club Ateneo depuis plus d'un siècle.

Les cafés traditionnels

Passer le temps devant une table en marbre dans un café caverneux est une activité typiquement madrilène depuis près de deux siècles. Si la ville a perdu nombre de ses établissements anciens, pour cause de réaménagement urbain effréné dans la deuxième moitié du XXe siècle, la tradition s'est perpétuée grâce à l'ouverture d'innombrables nouveaux cafés. Dans ces établissements qui appellent à la détente, il fait bon rester des heures à regarder passer la vie et à discuter des sujets des plus graves aux plus futiles.

L'art du café est né sous le régime répressif de Ferdinand VII, au début du XIXe siècle, alors que les intellectuels se rassemblaient pour débattre des réformes nécessaires aux mondes politique et culturel. Ces réunions, nommées *tertulias*, rassemblaient des cercles de discussion informels. Les *tertulias* se consacraient généralement à un sujet précis – politique, littérature, poésie, corrida, science – et chaque cercle possédait un café de prédilection pour tenir ses réunions.

L'une des premières *tertulias* les plus célèbres rassembla un groupe impressionnant d'hommes politiques et d'écrivains, ceux qui allaient fonder l'Ateneo (voir p. 117), institution encore active aujourd'hui. Mené par Ramón de Mesoneros Romanos (1803-1882), écrivain et conseiller municipal qui développa l'art de la chronique madrilène, ce groupe était bien connu sous le nom d'El Parnasillo. Il se retrouvait au Café del Príncipe, devenu aujourd'hui le **Café del Español** (*Calle Príncipe 25, tél. : 91 420 1755*), qui se tient à proximité du Teatro Español (voir p. 112).

Le café actuel a ouvert ses portes à la fin des années 1990, mais son décor traditionnel s'est inspiré des descriptions de Mesoneros Romanos et de l'écrivain Benito Pérez Galdós (1843-1920). Le cercle comptait également le satiriste Mariano José de Larra qui, dans son article « El Café », écrit en 1932, laissait le témoignage suivant : « J'ignore si c'est ma curiosité naturelle (...) qui me pousse à m'attabler à une table discrète quatre fois par jour afin d'écouter les

conversations des autres, qui continuent de me divertir une fois rentré chez moi (…) car je ris comme un fou à l'idée de tous ces originaux dont j'ai surpris les discussions. »

À la fin du XIXe siècle, les cafés avaient fleuri dans tout le centre de Madrid, en particulier du côté de la Puerta del Sol, la Calle Alcalá et la Plaza de Santa Ana. L'un des plus notoires était le Café del Pombo, tout proche de la Puerta del Sol. Une célèbre *tertulia* s'y retrouvait au sous-sol – surnommé « la crypte sacrée ». Animé par Ramón Gómez de la Serna (1888-1963), écrivain spécialiste de la vie madrilène, ce groupe a été immortalisé par l'expressionniste José Gutiérrez Solana dans sa peinture *La tertulia del Café del Pombo*, exposée aujourd'hui au musée de la Reina Sofía (voir p. 154-159).

Après la guerre civile, nombre de ces intellectuels furent contraints à l'exil, et beaucoup de cafés furent transformés en banque ou en magasin. Deux grandes institutions de l'époque ont survécu : le **Café Comercial** (*Glorieta de Bilbao 7, tél. : 91 521 5655*) et le **Café Gijón** (*Paseo de Recoletos 21, tél. : 91 521 5425*).

Ouvert en 1887, le Comercial voit, depuis, passer une foule bigarrée de politiques, de poètes, d'intellectuels et de cadres administratifs. L'établissement proposait autrefois des spectacles musicaux, mais ce n'est malheureusement plus le cas aujourd'hui. Le décor est resté quasiment inchangé depuis 1953, année où furent installées les tables en marbre.

Depuis près de deux siècles, les Madrilènes se détendent (à gauche, Plaza Matute), discutent (en haut, Café Comercial) et travaillent (ci-dessus, Café Gijón) dans les cafés de la ville. Anciens ou récents, ils sont toujours une fenêtre ouverte sur la vie quotidienne.

Le Gijón, fondé en 1888, accueille aujourd'hui encore des *tertulias*, friandes des tables proches des vitres. Parmi les anciens clients réguliers, on mentionnera les écrivains Ramón del Valle Inclán, Federico García Lorca et le lauréat du prix Nobel de littérature, Camilo José Cela, dont le roman *La Ruche* s'inspirait largement des habitués du Gijón dans les années 1940. ■

On ne sait jamais quel trésor on va dénicher en flânant au marché aux puces du Rastro, le dimanche.

Lavapiés et le Rastro

LES RUES QUI DESCENDENT DE LA PLAZA DE SANTA ANA FORMENT LE QUARTIER de Lavapiés, connu traditionnellement sous le nom de *barrios bajos*, ou bas quartiers. Aujourd'hui revitalisé par la population la plus diversifiée de la capitale, Lavapiés a fourni, au cours des siècles, une source d'inspiration intarissable aux écrivains et aux artistes. Lope de Vega, Cervantès et Tirso de Molina ont ainsi écrit sur ce quartier au XVIIe siècle, relayés plus tard par Ramón de la Cruz et Benito Pérez Galdós. De nombreuses peintures de Francisco de Goya, qui excellait dans l'art de peindre la vie quotidienne des classes défavorisées, sont inspirées de scènes observées dans ce quartier. Le meilleur moment pour explorer Lavapiés est le dimanche matin, quand le marché aux puces du Rastro bat son plein.

Lavapiés et le Rastro

Carte p. 110-111

Ⓜ Tirso de Molina, Lavapiés, La Latina

La Plaza de Lavapiés fut le cœur du quartier juif du Madrid médiéval. La synagogue se dressait près de la place, à l'angle de la Calle de la Fé et de la Calle de Salitre, là où se trouve la **Iglesia de San Lorenzo** depuis le XIXe siècle.

Après que les Rois catholiques eurent expulsé les juifs d'Espagne en 1492, le quartier fut occupé par les juifs convertis au christianisme, les *conversos*. Ces derniers appelaient traditionnellement leur premier fils Manuel, ce qui valut au quartier le surnom de *Barrio de los Manolos*. Avec le temps, le terme *Manolo* a fini par désigner l'archétype du Madrilène de la rue, figure populaire que l'on retrouve dans nombre de pièces et de romans espagnols.

Non loin de la place, à l'angle de la Calle Sombrerete et de la Calle Mesón de Paredes, se trouve **La Corrala**, un immeuble à galeries du XIXe siècle ouvert sur un côté qui révèle une belle cour. En été, des concerts et des pièces de théâtre y sont donnés, mettant en scène des comédiens en costumes traditionnels de *Manolos* et *Manolas*.

À un pâté de maisons plus à l'ouest, se dresse sur la Calle Embajadores l'église la plus importante du quartier, la **Iglesia de San Cayetano**, reconstruite dans les années 1960 après la destruction, lors de la guerre civile, d'une grande partie de sa structure d'origine, datant de la fin du XVIIe siècle-début du XVIIIe. L'agencement en croix grecque, avec un dôme central et quatre plus petits, reflète des influences byzantines.

LE RASTRO

Le marché du Rastro est délimité par la Calle Embajadores et la Calle Toledo, la Ribera de Curtidores faisant ici office de rue principale. L'origine du mot *rastro* (« trace ») n'est pas réjouissante, puisqu'elle fait référence aux traînées de sang que laissaient dans les rues les deux abattoirs du quartier à l'époque. Depuis longtemps disparus, ils ont été remplacés par des étals de vêtements, sacs, livres et de tout ce qu'on peut vendre d'occasion. Comme dans tous les endroits fréquentés, ne portez pas ici d'objets de valeur.

Partez de la Plaza de Cascorro, puis gagnez, à droite, la Plaza General Vara del Rey, où prédominent les stands de meubles anciens. En descendant la côte, vous trouverez en bas les disques et les livres anciens, puis prenez la Ribera de Curtidores pour remonter la côte. ■

Immobilier

Au XVIe siècle, un arrêté municipal décidait de remédier à la pénurie de logements qui se révélait dramatique depuis 1561 : les gens possédant une maison de plus d'un étage étaient tenus de fournir un logement aux courtisans et aux nobles. Pour contourner la loi, les Madrilènes construisirent, côté rue, des maisons d'un étage, avec des étages supplémentaires à l'arrière des bâtiments. ■

Iglesia de San Cayetano
✉ Calle Embajadores 15
☎ 91 527 0790
Ⓜ Tirso de Molina, Lavapiés

Marché du Rastro
✉ Ribera de Curtidores
🕒 Dim. jusqu'à 15 h
Ⓜ La Latina

Marchandage autour d'un échiquier Plaza del General Vara del Rey.

Le Palacio de la Magdalena du XVIIIe siècle héberge aujourd'hui l'Institut national du cinéma.

Autres sites à visiter

LA CASA ENCENDIDA

Dirigé par José Guirao, ancien directeur du musée de la Reina Sofía, ce nouveau centre culturel est installé dans un édifice néomudéjar. La programmation comprend expositions, concerts, spectacles, ateliers et cours. Les activités comportent souvent une approche écologique, et on y voit un magasin de produits issus du commerce équitable.

www.lacasaencendida.com Carte p. 110-111 Ronda de Valencia 2
902 430 322 Embajadores, Atocha, Lavapiés

LA FILMOTECA ESPAÑOLA – CINE DORÉ

Ce beau cinéma Art nouveau construit en 1923 accueille aujourd'hui la cinémathèque espagnole. Des projections ont lieu chaque soir dans ses trois salles, lundi excepté, et en été, des films sont projetés sur la terrasse. Librairie et café, très agréables également.

www.mcu.es/cine/
Carte p. 110-111 Calle Santa Isabel 3
91 369 2118 Fermé lun.
Antón Martín

LA IGLESIA DE JESÚS DE MEDINACELI

Construite en 1920, cette église occupe le site d'un monastère datant du début du XVIIe siècle. L'église était fréquentée par le monde du théâtre qui se rendait, sans faute, à la messe dominicale. Elle renferme une sculpture de Jésus, datant du XVIe siècle, à laquelle on prête des vertus miraculeuses. Elle aurait été sauvée des Maures par des moines trinitaires en Afrique du Nord, au XVIIe siècle. Le premier vendredi du mois, les croyants font la queue pour embrasser les pieds de la statue dans l'espoir de s'attirer la bonne fortune.

www.archimadrid.es/jesusmedinaceli
Carte p. 110-111 Plaza Jesús 2
91 429 6893 Antón Martín

LE PALACIO DE LA MAGDALENA

Récemment rénové, cet édifice à la porte baroque sophistiquée fut dessiné par Pedro de Ribera en 1731. Il fut construit comme résidence pour le marquis de Perales, gouverneur de Madrid à l'époque du soulèvement de 1808 contre les Français (voir p. 204-205). C'est aujourd'hui le siège de l'Institut national du cinéma, qui y organise des expositions.

www.mcu.es/cine/
Carte p. 110-111 Calle Magdalena 10
91 467 2600 Fermé dim. et lun.
Tirso de Molina, Antón Martín

LE TEATRO DE LA COMEDIA

Foyer de la Compagnie nationale du théâtre classique depuis le XIXe siècle, cet édifice situé derrière un bâtiment résidentiel de la Calle Principe date de 1874 et a été rénové en 1915 et 2002. Il est proche du Teatro de Pavón *(Calle Embajadores 9)*.

Carte p. 110-111 Calle Principe 14
91 528 2819 La Latina ■

C'est l'avenue des musées : le Prado, le Thyssen-Bornemisza et le Centro de Arte Reine Sofía, d'une richesse d'œuvres d'art exceptionnelle, et dont les agrandissements en cours renforcent encore la vocation de pôle culturel.

Le Paseo del Prado

Introduction et carte **124-125**
Le Museo nacional del Prado **126-135**
Autour du Prado **136**
Sur le Paseo del Prado **137-141**
Les fontaines du Paseo del Prado **142-143**
La Plaza de Cibeles **144-145**
Le Museo Thyssen-Bornemisza **146-151**
Le Real Jardín Botánico **152-153**
Le Museo Reina Sofía **154-159**
Autres sites à visiter **160**
Hôtels **245**
Restaurants **255**

Statue de Philippe IV, grandeur nature, sur le balcon d'un magasin du Paseo del Prado.

Le Paseo del Prado

AU XVIIIe SIÈCLE, CHARLES III LE DESTINAIT DÉJÀ AUX LOISIRS ET À LA CULTURE. BORDÉ PAR LES musées du Prado et Thyssen-Bornemisza, proche du Centro de Arte Reina Sofía – les trois plus grands musées de Madrid qui recèlent certains des plus célèbres tableaux du monde, et justifient, à eux seuls, le voyage dans la capitale espagnole –, le Paseo del Prado est en passe de devenir le Paseo del Arte. Un plan de réaménagement devrait lui faire recouvrir une seconde vocation, celle de la promenade.

Visiteurs devant *La Maja nue* de Goya, qui représenterait, selon certains, la duchesse d'Albe.

Afin de présenter au public un plus grand nombre d'œuvres de leurs fabuleuses collections, ces trois musées ont entrepris, ces dernières années, de s'agrandir. Notamment le Prado, où des travaux de grande ampleur se poursuivent encore actuellement dans des bâtiments annexes destinés à former un gigantesque complexe sur la colline surplombant le Paseo del Prado. La visite de cette pinacothèque est une expérience unique, mais souvent éprouvante. On pourrait en effet passer des jours à contempler ses trésors, mais si l'on ne dispose que de quelques heures, mieux vaut commencer par les salles que l'on tient absolument à voir.

Il est impossible, en moins de trois heures, de faire le tour de la fondation Thyssen-Bornemisza et de ses huit siècles d'histoire de l'art, illustrés par des chefs-d'œuvre correspondant à chaque période. Il faut prévoir le même temps pour explorer le musée d'Art moderne du Centro de Arte Reine Sofía qui, outre sa collection permanente, propose d'importantes expositions temporaires, sans compter son restaurant et sa librairie, tous deux excellents.

Le Paseo del Prado devrait prochainement faire l'objet de transformations visant à étendre les zones piétonnes. Les plans de l'architecte portugais Alvaro Siza, en charge du projet, prévoient d'interdire la circulation sur le côté ouest de l'avenue afin d'y aménager nombre de passerelles et d'allées facilitant l'accès aux musées, ainsi que la plantation de 1 000 arbres. La fin des travaux est prévue pour 2008.

Le Paseo del Prado, version XXIe siècle, semble donc tout destiné à redevenir ce qu'il était au siècle des Lumières, le lieu de promenade le plus prisé de la capitale. ■

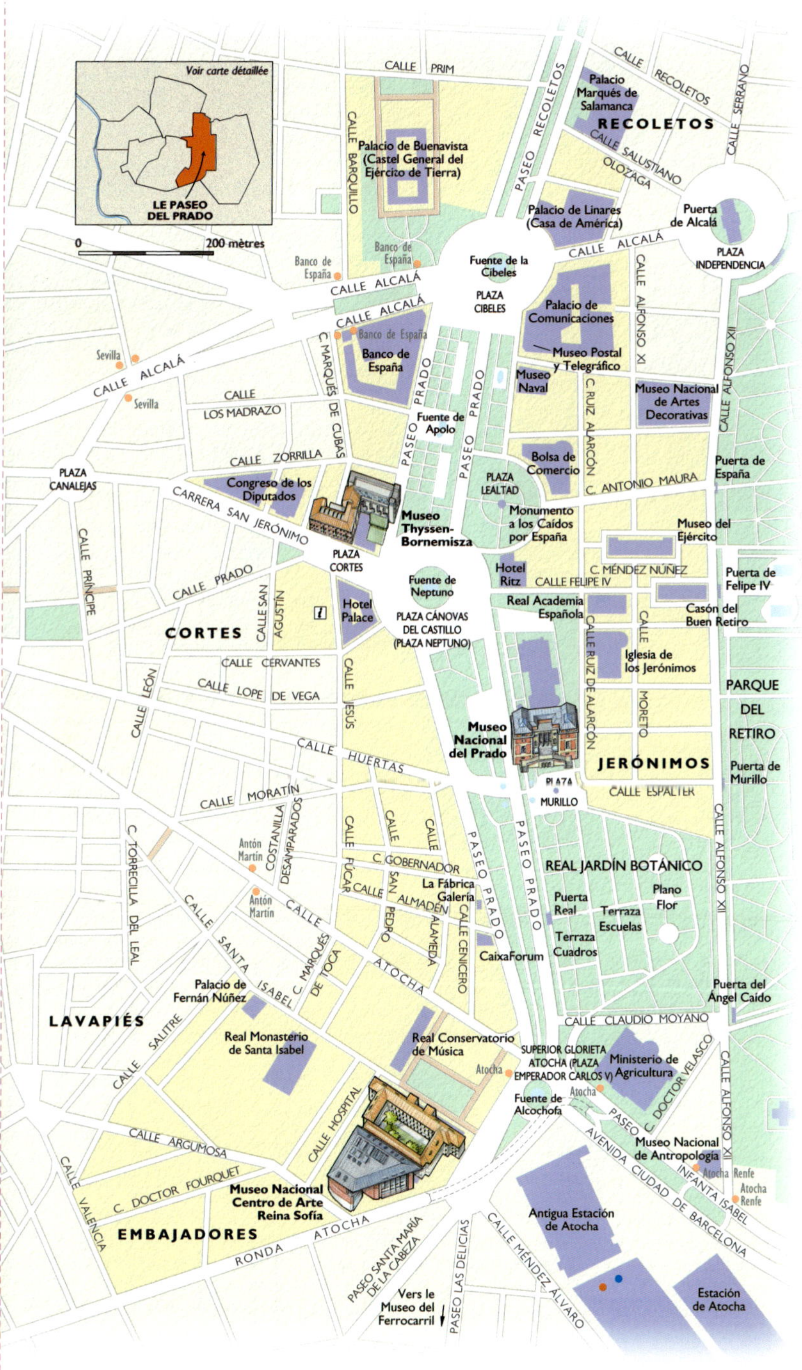
Voir carte détaillée
LE PASEO DEL PRADO
0
200 mètres
CALLE PRIM
CALLE RECOLETOS
CALLE SERRANO
Palacio Marqués de Salamanca
RECOLETOS
CALLE SALUSTIANO OLÓZAGA
PASEO RECOLETOS
CALLE BARQUILLO
Palacio de Buenavista (Castel General del Ejército de Tierra)
Palacio de Linares (Casa de América)
Puerta de Alcalá
PLAZA INDEPENDENCIA
CALLE ALCALÁ
Banco de España
Fuente de la Cibeles
PLAZA CIBELES
Palacio de Comunicaciones
CALLE ALFONSO XI
C. MARQUÉS DE CUBAS
Banco de España
Museo Postal y Telegráfico
Museo Naval
Museo Nacional de Artes Decorativas
CALLE ALFONSO XII
Sevilla
CALLE LOS MADRAZO
PASEO PRADO
Fuente de Apolo
C. RUIZ ALARCÓN
CALLE ZORRILLA
Bolsa de Comercio
Puerta de España
PLAZA CANALEJAS
Congreso de los Diputados
PLAZA LEALTAD
C. ANTONIO MAURA
CARRERA SAN JERÓNIMO
Museo Thyssen-Bornemisza
Monumento a los Caídos por España
Museo del Ejército
CALLE PRÍNCIPE
PLAZA CORTES
Hotel Ritz
C. MÉNDEZ NÚÑEZ
Puerta de Felipe IV
CALLE PRADO
Fuente de Neptuno
CALLE FELIPE IV
Real Academia Española
Casón del Buen Retiro
CALLE SAN AGUSTÍN
Hotel Palace
PLAZA CÁNOVAS DEL CASTILLO (PLAZA NEPTUNO)
CORTES
CALLE MORETO
Iglesia de los Jerónimos
CALLE CERVANTES
CALLE LOPE DE VEGA
CALLE JESÚS
PARQUE DEL RETIRO
CALLE LEÓN
CALLE RUIZ DE ALARCÓN
Museo Nacional del Prado
CALLE HUERTAS
JERÓNIMOS
Puerta de Murillo
PLAZA MURILLO
CALLE ESPALTER
CALLE MORATÍN
C. TORRECILLA DEL LEAL
COSTANILLA DESAMPARADOS
CALLE FÚCAR
C. GOBERNADOR
REAL JARDÍN BOTÁNICO
Antón Martín
CALLE SAN PEDRO
CALLE ALMADÉN
La Fábrica Galería
Plano Flor
Puerta Real
Terraza Escuelas
CALLE ALAMEDA
CALLE CENICERO
Terraza Cuadros
CALLE ATOCHA
CALLE SANTA ISABEL
C. MARQUÉS DE TOCA
CaixaForum
Palacio de Fernán Núñez
Puerta del Ángel Caído
LAVAPIÉS
CALLE SALITRE
CALLE CLAUDIO MOYANO
Real Monasterio de Santa Isabel
Real Conservatorio de Música
SUPERIOR GLORIETA ATOCHA (PLAZA EMPERADOR CARLOS V)
Ministerio de Agricultura
C. DOCTOR VELASCO
Atocha
Fuente de Alcachofa
CALLE HOSPITAL
PASEO INFANTA ISABEL
CALLE ARGUMOSA
Museo Nacional de Antropología
AVENIDA CIUDAD DE BARCELONA
Atocha Renfe
CALLE VALENCIA
C. DOCTOR FOURQUET
Museo Nacional Centro de Arte Reina Sofía
EMBAJADORES
RONDA ATOCHA
Antigua Estación de Atocha
PASEO SANTA MARÍA DE LA CABEZA
PASEO LAS DELICIAS
CALLE MÉNDEZ ÁLVARO
Estación de Atocha
Vers le Museo del Ferrocarril

***La Vendimia*, un des cartons de tapisserie exécutés par Goya, en train d'être copié.**

Le Museo nacional del Prado

LE NOMBRE IMPRESSIONNANT DE SES CHEFS-D'ŒUVRE FAIT DU PRADO L'UN des plus prestigieux musées du monde. Outre d'exceptionnelles collections de maîtres espagnols, notamment Vélasquez et Goya, il abrite également des peintures des écoles italienne et flamande de premier ordre. La concentration d'œuvres d'art est telle que le visiteur, assailli et sans cesse sollicité, se retrouve dans la quasi-impossibilité de suivre l'itinéraire qu'il s'était fixé.

Museo Nacional del Prado
www.museodelprado.es
Plan p. 125
Paseo del Prado
902 10 7077
Fermé lun.
€€. Gratuit du mar. au sam. après 18h et le dim. après 17h.
Banco de España, Atocha

Le Prado a toujours été confronté à un manque crucial de place et ne peut se permettre d'exposer qu'environ un dixième de son fonds. La construction d'une extension à l'arrière de l'édifice, sur des plans de Rafael Moneo, dont l'ouverture est prévue pour 2007, et l'aménagement en cours de plusieurs bâtiments annexes (voir p. 136-137), devrait partiellement résoudre le problème.

L'actuel musée, un édifice néoclassique conçu en 1785 par Juan de Villanueva (1739-1811) dans le cadre de l'ambitieux projet de transformation du Paseo del Prado décidé par Charles III, devait initialement héberger un musée d'Histoire naturelle. Déjà fortement ralentis après la mort du roi (1788), les travaux s'interrompirent durant la guerre d'Indépendance (1808-1814), avec l'occupation du bâtiment par les troupes napoléoniennes.

On peut considérer que l'idée, en 1775, de créer un musée pour y exposer les collections royales revient au peintre Anton Raphael

Mengs. Mais il faudra attendre le règne de Ferdinand VII pour que le projet se concrétise. Le musée ouvrit ses portes le 19 novembre 1819, avec quelque 1 500 tableaux.

Les œuvres du Prado furent rassemblées par les monarques espagnols successifs en fonction de leurs goûts personnels et des événements politiques de leur règne, et donc sans aucun souci de cohérence. Charles Quint, devenu amateur d'art avisé grâce à l'influence d'une tante flamande, et son fils Philippe II vouaient une véritable passion aux artistes vénitiens, en particulier au Titien. Les collections accumulées par le second à l'Escorial (voir p. 228-231), dont une grande partie est exposée au Prado, montrent aussi l'intérêt qu'il portait à l'école flamande, notamment à Jérôme Bosch dont on peut admirer plusieurs chefs-d'œuvre.

La sensibilité plus classique de Philippe III l'inclina vers les toiles de Rubens. Quant à l'école espagnole, la plus représentée, elle se compose essentiellement de peintures exécutées par les artistes de cour, dont Vélasquez (1599-1660), sous le règne de Philippe IV, et Francisco de Goya (1746-1828) sous Charles III et son successeur, Charles IV.

En 1872, le Prado s'est enrichi de 3 000 œuvres provenant de la confiscation des biens des institutions religieuses et, en 1941, de l'importante collection de primitifs italiens et espagnols de la donation Francisco Cambó.

On accède au musée par des entrées latérales, et non par la porte principale. Les travaux en cours entraînent parfois des changements dans l'emplacement des œuvres, comme dans la circulation des visiteurs. Certaines salles peuvent être fermées pour restauration, ou dévolues à des expositions temporaires, surtout dans la section nord du premier étage. Il n'est donc pas superflu de se munir d'un plan d'orientation, disponible à l'entrée.

Les boissons sont interdites à l'intérieur du musée, ainsi que les sacs à dos qui doivent impérativement être déposés au vestiaire, mais les dames peuvent garder leur sac à main. Le seul restaurant, mal situé en sous-sol et toujours bondé aux heures des repas, laisse beaucoup à désirer.

Dans le souci de protéger les fresques des églises romanes espagnoles, certaines, comme celle-ci, ont été transférées au Prado.

ART ROMAN ET PRIMITIFS ESPAGNOLS

De la Puerta de Goya, façade nord, on accède à la **salle 51c** qui donne sur la rotonde. Elle contient les peintures murales du XIIe siècle de l'église mozarabique San Baudelio de Berlanga (Soria), représentant des scènes de chasse, et celles de la chapelle romane Santa Cruz de Maderuelo (Ségovie).

Dans la **salle 50**, ne pas manquer la superbe *Intronisation de saint Dominique de Silos*, par Bartolomé Bermejo (v. 1405-1498), un chef-d'œuvre de la peinture aragonaise.

RENAISSANCE ITALIENNE

On découvre, en entrant dans la longue **salle 49**, sur le mur de gauche, trois des cinq panneaux de

L'Histoire de Nastagio degli Onesti de Sandro Botticelli (v. 1445-1510), qui illustrent l'un des contes du *Décaméron* de Boccace. Les deux autres panneaux appartiennent à la collection Watney qui se trouve aux États-Unis. En face, la splendide *Annonciation* (v. 1435) de Fra Angelico (v. 1400-1455) provient du Monasterio de las Descalzas Reales (voir p. 86-87). Parmi l'impressionnante série de tableaux de Raphaël (1483-1520), qui permet d'appréhender l'évolution de l'œuvre de ce grand maître, on admirera notamment le *Portrait de cardinal* (v. 1510).

PEINTURE ESPAGNOLE DES XVe ET XVIe SIÈCLES

Dans la **salle 57b**, il faut absolument voir l'*Autodafé de saint Dominique* (v. 1490) et l'*Épiphanie* (v. 1495) de Pedro de Berruguete (v. 1450-1504), qui témoignent des premiers apports de la Renaissance italienne dans la peinture hispano-flamande, dont le peintre est considéré comme un précurseur. Dans la **salle 56**, on s'arrêtera devant *La Dernière Cène*, incontestablement l'un des chefs-d'œuvre de Juan de Juanes (v. 1523-1579), qui ornait jadis l'autel d'une église de Valence.

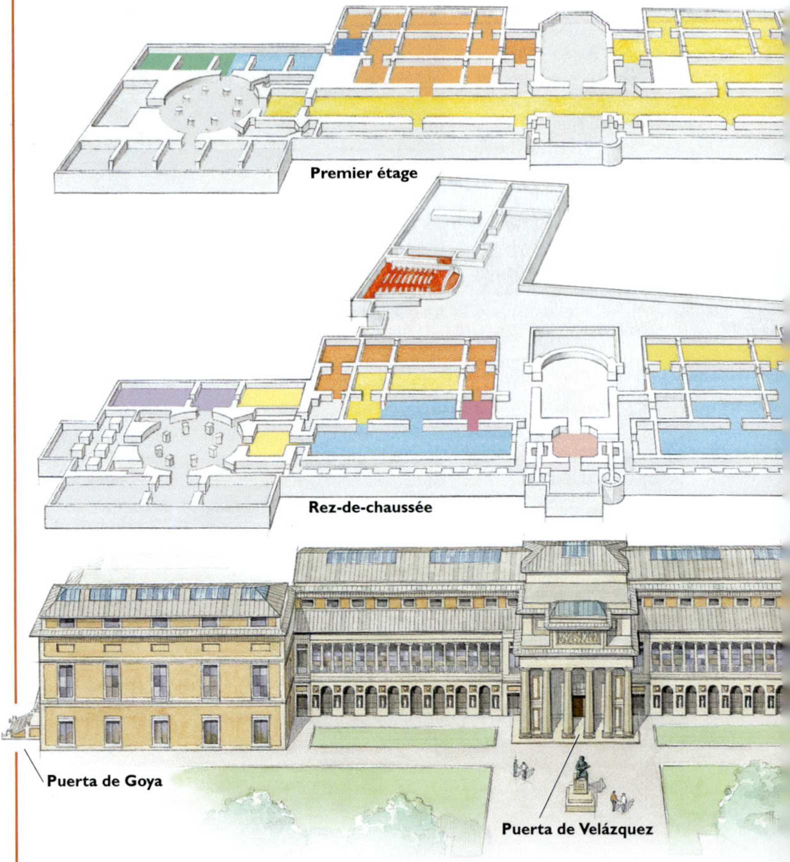

ÉCOLES FLAMANDE ET ALLEMANDE

La **salle 58** abrite la *Déposition* de Rogier Van der Weyden (1400-1464), dont Philippe II hérita de sa tante Marie de Hongrie. Les visages sont remarquables, notamment ceux du Christ et de Marie. Le bleu outremer de la robe de la Vierge fut obtenu avec des pigments de lapis-lazuli. Dans la même salle se trouve la *Vierge à l'Enfant* (v. 1460) de Petrus Christus. **Salle 58a**, on admirera également l'*Adoration des Mages* (v. 1470) de Hans Memling,

Les visiteurs se pressent dans la **salle 56a**, où dominent plusieurs des étranges compositions de Jérôme Bosch (v. 1450-1516). *Le Jardin des délices terrestres* (v. 1505), un triptyque où le panneau central célèbre les jouissances sensuelles, entre les représentations du paradis à gauche et de l'Enfer à droite. *La Charrette de foin* (v. 1510) lui fut inspirée par un proverbe flamand : « Le monde est comme une charrette de foin dans laquelle chacun prend ce qu'il peut. » L'œuvre de l'un de ses contemporains, Joachim Patinir, *La Traversée du Styx* (v. 1515) fut, elle, influencée par Charon, le nocher de la mythologie grecque qui fait traverser le fleuve des Enfers aux morts.

La **salle 55** est dédiée à Anthonis Mor (v. 1519-1576), peintre de la cour sous Philippe II. Son *Pejerón, Bouffon du comte de Benavente et le duc d'Albe* (1555) serait la première représentation d'un bouffon. Charles Quint lui commanda le portrait que l'on peut voir de *Marie Tudor* (1554) dans le but d'impressionner son fils Philippe II qui envisageait, à l'époque, de l'épouser en secondes noces.

La collection relativement limitée de peintures allemandes, exposée **salle 55b**, inclut quatre chefs-d'œuvre d'Albrecht Dürer

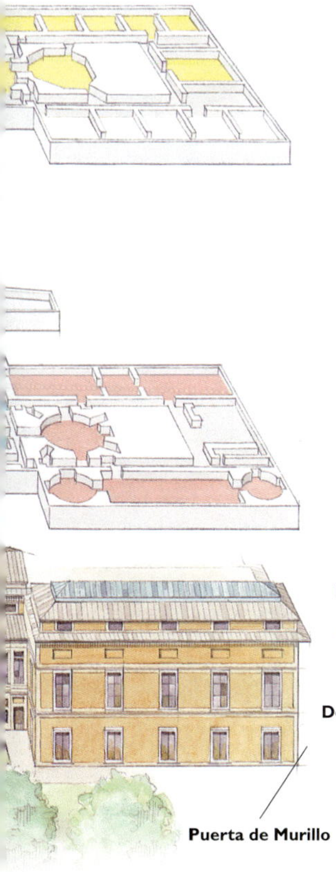

Peinture italienne 1300-1800

Peinture espagnole 1100-1850

Peinture flamande 1430-1700

Peinture française 1600-1800

Peinture hollandaise 1600-1695

Peinture allemande 1450-1800

Sculpture

Dessins, expositions temporaires

Nouvelles salles

(1471-1528), tous rapportés en Espagne par Philippe IV, dont un splendide *Autoportrait* (1498) et les deux panneaux qui constituent *Adam et Ève* (1507).

ÉCOLE VÉNITIENNE

Les peintures italiennes du XVIe siècle sont exposées dans plusieurs salles de l'aile sud du musée. Dans la **salle 75**, on prendra le temps d'admirer *Le Lavement des pieds* du Tintoret (1518-1594), une étonnante composition témoignant de son extraordinaire maîtrise de la perspective. Le regard revient sans cesse sur Jésus qui s'apprête à laver les pieds de saint Pierre. C'est l'un des très nombreux tableaux provenant de la collection personnelle du roi Charles Ier d'Angleterre, dont Philippe IV s'était porté acquéreur après l'exécution de ce dernier.

Dans les œuvres exposées ici, les peintres de l'école vénitienne s'imposent comme les maîtres incontestés de la Renaissance pour leur traitement de la lumière et des couleurs. Tiziano Vecellio (v. 1490-1576), dit Titien, l'un des peintres favoris de Charles Quint et de Philippe II qui firent souvent appel à lui, est très bien représenté, grâce à une série de toiles célèbres. *Charles Quint à la bataille de Mühlberg* (1548), une œuvre magistrale commandée pour célébrer la victoire sur les protestants en 1547, montre un empereur plus pensif et résigné que triomphant. Elle est exposée dans la **salle 11**, au premier étage.

On remarquera aussi sa *Vénus et l'Amour*, sa *Danaé* et son *Autoportrait* qu'il exécuta à l'âge de 80 ans, peu de temps avant sa mort. Ce rival de Michel-Ange fut un génie incontestable de la peinture vénitienne. Charles Quint n'aurait-il pas daigné un jour ramasser un pinceau que le maître avait laissé tomber ?

LE GRECO

Les **salles 9a-10a** présentent de nombreuses œuvres du Greco, de ses débuts vénitiens à son installation en Espagne qui vit ses figures s'allonger et naître son obsession de thèmes où se côtoient sacré et profane. Né en Crète, Domenikos Theotokopoulous (1541-1614), dit El Greco, passa les quarante dernières années de sa vie à Tolède, où sont conservés un très grand nombre de ses chefs-d'œuvre (voir p. 214-217).

Le Chevalier posant sa main sur le cœur (v. 1578), restauré dans les années 1990 et qui représente un chevalier espagnol prêtant serment, est devenue une icône de l'Espagne du XVIe siècle. *La Résurrection*, exécutée vingt ans plus tard, est la parfaite illustration de son langage pictural avec des personnages très étirés et une technique libre et spontanée.

Les sculptures classiques et Renaissance qui occupent le reste de l'étage ne sont pas d'un grand intérêt, sauf pour les amateurs.

GOYA

Les **salles 19-23** et **35-39**, se trouvant à l'extrémité sud du premier étage, contiennent une partie de l'extraordinaire collection des peintures de l'Espagnol Francisco Goya (1746-1828) réunies au Prado. Les **salles 85** et **90-94** du second étage, situées juste au-dessus, abritent également des œuvres du maître, qu'il est conseillé de voir avant de poursuivre la visite du premier étage.

Peintre de la cour sous le règne de Charles IV, Goya exécuta de nombreux portraits des membres de la famille royale, d'une insolente vérité. L'un des plus célèbres, *La Famille de Charles IV* (1800), dépeint un souverain mélancolique, comme écrasé par la présence de la reine Marie-Louise, au regard

***Le Christ au Jardin des Oliviers* (ci-contre) dont les personnages et le chromatisme délicat sont typiques du style du Gréco.**

Goya a exécuté plusieurs autoportraits à différentes époques de sa vie. Celui-ci date de 1815 alors qu'il avait 69 ans.

perçant et si présent, qui est, de fait, le personnage central. De ses 24 grossesses, elle mit au monde 14 enfants, dont seuls 7 survécurent. De même que Vélasquez dans *Les Ménines*, Goya s'est représenté à gauche du tableau. Son *Autoportrait* (1815), une peinture honnête, dénuée d'afféteries, le représente à l'âge de 69 ans.

Deux œuvres très puissantes, *Le 2 mai 1808 à Madrid* (ou la *Révolte à Madrid contre l'armée française*) et *Le 3 mai 1808* (ou la *Fusillade sur le pont Principo Pio*), de 1814, mettent en scène les Madrilènes se soulevant contre l'invasion française (voir p. 204-205) Ces peintures, d'une portée universelle, expriment une désapprobation manifeste de la guerre, considérée par leur auteur comme une entreprise aussi absurde que vaine.

À la fin de sa vie, après avoir perdu sa femme et son fils, et victime d'une grave maladie qui entraîna la perte de ses facultés auditives, Goya traversa une crise profonde qui donna lieu à des œuvres plus sombres, notamment les *peintures noires*, aux sujets particulièrement sinistres. Réalisées sur les murs de la maison qu'il possédait près du Manzanares, ces œuvres dérangeantes furent ensuite collées sur toile et léguées au Prado en 1881. *Le Chien*, dont on n'aperçoit que la tête, est une composition qui étonne aujourd'hui encore par sa modernité.

Quant à la *Maja nue* et à la *Maja vêtue*, elles continuent d'attirer nombre de visiteurs. Beaucoup virent dans la femme représentée la duchesse d'Albe dont le peintre était passionnément épris. Vrai ou faux, l'étrange position de la tête vient renforcer l'idée qu'il pourrait s'agir d'un ajout ultérieur, destiné à dissimuler la véritable identité du modèle.

Goya exécuta durant presque vingt ans des cartons pour la Real Fábrica de Tápices (Manufacture royale de tapisseries, voir p. 172). Les fêtes et la rue lui fourniront sa plus grande source d'inspiration. Ainsi *L'Ombrelle* (1777) montre un jeune homme protégeant du soleil une jeune fille, qu'éclaire une lumière tamisée.

PEINTURE ESPAGNOLE DU XVIIe SIÈCLE

Les **salles 16-18a** du premier étage, mais aussi la longue galerie, lorsqu'elle n'est pas occupée par des événements temporaires, contiennent une petite sélection des trésors de ce siècle, dit Siècle d'or, car d'une extraordinaire vitalité artistique.

La Sainte Famille et l'oiselet, par le peintre Sévillan Bartolomé Esteban Murillo (1618-1682), est très représentative de son style tendre et suave. Ses représentations d'enfants, et de figures religieuses dans des environnements qu'il voulut familiers, permirent aux spectateurs de s'identifier plus facilement au sujet et lui valurent d'être très admiré de son vivant et dans les siècles qui suivirent sa disparition.

Si Francisco de Zurbarán est peu représenté au Prado, il l'est par des chefs-d'œuvre, dont une admirable *Nature morte*, qui représente, se détachant sur un fond sombre, trois vases en argile – un rouge, les autres crème –, et des plats en métal.

Parmi les tableaux de José de Ribera (1591-1652), dit El Españoleto, quatre représentent des anachorètes, dont *La Magdaléenne* ou *sainte Thaïs* pour laquelle l'artiste aurait fait poser sa fille. La peinture à la dimension la plus expressive et la plus dramatique est certainement le *Martyre de saint Barthélemy* de Francisco Ribalta (1565-1628), une figure éminente de la peinture baroque espagnole, formé à Madrid mais qui travailla essentiellement à Valence. Il était un génie du clair-obscur, comme en témoigne son *Christ embrassant saint Bernard.*

VÉLASQUEZ

Toujours au premier étage, les salles du milieu **(12, 14-16** et **18)** sont consacrées aux peintures de Diego Vélasquez (1599-1660). Le Prado a l'insigne privilège de posséder ses œuvres les plus magistrales dont celle qui culmine entre toutes, *Les Ménines* ou *Les Demoiselles d'honneur*, parfois nommée encore *La Famille de Philippe IV*. Exécuté vers 1656, c'est probablement son tableau le plus célèbre au monde. Il représente le peintre dans son atelier de l'Alcázar, devant son chevalet en train d'exécuter le portrait de Philippe IV et de sa seconde épouse, Marie d'Autriche, dont on voit les images se refléter dans un miroir situé au fond de la pièce. Le chambellan José Nieto surveille la séance du

Une des salles du Prado dédiées à sa collection unique de tableaux de Goya.

bas de l'escalier conduisant à l'atelier, tandis que l'infante Marguerite apparaît entourée de ses demoiselles d'honneur (*ménines*) et de deux nains. Cette toile, qui foisonne de détails, mériterait d'être regardée un bon moment, mais c'est un luxe que seuls les rares visiteurs ayant la chance de visiter le Prado un jour où il est peu fréquenté peuvent se permettre.

Pour ses scènes à caractère mythologique, Vélasquez a fait descendre les dieux de l'Olympe chez les humbles mortels. *Le Triomphe de Bacchus*, dit aussi *Les Buveurs* (v. 1629), met ainsi en scène le dieu du Vin entouré de personnages en état d'ébriété, à l'image probable des habitués des tavernes de l'époque. *Les Fileuses* ou *La Fable d'Arachné* (1637), la déesse des Filandières, illustre les *Métamorphoses* d'Ovide. On remarquera sur cette dernière toile la lumière inondant la nuque et la blouse blanche de la jeune Arachné, et la roue du rouet, dont l'absence de rayons donne l'illusion singulière qu'elle est en train de tourner.

La Reddition de Breda ou *Les Lances* (1634-1635) représente Justin de Nassau de la maison d'Orange remettant les clés de la ville après sa prise en 1625 par les Espagnols menés par Ambrosio Spinola. Cette défaite historique n'empêcha pas la reconnaissance de l'héroïsme des vaincus par les vainqueurs, ce dont témoigne la magistrale composition de Vélasquez. La peinture ornait jadis le hall d'entrée du Palacio del Buen Retiro, un édifice aujourd'hui en cours d'aménagement pour accueillir les collections du Prado (voir p. 136), et pourrait ainsi, à l'issue des travaux, retrouver son emplacement d'origine.

Enfin, les portraits immortalisent le faste royal avec *Philippe IV à cheval* (1634-1635) et *L'Infante Marguerite d'Autriche* (v. 1660), son dernier tableau.

PEINTURES FLAMANDE ET HOLLANDAISE DU XVIIe SIÈCLE

Les **salles 7a-11** du premier étage de l'aile nord sont essentiellement consacrées à l'école flamande. La **salle 7** renferme le célèbre tableau de Rembrandt (1606-1669), *Artémise* (1634), portrait de la plantureuse reine d'Halicarnasse à qui l'on vient apporter les cendres de son époux, et pour lequel Saskia, la femme du peintre, servit probablement de modèle.

Des quelque 100 tableaux de Peter Paul Rubens (1577-1640) que possède le Prado, quelques-uns seulement sont exposés, dans les **salles 8-11**. La **salle 9** abrite la pièce maîtresse, *Les Trois Grâces* (v. 1635), représentant les filles d'Eurynomé et de Zeus, qui ont les traits respectifs des deux épouses du maître, en compagnie de Vénus, déesse de l'amour. Rubens n'a jamais voulu se séparer de ce tableau qui sera acquis, à sa mort, par Philippe IV. On ne saurait manquer non plus le *Portrait équestre du duc de Lerma* (1603) et *La Mort de Sénèque* (v. 1615).

La **salle 10b** contient de nombreux portraits par Anthony Van Dyck (1599-1641), notamment le *Portrait de sir Endymien Porter* (v. 1645), sur lequel on peut voir l'artiste debout près du gentilhomme. En dehors des portraits, le *Couronnement d'épines* (v. 1618) laisse percevoir l'immense talent de l'artiste.

PEINTURE FRANÇAISE

Les tableaux de l'école française sont actuellement rassemblés dans les **salles 2-4**, à l'extrémité nord du premier étage et **salles 86**, au second étage Nicolas Poussin (1594-1665) y est représenté par plusieurs œuvres importantes, notamment le *Parnasse*, où figurent Apollon et les neuf muses. Certaines peintures lui avaient été commandées pour décorer les murs du Palacio del Buen retiro.

De tous les magnifiques paysages de Claude Lorrain (1600-1682), il serait dommage de rater l'*Embarquement de sainte Paule à Ostie*, qui met en scène le départ de la sainte pour la Palestine dans cette lumière diffuse de l'aube si chère à l'artiste.

TRÉSOR DU DAUPHIN

Les sous-sols du musée du Prado renferment une collection de joyaux, de vases en cristal taillé, certains incrustés de diamants, de rubis et d'émeraudes, et de vaisselle décorée de turquoises, de jaspe et de lapis-lazuli. Ce trésor appartenait au Grand Dauphin, fils de Louis XIV et père de Philippe V d'Espagne, qui en hérita en 1712. L'une des pièces les plus remarquables est une salière en onyx ornée d'une sirène en or. ■

***Les Trois Grâces* de Rubens, fleuron des collections de peintures flamandes et hollandaises du Prado.**

Le nouveau Prado

Autour du Prado
Plan p. 125

Plan p. 125

LES BÂTIMENTS HISTORIQUES AUTREFOIS SITUÉS DERRIÈRE LE PRADO SONT aujourd'hui intégrés dans le nouvel ensemble créé par l'extension du grand musée madrilène. Après cinq ans de travaux, les nouveaux aménagements de l'aile des Jerónimos sont ouverts depuis 2007.

Les aménagements de la zone du Prado s'articulent autour de l'Iglesia de los Jerónimos (XVe siècle).

Iglesia de los Jerónimos
Calle Moreto 4
91 420 3578
Banco de España, Atocha

Real Academia Española
www.rae.es
Calle Felipe IV 4
91 420 1478
Banco de España, Atocha

Casón del Buen Retiro
Calle Alfonso XII 28
91 330 2800
Fermé dim. a.-m. et lun.
Banco de España, Atocha

L'**Iglesia de los Jerónimos**, le seul édifice ayant subsisté du monastère érigé au XVe siècle pour une communauté de moines hiéronymites, se trouve au centre de ces nouveaux développements. Charles Quint l'avait choisie pour la cérémonie du serment qui devait, en 1528, instituer son fils, futur Philippe II, prince des Asturies. Tous les monarques espagnols y seront ensuite intronisés jusqu'en 1823. L'empereur et ses successeurs venaient régulièrement faire des retraites dans le monastère, lieu propice à la contemplation et à la prière, qui portait le nom approprié de Buen Retiro (« Bonne Retraite »).

Philippe IV décida d'y faire construire un palais, le Palacio del Buen Retiro qui se dressait entre l'actuel Parque del Retiro et le Paseo del Prado, et fut en grande partie détruit à la fin du XIXe siècle. Les deux bâtiments ayant échappé à la démolition sont devenus des annexes du musée du Prado agrandi. L'extension, un édifice spectaculaire construit entre l'église et le bâtiment principal est l'œuvre de Rafael Moneo. Les nouveaux locaux abritent deux espaces principalement destinés à des expositions temporaires ainsi qu'un auditorium, un café et un restaurant. L'église et le cloître du XVIe siècle sont aujourd'hui intégrés au nouvel espace, dont la conception de l'entrée a été confiée à la grande sculptrice espagnole Cristina Iglesias.

Près de l'église s'élève la **Real Academia Espagñola** (Académie royale espagnole), fondée en 1714 par Philippe V dans le but de protéger et de promouvoir la langue espagnole. Ses membres, essentiellement des écrivains et des poètes de grand renom, ont en charge de rédiger et de mettre à jour le *Diccionario de la Lengua Española* (Dictionnaire de la langue espagnole).

En remontant la Calle Felipe IV, on parvient au **Casón del Buen Retiro**, un pavillon dans le jardin du palais du même nom, conçu en 1637 par Alonso Carbonell et Giovani Batista Crecenzi pour servir de cadre aux festivités royales. En 1695, Lucas Jordán en décora le plafond voûté d'une fresque allégorique illustrant l'ordre de la *Toison d'Or*. À l'issue des travaux de restauration, le Centre d'études et de recherches du Prado s'y est installé.

Un peu plus au nord, l'un des deux bâtiments encore debout du **Palacio del Buen Retiro** (*Calle Méndez Núñez 1*), où l'on pouvait jusqu'en 2005 visiter le musée de l'Armée, transféré à Tolède, abrite les locaux administratifs du musée Prado. ■

Un salon du vénérable hôtel Palace, un sanctuaire de l'élégance

Sur le Paseo del Prado

Paseo del Prado
Plan p. 125

LA PARTIE NORD DU PASEO DEL PRADO, ENTRE LA PLAZA DE NEPTUNO ET LA Plaza de Cibeles, fut aménagée en espace de loisirs. Sa partie sud, entre la Plaza de Neptuna et celle d'Atocha, était destinée à la science, la médecine et la culture, avec le Jardin botanique, le musée d'Histoire naturelle (aujourd'hui le Prado), et l'hôpital San Carlos, devenu le Centro de Arte Reina Sofía.

Créée au XVIIIe siècle, cette promenade qui s'étirait à l'extrémité est de la ville et portait alors le nom de Salón del Prado, offrait les plaisirs de la campagne aux plus humbles des Madrilènes. Elle est l'œuvre de l'ingénieur José de Hermosilla et de l'architecte Ventura Rodriguez qui, sous la supervision du comte d'Aranda, ministre de Charles III, furent respectivement chargés de l'aménagement des jardins, et de la décoration. Ils lui donnèrent la facture baroque qui prédominait

Hotel Palace
www.starwoodhotels.com
✉ Plaza de las Cortes 7
☎ 91 360 8000
Ⓜ Banco de España

Congreso de los Diputados
www.congreso.es
✉ Plaza de las Cortes
☎ 91 390 6000
🕒 Visites guidées sam. mat., sauf août et événements spéciaux
Ⓜ Sevilla, Banco de España

Hotel Ritz
www.ritzmadrid.com
✉ Plaza de la Lealtad 5
☎ 91 701 6767
Ⓜ Banco de España

alors dans le paysage urbain. Pour la disposition des fontaines (voir p. 142-143), Hermosilla se serait inspiré de la Piazza Navona de Rome, où il avait étudié.

Au nord du musée du Prado, la Plaza Cánovas del Castillo porte le nom d'un Premier ministre espagnol qui y fut assassiné en 1897, mais elle est plus communément appelée Plaza de Neptune (voir p. 142-143) à cause de la fontaine du même nom qui la préside. Neptune y est représenté sur un char en forme d'escargot tiré par des chevaux marins. On doit le monument, de la fin du XVIIIe siècle, à Juan Pascual de Mena et Ventura Rodríguez. À l'angle sud-ouest de la place se dresse l'hôtel Palace, conçu par l'architecte belge Léon Monnoyer dans un style très parisien, avec sa façade de stuc blanc surchargée de décorations. Depuis son inauguration en 1912 par le roi Alphonse XIII, une nombreuse clientèle d'hommes politiques, de toreros, d'acteurs, d'écrivains et d'artistes a franchi les portes de son impressionnant hall circulaire – Picasso, Dalí, Hemingway et plus récemment Madonna, pour n'en citer que quelques-uns.

Un peu plus haut, le triangle que forme la **Plaza de las Cortes** est dominé par une statue de Cervantès, exécutée par Antonio Solá. En face, le **Congreso de los Diputados**, les Cortes ou Parlement espagnol, fut érigé entre 1843 et 1850 d'après les plans de Narciso Pascual y Colomer à l'emplacement d'un ancien monastère. Le bronze utilisé pour les lions qui veillent en bas des escaliers provient de canons. L'entrée principale n'est utilisée que lors des cérémonies d'ouverture des sessions parlementaires, présidées par le roi Juan Carlos. Le plafond semi-elliptique de la salle des débats s'orne d'une peinture de

Carlos Luis de Ribera, représentant Isabelle II entourée de figures éminentes de l'histoire espagnole, notamment Christophe Colomb, Cervantès et Vélasquez. Conçue par l'agence d'architecture Clos, Rubert de Ventós y Parcerisa, l'extension en verre ondulé qui jouxte l'édifice date de 1990.

De retour sur le Paseo del Prado, on aperçoit à gauche le Museo Thyssen-Bornemisza, installé dans un palais néoclassique conçu par Lopez Aguado sous Ferdinand VII (voir p. 146-151). En traversant l'avenue, on arrive à la **Plaza de la Lealtad**, une place en hémicycle. En son milieu, se dresse le **Monumento a los Caídos por España**.

Ce cénotaphe, surmonté d'un obélisque, fut érigé en 1840 par Isidro Gonzáles Velázquez à la mémoire des victimes du soulèvement des 2 et 3 mai 1808 (voir p. 204-205) contre les forces françaises, dont la répression fut tout particulièrement violente à cet endroit. Il abrite désormais la tombe du soldat inconnu.

À l'angle sud-est de la place, l'**hôtel Ritz**, conçu en 1908 par l'architecte français Charles Mewes, à qui Paris et Londres doivent leurs luxueux établissements du même nom, devint le palace à la mode de Madrid dès son inauguration en 1910, statut dont se prévalait jusqu'alors l'hôtel París de la Puerta del Sol. Ses somptueux tapis tissés main proviennent de la Real Fábrica de Tápices (voir p. 172) qui en assure la restauration, et continue de lui en fournir de nouveaux. Le bar est un endroit parfait pour boire un verre après la visite des musées, et la terrasse est très agréable en été. Durant la guerre civile, l'hôtel fut aménagé en hôpital.

Sur le côté nord de la place se dresse la **Bolsa de Comercio** (la Bourse), édifice néoclassique érigé entre 1884 et 1893. L'architecte Enrique María Repullés y Vargas lui donna une forme triangulaire qui réduisit considérablement l'espace, contrairement à ce que

Passer des heures à feuilleter les livres des boutiques d'occasion du Paseo del Prado !

Bolsa de Comercio
www.bolsamadrid.es/ing/portada.htm
✉ Plaza de la Lealtad 1
☎ 91 589 2264
Ⓜ Banco de España

Museo Naval
www.museonavalmadrid.com
✉ Paseo del Prado 5
☎ 91 523 8789
🕒 Fermé lun. et mar.-dim. a.-m., visites guidées sam. et dim. 11h30
Ⓜ Banco de España

Apollon, dieu de la Beauté et des Arts, préside cette fontaine du Paseo del Prado qui porte son nom.

peut laisser supposer son immense façade concave, de facture néoclassique. La corbeille présente une galerie à arcades et un plafond voûté à infrastructure de fer, orné de vitraux.

En remontant vers le nord du Paseo del Prado, on trouve, à droite, le **Museo Naval** qui retrace l'histoire militaire de l'Espagne. Dans la **salle 1**, consacrée à l'époque des Rois catholiques (fin du XVe siècle), on découvre des manuscrits de Christophe Colomb, rédigés à son arrivée sur l'île de Saint-Domingue.

La **salle 5** présente les canons en bronze utilisés lors du siège de Gibraltar (1780-1783), et la **salle 7** évoque la bataille de Trafalgar de 1805, avec notamment la présence, dans le **patio central**, de la maquette du *Santa Ana*, un des navires ayant pris une part active au combat.

Dans la **salle 8**, on peut admirer une collection d'instruments de marine (compas, sextants...), ainsi que la maquette du sous-marin inventé en 1888 par Isaac Peral (1851-1895). La **salle 16** est consacrée au général Franco et à l'actuel souverain Juan Carlos. On peut y voir le costume du commandant en chef des Armées qu'était le Caudillo, surprenant par sa petite taille, et une maquette du porte-avions *Principe de Asturias*, fleuron de la flotte militaire espagnole.

Dans la **salle 17**, axée sur les découvertes territoriales effec-

tuées par les grands navigateurs du XVe au XVIIIe siècle, se trouve la pièce principale du musée : la carte où ont été représentées pour la première fois les parties du Nouveau Monde découvertes par Christophe Colomb lors de ses expéditions de 1492, 1493 et 1498. Elle fut dessinée en 1500 par le navigateur et cartographe Juan de la Cosa, à El Puerto de Santa María, près de Cadix, et ce probablement à la demande des Rois catholiques. Y figurent également la Méditerranée, dont le tracé est à peu près correct, les dernières découvertes portugaises en Afrique, et un continent asiatique avec ses archipels, non seulement très incomplet, mais aux contours des plus fantaisistes.

Cette salle renferme également deux globes de Coronelli (fin du XVIIe siècle), ainsi qu'un pendule astronomique de John Ellicot (XVIIIe siècle). La **salle 18**, dévolue aux sciences nautiques, offre une collection intéressante de divers quadrants et astrolabes (du XVIe au XIXe siècle). ■

Heure creuse à la corbeille de la bourse de Madrid, un élégant bâtiment érigé à la fin du XIXe siècle.

Les fontaines du Paseo del Prado

La Plaza de Cibeles, sur laquelle s'achève, au nord, le Paseo del Prado, doit son nom à la splendide fontaine où trône, dans un char tiré par deux lions, la déesse Cybèle qui personnifie la force reproductrice de la Nature. D'une grande importance symbolique pour les Madrilènes, elle fut réalisée à la fin du XVIIIe siècle par Francisco Gutíerrez et Robert Michel, et dotée de ses anges un siècle plus tard. Les autres fontaines qui jalonnent l'avenue sont l'œuvre de Ventura Rodríguez.

La Fuente de Cibeles faisait partie du projet d'aménagement des Paseos du Prado et de Recoletos. Dans un premier temps disposée face au sud, on la bougea ensuite de telle sorte que la déesse regarde la Puerta del Sol, pour finir par l'installer sur son emplacement actuel. Et elle qui était initialement destinée au plaisir des piétons se retrouve loin d'eux, en plein milieu d'un important rond-point de circulation. Les supporters du Real Madrid viennent traditionnellement célébrer les grandes victoires de leur équipe en se baignant dans ses eaux.

Plus loin, en descendant le Paseo del Prado, on aperçoit, dissimulée par des arbres, la **Fuente de Apolo**, avec un bassin circulaire de chaque côté du jet central. Le dieu de la Beauté et des Arts, entouré de quatre sculptures symbolisant les quatre saisons, est l'œuvre de Manuel Álvarez et d'Alfonso Giraldo Bergaz. Achevée en 1802, la fontaine a été restaurée plusieurs fois, la pierre de Redueña utilisée étant très poreuse.

Aménagée au milieu du Paseo del Prado, la Plaza de Cánovas del Castillo est ornée de la **Fuente de Neptuno**, d'où son surnom fréquemment employé de Plaza de Neptuno. Elle fut exécutée dans du marbre par Juan Pascual de Mena et Ventura Rodríguez, entre

1780 et 1786, à la gloire des colonies et de la marine espagnoles. Le dieu des Mers, armé de son trident, y apparaît dressé, debout sur son char.

La **Plaza de Murillo**, située à l'extrémité sud du Prado, est agrémentée de quatre fontaines où l'on voit des nymphes et des divinités marines jouer avec des dauphins. Elles furent sculptées entre 1777 et 1782 dans de la pierre de Colmenar par Robert Michel, Francisco Gutíerrez, Narciso Aldob, Jose Rodriguez et Alfonso Giraldo Bergaz. Mais sous l'effet de la pollution, la pierre blanche est devenue grise. Le projet de rénovation du quartier prévoit de les déplacer de leur site actuel, où elles sont quelque peu isolées entre le Prado et le jardin botanique, pour mieux les mettre en valeur.

Le Paseo del Prado se termine sur la Glorieta de Atocha, une place où se dresse la copie de la **fontaine à l'artichaut**, sculptée en 1781 par Alfonso Giraldo Bergaz et Antonio Primo, un disciple de Robert Michel, qui orne le Parque del Retiro (voir p. 164-167) depuis 1880. Coiffant la fontaine soutenue par quatre chérubins, l'artichaut en bronze est une allégorie du long chemin à parcourir pour parvenir à la sagesse. Situé entre le centre Reina Sofía, un ancien hôpital, et le jardin botanique, il se veut également celui de la santé et de la vie. ■

La fontaine de Neptune (ci-dessus) rend hommage au dieu des Mers. Cybèle (à gauche) personnifie la Nature reproductrice. La fontaine à l'artichaut (ci-dessous) est une allégorie du parcours menant à la sagesse.

La Plaza de Cibeles

Plaza de Cibeles

Plan p. 125

Casa de América (Palacio de Linares)

www.casamerica.es

Paseo de Recoletos 2

91 595 4800

Fermé dim. a.-m. et lun., visites guidées sam. et dim. mat.

Banco de España

LA PLAZA DE CIBELES EST SITUÉE AU CROISEMENT DES AXES NORD-SUD ET Est-Ouest qui traversent Madrid. Il y règne donc une intense circulation qui empêche de réellement apprécier la beauté des bâtiments qui l'entourent, sans parler de l'aventure qui consiste, pour le piéton, à vouloir s'approcher de la superbe fontaine qui lui a donné son nom (voir p. 142-143). Les choses devraient cependant s'arranger en 2008, à l'issue des travaux de réaménagement du quartier.

L'angle sud-ouest formé par le Paseo del Prado et la Calle Alcalá est dominé par l'immense façade du **Banco de España**. Fondée au milieu du XIXe siècle, la Banque d'Espagne s'installa en 1891 dans ce bâtiment impressionnant d'un quartier récemment devenu celui des affaires. L'étage des transactions, un ajout des années 1929-1930, s'inspire de thermes romains. La partie de la façade donnant sur la Plaza de Cibeles et sur laquelle s'ouvrait initialement l'entrée principale est ornée de sculptures de Jerónimo Suñol. La banque, actuellement fermée au public, renferme une très belle collection d'œuvres d'art, en particulier des toiles de Goya, Zurbarán et de peintres contemporains de renom.

À l'angle sud-est, l'imposant bâtiment de la poste principale, le **Palacio de Comunicaciones**, fut construit entre 1905 et 1917 sur des plans d'Antonio Palacios et de ses partenaires Julián et Joaquín Otamendi. Cette extravagante structure blanche, chargée d'ornementations, est un mélange de style espagnol et d'ajouts tirés de nouveaux concepts architecturaux venus de Chicago, de New York et de Paris. Baptisée Notre-Dame des Communications par les Madrilènes, elle est considérée comme le chef-d'œuvre de Palacios, dont c'était l'un des premiers projets et à qui l'on doit nombre des édifices du quartier. Après plus d'un siècle de bons et loyaux services, elle va accueillir les locaux de l'hôtel de Ville actuellement situé sur la Plaza de la Villa (voir p. 56).

À l'angle nord-est, de l'autre côté de la Calle Alcalá, s'élève le **Palacio de Linares**, construit en style néobaroque dans la seconde

moitié du XIXe siècle par Carlos Colubi et Adolphe Ombrecht pour le marquis qui lui donna son nom. Il abrite désormais le centre culturel de la **Casa de América** qui présente des œuvres d'art des anciennes civilisations du Mexique, du Pérou et de la Colombie, et accueille des manifestations généralement consacrées au continent latino-américain (entrée sur le Paseo de Recoletos).

Le public n'a pas actuellement accès aux magnifiques appartements qui furent conçus après que le père du marquis lui eut révélé sur son lit de mort qu'il avait épousé sa demi-sœur. Il entreprit alors de diviser l'espace en deux de sorte que son couple puisse officiellement continuer à habiter sous le même toit, sans pour autant vivre dans l'intimité. Livré à l'abandon de nombreuses années, le palais donna naissance à des histoires de fantômes venant le hanter.

Un autre palais, encore plus imposant, le Palacio de Buenavista (fermé au public), se dresse dans un écrin de verdure à l'angle du Paseo de Recoletos et de la Calle Alcalá. Construit sur des plans de Juan Pedro Arnal en 1777 pour le duc et la duchesse d'Albe, il est occupé aujourd'hui par le ministère espagnol de la Défense. ■

La Plaza de Cibeles est dominée par le grandiose Palacio de Comunicaciones, la poste principale de Madrid depuis un siècle.

Le Museo Thyssen-Bornemisza

Museo Thyssen-Bornemisza
www.museothyssen.org
Plan p. 125
Palacio de Villahermosa, Paseo del Prado 8
91 4369 0151
Fermé lun.
€€
Banco de España

LA COLLECTION DE TABLEAUX DE CE MUSÉE, LA PLUS IMPORTANTE COLLECTION privée du monde, fut constituée à partir des années 1920 par le baron Heinrich Thyssen-Bornemisza puis par son fils Hans Heinrich. Cet ensemble prestigieux, qui illustre l'art pictural occidental de ces huit derniers siècles, s'est enrichi, en 2004, des paysages de la donation de Carmen Thyssen-Bornemisza.

Ces œuvres ornaient à l'origine les murs de la Villa Favorita, la propriété de la famille Thyssen-Bornemisza à Lugano, en Suisse. Après l'acquisition de plusieurs centaines de peintures de l'époque contemporaine, le baron Hans Henrich chercha à mettre sa collection à la disposition du public. Des différentes villes qui se proposaient de l'accueillir, son choix se porta sur Madrid qui lui offrait, pour l'abriter, le Palacio de Villahermosa, un superbe édifice néoclassique du XVIIIe siècle, sur le Paseo del Prado. Elle y fut installée en 1992, après des aménagements confiés à l'architecte Rafael Moneo. Depuis le décès du baron en 2002, sa veuve supervise l'organisation de l'exposition.

Constituée d'un millier de pièces environ, une majorité de tableaux, mais aussi des sculptures, des tapisseries et des objets décoratifs, la collection, disposée dans l'ordre chronologique, occupe aujourd'hui trois niveaux. La visite s'effectue du deuxième étage au rez-de-chaussée, où se trouve la boutique du musée, qui abrite aussi un excellent café-restaurant en sous-sol.

PRIMITIFS

La visite se déroule en tournant dans le sens contraire des aiguilles d'une montre. La **salle 1** abrite des peintures de primitifs italiens, dont *Le Christ et la Samaritaine* par Duccio di Buoninsegna (1278-1319), le premier artiste connu à avoir signé ses œuvres. La **salle 3** propose des toiles de l'école flamande. Il faut absolument voir le petit panneau du peintre brugeois, Petrus Christus, intitulé *La Vierge à l'arbre sec* (v. 1465), l'un des fleurons du musée. Il dépeint un épisode de l'Ancien Testament concernant le Peuple élu. Se trouve également dans cette salle *L'Annonciation* de Jan Van Eyck, un triptyque qui a l'apparence d'un relief sur pierre, et *La Vierge couronnée* de Rogier Van der Weyden (1400-1464). Dans la **salle 4**, on remarquera un joyau du Quattrocento, *Le Christ ressuscité*, œuvre du Milanais Bramantino.

La **salle 5** présente certains des plus beaux portraits de la Renaissance. L'un des plus célèbres du musée est celui de *Giovanna Tornabuoni* (1488), par Domenico Ghirlandaio, censé représenter la perfection. On peut y lire une épigramme en latin du poète Martial (Ier siècle) : « Art, si seulement tu pouvais exprimer le caractère et les qualités morales, il n'existerait pas de plus belle peinture au monde. » *Le portrait d'Henri VIII* par Hans Holbein le Jeune, où le roi d'Angleterre apparaît dans toute sa froide majesté, est un chef-d'œuvre inestimable. On découvre aussi un amusant portrait de *Catherine d'Aragon*, la première femme d'Henri VIII, que l'on doit à Juan de Flandres.

Ci-contre, portrait d'Henri VIII (1536), par Hans Holbein le Jeune, où le roi d'Angleterre apparaît dans toute sa majesté.

Le musée présente une exceptionnelle collection d'œuvres de Derick Baegert, constituant le fleuron de l'école allemande de la fin du XVe siècle.

ÉCOLES ALLEMANDE ET ITALIENNE DU XVIe SIÈCLE

On pénètre ensuite dans la **salle 6**, la Galerie Villahermosa, qui abrite le *Portrait d'un jeune homme* de Raphaël (1483-1520). À côté, la **salle 7** est présidée par l'œuvre du Carpaccio, *Le Jeune Chevalier dans un paysage* (1510), considéré par certains spécialistes comme l'un des tout premiers portraits en pied.

Les **salles 8** et **9** sont consacrées aux peintures allemandes, dont *Jésus parmi les docteurs de la Loi* (1506) d'Albrecht Dürer (1471-1528) qui montre un Christ très jeune, entouré de vieillards inquisiteurs. Les mains, au centre du tableau, attirent le regard tel un aimant. On y découvre également plusieurs œuvres intéressantes de Derick Baegert (peintre allemand, v. 1440-1515), notamment un triptyque représentant le *Christ crucifié*.

La **salle 10** expose *La Nymphe à la source*, dont on remarquera l'effet de transparence du voile, de Lucas Cranach l'Ancien (1472-1553). Les artistes de l'école vénitienne – Titien avec son *Saint Jérôme dans le désert* peint à la fin de sa vie, vers 1575, le Tintoret et Bassano – sont exposés dans les **salles 11** et **12**. En leur compagnie, quelques œuvres du Greco datant de ses débuts italiens, et *Sainte Catherine d'Alexandrie* (v. 1597) du Caravage, une de ses

œuvres de jeunesse, aux très nettes influences flamandes.

PEINTURE BAROQUE DES XVIIe ET XVIIIe SIÈCLES

Parmi les toiles du début de cette période, exposées dans les **salles 13-18**, on admirera le *Saint Sébastien* et *La Pietá* du Bernin (1598-1680). La *Sainte Casilde* (v. 1630) de Francisco Zurbarán (1598-1664), une jeune femme au regard sévère, illustre toute la maîtrise du clair-obscur du peintre. On s'arrêtera aussi devant les quelques splendides vues de Venise peintes par Canaletto (1697-1768) et Francesco Guardi (1712-1793).

La visite s'achève par les **salles 19**, **20** et **21**, au deuxième étage, avec des peintures flamandes et hollandaises, parmi lesquelles des œuvres majeures de Van Dyck, Bruegel et Rubens (*La Toilette de Vénus*). À voir absolument, l'*Autoportrait* de Rembrandt dans la **salle 21**.

PEINTURES HOLLANDAISE ET FLAMANDE DU XVIIe SIÈCLE

Les **salles 22-27** de la première section du 1er étage sont dédiées aux tableaux illustrant des scènes de la vie domestique, des intérieurs, et des paysages, de peintres comme Frans Hals et Pieter De Hooch. Parmi les natures mortes de la **salle 27**, on notera celle de Willem Claesz Heda (v. 1593-v. 1680), où une superbe composition d'objets en argent et en verre jouxte un reste de tarte aux pommes.

LES PEINTURES AMÉRICAINE ET EUROPÉENNE DU XIXe SIÈCLE

Les **salles 29** et **30** proposent des paysages de l'école de l'Hudson River, dont plusieurs marines de Fitz Lane et Martin Johnson Head, principaux représentants du mouvement Luministe.

La **salle 31** entraîne sans transition le visiteur vers la peinture romantique européenne, avec un mur couvert d'œuvres de Goya, Géricault et Delacroix, suivies de toiles de Courbet et de Constable. Les **salles 32** et **33** abritent des chefs-d'œuvre impressionnistes dont la *Femme au parasol* (1873) de Renoir, silhouette sous son ombrelle au fond d'un champ de fleurs, deux très jolis pastels de Degas, dont *Chez la modiste*. Van Gogh y est représenté, notamment avec *Les Vessenots* (1890), exécuté peu de temps avant son suicide.

L'ART MODERNE

La collection d'art moderne commence dans la **salle 34** avec des peintres du mouvement fauviste, considéré comme un important mouvement artistique du XXe siècle, dont André Derain (1880-1954).

Les **salles 35-40** rassemblent une prodigieuse collection d'expressionnistes allemands. L'association Die Brücke (le Pont), fondée à Dresde, y est représentée par Emil Nolde, Karl Schmidt-Rottluff et Ernst Ludwig Kirchner, et le mouvement artistique nommé Die Blaue Reiter (Cavalier bleu), fondé en 1912 à Munich, par Franz Marc (1880-1916) et Kandinsky (1866-1944).

La toute dernière salle de l'étage présente des œuvres que l'on considère comme plus réalistes, celles des peintres de la « Nouvelle Objectivité », ainsi *Metropolis* de Georg Grosz (1893-1959) et *Hugo Erfurth avec son chien*, de Otto Dix (1891-1969).

Au rez-de-chaussée, les **salles 41-44** sont réservées à l'avant-garde expérimentale européenne, illustrée par des peintres des mouvements cubiste, futuriste, constructiviste, dadaïste et surréaliste, dont Braque, Léger, Juan Gris, et Picasso avec l'*Homme à la clarinette* et *Tête d'un homme.* L'abstraction géométrique y est illustrée par Moholy-Nagy, El Lissitsky, Schwitters et Mondrian.

La peinture américaine est mise à l'honneur dans la **salle 46**, avec de très belles œuvres de Rothko, O'Keeffe et De Kooning, représentants de choix de l'expressionnisme abstrait.

Pour finir, les **salles 47** et **48**, dévolues au surréalisme, à la tradition figurative, et au pop art, présente des toiles de Salvador Dalí, Yves Tanguy, David Hockney, Francis Bacon, Edward Hopper, R.B. Kitaj et James Rosenquist, notamment.

LA COLLECTION CARMEN THYSSEN-BORNEMISZA

Deux bâtiments jouxtant le Palacio de Villahermosa ont été réaménagés pour recevoir la collection de la baronne, riche de quelque 200 tableaux. Rassemblée dans les années 1980, elle va de la peinture hollandaise du XVIIe siècle à l'avant-garde du XXe siècle. Elle est répartie sur deux niveaux, accessibles du deuxième étage du bâtiment principal. Le rez-de-chaussée est dévolu aux expositions temporaires exclusivement.

Les **salles A** et **B** proposent des primitifs flamands et italiens : *Le Jugement de Salomon* par Lucas Jordán qui dénote des influences du Caravage, un superbe *Christ en croix* de Van Dyck et *Le Jardin d'Eden* de Pieter Bruegel l'Ancien. La **salle C** est une longue galerie qui illustre plus de quatre siècles de l'histoire du paysage. *La Boucle*, par John Constable (1776-1837) est l'une des pièces maîtresses de la collection. Une autre section intéressante, consacrée aux vues d'architectures urbaines, en vogue au XVIIIe siècle, abrite également des tableaux de Corot et de Van Gogh.

La **salle D** présente aussi des peintures du XVIIIe siècle français et italien, mais d'esprit rococo, avec des œuvres de Boucher, Fragonard et Piazzetta.

Parmi les paysagistes nord-américains du XIXe siècle, trouvant place en **salles E** et **F**, citons quelques grandes figures du genre, comme Martin Johnson Heade, Sandford Robinson Gifford, et Frederic Edwin Church.

La **salle G** expose des toiles d'artistes des écoles de Barbizon et de La Haye (Pays-Bas) qui introduisirent une approche plus réaliste dans la peinture du paysage, parmi lesquels Courbet, Corot, le Douanier Rousseau et Boudin. La **salle H** est dédiée aux premiers

peintres impressionnistes, avec des toiles de Degas, Monet, Pissaro, Renoir et Sisley.

Au premier étage, **la salle I** est celle dévolue à Auguste Rodin (1840-1917). Toutes les sculptures qui y sont exposées, mais aussi celles dispersées dans les autres salles, comptent parmi les plus belles pièces réalisées par le maître. Elles avaient été commandées par Auguste Thyssen en 1905 : *Cristo y la Magdalena* (une Madone à l'Enfant), *La Muerte de Atenas* (Athéna), *El Sueño* (Le Rêve) et *La Aurora* (L'Aurore). Cette salle a conservé le décor original du Palacio de Goyeneche, l'un des deux édifices servant d'annexes au musée principal.

Dans la **salle J**, les œuvres de Sargent, Metcalf et Frieseke illustrent l'influence de l'impressionnisme sur la peinture américaine des deux dernières décennies du XIXe siècle. Les tableaux de peintres impressionnistes de la **salle K** comptent quelques chefs-d'œuvre : le *Pont de Charing Cross* de Monet, et le *Verger en contrebas de l'église de Bihorel* de Gauguin. Ce dernier est également présent dans la **salle L** avec, entre autres, *Allées et Venues, Martinique* et *Mata Mua*. Il y côtoie Bonnard et Vuillard.

On arrive ensuite dans la **salle M** vouée à la période post-impressionniste, illustrée par Toulouse-Lautrec, Emil Nolde et Edward Munch.

L'expressionnisme allemand est bien représenté dans la **salle N**, avec d'excellents tableaux signés Kokoschka, Kandinsky et Kirchner. Il ne faut surtout pas manquer l'admirable tableau d'Erich Heckel, *La Maison à Dangast*. Les débuts du fauvisme, à l'aube du XXe siècle, sont illustrés dans la **salle O**, par des œuvres de Matisse (*Le Canal du Midi*) et de Braque (*Port de l'Estaque*). Dans la **salle P**, réservée au cubisme, on peut voir des toiles de Picasso (*Les Moissonneurs*, 1907), de Juan Gris (*Femme assise*) et de Raoul Dufy (*Nature morte aux bananes*). ■

La collection Carmen Thyssen-Bornemisza est présentée dans deux bâtiments annexes du Palacio de Villahermosa.

Le Real Jardín Botánico

Le Jardin botanique royal fut fondé en 1755 par Ferdinand IV, au bord du Manzanares. En 1781, dans le cadre de l'aménagement du Paseo del Prado, que Charles III voulait consacrer aux sciences, le jardin fut installé à l'endroit qu'il occupe encore aujourd'hui. Il fait bon flâner parmi ses quelque 30 000 espèces végétales en provenance du monde entier, pour se remettre d'une visite du Prado.

Ce portail néogothique ouvre sur le jardin botanique qui s'étage sur trois niveaux.

Real Jardín Botánico
www.rjb.csic.es
Plan p. 125
Plaza de Murillo 2
91 420 3017
€
Atocha

Les plans du jardin, que commença à élaborer Francesco Sabatini, furent repris, à sa mort, par l'architecte Juan de Villanueva avec la collaboration du botaniste Casimiro Gómez Ortega. L'objectif des deux hommes était de créer un centre d'acclimatation pour les plantes rapportées en Espagne par les expéditions botaniques de la fin du XVIIIe siècle.

Son élégant portail d'entrée, la **Puerta de Murillo**, réalisé en 1789 selon un dessin de Juan de Villanueva, est flanqué de deux paires de colonnes doriques. Le jardin, qui s'échelonne sur trois niveaux, est surplombé par un pavillon qui accueille des expositions temporaires.

Le niveau inférieur, la Terraza de los Cuadros, est divisé en 16 parterres. Le **parterre C3** possède un très beau grenadier, haut de 7 m – 2 m de plus en moyenne que ses congénères –, qui aurait 200 ans. Cette essence fut introduite en Espagne par les Arabes qui en plantèrent un grand nombre dans leur royaume de Grenade, qui lui doit son nom.

Depuis la création du jardin, les **parterres C5** et **C4** ont toujours été réservés à la culture des plantes médicinales qui sont offertes gratuitement aux visiteurs. Elles étaient à l'origine destinées à l'hôpital général de San Carlos, tout proche, qui a été transformé pour accueillir le Centro de Arte Reina Sofía.

Entre les **parterres C7** et **C10,** où prospèrent d'anciennes variétés de roses, le Paseo de Carlos III descend à la **Puerta Real**, un arc de triomphe en granit de Sabatini, érigé à la mémoire du souverain. Une petite sélection de 1 000 espèces de plantes indigènes, qui ne poussent que dans de très rares endroits et aujourd'hui menacées d'extinction, compose le **parterre C12**. Le **parterre 13** est, lui, un jardin potager où poussent de nombreux légumes rapportés du Nouveau Monde par les expéditions botaniques du siècle des Lumières.

Le deuxième niveau, la **Terraza de las Escuelas Botánicas**, abrite, comme son nom l'indique, des plantes et des arbres provenant de plusieurs écoles botaniques. Le « Pantalones », un orme vieux de deux siècles, d'une hauteur de 34 m, qui doit son nom à la fourche de son tronc (2,40 m de diamètre) qui évoque un pantalon, est particulièrement étonnant. On y trouve également plusieurs séquoias, ces conifères remarquables par leur hauteur – ils peuvent atteindre plus de 100 m de haut et 30 m de diamètre à la base –, et leur longévité, certains spécimens ayant plusieurs milliers d'années.

Le dernier niveau, la **Terraza del Plano de la Flor**, fut redessiné au milieu du XIXe siècle. S'articulant autour d'un bassin ovale où trône le buste de Karl von Linné (1707-1778), le naturaliste suédois à qui l'on doit la nomenclature binaire utilisée pour la classification des espèces végétales, il est entouré de superbes arbres, dont un palmier des Canaries centenaire.

Derrière le bassin, le pavillon néoclassique conçu par Juan de Villanueva en 1781 était destiné à servir de serre pour l'acclimatation des espèces les plus fragiles rapportées des Amériques. L'amphithéâtre, qui porte le nom d'Antonio José Cavanilles (1745-1804), un des nombreux botanistes de renom qui venaient y donner des cours magistraux, est un ajout de 1794. Depuis sa restauration dans les années 1980, on y organise des expositions temporaires. De plus, le jardin est un haut lieu de l'enseignement botanique et à l'origine de nombreuses expéditions scientifiques. ■

Le jardin possède de nombreuses variétés de roses anciennes.

Le Museo Reina Sofía

Museo Reina Sofía
www.museoreinasofia.es

- Plan p. 125
- Calle Santa Isabel 52
- 91 774 1000
- Fermé dim. a.-m. et mar.
- €. Gratuit sam. a.-m. et dim. mat.
- Atocha

Cet important musée national fait aujourd'hui l'objet d'un vaste projet d'agrandissement, destiné à le placer au rang des plus grands centres d'art moderne du monde. Ses collections, dont l'universellement connu *Guernica* de Picasso constitue à n'en pas douter le fleuron, présentent des œuvres d'artistes ayant profondément marqué l'histoire de l'art pictural espagnol du XXe siècle, tels que Salvador Dalí, Joan Miró, Jorge Oteiza, et Antoni Tàpies.

Outre sa collection permanente – qui n'a pas omis d'intégrer des artistes étrangers de belle envergure tels Julian Schnabel, Donald Judd, Gerhard Richter et Anish Kapoor –, le Centro de Arte Reina Sofía propose en permanence pas moins de trois expositions temporaires. Il sponsorise aussi nombre de manifestations culturelles et des concerts.

Le musée occupe l'ancien hôpital général de San Carlos, un bâtiment imposant qui n'est pas sans évoquer le monastère de l'Escorial (voir p. 228-231). Conçu par José de Hermosilla au milieu du XVIIIe siècle, sa construction, supervisée

en grande partie par l'architecte Francesco Sabatini, s'acheva sous le règne de Charles III. Désaffecté en 1965, extrêmement détérioré, seul l'intérêt historique qu'il représentait pouvait lui éviter la destruction. Il fut rénové et restructuré pour accueillir le fonds du musée espagnol d'Art contemporain qui allait ainsi constituer la base de l'actuel Museo Reina Sofía, inauguré en 1986.

Depuis 2005, année de l'ouverture de l'extension, qui fut conçue par l'architecte français Jean Nouvel, le musée dispose de deux nouveaux espaces pour les expositions temporaires, d'une bibliothèque, d'un centre de recherches, d'une librairie et de deux auditoriums. L'œuvre de Jean Nouvel – un triangle, coiffé d'un toit métallique rouge, organisé autour d'un patio central – abrite également un café et un restaurant tenu par Sergi Arola, l'un des plus grands chefs espagnols, réputé pour sa cuisine innovante.

On envisage aussi de réaménager le bâtiment principal afin de répartir la collection permanente sur quatre étages. Les travaux, qui devraient commencer en 2007, sont programmés en différentes étapes sur une période de quatre ans. La collection sera exposée par ordre chronologique, de manière à donner une vaste rétrospective de l'art du XXe siècle, que des grands maîtres espagnols comme Picasso, Miró, Dalí, Juan Gris, Solana et Sorolla viendront illustrer. Cet espace supplémentaire permettra également de faire sortir des réserves les riches collections d'art vidéo, de photographies, de design contemporain et d'art décoratif.

Mais en attendant, ce sont deux étages qui accueillent les quelque 500 œuvres d'art de la collection permanente. La visite commence au **deuxième étage**, accessible par un ascenseur en verre, où les 17 salles sont affectées à la période comprise entre la fin du XIXe siècle et les premières années d'après-guerre.

Le tournant du siècle au Pays basque et en Catalogne fut une époque de grande production artistique. La **salle 1** contient les œuvres de leurs peintres les plus illustres, notamment Ignacio Zuluaga, Hermenegildo Anglada-Camarasa, Francisco Iturrino, Santiago Rusiñol, et María Blanchard.

Madrid, de son côté, découvrait José Gutiérrez Solana, plus avant-gardiste, auquel la **salle 2** est entièrement consacrée. Solana fréquentait assidûment les groupes d'intellectuels qui se réunissaient

***Guernica* de Picasso, du nom de la petite ville basque de Gernika-Lumo bombardée par les nazis sur ordre de Franco, est le plus violent réquisitoire contre la guerre de l'art moderne.**

à la Belle Époque dans les cafés de Madrid (voir p. 118-119). Sa toile, *La Réunion du café Pombo* (1920), représente les membres d'un groupe particulièrement actif, dont il faisait partie, avec l'écrivain Ramón Gómez de la Serna.

La **salle 3** entraîne le visiteur dans l'univers du constructivisme et du cubisme, avec les œuvres aux couleurs éclatantes de Robert et Sonia Delaunay, qui séjournèrent en Espagne durant la Première Guerre mondiale, et les formes géométriques de Joaquín Torres García (1874-1949).

Juan Gris (1887-1927), peintre cubiste né à Madrid mais qui vécut en France, occupe la **salle 4** avec une série de tableaux, dont un portrait de sa femme *Josette* (1916) et *La Guitare en face de la mer* (1925), exécuté à la fin de sa vie.

Les sculptures déstructurées en métal de Pablo Gargallo, dont *Le Grand Prophète* (1933), sont exposées dans la **salle 5**.

GUERNICA

La **salle 6** est dédiée à Pablo Picasso (1881-1973), incarnation, aux yeux du monde, de la peinture occidentale du XXe siècle. Son *Guernica*, commandé pour l'Exposition universelle de Paris de 1937, et qu'il mit moins de deux mois à peindre, est une fresque monochrome hantée de formes convulsives exprimant la mort et les souffrances provoquées par la guerre civile espagnole (1936-1939). Son titre lui fut attribué après le bombardement, ordonné par Franco et effectué par l'aviation nazie, dont fut victime le 26 avril 1937 la petite ville de Gernika-Lumo. Ce qu'il faut appeler un véritable massacre fit la une des journaux et choqua puissamment l'opinion internationale. Cette œuvre monumentale est devenue depuis un symbole universel des monstruosités de la guerre, et nous rappelle la brutalité de l'homme.

Sont également exposées dans cette salle les ébauches du tableau, ainsi que d'autres œuvres du maître, dont la *Femme en bleu*, exécutée à Madrid, en 1901, alors qu'il n'avait que 20 ans.

JOAN MIRÓ ET JULIO GONZÁLEZ

La **salle 7**, qui est parallèle à la galerie Picasso, offre un excellent panorama de la carrière du grand maître catalan Joan Miró (1893-1983), avec des œuvres comme *Escargot, femme, fleur, étoile* (1934) et *Portrait II* (1938). Ses sculptures, dont *L'Oiseau de lune* (1966), un bronze immense représentant une créature à cornes, sont regroupées dans la **salle 16**.

La **salle 8** présente les réalisations de Julio González (1876-1942), un soudeur de formation, qui se mit à la sculpture et se fit connaître pour son utilisation très personnelle du fer. *Tête appelée « Le Lapin »* (1930), un autoportrait, est l'une de celles qui témoignent le mieux de son esprit humoristique.

LES SURRÉALISTES

La **salle 10** permet de suivre l'évolution de l'œuvre de Salvador Dalí qui s'imposa comme l'un des grands prêtres du surréalisme avec des œuvres telles que *Cenicitas* (1928) et *Le Grand Masturbateur* (1929). La même année, Dalí réalisait avec Luis Buñuel *Un chien andalou*, film phare s'il en est. Son tableau *Fille à la fenêtre* (1925), aux accents un peu plus réalistes, témoigne de l'étendue de ses capacités stylistiques. Sa sculpture *Portrait de Joëlle* (1933), exposée dans la **salle 11**, fut exécutée en plâtre et huile en collaboration avec Man Ray. La **salle 12** est consacrée à Luis Buñuel (1900-1983), profon-

dément influencé par le surréalisme. On peut y voir des extraits de ses films, qui comptent parmi les plus grandes créations du XXe siècle espagnol.

ANNÉES 1920-1940

Pour cet étage, la visite s'achève avec les **salles 13** et **15**. Dans la première, *Accident* de Alfonso Ponce de León, est une toile spécialement troublante, quand on sait que le peintre l'exécuta quelques mois avant de trouver la mort dans un accident de voiture, à l'âge de 36 ans. Elle représente un homme en costume bleu, venant d'être éjecté d'un véhicule, appuyant un mouchoir taché de sang sur sa tête.

Cette salle abrite également des tableaux du peintre néocubiste Benjamin Palencia (1894-1980). On en retrouve d'autres dans la **salle 15** où ils côtoient des sculptures de Alberto Sánchez remontant à la Seconde Guerre mondiale.

L'APRÈS-GUERRE

Un ascenseur conduit au **4e étage**, où la **salle 18** fait la part belle à toute la peinture espagnole apparue après la guerre civile. La **salle 19** présente des peintures figuratives et des œuvres de jeunesse d'Antoni Tàpies (né en 1923), le plus grand peintre espagnol encore en vie et qui a rencontré les plus grands de sa génération.

Il fut l'un des membres fondateurs du mouvement Dau al set, créé en 1948, à Barcelone. Les tableaux exposés dans les **salles 20-23** illustrent la genèse de l'art abstrait en Espagne. Les toiles spectaculaires de José Guerrerro contrastent avec la sobriété des sculptures géométriques en fer du Basque Jorge de Oteiza.

Écoliers espagnols s'initiant aux couleurs vives et aux formes abstraites du peintre catalan Joan Miró devant *Femme, perroquet et étoile de mer* (1970).

Les vastes galeries du Centro de Arte Reina Sofía sont idéales pour présenter les installations contemporaines.

On retrouve des artistes étrangers dans la **salle 24**, avec les puissantes compositions de Francis Bacon, Henry Moore, Graham Sutherland, Pierre Alechinsky et Asger Jørn, dont la visite s'achève, en point d'orgue, avec une excellente exposition consacrée à Yves Klein (1928-1962). Son alter ego italien, Lucio Fontana (1899-1968), le maître des toiles monochromes lacérées ou percées de trous, est très bien représenté dans la **salle 26**.

La **salle 29** est en grande partie occupée par les compositions de l'Espagnol Antonio Saura (1930-1998), connu pour la violence de son geste pictural, alors que la **salle 30** présente le travail de Jean Dubuffet, Yves Klein et Mark Tobey. La **salle 32** est décorée des superbes compositions en acier du sculpteur Pablo Palazuelo. Quant aux chefs de file du mouvement italien Arte Povera (1967) ils sont à l'honneur dans la **salle 33** avec, notamment, Mario Merz et Jannis Kounellis.

Robert Motherwell (1915-1991), un des peintres américains du courant expressionnisme abstrait, occupe un important espace à côté d'Antoni Tàpies auquel les

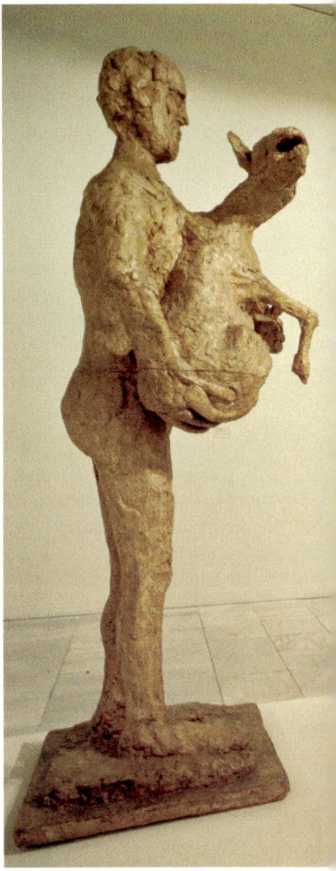

salles 34-35 sont dédiées. Il est le pionnier d'un art entre sculpture et peinture, qui utilise des objets disparates, mais aussi des matériaux de textures différentes (argile, boue, sable), que sa *Superposition de matériaux gris* (1961) illustre superbement.

Les **salles 37-39** mettent en rapport l'écriture extrêmement narrative des tableaux d'Eduardo Arroyo, et le pop art du groupe Equipo Crónica et de ses contemporains espagnols, pour un engagement puissant qui les concernent tous. À ne pas manquer également, dans les **salles 42-43**, les peintures figuratives de Guillermo Pérez Villalta, et les sculptures en albâtre du Basque Eduardo Chillida (1924-2002), un immense créateur du XXe siècle.

La visite prend fin dans les **salles 40** et **45**. Les deux dernières décennies de l'art occidental (on y trouve beaucoup de peinture, de la sculpture, des photographies et certaines installations) y sont illustrées par un vaste éventail d'artistes : Miquel Barceló, Ferrán García Sevilla, Juan Muñoz, Christina Iglesias, Thomas Ruff, Anish Kapoor, Jean-Marc Bustamente et Günther Förg. ■

De nombreuses œuvres exposées au musée, dont cette sculpture de Picasso, *L'Homme au mouton* (1943), illustrent l'immense variété de la création catalane.

Autres sites à visiter

CAIXAFORUM

Les architectes suisses Herzog et de Meuron ont aménagé le centre culturel de La Caixa, la grande caisse d'Épargne de Catalogne, dans une ancienne centrale électrique du XIXe siècle donnant sur le Paseo del Prado. Ouvert en 2008, l'édifice accueille des sélections tournantes de la très belle collection d'art moderne de La Caixa, ainsi que des expositions temporaires et d'autres manifestations culturelles : concerts, événements littéraires, activités destinées aux enfants. Situé entre le Prado et le Centro de Arte Reina Sofía, le CaixaForum vient encore renforcer la vocation artistique du quartier.

http://obrasocial.lacaixa.es Plan p. 125 Paseo del Prado 36 91 330 7300 Atocha

LA FÁBRICA GALERÍA

De grands artistes internationaux, comme Sol LeWitt, exposent dans cette galerie très animée. Le lieu propose une fois par mois, un lundi soir, un riche programme d'activités culturelles et artistiques – rencontres, danse, théâtre… Sa spécialisation dans le domaine de la photo et de l'art vidéo en fait l'un des lieux majeurs du festival PhotoEspaña, en juin et juillet. La Fábrica publie également des livres d'art et des magazines.

www.lafabricagaleria.com Plan p. 125 Calle Alameda 9 91 360 1325 Fermé dim. et lun. Atocha

MUSEO DEL FERROCARRIL

Ce musée du Rail occupe l'ancienne Estación de las Delicias, une belle gare fin XIXe siècle à infrastructure métallique. C'est un endroit que les enfants apprécieront. Ils pourront y admirer locomotives à vapeur, maquettes de train, et horloges de gare. En sortant, les réseaux de chemin de fer et leur fonctionnement ne sont plus un mystère pour personne.

Plan p. 125 Paseo de las Delicias 61 902 228822, www.museodelferrocarril.org Fermé lun. et août €. Gratuit sam. Delicias

MUSEO POSTAL Y TELEGRÁFICO

Ce musée raconte l'histoire de la poste, depuis le XIIIe siècle, lorsque le courrier était porté par des messagers à cheval, jusqu'à l'utilisation du chemin de fer, dans la deuxième moitié du XIXe siècle. Le tout premier timbre espagnol (1850) est exposé aux côtés d'outils et de machines servant à produire les timbres-poste. Une importante collection d'émissions « premier jour » du monde entier présente également des raretés du XIXe siècle venant de Cuba, des Philippines et Porto Rico. Une salle, consacrée à l'histoire des télécommunications, expose une maquette du satellite Hispasat.

www.correos.es Plan p. 125 Calle Montalbán 91 396 2679 fermé sam. a-m et dim. Banco de España

PALACIO DE FERNÁN NÚÑEZ

Ce somptueux palais, bâti au milieu du XIXe siècle pour le duc et la duchesse qui lui ont donné leur nom, est désormais occupé par les bureaux des chemins de fer espagnols (RENFE). Exceptionnellement bien préservé, malgré son occupation par les forces républicaines durant la guerre civile, il renferme des salles de réception luxueuses, décorées d'antiquités et de tapis faits main à la Real Fabricá de Tápices (voir p. 172). À ne pas manquer, la salle de bal rococo avec murs dorés, somptueux fauteuils recouverts de soie jaune, lustres élaborés et miroirs sculptés.

Plan p. 125 Calle Santa Isabel 44 91 527 1812 pour les groupes Atocha, Antón Martín

REAL MONASTERIO DE SANTA ISABEL

Cet immense couvent augustinien fut fondé à la fin du XVIe siècle par Philippe II. Il reçut, plus tard, le patronage de Marguerite d'Autriche, épouse de Philippe III, à qui l'on doit le Monasterio de la Encarnacíon (voir p. 84-85). L'église, qui n'est ouverte qu'aux heures des offices, a été construite selon des plans de Gómez de Mora. Le couvent possède une très riche collection d'œuvres d'art, qui est fermée pour l'instant au public. Mais les choses pourraient être amenées à changer.

Plan p. 125 Calle Santa Isabel 48 91 527 3183, www.patrimonionacional.es Atocha, Antón Martín ■

Autrefois domaine d'un palais royal, l'espace vert le plus populaire de la ville est un endroit idéal pour faire du jogging, du roller ou simplement s'asseoir dans l'un des nombreux cafés sous les arbres et savourer le temps qui passe.

Le Parque del Buen Retiro et ses environs

Introduction et carte **162-163**
Le Parque del Buen Retiro **164-167**
La Puerta de Alcalá **168**
Le Museo Nacional de Artes Decorativas **169**
Au Sud du Parque del Buen Retiro **170-172**
Hôtels **246**
Restaurants **255**

Un artichaut de granit ouvre son cœur au sommet de la Fuente de la Alcachofa (fontaine de l'artichaut), dans le Parque del Buen Retiro.

Le Parque del Buen Retiro et ses environs

DANS UNE VILLE AUSSI DENSE QUE MADRID, LE PARQUE DEL BUEN RETIRO (PARC RETIRO) est un magnifique et vivifiant îlot de verdure. Après avoir sillonné les musées, une balade autour du lac est une bonne façon de s'aérer l'esprit.

À l'origine, les jardins du Palacio del Buen Retiro ont été construits au XVIIe siècle pour être agréables au roi Philippe IV. Seules une aile du château et la salle de bal subsistent sur la colline qui se dresse derrière le Prado, et sont par ailleurs devenues des extensions du musée (voir p. 136).

Les jardins du palais ont été ouverts au public au milieu du XVIIIe siècle. Des règles très strictes régissaient alors les entrées, les activités autorisées et même les codes vestimentaires. Les mantilles en dentelle étaient interdites aux femmes et les hommes ne pouvaient porter ni capes ni chapeaux.

Aujourd'hui, vous pouvez tout faire, ou presque dans ce parc, ce qui veut dire qu'il est préférable d'éviter les zones les plus calmes. Il reste cependant relativement sûr grâce à une présence très discrète de la police. En absence de pistes balisées, les cyclistes peuvent circuler où bon leur semble.

Pendant deux semaines en juin, la route qui traverse le parc est transformée en foire annuelle du livre, avec plusieurs centaines de stands. Les visiteurs ne viennent pas seulement acheter des livres, mais aussi participer à des débats avec des écrivains et des éditeurs.

Le quartier résidentiel de Los Jerónimos, sur la colline ouest du parc, faisait également partie du palais Buen Retiro (voir p. 164). Il est aujourd'hui l'un des plus prestigieux de la ville. Le Museo Nacional de Artes Decorativas, à proximité, présente une impressionnante collection de meubles, céramiques et porcelaines.

Comme le Paseo del Prado, la zone au sud du parc sera transformée au cours de la prochaine décennie pour faire partie du nouveau quartier culturel de Madrid. Bien qu'un peu en dehors des sentiers battus, une visite à la Fabrique de Tapisseries vous ramènera deux cents ans en arrière et mérite largement la courte marche à pied pour s'y rendre. ■

Dans le parc, le monument dédié à Alphonse XII, cadre théâtral pour une partie de football.

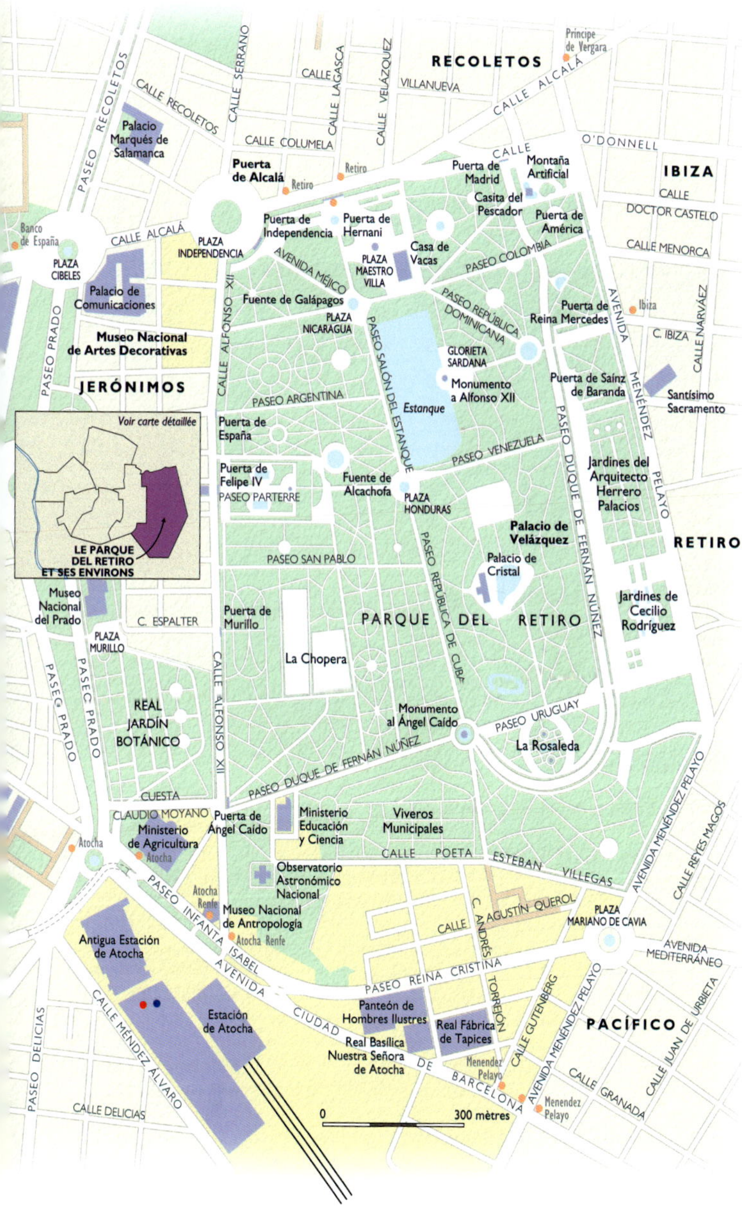
RECOLETOS
IBIZA
JERÓNIMOS
RETIRO
PACÍFICO
PARQUE DEL RETIRO
Palacio Marqués de Salamanca
Puerta de Alcalá
Retiro
Puerta de Madrid
Montaña Artificial
Casita del Pescador
Puerta de América
Puerta de Independencia
Puerta de Hernani
Casa de Vacas
PLAZA MAESTRO VILLA
PLAZA INDEPENDENCIA
PLAZA CIBELES
Banco de España
Palacio de Comunicaciones
Museo Nacional de Artes Decorativas
Fuente de Galápagos
PLAZA NICARAGUA
Puerta de Reina Mercedes
Ibiza
GLORIETA SARDANA
Monumento a Alfonso XII
Estanque
Puerta de Sáinz de Baranda
Santísimo Sacramento
Puerta de España
Puerta de Felipe IV
Fuente de Alcachofa
PLAZA HONDURAS
Jardines del Arquitecto Herrero Palacios
Palacio de Velázquez
Palacio de Cristal
Jardines de Cecilio Rodríguez
Voir carte détaillée
LE PARQUE DEL RETIRO ET SES ENVIRONS
Museo Nacional del Prado
PLAZA MURILLO
Puerta de Murillo
La Chopera
REAL JARDÍN BOTÁNICO
Monumento al Ángel Caído
La Rosaleda
Puerta de Ángel Caído
Ministerio de Agricultura
Ministerio Educación y Ciencia
Viveros Municipales
Atocha
Atocha Renfe
Observatorio Astronómico Nacional
Museo Nacional de Antropología
PLAZA MARIANO DE CAVIA
Antigua Estación de Atocha
Estación de Atocha
Panteón de Hombres Ilustres
Real Basílica Nuestra Señora de Atocha
Real Fábrica de Tapices
Menendez Pelayo
Príncipe de Vergara
PASEO RECOLETOS
CALLE RECOLETOS
CALLE SERRANO
CALLE LAGASCA
CALLE VELÁZQUEZ
CALLE VILLANUEVA
CALLE ALCALÁ
CALLE COLUMELA
CALLE O'DONNELL
CALLE DOCTOR CASTELO
CALLE MENORCA
C. IBIZA
CALLE NARVÁEZ
AVENIDA MÉXICO
PASEO COLOMBIA
PASEO REPÚBLICA DOMINICANA
PASEO SALÓN DEL ESTANQUE
PASEO ARGENTINA
PASEO VENEZUELA
PASEO PARTERRE
PASEO SAN PABLO
PASEO REPÚBLICA DE CUBA
PASEO DUQUE DE FERNÁN NÚÑEZ
AVENIDA MENÉNDEZ PELAYO
PASEO PRADO
CALLE ALFONSO XII
C. ESPALTER
PASEO URUGUAY
CUESTA CLAUDIO MOYANO
CALLE POETA ESTEBAN VILLEGAS
CALLE REYES MAGOS
PASEO INFANTA ISABEL
CALLE AGUSTÍN QUEROL
C. ANDRÉS TORREJÓN
AVENIDA MEDITERRÁNEO
PASEO REINA CRISTINA
AVENIDA CIUDAD DE BARCELONA
CALLE GUTENBERG
CALLE GRANADA
CALLE JUAN DE URBIETA
PASEO DELICIAS
CALLE DELICIAS
CALLE MÉNDEZ ÁLVARO
0
300 mètres

Le Parque del Buen Retiro

Parque del Retiro

Plan p. 163
91 588 6318
Retiro, Ibiza

LA VISITE DES JARDINS DU RETIRO VOUS FERA DÉCOUVRIR DES PAGES d'histoire, d'architecture, de botanique… Mais le plus intéressant, sans doute, est de voir comment tous les domaines s'y côtoient harmonieusement. Certains y pratiquent le tai-chi, d'autres jouent aux échecs sous les arbres, ou de la guitare et du tambour. Le week-end, les Latino-Américains aiment à s'y retrouver pour pique-niquer tandis que les Catalans s'adonnent à leur danse traditionnelle dans la Glorieta de la Sardana.

La lumière inonde le Palacio de Cristal, à l'origine une serre, aujourd'hui un lieu d'expositions.

Toute cette activité paraît cependant bien modeste aujourd'hui, comparativement à celle qui a présidé à l'ouverture du palais du Buen Retiro, en 1635. Des feux d'artifice, des joutes, des concerts y furent organisés. Des pièces de Calderón de la Barca, de Lope de Vega, et d'autres grands noms du théâtre du siècle d'or, se jouaient sur une scène flottant sur le lac.

Ce grand espace de forme rectangulaire couvre une surface de 118 ha et compte environ 15 000 arbres. Il a beaucoup changé au cours des siècles, principalement en raison des dommages nés de la guerre, mais le tracé général est plus ou moins celui d'origine.

L'entrée principale est située dans l'angle nord-ouest du parc, la Puerta de Alcalá (voir p. 168). La grande allée, l'Avenida de México, remonte selon une diagonale jusqu'à la **fontaine Galápagos**, décorée de tortues, de grenouilles et de dauphins. Dessinée par Francisco Javier de Mariátegui en 1831, cette fontaine fut commandée par Ferdinand VII pour célébrer le tout premier anniversaire de sa fille, Isabelle.

Au sud de la fontaine s'étend un immense lac rectangulaire, creusé lors de la construction du château au XVIIe siècle. Il ne servait pas seulement aux représentations théâtrales mais aussi à des reconstitutions spectaculaires de batailles navales. En 2003, le lac a été drainé et nettoyé, un nouveau hangar à bateaux construit et des anneaux d'amarrage mis en place. Le **monument à Alphonse XII**, qui domine le lac, a été conçu par José Grases Riera et fut achevé en 1922. La statue équestre en bronze du roi, que l'on doit à Mariano Benlliure, est flanquée d'une colonnade en hémicycle.

La promenade le long du lac, connue sous le nom de **Salón del Estanque**, est souvent jalonnée de musiciens ambulants, de mimes, de diseuses de bonne aventure et de marionnettistes. Le chemin est communément appelé le Paseo de las Estatuas, mais son nom officiel est **Argentina**. Sur la droite, les statues du XVIIIe siècle que l'on voit étaient prévues initialement pour être installées sur la façade du Palacio Real.

La fin de la promenade, à l'angle sud-ouest du lac, est marquée par la **fontaine de l'artichaut**, dessinée par Ventura Rodríguez au XVIIIe siècle. Cette fontaine retournera à son emplacement d'origine, au bout du Paseo del Prado, où se trouve actuellement une copie, dans le cadre du réaménagement prévu dans les années à venir.

Si vous tournez à droite, en direction du centre-ville, vous arrivez au **Parterre**, dont le plan symétrique à la française fut inspiré par les jardins de Versailles. Créé au XVIIIe siècle, sous le règne de Philippe V, il faisait partie du projet de construction d'un nouveau palais resté inachevé. Même si le jardin a été redessiné plusieurs fois, il abrite encore des arbres de l'époque, dont un cyprès mexicain vieux de plus de 400 ans et dont on pense qu'il a été rapporté par le conquistador Hernán Cortés (1485-1547) lui-même. La grille d'entrée baroque date de 1680 et faisait partie du palais Buen Retiro.

Lucifer basculant en arrière au cours de son voyage en enfer, sur le monument à l'Ange déchu.

L'Ange déchu

Madrid se vante de posséder la seule statue au monde qui célèbre le diable. Situé dans le Parque del Retiro, le **Monument de l'Ange déchu** fut conçu en 1878 par Ricardo Bellver et illustre la chute de Lucifer en enfer. La figure ailée en bronze couronne la fontaine entourée de gargouilles de monstres aux mimiques grotesques et caricaturales.

De la fontaine de l'artichaut, le Paseo de la República de Cuba part vers le sud. À l'est, s'élèvent deux pavillons, tous deux conçus par Ricardo Vélasquez Bosco, dans les années 1880. Le **Palacio de Vélasquez**, un palais de briques colorées, de carreaux en faïence et décoré d'arcades, a été construit pour l'exposition sur les mines de 1883. Il accueille des expositions nombreuses et variées, certaines présentées en collaboration avec le Museo de Arte Reina Sofía.

Palacio de Velázquez
☎ 91 573 6245
🕒 Fermé mar.
Ⓜ Ibiza, Retiro

Palacio de Cristal

☎ 91 574 6614

🕒 Fermé le mar.

Ⓜ Ibiza, Retiro

À une courte distance de là, vers le sud, le **Palacio de Cristal** développe une élégante structure de verre et d'acier, inspirée par le Crystal Palace de Londres. Il fut érigé en 1887 pour abriter une exposition de plantes et de fleurs en provenance des Philippines. Le pavillon donne sur un lac où nagent quelques cygnes noirs.

Ces deux pavillons servent de lieux d'expositions gérés par le Museo de Arte Reina Sofía (voir p. 154-159).

Au sud, le long du Paseo de Uruguay, s'élève la **Rosaleda**, une délicieuse roseraie en ellipse conçue par Cecilio Rodríguez, en 1915. Les rosiers venaient des plus célèbres jardins d'Europe mais la Rosaleda a dû être replantée après avoir été détruite pendant la guerre civile (1936-1939).

Cette partie du parc était autrefois occupée par la fabrique des porcelaines royales qu'avait fait construire Charles III, en 1760. On peut admirer quelques objets qui en proviennent au Palacio Real (voir p. 72-77) et dans le palais de Aranjuez (voir p. 220). Le bâtiment fut démoli à cause des dommages subis lors de la guerre d'Indépendance, quand le duc de

Il est agréable de profiter du soleil sur les marches du monument dédié à Alphonse XII, près du lac.

Wellington le prit pour cible car la fabrique concurrençait la production de poteries de Wedgwood, en Angleterre.

Les superbes **Jardines de Cecilio Rodríguez**, à l'est du parc, rendent hommage au jardinier qui a si bien contribué à la beauté de ces jardins et du Parque del Oeste (voir p. 202-203). Des concerts de musique classique y sont parfois organisés l'été.

Le large Paseo del Duque de Fernán Núñez s'étend en direction du nord, le long des jardins. Pratiquement au bout de la route, s'élève un petit pavillon sur la droite, au milieu d'un bassin, la Casita del Pescador, devenue aujourd'hui un centre d'informations. La colline à l'arrière, **la Montagne artificielle**, fut élevée dans les années 1820, pour Ferdinand VII. L'eau pompée du bassin descend la colline en cascades. Les ruines qui la jouxtent sont des vestiges d'une église romane du XIIIe siècle, rapportée d'Ávila.

Revenant en arrière par le lac, le long du Paseo de Colombia, vous verrez le **Casa de Vacas**, sur la droite. Ce lieu d'exposition abritait autrefois des vaches qui procuraient du lait frais aux visiteurs. ■

La Puerta de Alcalá, un point de rassemblement pour les Madrilènes depuis plus de deux siècles.

La Puerta de Alcalá

L'UN DES SYMBOLES MAJEURS DE MADRID, LA PUERTA DE ALCALÁ, EST un arc de triomphe construit pour commémorer les vingt premières années du règne de Charles III. Ce monument, proche du palais Buen Retiro, marquait l'entrée de la ville aux visiteurs en provenance de Barcelone et de France.

Puerta de Alcalá

Plan p.163

Retiro

Cette porte s'élève au centre de la Plaza de la Independencia, un carrefour circulaire entre les grandes avenues de Alcalá, Alfonso II et de Serrano, entouré par d'élégants immeubles du XIXe siècle. De nos jours, la circulation y est intense, ce qui la rend peu accessible à pied.

Ce monument néoclassique en granit, haut de 21 m, fut dessiné par Francesco Sabatini, l'architecte préféré de Charles III, et terminé en 1779. Des trois arches semi-circulaires, celle du centre, la plus large, était empruntée par l'entourage royal. Les autres par les voitures et les petites arches de chaque côté étaient réservées aux piétons.

Au-dessus des arches, des sculptures en relief représentent des cornes d'abondance, en hommage à la bonne situation économique sous le règne de Charles III. Le fronton comme l'entablement sont décorés de sculptures baroques à l'italienne de Robert Michel et Francisco Gutiérrez, dans une pierre blanche apportée de Colmenar. Si vous parvenez à vous approcher du monument, observez les chapiteaux des colonnes ioniques sur le côté extérieur, ornées de têtes de chauve-souris.

La Calle Alcalá se trouvait sur la route autorisée à la migration des moutons à travers l'Espagne, un événement qui se déroula tous les ans pendant des siècles. Aujourd'hui, si des éleveurs de moutons veulent manifester, ils considèrent de leur droit de conduire leurs troupeaux le long de la rue et de passer par sous la Puerta de Alcalá, en direction de la Plaza de Cibeles. ■

Le Museo Nacional de Artes Decorativas

Le Musée national des Arts décoratifs abrite d'importantes collections de meubles, de céramiques, de textiles, de bijoux, de verrerie, d'éventails et d'art oriental. Les œuvres sont exposées sur les cinq étages de cette résidence-palais datant de la fin du XIXe siècle, intéressante en elle-même. Certaines salles recréent le quotidien des familles aristocratiques espagnoles au cours des siècles.

Détails de la vie au XVIIIe siècle sur les carreaux peints à la main d'une cuisine de la ville de Valence, au Museo Nacional de Artes Decorativas.

Si vous vous dirigez vers le Parque del Retiro, cela vaut vraiment la peine de vous arrêter ici pour voir la reconstitution d'une **cuisine** à Valence au XIXe siècle, décorée de plus de 1 500 carreaux de faïence peints à la main. Malheureusement, cette cuisine est au dernier étage, parfois fermé, notamment le week-end, en raison du manque de personnel. Les autres étages sont également susceptibles de l'être et il est préférable de téléphoner avant. La collection d'objets datant du XXe siècle n'est pas exposée actuellement.

Cette cuisine provient d'un hôtel particulier. Au XVIIIe siècle, il était courant, à l'est de l'Espagne, de couvrir les surfaces de carreaux de faïence décrivant des thèmes populaires. Dans cette pièce, on peut voir les serviteurs préparer chocolat chaud, tourtes et gâteaux pour les maîtres de maison. Les carreaux sont illustrés de produits typiques, tels que des saucisses, des oignons et de la morue salée, ainsi que d'ustensiles de cuisine traditionnels de l'époque.

Plusieurs pièces du deuxième étage sont ornées de plafonds à caissons en bois, dont l'un datant du XVe siècle et provenant de León. Des tapisseries flamandes sont également présentées aux côtés de tapis espagnols du XVIe siècle, quand le pays en avait la plus forte production d'Europe. Le musée abrite aussi une très belle collection de meubles, allant de la période gothique à la période baroque, dont plusieurs *bargueños* (secrétaires) sculptés des XVIe et XVIIe siècles.

La **collection de céramiques**, au troisième étage, compte plus de 4 000 pièces, dont une rare cuve du XIe siècle fabriquée à Tolède. Elles viennent de tous les grands centres de céramiques d'Espagne, Talavera, Teruel et Manises. Les grands fabricants d'Europe – Meissen, Sèvres et Capodimonte – sont également bien représentés. Les verreries sont d'origine gréco-punique, romaine, wisigothe et les plus récentes viennent de Limoges et de La Granja.

La collection d'art oriental, commencée par Charles III, présente des céramiques, des costumes, des instruments de musique et des peintures des dynasties Ming (1368-1644) et Qing (1644-1912). ■

Museo Nacional de Artes Decorativas

http://mnartesdecorativas.mcu.es

Plan p. 163

Calle Montalbán 12

91 532 6499 ou 91 532 6845

Fermé lun. et mar.-dim. a.-m.

€. Gratuit dim. matin

Banco de España, Retiro

Le Museo Nacional de Antropología présente des objets de civilisations anciennes rapportés en Espagne aux XIXe et XXe siècles.

Au sud du Parque del Buen Retiro

LE QUARTIER AU SUD DU PARQUE DEL RETIRO FAIT PARTIE DU PROJET de développement de grande envergure du Paseo del Prado (voir p. 138-141). Ce nouvel espace, qu'il sera facile de parcourir à pied, rendra les musées et les autres points d'intérêt beaucoup plus accessibles qu'aujourd'hui où il faut emprunter de grandes avenues envahies par la circulation. Le versant entre le parc et la gare d'Atocha sera paysagé et deviendra un haut lieu de musées et d'attractions consacrés à la science. Mais en attendant ces aménagements, le quartier vaut d'être visité.

Au sud du Parque del Retiro

Plan p. 163

Atocha Renfe

Observatorio Astronómico Nacional

www.oan.es

Calle Alfonso XII 3

91 527 0107

Visites guidées le ven.

Atocha Renfe

Ce projet d'envergure prévoit de restaurer l'**Observatorio Astronómico Nacional**, de style néo-classique. Juste à l'angle sud-ouest du Parque del Retiro, ce superbe bâtiment est situé sur le point culminant et offre une vue superbe sur la ville. Dessiné par Juan de Villanueva en 1790 et restauré par Narciso Pascual y Colomer en 1845, il participait du projet de Carlos III pour le Paseo del Prado (voir p. 124-125). Son plan cruciforme comprend un vaste hall central, avec une rotonde bordée de colonnes ioniques. L'intérieur du bâtiment est malheureusement presque tous les jours fermé au public. Les travaux de construction d'un musée consacré à l'astronomie ont commencé et l'ouverture en est annoncée pour 2007.

La « côte », **Cuesta de Claudio Moyano**, qui conduit par le Jardin Botanique de la Calle Alfonso XII au Paseo del Prado, est bordée de kiosques en bois où l'on vend des livres neufs et d'occasion. La colline deviendra à terme plus accessible aux piétons et les kiosques seront transférés au centre. De l'autre côté de la colline, on aperçoit le dos du **ministère de l'Agriculture**, élevé dans les années 1890 et qu'occupait alors le ministère du Développement. Conçu par Ricardo Vélasquez Bosco, il est décoré de carreaux de faïence et de briques de couleur, caractéristiques du travail cet architecte.

À côté du ministère, se trouve le **Museo Nacional de Antropología**, doté d'une grande entrée néoclassique et construit par le marquis de Cubas à la fin du XIXe siècle. Ce musée fut fondé par le scientifique Pedro González Velasco pour y exposer ses collections consacrées aux cultures lointaines. On y voit notamment des momies de Guanches, les premiers habitants des îles Canaries, et des découvertes rapportées lors des expéditions en Guinée équatoriale menées par des explorateurs espagnols, aux XIXe et XXe siècles. Une section consacrée à l'Afrique du Nord montre des objets touaregs et berbères. Les collections américaines présentent des sculptures inuits et péruviennes.

En face, la construction circulaire en briques rouges fait partie de la **gare d'Atocha**, dessinée par Rafael Moneo et achevée en 1992. Le 11 mars 2004, une terrible attaque terroriste a causé la mort de 192 personnes qui arrivaient dans la station, à bord de trains de banlieue. Un monument dédié aux victimes est à l'étude. Il serait élevé entre l'accès, au niveau rue, et le hall, au niveau inférieur.

La gare d'origine a été conçue par Alberto del Palacio à la fin du XIXe siècle. Elle a été transformée en serre, avec des palmiers et des plantes tropicales, à l'emplacement des anciens quais. Les voyageurs peuvent y attendre tranquillement leur train, dans une atmosphère à part loin du bruit de la gare.

Une marche de cinq minutes le long du Paseo de La Infanta Isabel, qui devient le Paseo de Reina Cristina, vous conduira au **Panteón de Hombres Ilustres**, le Panthéon des Hommes illustres. Conçu à la fin du XIe siècle par Fernando Arbós y Tremanti, ce monument devait accueillir les plus grands personnages de l'histoire de Madrid. Mais la ville ayant été pendant des siècles un peu négligente, les restes d'illustres citoyens ont disparu dont ceux de Vélas-

Museo de Antropología
http://mnantropologia.mcu.es
✉ Calle Alfonso XII 68
☎ 91 530 6418
🕒 Fermé dim. a.-m et lun.
€ €.
Ⓜ Atocha Renfe

Chaque étage du Museo Nacional de Antropología est consacré à une partie différente du monde.

Du coton utilisé pour fabriquer les tapisseries à la Real Fábrica de Tápices.

Museo Panteón de Hombres Ilustres
www.patrimonionacional.es/patronat/atocha.htm
Calle Julián Gayarre 3
91 454 8800
Fermé dim. a.-m.
Renfe, Menéndez Pelayo

Real Fábrica de Tápices
www.realfabricadetapices.com
Calle Fuenterrabia 2
91 434 0550
Fermé sam., dim., lun.-ven. a.m. et août
€. Visites guidées
Menéndez Pelayo, Atocha Renfe

quez et Cervantès. Vous pouvez toutefois y voir les tombes d'hommes politiques du XIXe siècle, sculptées par des artistes majeurs de l'époque dont Mariano Benlliure et Agustin Querol.

À côté du panthéon, s'élève l'édifice de la **Real Basílica de Nuestra Señora de Atocha**, un édifice néobaroque sans intérêt construit après la guerre civile en remplacement de l'église d'origine, entièrement détruite. Elle a été bâtie sur le lieu d'une des plus anciennes légendes de Madrid, qui raconte comment Notre-Dame d'Atocha parvint à guérir et protéger une famille noble pendant l'invasion maure. De nombreux Madrilènes sont plus attachés à Notre-Dame d'Atocha qu'ils le sont à la Vierge de l'Almudena (voir p. 78-79).

À l'angle, se trouve la très intéressante **Real Fábrica** (Fabrique Royale de Tapis). Fondés par Philippe V au début du XVIIIe siècle, ses ateliers sont installés ici depuis 1889. Francisco de Goya y a travaillé, réalisant les peintures et dessins préparatoires pour de nombreuses tapisseries, décrivant souvent des fêtes populaires et des scènes de la vie quotidienne. Bien connus sous le nom de « cartons », le musée du Prado en possède de nombreux exemplaires.

Aujourd'hui, des artisans tapissiers fabriquent méticuleusement des tapisseries sur des métiers à tisser datant du XVIIIe siècle. Environ 75 personnes travaillent ici, contre 250 au XVIIIe siècle, à l'Âge d'Or, quand les Bourbons y passaient d'importantes commandes. Toutes les demeures royales en Espagne sont décorées de tapisseries et de tapis réalisés dans ces ateliers. Cette fabrique est aujourd'hui une fondation, où des étudiants peuvent apprendre ce difficile métier. Plus de quatre mois sont nécessaires pour fabriquer un mètre carré de cette fort coûteuse tapisserie. ■

Coupant la ville tel un fleuve au courant impétueux, l'axe nord-sud de Madrid forme un grand boulevard flanqué d'imposants immeubles qui conserve les traces de l'évolution urbaine de la ville au cours du siècle dernier.

La Castellana et Salamanca

Introduction et carte **174-175**
Le Paseo de los Recoletos **176**
La Plaza de Colón **177**
Les terrasses **178-179**
Le Museo Arqueológico Nacional **180-182**
La Calle Serrano et alentour **183-184**
Le Museo Lázaro Galdiano **185**
Le Museo Sorolla **186**
Le Museo Nacional de Ciencias Naturales **187**
De Nuevos Ministerios à la Plaza Castilla **188-189**
L'art contemporain **190-191**
Les arènes de Las Ventas **192-193**
Autres sites à visiter **194**
Hôtels **246**
Restaurants **256**

Aux Nuevos Ministerios, une sculpture de marbre commémore la constitution espagnole de 1978.

La Castellana et Salamanca

S'ÉTENDANT VERS LE NORD SUR PLUS DE 7 KM, DE LA PLAZA DE COLÓN À LA PLAZA CASTILLA, le Paseo de la Castellana est l'une des rues commerçantes les plus prestigieuses de la ville. Bien qu'elle soit encadrée par dix voies de circulation empruntées de jour comme de nuit, l'avenue centrale vaut d'être parcourue si l'on veut découvrir la ville moderne. À l'est du Paseo de la Castellana se trouve Salamanca, quartier résidentiel chic où nombre de galeries d'art contemporain et plusieurs grands couturiers, tels Armani ou Prada, ont élu domicile.

Les boutiques les plus chics de la capitale sont regroupées dans le quartier de Salamanca.

Le Paseo de la Castellana comporte trois parties distinctes. La première, de près de un kilomètre, s'étend de la Plaza de Cibeles à la Plaza de Colón ; c'est le Paseo de los Recoletos, qui date de la seconde moitié du XIXe siècle. La deuxième, de plus de trois kilomètres, s'achève sur la Plaza San Juan de la Cruz et a été construite entre la fin du XIXe siècle et les années 1930. La troisième partie, qui va jusqu'à la Plaza de Castilla, s'est développée pendant la seconde moitié du XXe siècle. Une quatrième section, au-delà de la Plaza de Castilla, est en train de se dessiner.

L'avenue constitue un véritable musée d'architecture en plein air, avec un déroulement chronologique des styles à mesure qu'on progresse vers le nord. Les immeubles élevés signalent le centre des affaires.

Le quartier de Salamanca fut élaboré dès 1860 par le marquis de Salamanca, un aristocrate libre penseur, et il prit sa forme définitive de damier de grandes avenues boisées, qui abritent des bâtiments et des magasins élégants, en 1920. Les arènes de Madrid, Las Ventas, se trouvent en périphérie est du quartier. Même si la corrida n'est pas ce que vous préférez, le site mérite votre attention pour son intéressant musée et ses passionnantes visites guidées qui racontent l'une des traditions espagnoles les plus tenaces.

Bien d'autres musées notables dans cette partie de la ville : le Museo Arqueológico Nacional, qui explore les civilisations anciennes ainsi que l'histoire espagnole ; le Museo de Ciencias Naturales (musée des Sciences naturelles), qui conviendra aux petits et aux grands ; le Museo Lázaro Galdiano, qui présente de superbes collections hétéroclites ; et le Museo Sorolla, où les toiles de cet artiste valencien sont exposées dans la maison où il vécut. ■

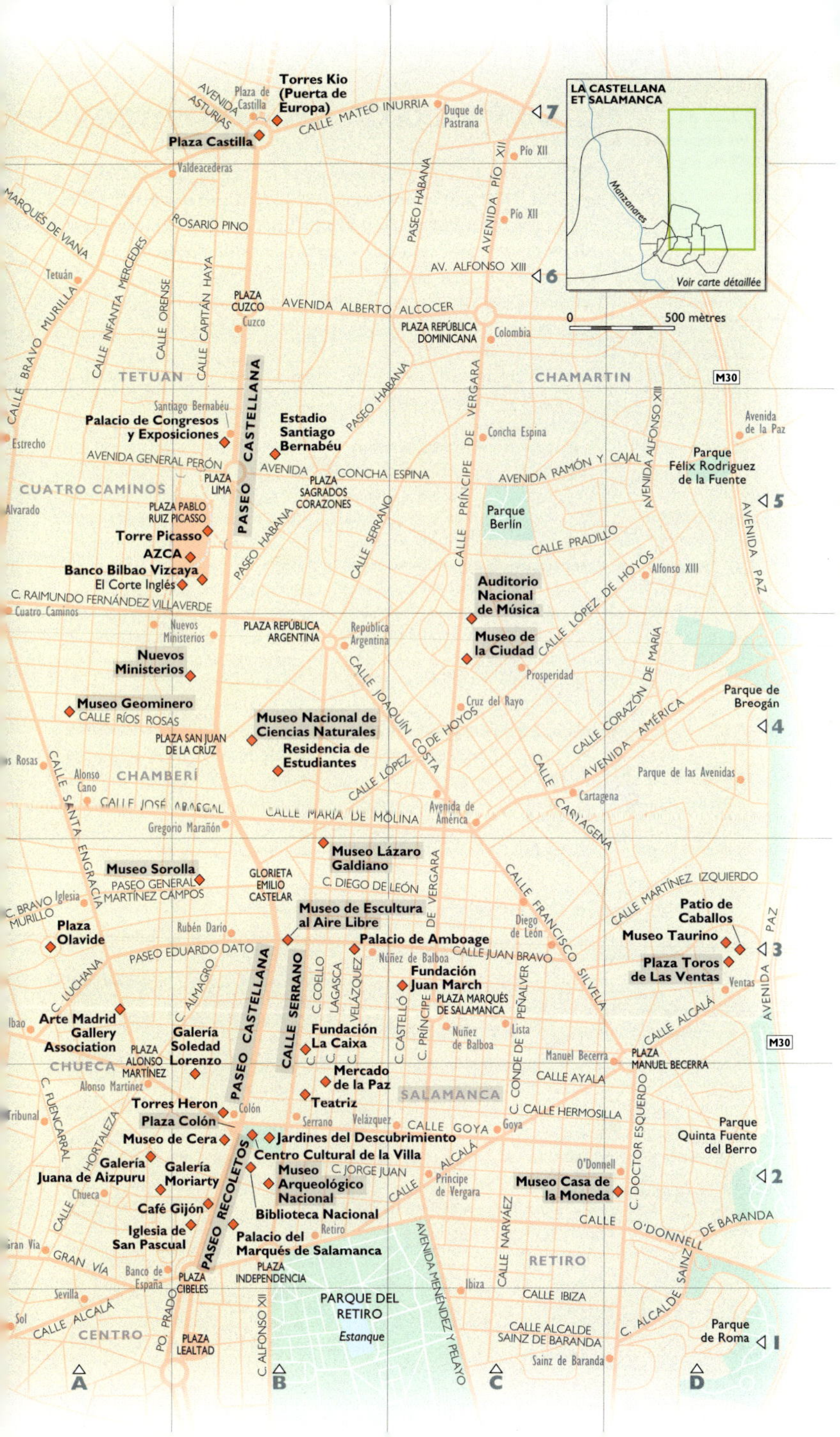

LA CASTELLANA ET SALAMANCA
Manzanares
Voir carte détaillée
0
500 mètres
Torres Kio (Puerta de Europa)
Plaza de Castilla
AVENIDA ASTURIAS
Plaza Castilla
CALLE MATEO INURRIA
Duque de Pastrana
7
Pío XII
Valdeacederas
MARQUÉS DE VIANA
ROSARIO PINO
PASEO HABANA
AVENIDA PÍO XII
Tetuán
AV. ALFONSO XIII
6
CALLE INFANTA MERCEDES
CALLE ORENSE
CALLE CAPITÁN HAYA
PLAZA CUZCO
Cuzco
AVENIDA ALBERTO ALCOCER
PLAZA REPÚBLICA DOMINICANA
Colombia
CALLE BRAVO MURILLO
TETUAN
CHAMARTIN
M30
Santiago Bernabéu
Palacio de Congresos y Exposiciones
Estadio Santiago Bernabéu
PASEO CASTELLANA
PASEO HABANA
CALLE PRÍNCIPE DE VERGARA
Concha Espina
Avenida de la Paz
Parque Félix Rodriguez de la Fuente
Estrecho
AVENIDA GENERAL PERÓN
AVENIDA CONCHA ESPINA
PLAZA LIMA
PLAZA SAGRADOS CORAZONES
AVENIDA RAMÓN Y CAJAL
AVENIDA ALFONSO XIII
CUATRO CAMINOS
Alvarado
PLAZA PABLO RUIZ PICASSO
CALLE SERRANO
Parque Berlín
5
AVENIDA PAZ
Torre Picasso
CALLE PRADILLO
AZCA
Banco Bilbao Vizcaya
El Corte Inglés
Auditorio Nacional de Música
Alfonso XIII
CALLE LÓPEZ DE HOYOS
C. RAIMUNDO FERNÁNDEZ VILLAVERDE
Cuatro Caminos
Nuevos Ministerios
PLAZA REPÚBLICA ARGENTINA
República Argentina
Museo de la Ciudad
Nuevos Ministerios
Prosperidad
Museo Geominero
CALLE RÍOS ROSAS
CALLE JOAQUÍN COSTA
Cruz del Rayo
CALLE CORAZÓN DE MARÍA
Parque de Breogán
4
Museo Nacional de Ciencias Naturales
PLAZA SAN JUAN DE LA CRUZ
Residencia de Estudiantes
CALLE LÓPEZ DE HOYOS
AVENIDA AMÉRICA
Ríos Rosas
CALLE SANTA ENGRACIA
Alonso Cano
CHAMBERÍ
CALLE CARTAGENA
Parque de las Avenidas
Cartagena
CALLE JOSÉ ABASCAL
CALLE MARÍA DE MOLINA
Avenida de América
Gregorio Marañón
Museo Lázaro Galdiano
Museo Sorolla
PASEO GENERAL MARTÍNEZ CAMPOS
GLORIETA EMILIO CASTELAR
C. DIEGO DE LEÓN
CALLE FRANCISCO SILVELA
CALLE MARTÍNEZ IZQUIERDO
C. BRAVO MURILLO
Iglesia
Museo de Escultura al Aire Libre
Patio de Caballos
Plaza Olavide
Rubén Darío
Diego de León
Museo Taurino
Palacio de Amboage
3
PASEO EDUARDO DATO
Núñez de Balboa
CALLE JUAN BRAVO
Plaza Toros de Las Ventas
C. ALMAGRO
CALLE SERRANO
C. COELLO
LAGASCA
VELÁZQUEZ
Fundación Juan March
Ventas
C. LUCHANA
C. CASTELLÓ
C. PRÍNCIPE
PLAZA MARQUÉS DE SALAMANCA
PEÑALVER
AVENIDA PAZ
CALLE ALCALÁ
Bilbao
Arte Madrid Gallery Association
Galería Soledad Lorenzo
Fundación La Caixa
Núñez de Balboa
Lista
M30
PLAZA ALONSO MARTÍNEZ
Manuel Becerra
PLAZA MANUEL BECERRA
CHUECA
Mercado de la Paz
C. CONDE DE PEÑALVER
CALLE AYALA
Alonso Martínez
SALAMANCA
C. FUENCARRAL
Torres Heron
Colón
Teatriz
C. CALLE HERMOSILLA
Tribunal
Plaza Colón
Serrano
Velázquez
CALLE GOYA
Goya
Parque Quinta Fuente del Berro
Museo de Cera
Jardines del Descubrimiento
HORTALEZA
Centro Cultural de la Villa
ALCALÁ
O'Donnell
C. DOCTOR ESQUERDO
Galería Juana de Aizpuru
Galería Moriarty
PASEO RECOLETOS
Museo Arqueológico Nacional
C. JORGE JUAN
Príncipe de Vergara
Museo Casa de la Moneda
2
Chueca
Café Gijón
CALLE
Biblioteca Nacional
CALLE O'DONNELL
Iglesia de San Pascual
Palacio del Marqués de Salamanca
Retiro
RETIRO
CALLE NARVÁEZ
CALLE SAINZ DE BARANDA
Gran Vía
GRAN VÍA
Banco de España
PLAZA CIBELES
PLAZA INDEPENDENCIA
AVENIDA MENÉNDEZ Y PELAYO
Ibiza
CALLE IBIZA
Sevilla
PARQUE DEL RETIRO
Estanque
C. ALCALDE SAINZ
Sol
CALLE ALCALÁ
CENTRO
PO. PRADO
PLAZA LEALTAD
C. ALFONSO XII
CALLE ALCALDE SAINZ DE BARANDA
Parque de Roma
1
Sainz de Baranda
A
B
C
D

Le Paseo de los Recoletos

Paseo de los Recoletos
Carte p. 175

Palacio del Marqués de Salamanca
Sala de Exposiciones BBVA
Paseo de los Recoletos 10
91 374 5400
Expositions : fermé dim. a.-m.
Banco de España

Iglesia de San Pascual
Paseo de los Recoletos 11
91 521 2705
Banco de España

POUR LES MADRILÈNES, LE PASEO DE LOS RECOLETOS EST INEXTRICABLEment lié à leur amour des terrasses en extérieur, déjà vieux de plus d'un siècle. Le terme *recoletos* vient d'un monastère d'augustiniens retirés du monde (« recoletos ») qui se trouvait sur la droite de l'avenue jusqu'à la moitié du XIXe siècle. À cette époque, une nouvelle législation qui autorisait les investissements étrangers en Espagne donna naissance à un développement rapide de cette artère.

Après la démolition du monastère, les lieux furent accaparés par le marquis de Salamanca (1811-1883), un homme à la personnalité débordante qui se fit construire une magnifique résidence sur le site. Le palais héberge aujourd'hui le siège de la banque **Banco Bilbao Vizcaya Argentaria**, qui organise des expositions temporaires dans la cour couverte du premier étage. Si le bâtiment est ouvert, jetez un coup d'œil à l'intérieur, et en particulier sur le grand escalier, à droite de l'entrée.

Presque cachée sur la gauche du Paseo, la modeste **Iglesia de San Pascual** est un vestige restauré du couvent qui s'est trouvé là jusqu'au XIXe siècle. À la droite de l'autel, se dresse une statue de Santa Clara, à qui les gens du monde du spectacle adressent leurs prières pour trouver du travail.

Un peu plus haut, le **Café Gijón** (*Paseo de Recoletos 21, tél. : 91 521 5425*), fondé en 1888, est l'un des très rares cafés de tradition qui aient survécu à Madrid (voir p. 118-119). L'endroit accueille bien souvent des acteurs et des écrivains célèbres à ses tables en marbre entourées de banquettes de velours. Au cours de l'été, les tables en terrasse constituent un poste d'observation idéal.

À l'extrémité du Paseo, sur la gauche, le **Museo de Cera** (*Paseo de los Recoletos 41, tél. : 91 319 2649, €€€*) est un musée de cire, cousin du musée Grévin ou du musée de Mme Tussaud à Londres, où se côtoient de nombreux personnages, de Cervantès à Bart Simpson. ■

Création de nouvelles figures de cire au Museo de Cera.

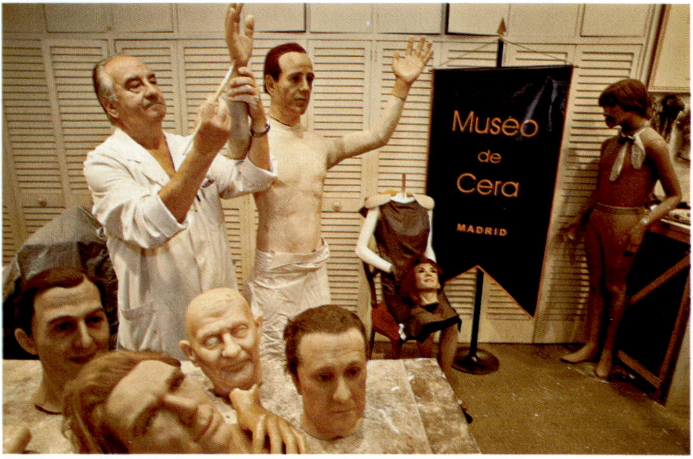

La Plaza de Colón

La Biblioteca Nacional néoclassique héberge le prestigieux héritage littéraire espagnol.

L'IMPORTANT CARREFOUR QUE CONSTITUE LA PLAZA DE COLÓN FAIT actuellement peau neuve, avec la réalisation d'un vaste projet de rénovation. La place qui commémore Christophe Colomb et la découverte de l'Amérique devrait voir les monuments qui l'entourent mis en valeur par ce réaménagement.

La colonne néogothique couronnée d'une statue de Christophe Colomb, dessinée par Jerónimo Suñol et Arturo Mélida à la fin du XIXe siècle, doit être déplacée, du côté où elle se trouve aujourd'hui, vers son emplacement d'origine, au centre du carrefour. À droite, le **Centro Cultural de la Villa** est actuellement en ravalement. Ce complexe, théâtre et salle d'exposition, était auparavant en sous-sol, mais il va bientôt bénéficier d'une entrée plus visible sur les **Jardines del Descubrimiento**.

La vaste zone célèbre également Christophe Colomb par un monument constitué de trois roches sculptées qui figurent ses navires, chacune supportant des inscriptions et des bas-reliefs racontant ses différentes expéditions. Le terminus du bus pour l'aéroport se trouve sous la place.

À l'angle sud-est de la place, s'élève un immense édifice datant du XIXe siècle qui héberge la **Biblioteca Nacional**, à l'avant, et le **Museo Arqueológico Nacional** (voir p. 180-182), à l'arrière. Le musée du livre au premier étage est actuellement fermé au public, mais il y a presque toujours une exposition temporaire visitable.

À l'angle nord-ouest, les tours qui semblent reliées par un chapeau de couleur pistache sont les **Torres de Jerez**, communément appelées **Torres de Colón**. Édifiées entre 1967 et 1976 par Antonio Lamela, elles ont été modifiées par le même architecte, dans les années 1990. Curieusement, les tours ont été construites de bas en haut, les étages ayant été insérés entre des piliers de béton. ■

Plaza de Colón

Carte p. 175

Centro Cultural de la Villa

www.munimadrid.es

Plaza de Colón

91 480 0300

Fermé dim. a.-m. et lun.

Colón, Serrano

Biblioteca Nacional

www.bne.es

Paseo de los Recoletos 20-22

91 580 7805

Expositions : 91 580 7894

Fermé dim. et sam. a.-m.

Colón, Serrano

Les terrasses

Les terrasses de café, *terrazas* en espagnol, font partie intégrante de la vie madrilène. Elles ouvrent après Pâques et restent actives jusqu'à l'arrivée des températures plus froides de la mauvaise saison, fin octobre. Certaines sont des lieux de détente par excellence, d'autres, avec leur musique battante et leur clientèle glamour, s'apparentent davantage à des boîtes de nuit.

Les *terrazas* ne sont pas un phénomène récent, elles appartiennent au décor de la ville depuis bien plus d'un siècle. Au XIXe siècle, le Paseo de los Recoletos était orné de jardins et de nombreuses fontaines, et l'endroit était si plaisant qu'il était surnommé « la plage Recoletos ». Ancêtres des cafés actuels, des kiosques vendaient des rafraîchissements et des en-cas aux badauds qui venaient s'y promener après la messe dominicale de l'église San Pascual, ou avant de rentrer dîner.

Dans les années 1980, les terrasses du Paseo de los Recoletos revinrent à la pointe de la mode. Cette tendance s'étendit jusqu'au Paseo de la Castellana, transformant ainsi toute l'avenue en une promenade nocturne longue de plusieurs kilomètres. Dans les années 1990, les terrasses ouvertes jusque tard le soir quittèrent les zones résidentielles pour s'installer sur de plus vastes espaces où le bruit posait moins de problèmes aux riverains.

Aujourd'hui, les terrasses estivales les plus fréquentées sont celles qui jouxtent le centre commercial Príncipe Pío proche de la rivière Manzanares, source d'une brise bienfaisante.

Les terrasses traditionnelles proposent plusieurs boissons typiques. Le *granizado de limón* consiste en de la glace pilée, arrosée de sucre et de jus de citron. Le *granizado de café* en est la version parfumée au café. Le breuvage dense et crémeux que l'on peut voir certains boire à la paille est de l'*horchata de chufa*, préparé à base de bulbes d'une variété de papyrus appelés « souchets » ou « amandes de terre ». Pilées avec du sucre et de la glace, les *chufas* délivrent une texture et une saveur tout à fait uniques.

À l'ouest de la ville, le Paseo del Pintor Rosales qui longe le Parque del Oeste (voir p. 202) est recommandé pour prendre un verre tranquillement, un peu à l'écart du centre de la ville, face aux montagnes – lesquelles font descendre la température de quelques degrés. C'est l'un des

très rares endroits de la capitale où l'on trouve encore du *leche merengada* qui, quand la recette est convenablement respectée, est constitué d'un mélange de crème, de lait et de blancs d'œufs, agrémenté de citron et de cannelle. On peut aussi y déguster du *blanco y negro*, du café recouvert de *leche merengada*, ou tout simplement de glace à la vanille.

Pour retrouver une ambiance de village ou, au moins, de quartier traditionnel, préférez l'une des nombreuses terrasses installées sur la Plaza de Olavide, octogonale, plutôt fréquentées par les familles qui partagent des assiettes de tapas pendant que les enfants courent et jouent dans les jardins environnants. La palme de la tradition peut être décernée à Las Vistillas (Calle Bailén), qui offre des vues splendides sur le Palacio Real et la chaîne de montagnes de Guadarrama. ■

Ces trois photos illustrent l'El Espejo, l'une des terrasses les plus populaires du Paseo de los Recoletos, qui offre un espace de détente idéal entre amis, de jour comme de nuit.

Des élèves croquent les collections antiques (ci-dessus). La Dame d'Elche est un chef-d'œuvre de l'art ibérique (ci-dessous).

Le Museo Arqueológico Nacional

Ce musée qui compte parmi les plus importants d'Espagne abrite non seulement le résultat d'innombrables fouilles archéologiques mais aussi des sculptures religieuses, des bijoux, des céramiques et des vestiges architecturaux. Si une part importante de la collection est consacrée aux civilisations anciennes, des expositions approfondies explorent également l'histoire et la culture fascinantes du pays. On peut déplorer que les panneaux informatifs ne soient pour l'instant qu'en espagnol. Visiter tout le musée prend au moins trois heures, mais rien n'interdit de voir seulement les superbes expositions ibériques ou les sections consacrées à l'Espagne maure.

La pièce maîtresse du musée est le buste en grès connu sous le nom de *Dame d'Elche*, chef-d'œuvre de l'art ibérique datant du IVe siècle av. J.-C.

Mais la visite commence au **sous-sol,** avec la section consacrée à la préhistoire et aux origines de l'humanité. Dans les **salles 5 et 6** sont exposées des pièces exceptionnelles datant de l'âge du bronze. Voyez, notamment, l'épée en cuivre et or de Guadalajara, rare exemple connu d'arme de l'époque (IIe millénaire av. J.-C.), et les bols en or martelé d'Axtroki, au pays basque, dont les motifs géométriques suggèrent un culte du soleil. Les **salles 7-9**, consacrées à l'âge du fer, renferment une magnifique collection de torques en or celtes et d'argent celtibérien.

Les **salles 10-11** explorent l'antiquité des îles Baléares et des autres îles espagnoles. Si ces noms n'évoquent plus aujourd'hui que des destinations touristiques, les Baléares n'en étaient pas moins habitées dès 5000 av. J.-C., et on sait que le peuple des Guanches était établi aux Canaries en 2500 av. J.-C., et même probablement bien avant.

La **salle 13**, qui occupe un vaste espace de l'aile sud, accueille des pièces de l'Égypte et de la Nubie, datant de 4000 av. J.-C. jusqu'à la conquête romaine. Le sarcophage d'Amménémès (vers 1000 av. J.-C.), venu de Thèbes, est décoré sur toute sa surface d'allégories mythologiques sur la vie après la mort. La collection exceptionnelle de poteries grecques des **salles 14-16** comprend une tasse dépeignant les exploits de Thésée peinte par Aison, l'un des artistes majeurs du Ve siècle av. J.-C.

Au premier étage, la visite commence par les objets d'art ibériques et phéniciens, dans les **salles 19-20,** en suivant le sens des aiguilles d'une montre. On ne peut pas manquer le Pozo Moro, grande pièce en grès sculpté qui pourrait être exposée dans un musée d'art contemporain. Il s'agit en réalité de la reconstitution d'un monument funéraire de la fin du VIe siècle av. J.-C., découvert aux environs d'Albacete. Observez aussi la *Dama de Galera*, petite sculpture phénicienne d'albâtre datant du VIIe siècle av. J.-C. Entourée de deux sphinx, elle tient un bol qui était rempli de parfum pendant les rites funéraires. Une autre section extraordinaire montre le trésor d'Aliseda, situé dans la province occidentale de Cáceres. Rassemblé par des Tartessiens au VIIe siècle av. J.-C., il comprend de superbes boucles d'oreilles et bracelets.

La *Dame d'Elche* est un magnifique buste féminin du IVe siècle av. J.-C. Trouvée dans la ville d'Elche, dans l'est de l'Espagne, la sculpture est coiffée d'une tiare, et d'impressionnants rouleaux de cheveux encadrent son visage. Le renfoncement à l'arrière de la sculpture aurait servi à déposer des cendres, car la sculpture est considérée comme une ancienne urne funéraire.

Voyez ensuite la *Dama de Baza*, sculpture peinte de femme assise grandeur nature datant aussi du IVe siècle av. J.-C. Provenant d'une nécropole ibérique, elle présente une cavité destinée aux cendres. Elle représente en effet la déesse de la mort, divinité née du culte méditerranéen de la déesse mère, associée dans les légendes de la mythologie grecque à Déméter.

Les **salles 21-26** exposent les collections romaines, dont un pavement en mosaïque de Saragosse qui date du IIe siècle apr. J.-C. et qui décrit le Triomphe de Bacchus. Les salles contiennent également plusieurs tablettes de bronze où sont gravés des codes, dont la « Loi de Málaga » qui date du Ier siècle apr. J.-C. et était à l'origine accrochée dans un bâtiment public. Une statue assise, de marbre, représente l'impératrice Livie, originaire de Paestum en Italie, drapée dans une magnifique tunique sculptée.

La pièce phare des **salles 27-29**, réservées à l'Espagne wisigothe, est sans aucun doute le trésor de Guarrazar, proche de Tolède (VIIe siècle apr. J.-C.). Il contient des couronnes votives, des croix et des fragments de

Museo Arqueológico Nacional

http://man.mcu.es

Carte p. 175

Calle Serrano 13

91 577 7912

Fermé dim. a.-m. et lun.

€. Gratuit sam. a.-m. et dim. matin

Serrano, Retiro, Colón

Une sculpture de bronze accueille le visiteur à l'entrée du Museo Arqueológico Nacional.

Collection de fragments d'os et de crânes au Museo Arqueológico Nacional.

divers autres bijoux, dont le plus majestueux est la couronne du roi Receswinthe – qui régna de 649 à 672 –, magnifiquement sertie de grenats, de perles et de saphirs.

Les **salles 30 et 31** retracent l'évolution de l'empire arabe en Espagne, ainsi que l'émergence de l'art roman. On y découvrira des frises décoratives datant du XIe siècle et provenant du château d'Alfajería, à Saragosse, et une superbe lampe du XIVe siècle qui décorait l'Alhambra, à Grenade, qui fut le tout dernier bastion maure qu'ait connu l'Espagne. Voyez aussi une boîte à épices de Zamora, datant du Xe siècle, parfaitement préservée et délicatement travaillée, faite d'ivoire, d'argent et d'émail. Fabriquée à Cordoue, cette boîte cylindrique est décorée de gazelles, de paons, de pommes de pin et de roses.

Une urne, en terre cuite dorée, fabriquée au XIVe siècle à La Cartuja de Jerez de la Frontera illustre à la perfection le travail des artisans nasrides, ceux-là mêmes qui décorèrent la magnifique cité de l'Alhambra.

Sur la croix en ivoire, offerte par le roi Ferdinand Ier et la reine Sancha à l'église San Isidro in León, au XIe siècle, les gravures montrent le Christ ressuscité au-dessus de sa figure crucifiée, ce qui dénote très nettement des influences d'Europe centrale.

On pénètre dans la **salle 32** par une voûte ornementée datant du XIIe siècle et provenant du monastère San Pedro de Arlanza, à Burgos. Les pièces de l'époque romane comprennent, entre autres, une Madone polychrome du XIIe siècle, qui vient de Santa Maria de Taull, en Catalogne.

La **salle 33** rassemble des objets de toute beauté, des pièces d'arts roman, gothique et mudéjar. Les stalles du chœur du XIIe siècle venant de l'église Santa María de Gradefes, à León, sont un magnifique exemple du style mudéjar, avec leurs vestiges de décorations rouges et vertes laissant discerner des lions héraldiques. On notera ici aussi une belle crosse en argent et en émail, datant du XIVe siècle, qui appartint au pape Benoît XIII.

Le **deuxième étage** abrite, outre des expositions temporaires, les collections d'objets d'art du XVIe au XIXe siècles, ainsi que des porcelaines, des armes, sans oublier une importante exposition de monnaies anciennes. Cette partie du musée sort d'un important chantier de réaménagement et ses salles sont encore souvent fermées. À l'extérieur, près de l'entrée et dans les jardins, des marches mènent à un espace en sous-sol où ont été reproduites les grottes d'Altamira, sur la côte septentrionale espagnole, avec leurs fascinantes peintures paléolithiques découvertes de manière fortuite en 1869. ■

Adolfo Domínguez est l'un des créateurs espagnols les plus renommés.

La Calle Serrano et alentour

Calle Serrano

Carte p. 175

LA MAJORITÉ DES MAGASINS DE MODE DE MADRID SONT RASSEMBLÉS SUR la Calle Serrano et dans les rues environnantes du quartier Salamanca. À marcher dans ces grandes avenues longées de résidences chics, on se croirait à des années lumière des ruelles étroites et bondées de la vieille ville. Si l'on peut facilement passer la journée à alterner entre magasins et cafés élégants, le quartier réserve quelques surprises culturelles qui valent le détour.

La Calle Serrano tire son nom de Francisco Serrano (1810-1885), militaire et personnage politique très influent, qui portait le titre de duc de la Torre. Aux côtés du général Prim, il conduisit l'insurrection qui allait entraîner la destitution de la reine Isabelle II en 1868.

Les plus grands stylistes espagnols comme Loewe, Adolfo Domínguez et Amaya Arzuaga se sont installés ici aux côtés de grandes enseignes étrangères comme Armani, Chanel, Prada ou Versace. Les boutiques les plus intéressantes se trouvent en bas de la Calle Serrano, et en particulier dans la Calle Jorge Juan.

Tout près de la Calle Serrano, occupant le pâté de maisons situé

Fundación Juan March
www.march.es
Calle Castelló 77
91 435 4240
Fermé dim. a.-m. et août.
Núñez de Balboa

Residencia de Estudiantes
www.residencia.csic.es
Calle Pinar 21-23
91 563 6411
Fermé dim. a.-m.
Gregorio Marañón, República Argentina

Salvador Dalí et Federico García Lorca fréquentèrent la Residencia de Estudiantes.

Petits luxes

Les appartements du quartier Salamanca furent les premiers de Madrid à disposer d'ascenseurs et de poêles à charbon. D'abord réticente à l'idée de quitter le centre, la bourgeoisie fut bientôt vaincue par ces innovations. Les attraits irrésistibles du quartier furent les salles de bains équipées de l'eau chaude courante et les toilettes munies de chasse d'eau. ■

entre la Calle Ayala et la Calle Lagasca, se dresse le **Mercado de la Paz** (*tél. : 91 431 7725*), qui est l'un des meilleurs marchés d'alimentation de la ville, réputé notamment pour la qualité de ses charcuteries et de ses fromages. À quelques minutes à pied, vous apercevrez le **Teatriz** (*tél. : 91 577 5379*) Calle Hermosilla 15, à l'angle de la Calle Claudio Coello. Cet ancien théâtre a été reconverti par Philippe Starck et Javier Mariscal en bar-restaurant. C'est un endroit tout désigné pour faire une pause et observer l'activité de la population distinguée de ce quartier chic.

Rares sont les palais et les hôtels particuliers du XIXe siècle qui ont survécu ici, mais l'un d'entre eux s'est maintenu à l'angle de la Calle Lagasca et de la Calle Juan Bravo. Aujourd'hui siège de l'ambassade d'Italie, cet édifice néobaroque était à l'origine le Palacio de Amboage, construit pour le compte d'une famille aristocrate, entre 1914 et 1918, par Joaquín Rojí. Faites le tour jusqu'à la Calle Velázquez pour apercevoir ses saisissants jardins.

À quelques pâtés de maisons à l'est se situe la **Fundación Juan March,** créée en 1955 par ce riche financier. Celle-ci organise régulièrement des expositions, des concerts et des conférences très courus. Les collections de premier ordre de cette fondation se répartissent entre ce centre et les musées d'art contemporain de Cuenca et de Palma de Majorque.

Véritable institution culturelle de Madrid, la **Residencia de Estudiantes** se fait très discrète, tout en haut de la Calle Serrano, mais elle devrait être rendue plus accessible par la création d'un jardin qui doit s'étendre entre l'édifice et le Museo Nacional de Ciencias Naturales (voir p. 187). Fondée en 1910, cette résidence d'étudiants était à l'origine une école d'enseignement libéral. Elle attira nombre d'artistes, écrivains et scientifiques dont Federico García Lorca, Salvador Dalí et Luis Buñuel. Maurice Ravel, Igor Stravinski et Manuel de Falla ont joué en ces lieux qui accueillent aujourd'hui des expositions et d'autres événements culturels, et qui metent à la disposition des visiteurs un agréable café-restaurant. ■

Le Museo Lázaro Galdiano

LA MAJESTUEUSE MAISON DE L'ÉDITEUR ET HOMME D'AFFAIRES JOSÉ LÁZARO Galdiano (1862-1947) abrite son impressionnante collection de peintures espagnoles et européennes, dont des œuvres majeures de Goya. Les expositions présentent en outre des sculptures, des bijoux, des miniatures, des céramiques, des émaux et des armes. Mécènes de l'art, Galdiano et sa femme, Paula Florido, jouèrent un rôle primordial dans la vie culturelle de Madrid, durant toute la première moitié du XXe siècle.

Museo Lázaro Galdiano
www.flg.es
Carte p. 175
Calle Serrano 122
91 561 6084
Fermé mar.
€. Gratuit mer.
Gregorio Marañon, Rubén Darío

Le musée occupe les quatre étages de la maison, qui présente elle-même un grand intérêt, en particulier à l'étage noble, le deuxième. Parmi les nombreuses pièces de valeur, on notera un broc de bronze datant du VIe siècle av. J.-C. et une coupe du XVIIe siècle ayant appartenu à l'empereur Rodolphe II.

Une sélection d'objets d'art espagnol du XVe au XIXe siècles est exposée dans un ordre chronologique au premier étage (***Planta Primera***). Les œuvres les plus anciennes comprennent *La Virgen de Mosén Sperandeu de Santa Fé* (1438-1439) par Blasco de Grañén, et *San Jerónimo en su escritorio* (v. 1480-1490) par le Castillan Maestro del Parral. Parmi les pièces exceptionnelles des XVIe et XVIIe siècles figure un *San Francisco de Asís* (1577-1580) du Greco.

Les plus étonnantes des huit peintures que l'on doit à Goya sont les terrifiantes *El Aquelarre* et *El Conjuro*, qui appartenaient aux ducs d'Osuna. La première illustre une réunion de sorcières blafardes en train de jeter un sort, et la deuxième, le diable en satyre apparaissant devant des mères infanticides.

L'ensemble du deuxième étage (***Planta Segunda***) est consacré à l'art européen, avec nombre d'œuvres d'origines italienne, flamande, hollandaise, française et anglaise. Parmi cette très exceptionnelle et très riche collection, on remarquera *El Salvador Adoloscente* (v. 1490-1495), peinture que l'on attribue au disciple de Léonard de Vinci Giovanni Antonio Boltraffio. L'école flamande est dignement représentée par les *Meditaciones de San Juan Bautista* de Jérôme Bosch, et l'école anglaise par des œuvres de Joshua Reynolds, George Romney et John Constable, entre autres. ■

Le vitrail médiéval de la Sala de Musica est l'un des nombreux trésors du Museo Lázaro Galdiano.

L'atelier de Sorolla est resté tel qu'il était au début du XXᵉ siècle.

Le Museo Sorolla

LE PEINTRE VALENCIEN JOAQUÍN SOROLLA (1863-1923) VÉCUT DANS cette maison de 1911 jusqu'à sa mort. Obsédé par le travail sur la lumière, il est essentiellement connu pour ses peintures de plages, dont nombre ont été reproduites sur des cartes postales et des affiches. Convoité de son vivant par les collectionneurs européens et américains, il exposa à Londres en 1908, et à Boston et à New York un an plus tard.

Les trois premières pièces du musée constituaient ses **bureaux** et son **atelier**, qui ont conservé les meubles et la décoration du temps du peintre. Certaines de ses meilleures œuvres figurent dans cette partie du musée, dont l'ensoleillé *Peignoir rose* (1916), et la *Promenade en bord de mer* (1909), qui révèlent la maîtrise de Sorolla pour recréer la lumière de la côte méditerranéenne.

À l'étage, les chambres d'origine contiennent aujourd'hui des œuvres exécutées pendant ses séjours dans le nord de l'Espagne, la plupart dépeignant sa femme et ses filles au bord de la mer. Dans la **salle 6** sont exposées des peintures réalisées entre 1912 et 1919 pour la Société hispanique d'Amérique, à New York, et qui représentent les peuples de toutes les provinces d'Espagne portant leur tenue traditionnelle.

De retour au rez-de-chaussée, vous découvrirez quelques pièces conservées dans leur état d'origine. Dans la salle à manger, par exemple, Sorolla avait réalisé une frise de fleurs et de fruits se mêlant aux portraits de sa femme et de ses filles.

L'artiste dessina également les superbes jardins du lieu, inspirés de ceux de l'Alcázar à Séville et de l'Alhambra à Grenade. Ne manquez pas la cour de style cordouan, au cœur des jardins, décorée de céramiques de Talavera. Les pièces qui entourent la cour renferment des céramiques espagnoles et des dessins de New York. ■

Museo Sorolla

http://museosorolla.mcu.es

Carte p. 175

Paseo General Martínez 37

91 310 1584

Fermé lun. et tous les a.-m. sauf mer.

€

Iglesia, Rubén Darío, Gregorio Marañón

Le Museo Nacional de Ciencias Naturales

Museo Nacional de Ciencias Naturales
www.mncn.csic.es
Carte p. 175
Calle José Gutiérrez Abascal 2
91 411 1328
Fermé lun. et dim. a.-m.
€
Gregorio Marañon, Nuevos Ministerios

LE MUSÉE ESPAGNOL DES SCIENCES NATURELLES EST NÉ DE L'OFFICE ROYAL d'histoire naturelle créé par Charles III en 1772. L'imposant édifice achevé en 1887 abrite des expositions permanentes ainsi qu'au moins deux expositions temporaires, tout au long de l'année.

Le muséum est composé de deux pavillons en verre et fer forgé élevés de part et d'autre d'un dôme central. La visite commence par la **section biologie**, à gauche face à l'entrée. La partie intitulée **Nature et monde méditerranéens** retrace l'évolution des paysages et des formes biologiques de la région. Des panneaux abordent le problème de la migration des espèces et des animaux en voie de disparition tels que le lynx ibérique et l'ours brun. Une salle consacrée aux espèces méditerranéennes présente des reproductions de homards, de crabes, et celle d'un calamar géant.

En dessous, une salle circulaire recrée l'**Office royal d'histoire naturelle** et revient sur les origines du muséum. Dans la **section écologie**, la partie **Histoire de la vie et de la terre** présente le squelette d'un mégathérium, sorte de paresseux géant, trouvé en Argentine en 1788 et auquel on prête quelque 1,8 million d'années. Les ossements exposés au muséum ont été découverts lors de nombreuses expéditions espagnoles en Amérique du Sud, à la fin du XVIIIe siècle. On verra par ailleurs la reproduction d'un squelette de diplodocus trouvé dans le Wyoming offerte à Alphonse XIII par le milliardaire américain Andrew Carnegie.

À l'étage, une exposition couvre l'évolution de l'homme. La section géologie fait la part belle aux gisements de soufre, de marbre et de mercure présents en Espagne. ■

Au musée des Sciences naturelles, des squelettes de dinosaures et d'autres animaux montrent la taille d'espèces disparues depuis très longtemps.

Le leader nationaliste José Calvo Sotelo est célébré devant les tours penchées de Puerta de Europa, sur la Plaza Castilla.

De Nuevos Ministerios à la Plaza Castilla

La construction de cette section du Paseo de la Castellana a été décidée dans les années 1920, mais elle n'a réellement été mise en œuvre qu'après la guerre civile. Le général Franco voulait créer un passage vers le nord qui servirait également d'espace pour les parades militaires et les rassemblements politiques. Le bus 27 qui parcourt cette route est un bon moyen de voir les différents monuments sans trop s'épuiser.

De Nuevos Ministerios à la Plaza Castilla

- Plan p. 175
- Ⓜ Nuevos Ministerios, Santiago Bernabéu, Cuzco et Plaza Castilla

Centre d'exposition Nuevos Ministerios

- ✉ Paseo de la Castellana 67
- ☎ 91 597 5132
- Fermé dim. a.-m. et lun.
- Ⓜ Nuevos Ministerios

Il est difficile de croire qu'il y a un siècle, cet endroit était une étendue de champs avec, pour cœur, un hippodrome. Les lieux sont aujourd'hui occupés par la massive structure de granit blanc que forment les **Nuevos Ministerios**, dont la construction a débuté dans les années 1930 pour accueillir plusieurs ministères. L'architecte d'origine, Secundino Zuazo, visualisait une sorte de version bureaucratique du monastère de l'Escurial de Juan de Herrera (voir p. 228-231), avec des cours et jardins faisant office de cloisons entre les édifices. Sous les arches blanches, une salle accueille régulièrement des expositions sur l'architecture.

Derrière les ministères, sur la gauche, de l'autre côté de la Calle Raimundo Fernández Villaverde, se dresse un autre imposant complexe consacré, lui, au shopping et aux affaires : c'est l'**Azca**, sigle pour l'Asociación Zona Comercial A. Dominé par le grand magasin El Corte Inglés, l'édifice en béton a bien mal résisté à l'épreuve du temps.

Non loin de là, au 79-81 Paseo de la Castellana, le grand édifice brun qui héberge la banque **Banco Bilbao Vizcaya** a été conçu par l'un des plus importants architectes espagnols du XXe siècle, Francisco Javier Sáenz de Oiza, et fut achevé en 1978. L'architecte a remporté plusieurs prix pour ce bâtiment, qui a été construit tout spécialement pour rouiller et se dégrader avec le temps.

Plus haut, sur la gauche se dresse la **Torre Picasso** (Plaza Pablo Ruiz Picasso), au coffrage en aluminium blanc, qui mesure 157 m de haut pour 43 étages. Dessinée au début des années 1980 par Minoru Yamasaki – l'architecte du World Trade Center de New York – alors dans les dernières années de sa vie, la tour ne fut achevée qu'en 1988.

À l'angle de la Avenida General Perón s'élève le **Palacio de Congresos y Exposiciones** (*Paseo de la Castellana 99, tél. : 91 337 8101*), centre de congrès et d'expositions édifié en 1964. Une superbe mosaïque rutilante de l'artiste catalan Joan Miró apporte une note de couleur bienvenue dans cette vaste zone commerciale peu avenante. En face, se trouve le **stade Santiago Bernabéu**, foyer du Real Madrid, qui contient 72 000 places. Des visites du stade permettent de découvrir les vestiaires, la loge présidentielle, les tunnels et le terrain.

L'artère s'achève sur la Plaza de Castilla, dominée par les tours jumelles penchées appelées officiellement Torres Puerta de Europa mais plus connues sous le nom de **Torres Kio**. Les structures qui allient granit, verre et métal ont été conçues par Philip Johnson et John Burgee, et achevées en 1998. ■

Le Real Madrid

La tenue blanche portée par les footballeurs du Real Madrid leur a valu le surnom de *merengues* (« meringues »), appliqué également aux supporters de l'équipe. Les meilleurs joueurs sont eux appelés « galactiques », tant pour leurs talents que pour les sommes astronomiques des transferts dont ils sont l'objet. ■

Stade Santiago Bernabéu

www.realmadrid.com

Carte p. 175

Avenida de Concha Espina 1

91 398 4300

Billetterie : 90 232 4324

Visite guidée : €€€

Santiago Bernabéu

Le stade Santiago Bernabéu, foyer du Real Madrid, est un lieu de pèlerinage pour les amateurs de football du monde entier.

L'art contemporain

Le marché de l'art contemporain madrilène s'organise enfin après trois décennies d'un parcours parfois chaotique. La majorité des galeries se sont établies après la mort de Franco, en 1975, quand les sévères restrictions pesant sur l'expression culturelle ont été levées, après quarante années de dictature.

L'une des figures clés de l'art contemporain madrilène est Juana de Aizpuru, qui possède des galeries à Séville et Madrid où elle expose les peintures, les sculptures et les photographies de grands artistes espagnols et étrangers, tels Sol LeWitt, Mike Kelley, Albert Oehlen et Franz West, ainsi qu'Alberto García Alix et Cristina García Rodero, pour les photographes espagnols.

Toutefois, la plus grande contribution de Juana de Aizpuru à la vie artistique espagnole a été la mise sur pied d'ARCO (*Parque Ferial Juan Carlos I, tél. : 91 722 5800*), la foire de l'art contemporain de Madrid, en 1982. L'invitation des plus grands artistes, patrons de galeries et collectionneurs du monde a apporté une bouffée d'oxygène au marché de l'art espagnol. Au

départ, l'ARCO a acquis une réputation de foire « pas très sérieuse ». Et si cela a attiré le public, ce n'est qu'au moment où elle a été mise sur des rails plus professionnels, dans les années 1990, que le véritable succès est arrivé. Représentant aujourd'hui un événement majeur de la scène artistique espagnole, l'ARCO a lieu une semaine par an au mois de février.

Les principales zones de prédilection des galeries sont Chueca, Chamberí, le bas de la Calle Claudio Coello dans le quartier Salamanca et les rues adjacentes au musée de la Reina Sofía, en particulier la Calle Doctor Fourquet. Dans chaque zone, les galeries s'entendent pour coordonner les dates de leurs soirées de vernissage, par ailleurs indiquées dans les brochures de chaque galerie. Si vous avez la chance d'être là lorsque les galeries restent ouvertes jusqu'à minuit, profitez-en pour voir l'art madrilène en pleine vitalité.

À Chueca, l'une des galeries les plus attrayantes est Moriarty (*Calle Libertad 22, tél. : 91 531 4365*), qui s'est ouverte en 1981 et a exposé les œuvres d'artistes de la révolution culturelle madrilène, phénomène qu'on a plus tard appelé *la movida madrileña*. La galerie représente encore quelques-unes des figures majeures de ce mouvement, ainsi que des artistes étrangers mondialement connus.

Soledad Lorenzo, femme emblématique du milieu artistique, organise toujours d'excellentes

Fondée en 1980, la Galería Moriarty (à gauche et ci-dessus) est l'une des galeries les plus attrayantes de Chueca, où se trouvent une dizaine d'autres galeries d'art. Ici, exposition de Chema Madoz.

expositions dans son vaste espace de Chamberí, à quelques pâtés de maison au nord de Chueca. Sa galerie (*Calle Orfila 5, tél. : 91 308 2887*) expose les œuvres d'artistes espagnols comme Miquel Barceló, José María Sicilia ou Guillermo Pérez Villalta, ainsi celles que d'artistes étrangers comme Julian Schnabel et Louise Bourgeois.

Le quartier autour du musée de la Reina Sofía est en passe de devenir la zone artistique la plus en vue de la capitale. L'ouverture de la nouvelle aile du musée, réalisée par Jean Nouvel, a fortement contribué à faire du quartier le cœur de l'art contemporain madrilène, position qui devrait être renforcée par l'apparition du nouvel espace CaixaForum, dont l'ouverture est prévue pour 2007. ■

Des milliers de spectateurs se rendent à Las Ventas en début de soirée pour assister à une corrida.

Les arènes de Las Ventas

Las Ventas sont les plus grandes arènes d'Espagne et les deuxièmes plus importantes du monde, après celles de Mexico. Surnommées « cathédrale de la corrida », elles ont ouvert leurs portes en 1934 et peuvent recevoir jusqu'à 24 000 spectateurs. Des corridas s'y déroulent de mars à octobre, et des concerts, des opéras et des pièces de théâtre y sont donnés de temps à autre.

Plaza de Toros de las Ventas
www.las-ventas.com
Carte p. 175
Calle Alcalá 237
91 356 2200
Billetterie : 90 215 0025
Fermé nov.-fév.
Las Ventas

Museo Taurino
91 725 1857
Fermé lun., sam., et tlj. a.-m.
Visite guidée : €€

Conçue par José Espeliú, la structure de brique rouge est un bel exemple du style néomudéjar, avec ses arches en fer à cheval et ses ornements en céramique figurant les armoiries de toutes les provinces d'Espagne. À l'extérieur de l'enceinte, un monument rend hommage au docteur Alexander Fleming, dont la découverte de la pénicilline a sauvé, entre autres, la vie de nombreux toreros.

D'un diamètre de 60 m, l'arène est cernée de dix sections de gradins, réparties en tribunes, loges et galeries supérieures. Le prix des billets varie entre 150 et 250 €, selon qu'ils donnent accès à des places à l'ombre ou au soleil, et qu'elles sont plus ou moins éloignées de la piste. Les places les moins coûteuses sont donc dans les galeries supérieures et au soleil, tandis que les plus chères se situent à l'ombre, dans les loges ou sur les rangées les plus proches de l'action. Située au soleil, la tribune n° 7 est réputée pour recevoir les grands aficionados, qui chantent en chœur pendant le spectacle. L'orchestre, installé dans la loge 29, ne joue qu'à la fin, une fois que le taureau a été tué. La loge royale est peinte en blanc et présente une décoration maure très délicate ; elle possède son propre ascenseur et sa salle de bains privés.

Un acteur indispensable à la corrida est le *presidente*. Généralement policier haut gradé, sa fonction est de veiller, avec deux assesseurs, depuis la loge présidentielle, au respect des règles de la corrida.

Quand un torero s'est parfaitement comporté, il reçoit une, voire deux oreilles du taureau ; pour un combat très exceptionnel, il se voit récompensé aussi par la queue de l'animal, ce que le président précise en secouant un mouchoir blanc. Quand les spectateurs estiment que le torero mérite une oreille, ils hurlent en remuant des mouchoirs. S'ils font assez de tapage, le président se trouve obligé de céder à leur souhait. Un torero ayant reçu deux oreilles peut être porté en triomphe par son équipe sous la Puerta Grande, utilisée à cette seule fin.

Si vous venez uniquement pour la visite guidée ou pour le musée, empruntez le **Patio de Caballos**, sur la façade est des arènes. C'est ici que sont gardés les chevaux, et on y voit également une chapelle de style mexicain où les matadors, vêtus de leur habit de lumière, prient avant d'entrer dans l'arène. À côté est installé un centre médical, équipé de deux salles d'opération.

Le passionnant **musée** présente les portraits des matadors qui ont profondément contribué à la gloire de l'art tauromachique. Il présente également une série de gravures réalisées par Goya entre 1814 et 1816, qui retracent les origines et le développement de la corrida en Espagne.

Parmi les très nombreuses autres pièces présentées, on notera l'émouvant habit de lumière taché du sang du célèbre matador Manolete, qui mourut encorné en 1947, en Andalousie. ■

Le matador et ses équipiers jouent de la cape pour enrager le taureau (ci-dessus). Les aficionados se retrouvent à l'extérieur des arènes (ci-dessous).

Des sculptures abstraites du XXe siècle, sous le viaduc Juan Bravo.

Autres sites à visiter

LE MUSEO CASA DE LA MONEDA

Le musée de l'Hôtel royal espagnol de la Monnaie, qui frappe monnaies et timbres, explore l'évolution de l'institution depuis ses origines, au XVIIIe siècle. La collection montre les différents types de monnaie utilisés au cours des siècles, dont des spécimens grecs, romains, wisigoths et maures. Une autre section expose des timbres, des billets de loterie, des outils et des machines.

www.fnmt.es

Carte p. 175 Calle Doctor Esquerdo 36 91 566 6544 Fermé sam. et dim. a.-m. et lun. O'Donnell, Goya

MUSEO DE ESCULTURA AL AIRE LIBRE DE LA CASTELLANA

Le musée de sculptures à l'air libre, sous le viaduc Juan Bravo du Paseo de la Castellana, comprend plusieurs œuvres des grands artistes espagnols du XXe siècle. Les ingénieurs du viaduc travaillèrent avec l'artiste Eusebio Sempere pour optimiser au maximum cet espace a priori inhospitalier, qui abrite des sculptures de Joan Miró, Julio González, Pablo Palazuelo et Martín Chirino. Les pièces maîtresses sont la sculpture suspendue d'Eduardo Chillida, *Sirène échouée*, et l'œuvre en acier d'Andreu Alfaro, *Un monde pour les enfants*.

www.munimadrid.es/museoairelibre

Carte p. 175 Paseo de la Castellana 41 91 588 8672 Rubén Darío

MUSEO DE LA CIUDAD

Le développement de Madrid, de ses origines à nos jours, est présenté dans ce musée très moderne de la ville qui expose des maquettes et des reconstitutions des monuments les plus importants et des grandes places de la capitale espagnole, comme le Palacio Real, la Plaza de la Villa, le Paseo de la Castellana et les arènes de Las Ventas. L'un des étages est consacré au développement des infrastructures de la ville, où l'accent est mis sur les transports publics et l'approvisionnement en eau.

www.munimadrid.es

Carte p. 175 Calle Príncipe de Vergara 140 91 588 6599 Fermé sam. et dim. a.-m. et lun. Cruz del Rayo

LE MUSEO GEOMINERO

Plus de 6 000 fossiles et 3 500 minéraux sont rassemblés dans une exposition permanente proposée par ce musée de la géologie et des mines. Les collections sont hébergées à la Escuela Superior de Ingenieros de Minas, dessinée par Ricardo Velázquez Bosco et ornée de frises en céramique, d'arcs, de colonnes et de statues. Demandez, à l'entrée du musée, si vous pouvez aussi jeter un œil à la magnifique bibliothèque de style gothique qu'abrite le musée, car elle mérite le coup d'œil.

www.igme.es

Carte p. 175 Calle Ríos Rosas 23 91 349 5759 Fermé a.-m. Ríos Rosas ■

L'ouest de Madrid, que bordent des parcs ombragés descendant en pente douce jusqu'au bord du Río Manzanares, se caractérise par une architecture théâtrale en accord avec les goûts de l'ère franquiste.

La Plaza de España et l'ouest de Madrid

Introduction et carte **196-197**
La Plaza de España **198-199**
Le Museo Cerralbo **200**
Le Templo de Debod **201**
Les parcs de l'ouest de Madrid **202-203**
Au nom de la patrie **204-205**
Ermita de San Antonio de la Florida **206**
Les musées de Moncloa **207-209**
Autres sites à visiter **210**
Hôtels **247**
Restaurants **258**

Armures exposées au Museo Cerralbo.

La Plaza de España et l'ouest de Madrid

Le secteur situé à l'ouest de la Plaza de España est d'un caractère particulier, très différent de celui du centre-ville avec son réseau de rues compact. Ici, on prend conscience que Madrid est située en altitude, avec pour horizon, au nord-ouest, la Sierra Guadarrama. Il est devenu une zone résidentielle à la mode car l'air y est plus frais et la pollution moins importante grâce au vent des montagnes et à la proximité de la rivière. Les rues du quartier d'Argüelles, bordées de nombreux bars et boutiques, sont particulièrement vivantes avec la présence des étudiants de la cité universitaire de Moncloa.

La silhouette élancée du Faro derrière l'Arco de la Victoria.

Deux tours, témoins du goût particulier de Franco pour le colossal, dominent la Plaza de España. Il fut question, au XVIIIe siècle, de construire le nouveau Palacio Real sur la colline à l'est de la place, mais le projet ne connut aucune suite. Et, en fait de palais, c'est une immense caserne qui y fut érigée, le Cuartel del Conde Duque, transformée depuis en centre culturel.

En prenant la Calle de la Princesa, on rejoint Argüelles, un quartier qui s'est développé au milieu du XIXe siècle. Le tronçon de la rue entre les stations de métro Argüelles et Moncloa est longé de boutiques qui laissent place soudainement à l'énorme bâtiment en briques du ministère de l'Air. Un peu plus loin s'élève l'Arco de la Victoria, un arc de triomphe érigé en commémoration de la victoire des Franquistes sur les Républicains.

La tour d'observation du Faro, à l'architecture futuriste, se dresse en face du Museo de América, l'un des grands musées madrilènes, qui présente de très belles collections d'œuvres d'art des anciennes civilisations latino-américaines. Quelques minutes de marche conduisent au Museo del Traje, un nouveau musée consacré à l'histoire du costume et de la mode.

Au nord-est de la place, le parque del Oeste, théâtre de sanglants combats durant la guerre civile, est aujourd'hui une oasis de verdure propice aux promenades et aux pique-niques. Un téléphérique le relie à l'ancienne chasse royale de la Casa de Campo, qui est sur l'autre rive du Río, où un zoo et un parc d'attractions ont été aménagés. ■

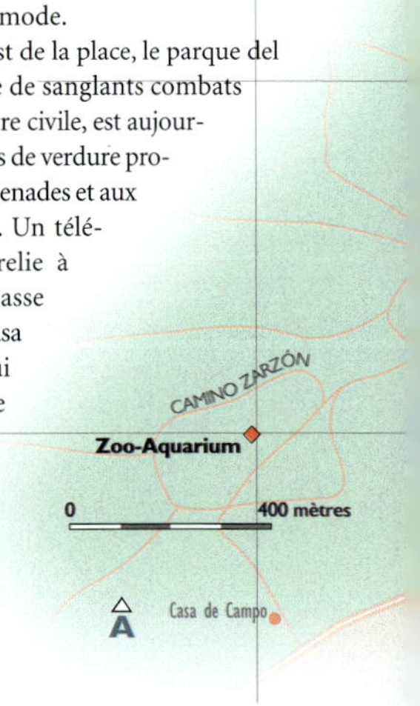

DEHESA DE LA VILLA
MONCLOA
QUINTA DE LOS PINOS
PARQUE BOTÁNICO
Palacio de la Moncloa
Universidad Complutense
Museo del Traje
Museo de América
Faro de Madrid
Arco de la Victoria
Cuartel General del Ejercito del Aire
PARQUE DEL OESTE
ARGÜELLES
La Rosaleda de Ramón Ortiz
Cementerio
Estación Salida Teleférico
Iglesia de San Antonio de la Florida
Templo de Debod
Museo Cerralbo
Torre de Madrid
Palacio de Liria
Centro Cultural del Conde Duque
Iglesia de San Marcos
Edificio España
PLAZA ESPAÑA
Montaña de Príncipe Pío
Convento de los Padres Carmelitas Descalzos
Príncipe Pío
Palacio Real
CAMPO DEL MORO
Catedral de la Almudena
CASA DE CAMPO
Teleférico
Terminal Teleférico
Lago Casa de Campo
Parque de Atracciones
PARQUE DE CARAMUEL
LA PLAZA DE ESPAÑA ET L'OUEST DE MADRID
Voir carte détaillée
Manzanares

La Plaza de España

L'AMÉNAGEMENT DE CETTE PLACE COMMENÇA AU XVIIE SIÈCLE SUR CE QUI n'était alors qu'une prairie, dite de « Leganitos ». On y construisit un couvent qui fut démoli, inachevé, en 1789, puis une caserne qui subit le même sort en 1908. Son aspect actuel lui fut donné dans les années 1950 par Franco qui voulait en faire le symbole de la grandeur nationale. Il y fit ériger des bâtiments impressionnants destinés à célébrer l'entrée de l'Espagne dans le monde moderne. Au centre, se dresse le monument dédié à Cervantès, au pied duquel se trouve la statue représentant Don Quichotte et Sancho Pança.

Plaza de España
Plan p. 196-197
Plaza de España

Du côté de la Gran Vía, la place est dominée depuis 1953 par la massive silhouette pyramidale de l'**Edificio España**, œuvre des frères Joaquin et Julian Otamendi, qui compte parmi les édifices les plus emblématiques de Madrid. D'une hauteur de 117 m – 25 étages desservis par 32 ascenseurs –, en brique et pierre calcaire, ornée de pinacles, cette tour demeura la plus haute d'Espagne jusqu'en 1957, date de la construction, de l'autre côté de la place, de la **Torre de Madrid**, d'une facture nettement plus sobre.

Conçue également par les frères Otamendi selon le concept, tout à fait révolutionnaire pour l'époque, du complexe polyvalent, elle abrite des bureaux et des appartements, mais également des restaurants, des magasins, ainsi qu'un hôtel équipé d'une piscine sur le toit. L'établissement, qui occupe un tiers du bâtiment, appartient aujourd'hui au groupe Crowne Plaza. Avec ses 142 m de hauteur et ses 34 étages, la Jirafa (la Girafe), sobriquet affectueux que lui ont donné les Madrilènes pour sa forme élancée, figura un temps dans le Guinness des records comme la tour en béton la plus haute du monde. En 1988, la Torre Picasso (voir p. 188-189) est venue lui voler la vedette.

Au centre de la place, au milieu d'un jardin agrémenté d'une pièce d'eau, se dresse le monument dédié à Cervantès, érigé entre 1925 et 1930 sur les plans des architectes Rafael Martínez Zapatero et Pedro Muguruza. La statue du célèbre écrivain, représenté assis en train de lire, et celles de Don Quichotte monté sur sa jument Rossinante et de son fidèle Sancho Pança chevauchant son âne, ont été exécutées par Lorenzo Coullaut Valera.

Le bas de la place est bordé par la façade néoromane du **Convento de los Padres Carmelitas Descalzos** datant de 1916, que coiffe une coupole en mosaïque. ■

Ci-dessus et à droite, le monument dédié à Cervantès sur la Plaza de España, avec à ses côtés Don Quichotte et Sancho Pança.

Des fresques sur le thème de la danse ornent la somptueuse salle de bal du Museo Cerralbo.

Le Museo Cerralbo

Cet hôtel particulier appartenait à Enrique de Aguilera y Gamboa, marquis de Cerralbo (1845-1922), un personnage excentrique, homme politique et collectionneur acharné. Légué à l'État espagnol, avec les objets et les œuvres d'art que le marquis avait rapportés de ses voyages à travers le monde, il propulse le visiteur dans l'univers de la noblesse de la fin XIXe, début XXe siècle.

Museo Cerralbo
http://museocerralbo.mcu.es
Plan p. 196-197
Calle Ventura Rodríguez 17
91 547 3646 ou 3647
Fermé a.m. et lun.
€. Gratuit mer. et dim.
Plaza de España, Ventura Rodríguez

Les collections, composées d'armes, armures, éventails, pendules, luminaires, céramiques, mais aussi de pièces d'archéologie et de tableaux, sont distribuées dans toutes les pièces de la résidence. Parmi les œuvres les plus notables, on découvrira des toiles majeures du Greco (*Saint François d'Assise*), du Titien, Tintoret, Zurbarán, José de Ribera, et Alonso Cano.

Le deuxième étage, celui des appartements où vivaient autrefois le marquis et sa famille, comprend plusieurs chambres et salons, une salle à manger et, comble du luxe et de la nouveauté à l'époque où Madrid venait tout juste de se doter de l'eau courante, une **salle de bains** avec une immense baignoire en marbre. Le **salon de musique**, une pièce étonnante, est présidé par un luminaire en verre de Murano, auquel on a donné la forme d'une gondole.

L'escalier principal, qui arbore les armes de la famille, est orné de tapisseries du XVIIe siècle. Les pièces d'apparat du troisième étage sont d'un luxe extraordinaire, et tout particulièrement la **salle de bal**, époustouflante avec ses miroirs et ses décorations de marbre, de stuc et de soie. La bibliothèque à galerie, qui ne contient pas moins de 12 000 ouvrages, fut en revanche élaborée dans un style plus austère. Parmi les objets présentés, on remarquera l'armure portée par le second marquis de Cerralbo en 1592, lors de la bataille de La Coruña contre la flotte anglaise, dont le commandement était confié à sir Francis Drake.

Le **sous-sol** renferme une très intéressante collection de photographies représentant le couple Cerralbo lors de ses voyages et de ses activités mondaines. Elle mérite qu'on s'y attarde. ■

Le Templo de Debod

Ce temple fait partie des monuments de Basse-Nubie qui avaient été menacés d'immersion, dans les années 1960, par la construction du barrage d'Assouan. Les autorités égyptiennes en firent don à l'Espagne en 1968, en reconnaissance de son importante participation au sauvetage des temples d'Abou Simbel. Le sanctuaire fut découpé en blocs alors qu'il était déjà submergé, puis intégralement reconstitué sur son site actuel. Depuis 1972, le public peut ainsi contempler l'un des rares édifices de l'Égypte pharaonique à avoir quitté les rives du Nil.

La construction du temple, fruit de la volonté d'Adikhalamani, roi de Méroé, ville du royaume de Couch, commença au début du IIe siècle av. J.-C. Il connut ensuite quelques agrandissements, œuvres de plusieurs pharaons de la dynastie des Lagides. Il ne fut réellement achevé qu'après l'annexion de l'Égypte par les Romains, sous les règnes successifs de Tibère, d'Auguste, et peut-être d'Hadrien, qui le dotèrent de cours intérieures, d'une voie d'accès, et d'un ponton sur le Nil.

Dédié aux dieux Amon et Isis, il renferme plusieurs sanctuaires, dont celui consacré à Adikhalamani, certainement le plus intéressant de tous. Au centre, le naos en brique rouge, partie la plus sacrée de l'édifice où seuls les prêtres avaient accès, abritait la statue de la divinité. Il fut construit de 80 à 51 av. J.-C., sous le règne du pharaon Ptolémée XII.

Une exposition audiovisuelle retrace la visite de Jean-François Champollion, venu décrypter les hiéroglyphes en 1829. À l'étage, une maquette montre l'emplacement des temples le long du Nil, y compris ceux d'Abou Simbel. ■

Templo de Debod
www.munimadrid.es/templodebod

Plan p. 196-197
Paseo Pintor Rosales, Parque del Oeste
91 366 7415
Fermé sam. et dim. a.m., et lun.
Ventura Rodríguez, Plaza de España

Debod, l'un des rares temples égyptiens à avoir quitté les rives du Nil.

Les parcs de l'ouest de Madrid

Le parc de l'ouest de Madrid

Plan p. 196-197

Parque del Oeste

Avenida del Arco de la Victoria et Paseo del Pintor Rosales

Moncloa

LES DEUX PARCS SITUÉS À L'OUEST DE MADRID FORMENT UN VASTE ESPACE naturel de plusieurs milliers d'hectares. Séparés par le río Manzanares, ils ont chacun leur caractère propre. Ombragé et sillonné d'allées de sable, le Parque del Oeste est un parc paysagé où il est très agréable de se promener et de pique-niquer sur l'herbe. L'ancienne chasse royale de la Casa del Campo, tout en étant plus sauvage, offre certaines installations : un lac, où les Madrilènes viennent canoter, une piste cyclable et d'immenses piscines.

Le **Parque del Oeste** était l'un des endroits de promenade préférés d'Ernest Hemingway. Conçu par le paysagiste Cecilio Rodriguez en 1906, il subit d'énormes dégâts durant la guerre civile, et dut être réaménagé dans les années 1940. En forme de L, il s'étire de la Plaza de España, au sud, jusqu'à la cité universitaire de Moncloa, puis redescend vers le río Manzanares à l'ouest. Sa roseraie, la **Rosaleda de Ramon Ortíz**, est un véritable enchantement au printemps.

Située du côté de la Plaza de España, la Montaña de Príncipe Pío,

Au zoo, les rennes ont réussi leur adaptation.

point culminant du parc, offre une vue panoramique splendide sur la ville. Ce site, où se dresse aujourd'hui le Templo de Debod (voir p. 201), était jadis occupé par une gigantesque caserne, bastion des troupes franquistes au début de la guerre civile. Il avait auparavant été le théâtre d'un épisode sanglant, l'exécution, le 3 mai 1808 (voir p. 204-205), de 43 civils madrilènes, exaction commise par l'armée française, en répression du soulèvement populaire contre les forces d'occupation napoléoniennes. Les victimes furent enterrées au centre du parc. Le **cimetière** donnant sur la Calle Francisco y Jacinto Alcantara, est ouvert chaque année au public, les 2 et 3 mai.

Les terrasses de cafés du Paseo del Pintor Rosales qui bordent le parc sont très agréables pour prendre un verre avant de grimper dans le **téléphérique** (*tél. : 91 541 7450 ou 1118*, €) qui conduit à la Casa del Campo. Cette ancienne chasse royale fut créée au milieu du XVIe siècle par Philippe II pour relier l'Alcazar à son pavillon de chasse d'El Pardo (voir p. 232). Agrandie au cours des siècles par les souverains successifs, elle servit de camp de retranchement aux troupes nationalistes lors de la guerre civile. On peut encore y apercevoir quelques tranchées.

Ce parc abrite un **zoo**, récemment rénové, où évoluent, sur plus d'une vingtaine d'hectares paysagés, quelque 6 000 animaux de plus de 500 espèces différentes, dont des gorilles, des koalas et des tigres blancs. Il est également doté d'un grand **aquarium** où requins et dauphins se partagent la vedette.

Les nombreuses attractions du **Parque de Atracciones** feront la joie des amateurs de sensations fortes et, surtout, des plus jeunes. La Casa del Campo abrite également un certain nombre de restaurants et accueille de nombreux concerts dans son amphithéâtre, durant les mois d'été. ■

Casa de Campo
Avenida de Portugal
91 479 6002
Lago, Batán, Casa de Campo
33

Les enfants participent à la distribution du repas des oiseaux exotiques.

Zoo-Aquarium
www.zoomadrid.com
Casa de Campo
91 512 3770
€€€
Batán, Casa de Campo
33

Parque de Atracciones
www.parquedeatracciones.es
Casa de Campo
91 463 2900 ou 6433
€€€
Fermé le mat.
Batán
33, 65

Au nom de la patrie

À Madrid, le 2 mai est non seulement un jour férié, mais il marque le début de trois semaines de réjouissances dans les rues de la ville. Pourtant, l'événement qui lui vaut d'être commémoré compte parmi les épisodes les plus sombres de l'histoire espagnole.

Le 17 mars 1808, l'insurrection d'Aranjuez (voir p. 220) provoqua la démission, l'arrestation pour trahison, puis le départ en exil de Manuel Godoy, le Premier ministre de Charles IV qui avait fortement subi son influence. Finalement, ce fut aussi l'abdication du roi en faveur de son fils, Ferdinand. Le 23 mars, une armée de 10 000 hommes, menée par Murat, entrait dans Madrid, sous couvert d'une alliance conclue entre Charles IV et Napoléon dans le but d'attaquer le Portugal, allié de l'Angleterre, alors que 20 000 soldats prenaient position dans les villages alentour.

Le 2 mai, Charles IV et Ferdinand VII furent forcés par Napoléon de se rendre à Bayonne, lequel parvint à obtenir l'abdication du jeune souverain.

Pendant ce temps, les Madrilènes suspectaient la famille royale de vouloir fuir en France en les abandonnant aux troupes fran-

çaises, devenues incontestablement des forces d'occupation. Au matin du 2 mai 1808, des rumeurs sur le départ imminent du prince Francisco de Paula, fils cadet de Charles IV, pour aller rejoindre sa famille allaient bon train. Une foule très nombreuse se dirigea alors vers le Palacio Real. Le rassemblement devenant de plus en plus houleux, les Français commencèrent à tirer sans sommation ni discernement, et, ce faisant, allaient être à l'origine d'un véritable soulèvement populaire.

Si Madrid disposait alors d'environ 8 000 soldats, la plupart d'entre eux étaient affectés au protocole et aux cérémonies du palais royal, et n'avaient aucune expérience militaire du terrain. Au début des troubles, estimant qu'ils étaient sous-armés et en nombre insuffisant, leur commandant Francisco Javier Negrete leur intima l'ordre de rester cantonnés dans leurs quartiers, mais beaucoup désobéirent pour combattre aux côtés de leurs compatriotes. La Puerta del Sol fut le théâtre d'une violente résistance, à laquelle participèrent notamment de très nombreuses femmes, contre un escadron de mamelouks, des soldats d'élite, mais de sinistre réputation, qui avaient suivi Napoléon après sa campagne d'Égypte. Goya immortalisa cet événement tragique dans sa célèbre peinture *La Charge des mamelouks*, exposée au Prado.

Conduits par deux jeunes capitaines, Pedro Velarde et Luis Daoíz, les Madrilènes prirent d'assaut la caserne de Monteleón, alors située sur l'actuelle Plaza de Dos de Mayo (voir p. 107), pour s'emparer des armes qui y étaient stockées. L'arrivée de milliers de soldats français envoyés en renfort pour tenter de reprendre le contrôle de la caserne mit le quartier à feu et à sang. Les combats, où Velarde et Daoíz trouvèrent la mort, firent au moins 800 victimes du côté des forces napoléoniennes.

Devant ces pertes, en grande partie imputables à des civils, les généraux français donnèrent l'ordre à leurs troupes de capturer et d'exécuter toute personne trouvée dans la rue en possession d'une arme. De nombreuses exécutions sommaires furent perpétrées dans différents quartiers de Madrid, mais les plus choquantes, qui sont désormais gravées dans la mémoire collective madrilène, eurent lieu très tôt le matin du 3 mai sur la Montaña de Príncipe Pío (voir p. 202). Goya allait également commémorer cet épisode avec son tableau, *Le 3 mai 1808 à Madrid : exécutions sur la colline du Príncipe Pío*.

En dépit d'une résistance héroïque, la rébellion du peuple madrilène fut violemment écrasée. Le nombre exact de victimes ne fut jamais révélé. Quant aux chiffres officiels, ils font état d'environ 2 000 victimes chez les soldats français contre seulement 150 Madrilènes.

Napoléon installa ensuite son frère Joseph sur le trône d'Espagne, une décision qui allait bientôt déclencher la guerre d'indépendance. ■

Le tableau de Goya représentant les exécutions du 3 mai 1808 est une bouleversante évocation des atrocités de la guerre.

Ermita de San Antonio de la Florida

À PREMIÈRE VUE, CETTE ÉGLISE DE FACTURE NÉOCLASSIQUE N'A RIEN DE remarquable. Mais il peut arriver qu'un bâtiment ne payant pas de mine de l'extérieur recèle de prodigieux trésors. Et celui-là est de taille : une coupole ornée d'une fresque de Goya.

À la Saint-Antoine, des femmes accomplissent un rituel au-dessus des fonts baptismaux de San Antonio de la Florida pour trouver l'âme sœur.

La construction de cette église en croix grecque, conçue par l'architecte italien Filippo Fontanala, fut achevée en 1798. Goya, alors âgé de 52 ans et déjà atteint de surdité, passa ensuite plus de quatre mois à décorer sa coupole. La fresque dépeint saint Antoine de Padoue sur le point de ressusciter un homme afin qu'il apporte la preuve de l'innocence de son père, Martín de Bulloes, accusé à tort de l'avoir assassiné. Goya utilisa des effets de lumière et de couleurs pour peindre les personnages qui observent la scène du haut d'une balustrade. Saisissant de réalisme, ce portrait montre un échantillon des différents groupes de la société madrilène de l'époque, de l'homme du peuple aux traits rudes, à l'aristocrate des plus raffinées.

Pour tenter de stopper le lent mais inexorable processus de dégradation des peintures, provoqué par l'importante humidité ambiante due à la proximité du río Manzanares, et par la fragilité des pigments utilisés par le peintre, on décida dans les années 1920 de fermer le sanctuaire. Une réplique fidèle fut construite à proximité pour permettre aux fidèles de continuer à assister aux offices.

L'édifice original, également connu sous le nom de **Museo y Panteón de Goya**, abrite aujourd'hui la dépouille du maître, mort en exil à Bordeaux en 1828, ainsi qu'un musée qui lui est consacré. La restauration des fresques, entamée en 1989, se termina en 2005, juste à temps pour la Saint-Antoine, qui donne lieu chaque année à de nombreuses festivités durant le week-end le plus proche du 13 juin. ■

Le rituel de Saint-Antoine

Le 13 juin, des femmes de tous âges, en quête de l'âme sœur, viennent accomplir un rituel dans l'église de San Antonio de La Florida. Initié par des couturières, il consiste à laisser tomber 13 aiguilles dans les fonts baptismaux sortis, pour l'occasion, dans le jardin paroissial, et à les recouvrir ensuite à trois reprises de la paume de la main. Le nombre d'aiguilles qui se redressent correspond au nombre des soupirants potentiels. La tradition perdure, puisque chaque année on peut toujours voir des centaines de représentantes de la gent féminine attendre leur tour. ■

Ermita de San Antonio de la Florida

Plan p. 196-197

Glorieta de San Antonio de la Florida 5

91 542 0722

Fermé sam. a.-m., dim. a.m. et lun.

Príncipe Pío

Les musées de Moncloa

Créations de haute couture au Museo de Traje, qui expose aussi des costumes régionaux.

Le quartier de Moncloa, où s'étend l'immense campus de l'Universidad Complutense, la plus grande université de Madrid, abrite deux grands musées : l'un dédié aux anciennes colonies espagnoles d'Amérique du Sud (voir p. 208-209), l'autre à la mode et au costume. La tour d'observation, surnommée le Faro de Madrid, offre de superbes vues sur la capitale qui méritent le détour.

MUSEO DEL TRAJE

Ce musée, inauguré en 2004, présente une riche collection de costumes provenant de toutes les régions d'Espagne et retrace l'histoire du vêtement et de la mode de la fin du XVIe siècle à nos jours.

Une section est réservée aux créateurs espagnols du XXe siècle les plus marquants : Mariano Fortuny, Paco Rabanne, Pertegaz qui dessina la robe de Letizia Ortiz pour ses noces avec le prince Philippe d'Espagne, et aussi Balenciaga, le célèbre couturier d'origine basque, à qui une salle entière est dédiée.

Dans la partie consacrée aux textiles, on remarquera des dentelles et des pièces brodées, notamment celles ornées de caractères coptes et arabo-hispaniques. Les expositions sont tournantes, afin d'éviter toute dégradation des précieux costumes par la lumière.

Le bâtiment, qui abritait jadis le Musée espagnol d'Art contemporain, a été conçu dans les années 1960 par Ángel Díaz Domínguez et Jaime López de Asiaín à qui il valut le plus important prix d'architecture espagnol. On y trouve une boutique de cadeaux intéressante, un excellent café et un restaurant un peu guindé.

LE FARO DE MADRID

Haute de 92 m, cette tour de télécommunications et de contrôle de la circulation construite en 1992 par Salvador Pérez Arroyo, est également ouverte au public. Un ascenseur en verre propulse le visiteur sur une plate-forme circulaire d'observation, d'où il découvre une vue panoramique de Madrid jusqu'à la sierra Guadarrama. Des panneaux permettent d'identifier les principaux monuments de la capitale.

Museo del Traje
http://museodeltraje.mcu.es
Plan p. 196-197
Avenida Juan de Herrera 2
91 550 4700
Fermé dim. a.m. et lun.
€. Gratuit sam. a.m. et dim. matin.
Moncloa, Ciudad Universitaria
46, 82, 83, 84, 132, 133

Faro de Madrid
Plan p. 196-197
Avenida de los Reyes Católicos
91 544 8104
Fermé lun.
€
Moncloa

MUSEO DE AMÉRICA

Ce musée, inauguré en 1994, renferme des collections exceptionnelles d'œuvres d'art et d'objets liés aux anciennes civilisations de Colombie, du Mexique et du Pérou. Un grand nombre d'entre eux ont été rapportés en Espagne par les premiers explorateurs du Nouveau Monde. Réunies par Philippe II au XVIe siècle, elles furent exposées une toute première fois au Museo Arqueológico Nacional, aux côtés des découvertes des expéditions scientifiques du XVIIIe siècle. À l'occasion de la commémoration du quatrième centenaire de la découverte des Amériques par Christophe Colomb en 1492, elles se sont enrichies d'importantes donations, notamment d'un de leurs fleurons, le trésor colombien de Quimbaya.

Exposées aux deuxième et troisième étages, les pièces ont été réparties en cinq zones selon un ordre plus thématique que géographique, ou même chronologique. La **zone 1** est consacrée aux différents mythes que le Nouveau Monde suscita en Europe au cours des siècles, et à leur évolution en fonction de données plus précises, transmises progressivement par des chroniqueurs au cours des expéditions espagnoles.

On peut y voir des cartes, des coiffes en plumes venant d'Amazonie, de l'or provenant du fleuve Diquis au Costa Rica, et même une extraordinaire cape ornée de plumes rapportée de l'île d'Hawaii au XVIIIe siècle.

La **zone 2**, qui a pour thème la géographie et les paysages d'Amérique latine, montre que le mélange des populations et des cultures avait déjà commencé dès le paléolithique. On y découvre également des lettres et des carnets de bord écrits de la main de Christophe Colomb.

La **zone 3** illustre la vie quotidienne des peuples indigènes, des communautés tribales aux sociétés dotées de structures sociales complexes. Coiffes en plumes, bijoux, parmi les nombreux ornements que l'on peut y voir, étaient portés lors des cérémonies de rites de passage – naissance, puberté, mariage. On y découvrira également de pré-

Sculpture de la divinité aztèque Chalchihuitlicue, présentée au Museo de América.

Museo de América
http://museodeamerica.mcu.es
Plan p. 196-197
Avenida de los Reyes Católicos 6
91 549 2641 ou 543 9437
Fermé l'a.-m. et lun.
€. Gratuit dim.
Moncloa, Islas Filipinas

cieux jades olmèques, des objets incas, des céramiques d'Équateur, et de la vannerie réalisée par les Indiens hopi et chumash. Cette section se prolonge au troisième étage où a été reconstituée une habitation maya.

La **zone 4** consacrée aux religions présente certaines des pièces les plus exceptionnelles. Plusieurs salles sont réservées aux rites funéraires, aux symboles de fertilité et aux objets sacrés. La stèle en grès, dite de Madrid (600-800), représentant une divinité maya, est l'une des pièces maîtresses. Ses inscriptions hiéroglyphiques nous apprennent qu'elle servait de support à un trône du palais de Palenque, au Mexique. Elle fut mise au jour en 1785 par l'archéologue Antonio del Río, chargé par Charles III d'entreprendre des fouilles sur le site. C'est également dans cette section que l'on admirera la plus belle pièce du musée, le trésor de Quimbaya (500-1000), découvert en 1819 en Colombie, et que les autorités de ce pays souhaiteraient beaucoup récupérer… Parmi les 125 pièces qui le constituent, on trouve des couronnes, des instruments de musique et des figurines de caciques, la plupart de ces dernières en or ou en argent.

La dernière section, la **zone 5**, consacrée à la communication et à la linguistique, renferme le *Codice Trocortesiano*, l'un des quatre manuscrits mayas répertoriés dans le monde, et que les spécialistes font remonter au XVe siècle. Il comprend 56 pages illustrées de scènes de la vie quotidienne, et de signes d'écriture qui relient certaines activités comme les moissons et la chasse à des dates spécifiques. Probablement exécuté à destination de la prêtrise, il est constellé de références religieuses et ésotériques.

À voir également, le codex Tudela, datant du XVIe siècle et provenant d'une école d'art du Mexique créée par des franciscains. Ses 125 pages contiennent des peintures exécutées par un artiste indigène, et des textes rédigés par un missionnaire espagnol. ■

Salle consacrée à l'Histoire naturelle du Museo de América (en haut). Travail de restauration sur une tapisserie (ci-dessus).

Le Palacio de Liria, construit au XVIIIe siècle pour le duc de Berwick, troisième du nom.

Autres sites à visiter

CENTRO CULTURAL DEL CONDE DUQUE

Après d'importants travaux de restauration, l'ancienne caserne de la garde royale, un édifice imposant conçu par Pedro de Ribera en 1717, abrite désormais un centre culturel dynamique qui accueille également des concerts. Le Musée municipal d'Art contemporain qui expose à tour de rôle des artistes tels qu'Ouka Lele, Ceesepe et Javier de Juan, y a ses quartiers.

www.munimadrid.es/condeduque Plan p. 196-197 Calle Conde Duque 9-11 91 588 5928 ou 5861 Fermé dim. a.m. et lun. Noviciado, San Bernardo, Ventura Rodríguez, Plaza de España.

CUARTEL GENERAL DEL EJERCITO DEL AIRE

L'immense édifice abritant le ministère de l'Air fut dessiné dans les années 1940 par Luis Gutíerrez Soto, assisté par Albert Speer, l'architecte d'Adolph Hitler. Sa façade en granit et briques, ses toits en ardoise et ses flèches élancées, sont caractéristiques du style en vogue au XVIIe siècle, sous les Habsbourg. Il est une parfaite illustration du goût pour le colossal qu'avait Franco, qui voulait laisser sa marque dans une architecture exprimant la grandeur de l'Espagne sous son gouvernement.

Plan p. 196-197 Calle Romero Robledo 8 91 549 0700 Moncloa

IGLESIA DE SAN MARCOS

Cette élégante église fut conçue au milieu du XVIIIe siècle par Ventura Rodríguez pour célébrer la bataille d'Almansa, en 1707, qui fut décisive pour l'arrivée de Philippe V sur le trône. À l'intérieur, les cinq ellipses qui se chevauchent suivent une technique à laquelle avaient souvent recours les architectes pour donner une illusion d'espace. Sa coupole est décorée d'importantes fresques de Luis González Vélasquez et elle renferme un retable polychrome représentant saint Marc, de Juan Pascual de Mena.

Plan p. 196-197 Calle San Leonardo 10 91 547 1079 Plaza de España, Ventura Rodríguez

PALACIO DE LIRIA

Ce palais, actuelle résidence de la duchesse d'Albe, fut construit par Ventura Rodríguez et Sabatini dans la seconde moitié du XVIIIe siècle pour Jacobo (James) Fitz-James Stuart, duc de Berwick, troisième du nom. Endommagé par un incendie durant la guerre civile, il fut restauré par sir Edwin Lutyens. Il renferme une intéressante collection d'œuvres d'art, des peintures de Rembrandt, Titien, Greco, Vélasquez et Goya. Seules quelques pièces sont ouvertes au public, et sur réservation.

Plan p. 196-197 Calle de la Princesa 20 91 547 5302 Visites guidées ven. mat. Ventura Rodríguez ■

Les environs de Madrid sont riches en cités historiques, palais royaux, monastères, châteaux perchés, villages médiévaux… Chaque excursion, le temps d'une journée, est inoubliable mais le temps fort reste incontestablement Tolède, la cité monumentale.

Excursions

Introduction et plan **212-213**
Tolède **214-215**
Une promenade dans Tolède **216-217**
Le pays de Don Quichotte **218-219**
Aranjuez **220**
Chinchón **221**
Alcalá de Henares **222**
Ávila **223**
Ségovie **224-225**
Un circuit en voiture dans les montagnes de Guadarrama **226-227**
El Escorial **228-231**
D'autres excursions d'une journée au départ de Madrid **232**

L'Alcázar à Ségovie, un château de conte de fées.

Le Tage entoure presque toute la ville de Tolède, la protégeant des envahisseurs.

Excursions

Les environs de la capitale réservent des sites touristiques admirables, la plupart accessibles en moins d'une heure, que ce soit en voiture ou en transports publics. Sachez toutefois que les Madrilènes aiment s'évader le week-end, particulièrement dans les villages de montagne, ce qui entraîne un trafic intense sur les routes du retour, le dimanche soir. Vous pouvez choisir les cités historiques comme Tolède, El Escorial, Ségovie ou Aranjuez ou préférer vous détendre à la campagne, en faisant une pause dans un restaurant typique de la région.

Les services de train et de bus de Madrid vers les environs sont très bien organisés mais une voiture peut être utile si vous désirez visiter plusieurs sites en une même journée. Pour ceux qui découvrent Madrid, Tolède est une excursion essentielle. Le centre de la capitale, évoquant surtout le XIXe siècle, contraste avec la richesse des monuments médiévaux qui jalonnent les ruelles. Parmi les hauts lieux à ne pas manquer, le majestueux monastère du XVIe siècle : l'Escurial (El Escorial), qui incarne tout l'esprit du règne des Habsbourg.

Plus près de Madrid, la ville universitaire de Alcalá de Henares, la ville natale de l'écrivain Miguel de Cervantès, recèle de fascinants monuments. Après quelques jours dans la capitale trépidante, vous apprécierez de rouler vers le sud, en direction de Tolède, à travers les plaines de la Manche pour voir certains des sites évoqués dans *Don Quichotte*. Ou bien, pour une sortie encore plus reposante, vous pourrez vous diriger vers les hauteurs de la Sierra de Guadarrama pour une promenade à travers les forêts de pins, dans l'air pur des montagnes. ■

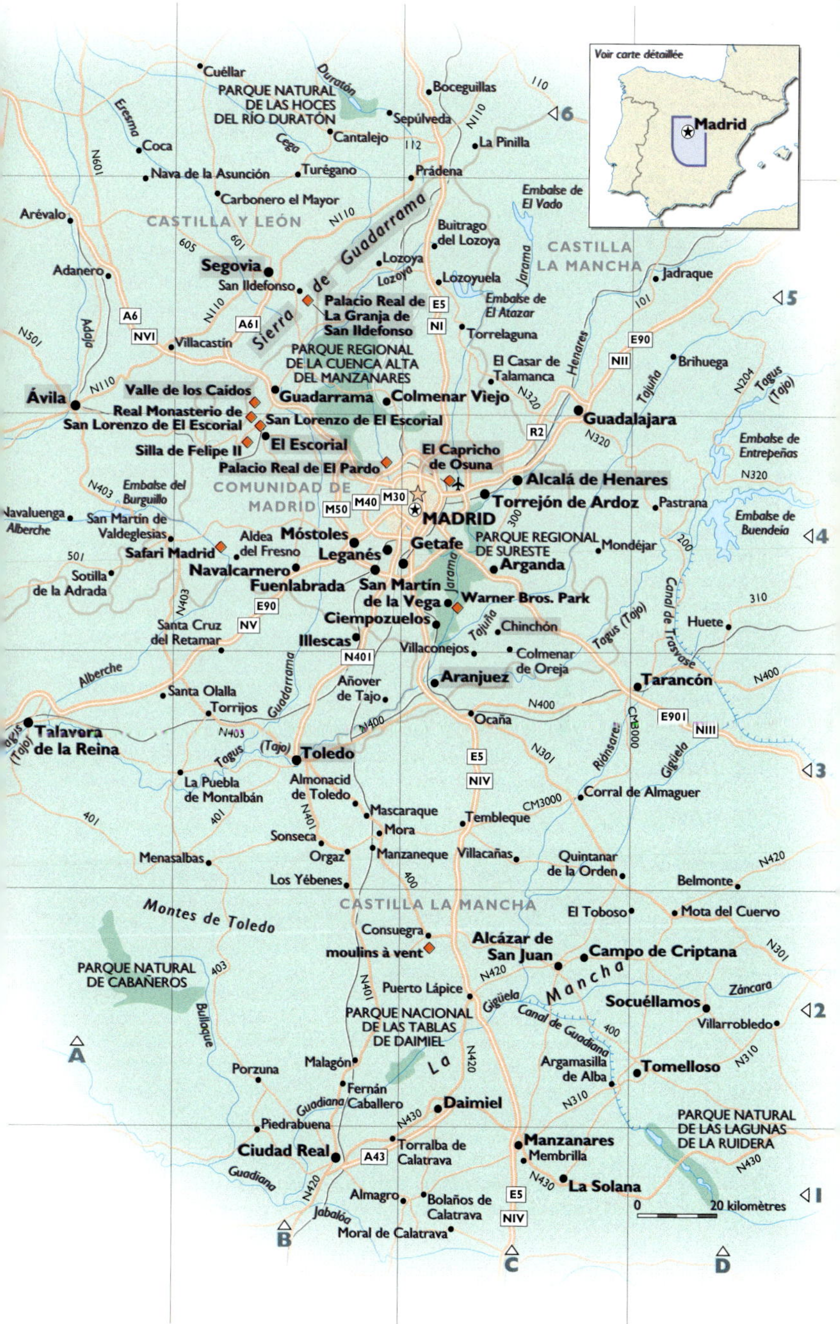

Voir carte détaillée
Madrid
Cuéllar
PARQUE NATURAL DE LAS HOCES DEL RÍO DURATÓN
Duratón
Boceguillas
Sepúlveda
Cantalejo
Cega
Eresma
Coca
Nava de la Asunción
Turégano
Prádena
La Pinilla
Carbonero el Mayor
Arévalo
CASTILLA Y LEÓN
Embalse de El Vado
Buitrago del Lozoya
CASTILLA LA MANCHA
Sierra de Guadarrama
Segovia
Lozoya
Adanero
San Ildefonso
Lozoyuela
Jadraque
Palacio Real de La Granja de San Ildefonso
Embalse de El Atazar
Jarama
Torrelaguna
Villacastín
Adaja
PARQUE REGIONAL DE LA CUENCA ALTA DEL MANZANARES
El Casar de Talamanca
Henares
Brihuega
Tajuña
Tagus (Tajo)
Ávila
Valle de los Caídos
Guadarrama
Colmenar Viejo
Real Monasterio de San Lorenzo de El Escorial
San Lorenzo de El Escorial
Guadalajara
Silla de Felipe II
El Escorial
El Capricho de Osuna
Embalse de Entrepeñas
Palacio Real de El Pardo
Alcalá de Henares
Embalse del Burguillo
COMUNIDAD DE MADRID
Torrejón de Ardoz
Pastrana
Navaluenga
Alberche
San Martín de Valdeiglesias
MADRID
Embalse de Buendía
Móstoles
Aldea del Fresno
Safari Madrid
Leganés
Getafe
PARQUE REGIONAL DE SURESTE
Mondéjar
Sotilla de la Adrada
Navalcarnero
Arganda
Fuenlabrada
San Martín de la Vega
Warner Bros. Park
Canal de Trasvase
Santa Cruz del Retamar
Ciempozuelos
Chinchón
Huete
Illescas
Villaconejos
Colmenar de Oreja
Aranjuez
Tarancón
Santa Olalla
Añover de Tajo
Torrijos
Ocaña
Talavera de la Reina
Toledo
Riánsares
Gigüela
La Puebla de Montalbán
Almonacid de Toledo
Mascaraque
Corral de Almaguer
Mora
Tembleque
Sonseca
Orgaz
Manzaneque
Villacañas
Menasalbas
Quintanar de la Orden
Belmonte
Los Yébenes
Montes de Toledo
CASTILLA LA MANCHA
El Toboso
Mota del Cuervo
Consuegra
Alcázar de San Juan
moulins à vent
Campo de Criptana
PARQUE NATURAL DE CABAÑEROS
La Mancha
Puerto Lápice
Socuéllamos
Zancara
Bullaque
PARQUE NACIONAL DE LAS TABLAS DE DAIMIEL
Canal de Guadiana
Villarrobledo
Argamasilla de Alba
Tomelloso
Porzuna
Malagón
Fernán Caballero
Guadiana
Daimiel
PARQUE NATURAL DE LAS LAGUNAS DE LA RUIDERA
Piedrabuena
Torralba de Calatrava
Manzanares
Membrilla
Ciudad Real
La Solana
Almagro
Bolaños de Calatrava
Jabalón
Moral de Calatrava
0
20 kilomètres
A
B
C
D
1
2
3
4
5
6

Tolède

Toledo
www.toledoweb.org,
www.jccm.es
Plan p. 213
71 km au sud de Madrid. En voiture : M-40, puis A-42
Train : AVE (train à grande vitesse) et d'autres lignes en partance de la gare d'Atocha
Bus : Continental Auto de la gare routière Estación Sur ; tél. : 90 233 0400

Informations touristiques
www.toledoweb.org
www.turismocastillalamancha.com
Puerta de Bisagra
92 522 0843
Plaza del Consistorio 1
92 525 4030
Zococentro, Calle Sillería 14
92 522 0300

Catedral
Calle Cardenal Cisneros
92 522 2241
Fermé dim. matin
€ (musée, salle capitulaire, trésor et chœur)

Tolède, l'une des plus importantes cités historiques d'Espagne, est située de façon spectaculaire sur un pic de granit, presque entièrement cernée par le Tage (río Tajo). Ses ruelles sinueuses sont plus charmantes encore le soir, lorsque les cohortes de touristes sont parties. La ville entière bénéficie du statut mérité de Monument national, et il vous faudra bien organiser vos visites si vous ne disposez que d'une seule journée.

Fondée par les Romains sur un site occupé depuis l'époque préhistorique, Tolède est devenue la capitale des Wisigoths, en 554 apr. J.-C. Lorsque les Maures arrivèrent en 712, ils autorisèrent chrétiens et juifs à rester dans la ville et à continuer à vivre comme avant, créant ainsi un centre commercial et culturel particulièrement florissant. Après sa reconquête par Alphonse VI en 1085, Tolède est devenue la capitale du royaume de Castille et León. Les trois cultures continuèrent de prospérer, particulièrement dans le domaine de l'astronomie, des mathématiques, de la médecine, de la musique et de la littérature.

Les autorités chrétiennes devinrent cependant moins tolérantes et, en 1492, le décret d'expulsion des juifs d'Espagne porta un coup très dur à Tolède. Ce fut un désastre pour l'économie et la situation empira quand Philippe II transféra d'une manière permanente la cour à Madrid, en 1561. C'est peu de temps après, en 1577, que le peintre grec, El Greco, arrivant à Tolède, fut témoin du déclin de la ville, et ce jusqu'à sa mort, en 1614. La même année, les derniers descendants des Maures furent expulsés, ce qui toucha sévèrement l'industrie.

La construction de l'extraordinaire **Catedral** fut commencée en 1226 et prit fin en 1493. Elle s'élève sur le site d'un ancien temple fondé par les Wisigoths au VIe siècle. Les **stalles du chœur**, très finement sculptées, représentent des scènes de bataille, menées lors de la conquête de Grenade. Le **retable** sculpté, polychrome, est une œuvre admirable de style gothique flamboyant. Cinq rangées de sculptures illustrent la vie du Christ. Dans le déambulatoire, on peut contempler avec un peu de recul, derrière le sanctuaire, l'étonnant **Transparente** (1732), de Narciso Tomé, une œuvre baroque, dont l'ensemble d'anges et de nuages surplombant la **Cène** est mis en relief par la lumière naturelle. Le **Trésor** renferme un superbe ostensoir d'argent doré du XVIe siècle, réalisé par Enrique del Arfe. De la sacristie, on accède au **musée** qui abrite des œuvres du Greco, du Titien, de Vélasquez et de Goya.

À l'ouest de la Cathédrale, s'élève un ensemble de monuments dont l'**Iglesia de Santo Tomé** *(Plaza del Conde, tél. : 925 256098, €)* qui recèle un chef-d'œuvre du Greco, ***Les Funérailles du comte d'Orgaz***. Juste à côté se trouve le **Museo de El Greco** *(Calle Samuel Leví, tél. : 925 224 046, fermé lun. et fêtes, € ; gratuit sam. a.-m. et dim.)* qui présente entre autres les ***Vue et plan de Tolède*** (v. 1614) et des portraits d'apôtres.

En face s'élève la **Sinagoga del Tránsito**. Construite au XIVe siècle pour Samuel Ha-Levi, trésorier du roi Pierre le Cruel, c'est l'une des rares synagogues à subsister. Son plafond à caissons en bois est impressionnant, comme les murs portant les armes de Castille, encadrées

d'inscriptions hébraïques à la gloire de Pierre le Cruel, de Samuel Ha-Levi et du dieu d'Israël. Les salles annexes, converties en Musée séfarade (**Museo Sefardí**), contiennent de belles pièces d'origine judaïque.

La **Sinagoga de Santa María la Blanca** *(Calle de los Reyes Católicos 4, tél. : 925 227 257, €)* fut construite par les Maures pour les juifs, à la fin du XIIe siècle, à l'époque où les chrétiens tenaient la ville. L'intérieur, blanc, n'est pas sans rappeler une mosquée, avec des allées séparées par des arches en fer à cheval qui soutiennent 24 piliers octogonaux. Un peu plus loin, sur la même rue, s'élève le **Monasterio de San Juan de los Reyes**, construit pour les monarques catholiques à la fin du XVe siècle. L'église a été conçue par Juan Guas et allie les styles gothiques, mudéjares et Renaissance. Le cloître, restauré, est d'une grande beauté avec ses arcades flamboyantes et son étage plateresque couronné d'une balustrade et de pinacles.

Au sommet de la colline, à l'est de la cathédrale, s'élève l'**Alcázar** *(Cuesta Carlos V 2, tél. : 92 522 1673, fermé pour restauration jusqu'à fin 2009)*, imposant et massif, qui date du XIe siècle mais a souvent été reconstruit. Forteresse nationaliste pendant la guerre civile, elle a été assiégée par les Républicains. Lorsque sa restauration sera terminée, le bâtiment accueillera le musée de l'Armée, transféré de Madrid.

Non loin, la **Plaza de Zocodover**, toujours animée, était un marché aux bestiaux à l'époque arabe. Elle a été remodelée au XVIe siècle par Juan de Herrera. Juste à côté, s'élève le **Museo de Santa Cruz** *(Calle Cervantes 3, tél. : 925 221 036)*, un magnifique édifice Renaissance, ancien orphelinat fondé par le cardinal Mendoza, au XVIe siècle. À ce jour musée d'Art et d'Archéologie, il possède une riche collection, notamment d'œuvres du Greco et de Goya, ainsi que des mosaïques, des céramiques et des tapisseries. ■

Tolède offre un aspect théâtral, au moment du crépuscule, quand les clochers de ses églises se découpent en contre-jour sur le ciel.

Museo Sefardí
www.museosefardi.net
✉ Calle Samuel Leví
☎ 92 522 3665
🕒 Fermé dim. a.-m. et lun.
€ €. Gratuit sam. a.-m et dim. matin

Monasterio de San Juan de los Reyes
✉ Calle San Juan de los Reyes 2
☎ 92 522 3802
€ €

La cathédrale de Tolède est un superbe exemple d'architecture gothique espagnole.

Une promenade dans Tolède

Cette promenade vous fera passer dans des ruelles bordées de murs élevés, par d'étroits escaliers conduisant vers de surprenantes églises, chapelles et même vers une mosquée. Dans une ville comme Tolède, il ne faut pas hésiter à emprunter les ruelles étroites, pousser une porte pour découvrir une petite cour arborée, lever les yeux pour admirer un balcon en fer forgé.

De la Plaza de Zocodover, prenez la Calle Comercio, la principale rue commerçante de la ville. Au carrefour, descendez le long de la Calle del Hombre de Palo, puis prenez à gauche la Calle Arco del Palacio, et passez sous une arche pour arriver devant la porte principale de la **Catedral** ❶ (voir p. 214) sur la Plaza del Ayuntamiento, de la forme triangulaire.

En face, montez les marches à gauche du **Palacio Arzobispal** (Palais de l'Archevêché), qui conduisent à la jolie Plaza del Consistorio. Tournez à droite et gravissez le Cuesta del Ordenal. Arrivé en haut, tournez à droite et puis tout de suite à gauche dans l'étroite Callejón de Jesús María. Au bout, tournez à droite pour admirer l'imposante façade baroque de **San Ildefonso**. Tournez à gauche à côté de l'église dans la Calle de San Román qui conduit à l'église **San Román** ❷. L'entrée est à l'angle de la Calle San Clemente. Temple wisigothique à l'origine, cet édifice mudéjar fut construit au XIIe siècle. À l'intérieur, vous pourrez admirer des fresques représentant la résurrection des morts, des arches califales et une chapelle plateresque. Il abrite aujourd'hui un musée consacré à la culture wisigothique, le **Museo de los Concilios y de la Cultura Visigoda** *(tél. : 925 227 872, fermé dim. a.-m et lun.)* Vous pouvez monter dans la tour du clocher pour admirer la vue sur la ville et la campagne alentour.

Après avoir quitté l'église, continuez sur la Calle de San Román et tournez à gauche, en bas, vers la Plaza de Padilla. Traversez la place en diagonale pour descendre les marches et tournez à droite pour longer le couvent et l'église de **Santo Domingo el Antiguo** ❸ *(tél. : 925 222 930, fermé dim. mat.)*. Premier couvent de Tolède, fondé en 1085 par les Cisterciens, douze religieuses l'occupent à ce jour. L'église, d'intérieur néoclassique, abrite la tombe du Greco et possède trois de ses tableaux. Deux

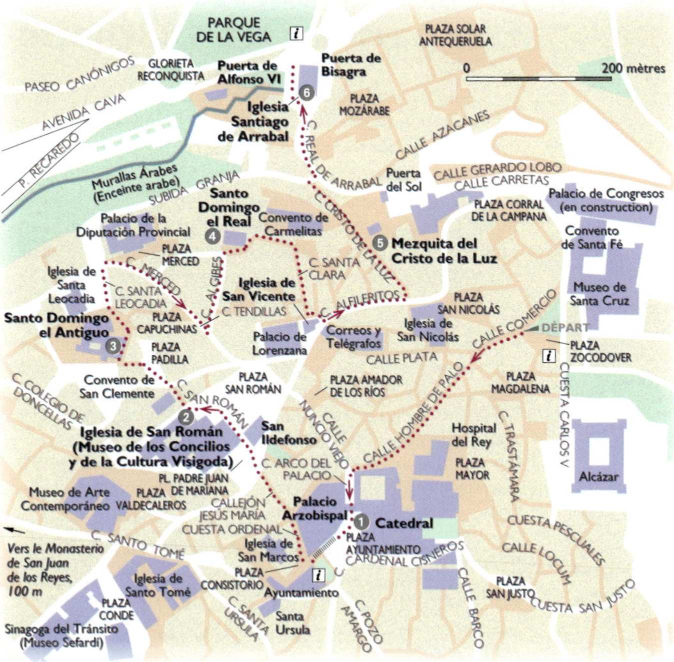

d'entre eux, ***Saint Jean le Baptiste*** et ***Saint Jean l'Évangéliste*** font partie du retable, le troisième, l'exceptionnelle ***Résurrection du Christ*** se trouve sur sa droite. La tombe, modeste, est située dans la crypte mais reste visible à travers un panneau en verre.

Descendez la Calle de Santa Leocadia jusqu'à la Plaza Merced, dominée par le grand bâtiment du Conseil de la Province. Prenez à droite la Calle Merced, qui devient une ruelle typique entourée de hauts murs, et conduit à la Plaza de Capuchinas. Continuez dans la Calle Tendillas et prenez la première à gauche, la Calle Algibes. Elle mène à la façade baroque de **Santo Domingo el Real** ④, l'un des nombreux couvents de la place. Passez sous le *cobertizo* (un passage couvert), tournez vers un autre passage et continuez le long de la Calle Santa Clara, avant de longer ensuite l'abside de l'église mudéjare du XIIIe siècle de **San Vicente**.

Tournez à gauche dans la Calle de los Alfileritos, puis prenez la troisième rue sur la gauche, la Calle del Cristo de la Luz. Elle vous conduira à une étonnante mosquée, construite en 999, la **Mezquita del Cristo de la Luz** ⑤ (*tél. : 925 254 191, €*).

Descendez ensuite quelques marches sous la voûte. Tournez à droite et immédiatement après à gauche dans la Calle Real de Arrabal, qui conduit à l'**Iglesia Santiago de Arrabal** ⑥, de style gothique-mudéjar, construite au XIIIe siècle. À côté, s'élève la **Puerta de Bisagra**, la porte principale de la ville. ■

Voir plan de la zone p. 213
Plaza de Zocodover
4,2 km
2-3 heures
Puerta de Bisagra

NE MANQUEZ PAS

- Catedral
- Iglesia de San Román
- Convento de Santo Domingo el Antiguo
- Mezquita del Cristo de la Luz

Le pays de Don Quichotte

Pays de Don Quichotte
www.donquijotedelamancha2005.com
Plan de la région p. 213
80-160 km au sud de Madrid

Casa-Museo de Dulcinea et Museo Cervantino
www.eltoboso.org
Calle Don Quijote 1, El Toboso
92 519 7288
Fermé dim. a.-m. et lun.
€

Moulins à vent de Consuegra
www.consuegra.es
Informations touristiques
Cerro Calderico
92 547 5731

Parque Nacional de las Tablas de Daimiel
www.aytodaimiel.es
Informations touristiques
92 669 3118

El Toboso
www.eltoboso.org
Informations touristiques
Calle Draoiz y Velarde 3
92 556 8226

EL INGENIOSO HIDALGO DON QUIJOTE DE LA MANCHA, MIEUX CONNU SOUS le nom de *Don Quichotte*, a été publié il y a un peu plus de quatre siècles, en 1605. Œuvre majeure de Miguel de Cervantès (1547-1616), ce célèbre roman se déroule dans la vaste région au sud de Tolède, qui est toujours aussi désolée aujourd'hui. Don Quichotte la traverse à cheval, en compagnie de son fidèle compagnon, Sancho Panza, rencontrant sur son trajet quantité de personnages hauts en couleur. Le récit de leurs aventures rocambolesques est également une satire des mœurs sociales de l'Espagne de la fin du XVIe, début du XVIIe siècle.

Pensez à Don Quichotte et tout de suite des images de châteaux, de plaines, de moulins à vent vous viennent à l'esprit. Au sud-est de Tolède, s'élève une kyrielle de châteaux, à Almonacid de Toledo, Mascaraque, Mora, Manzaneque, Orgaz… À proximité **Tembleque**, où travaillait Sancho Panza avant de rejoindre Don Quichotte dans sa quête pour rendre le monde meilleur, possède une jolie place de village, avec des balcons en bois et des arcades en granit.

Vers l'est, au milieu d'un paysage de lacs et de forêts de chênes, s'élève le joli village de Villacañas, fondé par les Chevaliers de l'Ordre de Saint-Jean, au XIIIe siècle. Certains habitants y vivent toujours dans des cavernes. Des lacs bordent chaque côté de la route qui vous conduira bientôt au **Campo de Criptana**, où les célèbres moulins à vent s'échelonnent au milieu de la plaine. Dans le monde illusoire de Don Quichotte, les moulins à vent se transformaient en géants qui agitaient leurs longs bras pour repousser l'ennemi.

Les vignes couvrent les champs le long de la route qui mène à **El Toboso**, où vivait Dulcinea. Sa maison a été reconstruite dans le style du XVIe siècle avec un mobilier typique de l'époque et transformée en musée. Vous pourrez également visiter le **Museo Cervantino**, présentant de nombreuses éditions du livre. D'autres moulins à vent constellent les paysages tout autour de **Mota del Cuervo**, sur la route en direction du village de **Belmonte**, à l'est, avec son imposant château du XIVe siècle et ses jolies maisons typiques, blanchies à la chaux.

Les moulins à vent les plus remarquables se trouvent à **Consuegra**, au sud d'Orgaz. Les 11 moulins, tous ouverts au public, servaient à moudre le grain. Chaque *molino* porte un nom, et le premier, **Bolero**, abrite un centre d'informations touristiques. **Sancho** est un des plus intéressants avec son authentique équipement du XVIe siècle. Il fonctionne toujours pendant le festival de Saffron Rose, en octobre. De **Vista Alegre**, à côté de la forteresse, au sommet de la colline, vous pourrez admirer la vue sur les plaines alentour. **Caballero del Verde Gabán** a été transformé en librairie, avec des éditions de Don Quichotte dans toutes les langues.

En vous dirigeant vers le sud, vous atteindrez **Puerto Lápice**, un village mentionné plusieurs fois dans le roman où l'on ressent encore une atmosphère médiévale. Le paysage change en traversant les marais du **Parque Nacional de las Tablas de Damiel**, où vivent de nombreuses espèces d'oiseaux.

Toujours vers le sud, vous atteindrez **Almagro**, une ville florissante aux XVIe et XVIIe siècles. Le centre, bien conservé, est concentré autour de son théâtre de l'époque de l'Âge d'Or, le **Corral de Comedias**, sur la place principale, où se tient en juillet le Festival international de Théâtre classique.

La **Plaza Mayor** en arcades est l'une des plus spectaculaires d'Espagne. Avec ses bons restaurants, ses hôtels et ses boutiques, Almagro est une excellente étape. ■

Almagro
www.ciudad-almagro.com
Informations touristiques
✉ Plaza Mayor 1
☎ 92 686 0717

De jeunes mariés s'apprêtent à poser pour la photo traditionnelle devant les moulins à vent du Campo de Criptana.

Aranjuez
www.aranjuez.com
Plan p. 213
48 km au sud de Madrid.
En voiture : A-4 (direction : Córdoba) prendre la sortie 37, puis M-305. En train : C-3 de la gare d'Atocha. En bus: AISA & SAMAR d'Estación Sur.

Aranjuez

Bien située entre le fleuve de Jarama et le Tage, cette ville élégante s'est développée autour de son palais royal du XVIIIe siècle. Elle est également réputée pour ses fraises et ses asperges qui poussent au printemps dans les champs fertiles le long des rivières. Les grands jardins autour du palais ont inspiré Joaquín Rodrigo pour composer le *Concerto de Aranjuez*, et la ville est également le cadre de la pièce de Schiller, *Don Carlos*. Un train touristique *(tél. : 902 088 089)* relie les différents points d'intérêt qui sont éloignés les uns des autres de plusieurs kilomètres.

Le fumoir ou « salon arabe » : toute la chaleur du style mozarabe.

Informations touristiques
Plaza San Antonio 9
91 891 0427

Le **Palacio Real** *(Plaza de Parejas, tél. : 91 891 1344, fermé lun., €€)* devait être la résidence d'été et de printemps de Philippe II, mais un incendie a en grande partie détruit l'édifice en 1655. Le roi a alors demandé à Santiago Bonavía un nouveau palais, qui refléterait ses goûts pour l'art français de la monarchie des Bourbons. La **pièce chinoise**, décorée de carreaux en porcelaine de la fabrique Buen Retiro de Madrid est particulièrement impressionnante. La **Salle du Trône**, rococo, et le **Salon Arabe**, inspiré par l'Alhambra de Grenade, sont également très spectaculaires.

Les jardins du Palais sont ouverts le lundi quand le bâtiment est fermé. Le **Jardín del Príncipe** (Jardin du Prince) s'étend sur 150 ha plantés d'une grande variété d'arbres dont beaucoup ont poussé à partir de graines rapportées des Amériques.

Au bout du jardin, s'élève la **Casa del Labrador**, un hôtel particulier néoclassique construit pour Charles IV, en 1804. De la suite de salles décorées, la plus étonnante est le **Gabinete de Platino** aux murs incrustés d'or, de platine et de bronze. Le **Museo de Falúas Reales**, musée consacré aux bateaux de plaisance utilisés par la famille royale, est situé à côté du Palais. ■

Chinchón

La place centrale de Chinchón, de style médiéval, est une place de marché très animée depuis des centaines d'années.

PEU DE SITES SONT À VISITER DANS LA PETITE VILLE TRANQUILLE DE Chinchón, mais les gens y viennent en nombre le week-end pour se promener ou profiter d'un déjeuner copieux dans l'un des restaurants de la Plaza Mayor, la place principale. Des balcons en bois cernent cette place médiévale de forme irrégulière.

La place a servi de cadre aux courses de taureaux au cours des cinq derniers siècles mais, aujourd'hui, elles n'ont plus lieu que lors des fêtes locales, en juillet, août et octobre. Des concerts et des pièces de théâtre y sont régulièrement donnés, dont le traditionnel *Mystère de la Passion*, à Pâques. Les boutiques autour de la place vendent des spécialités locales, dont l'*anís*, une liqueur anisée fabriquée dans les distilleries installées tout autour de la ville, ainsi que du *chorizo*, de l'ail et du vin.

Un labyrinthe de ruelles, bordées d'hôtels particuliers aux grandes portes en bois décorées des armes de la maison, serpente tout autour de la place. Vous y verrez notamment la **Casa de la Cadena**, où Philippe V a logé en 1706, durant la guerre de Succession espagnole.

Le frère de Francisco de Goya, Camilo, était prêtre à l'**Iglesia de la Asunción**, du XVIe siècle. Elle possède un retable peint attribué à l'artiste. Goya se rendait souvent dans cette ville et aimait particulièrement peindre sur la place. Le dramaturge Lope de Vega venait également ici, ses pièces étant souvent jouées au théâtre du palais des Comtes de Chinchón, l'actuel **Teatro de Lope de Vega**.

Dans les années 1960, Orson Welles a résidé ici pendant le tournage de *Falstaff* et de *Une histoire immortelle*. Chinchón est une ville toujours très populaire auprès des réalisateurs à la recherche d'une ambiance médiévale pour illustrer un film ou une publicité. Les jours de semaine, dans la matinée, il n'est pas rare de croiser une équipe de tournage. ■

Chinchón

www.ciudad-chinchon.com

Voir plan de la région p. 213

45 km au sud de Madrid. En voiture : A-3 vers Puente de Arganda, puis M-311, ou A-4 pour la sortie sur la M-404

En bus : 337, La Veloz, à la sortie de la station de métro Conde de Casal (tél. : 91 409 7602)

Informations touristiques

Plaza Mayor 6

91 893 5323

Des artistes de rue jouent une scène de Don Quichotte.

Alcalá de Henares

Bien que facilement et rapidement accessible de Madrid, Alcalá de Henares accueille relativement peu de touristes. Son importante zone industrielle peut sembler décourageante mais le centre de cette jolie localité mérite d'être découvert. Elle fut une importante ville romaine, siège d'une université en 1499, et Miguel de Cervantès y naquit en 1547. De grands écrivains de l'âge d'or ont étudié dans cette ville au XVIIe siècle, et leurs pièces furent présentées dans la cour d'un théâtre qui existe toujours.

Ce théâtre, le **Corral de Comedias** *(tél. : 91 882 2442)*, est situé sur la Plaza de Cervantes, la place principale de la ville. Construit en 1601, il a conservé son plan d'origine et a récemment fait l'objet d'une importante restauration. À ce jour, il n'est utilisé que pour des spectacles occasionnels, mais il s'ouvrira sans doute un jour aux visiteurs. Renseignez-vous à l'office de tourisme, il vaut vraiment la peine d'être visité.

Le bâtiment le plus important de l'**Université** *(Plaza San Diego, tél. : 91 885 6487)*, le **Colegio de San Ildefonso**, du XVIe siècle, est de style Renaissance. Le **Patio Trilingüe**, dans l'enceinte de l'Université, a été baptisé d'après les écoles de Latin, Grec et Hébreu, situées à l'origine dans la cour. La **Capilla de San Ildefonso**, achevée en 1510, possède un magnifique plafond à caissons de style mudéjar.

En partant de la Plaza de Cervantes, la **Calle Mayor**, en arcades, longue d'environ 1 km, conduit au **Museo Casa Natal de Cervantes** *(Calle Mayor 48, tél. : 91 889 9654, fermé lun.)*, une reconstitution de la maison où vécut le grand écrivain.

Plus loin, le long de la Calle Mayor, s'élève la **Catedral Magistral**, de style gothique tardif (*Plaza de los Santos Niños, tél. : 91 888 0930, fermé sam. et dim. sauf pendant les services*), elle fut construite au début du XVIe siècle. Son clocher, comme beaucoup d'autres dans la ville, abrite un nid de cigognes. ■

Alcalá de Henares
www.alcalaturismo.com
- Plan de la région p. 213
- 34 km à l'est de Madrid. En voiture : A-2/N-2 (direction Zaragoza)
- En train : C-1, C-2 et C-7A de la gare d'Atocha. De mai à oct., sam. et dim., le Tren de Cervantes (Train de Cervantès), propose également une visite guidée. En bus : Continental Auto service 233 de la gare routière Avenida de América
- 91 356 2307

Informations touristiques
- Callejón Santa María 1
- 91 889 2694

Ávila

LA VILLE D'ÁVILA, CERNÉE DE MURS D'ENCEINTE DU XIIE SIÈCLE, EST SITUÉE au sommet d'un éperon de 1100 m, sur les hauts plateaux de la Meseta, offrant des vues panoramiques sur les plaines. Il y fait souvent très froid l'hiver, mais ce site est très agréable à visiter à pied le reste de l'année. Le centre médiéval est riche en églises et couvents, dont beaucoup sont dédiés à la très vénérée sainte Thérèse de Jésus, une religieuse mystique du XVIe siècle devenue l'une des saintes patronnes d'Espagne. La ville est réputée pour sa *ternera de Ávila* (viande de veau).

Les **remparts**, les plus anciens d'Espagne (XIe siècle), ont été élevés pour se défendre contre les Maures. Les murs, hauts de 12 m et larges de 3 m, les 88 tourelles et les 9 portes fortifiées témoignent de l'importance de la ville après la Reconquête chrétienne. Vous pouvez en faire le tour à pied, sur une distance de 2,5 km, en partant de la Puerta del Alcázar.

La **cathédrale** fut commencée au XIIe siècle et mélange les styles roman et gothique. Dans le chœur, vous pourrez admirer des stalles de style plateresque sculptées, et des peintures de Pedro Berruguete et Juan de Borgoña, sur le grand autel. Dans le déambulatoire, ne manquez pas le tombeau de l'évêque Alonso de Madrigal, surnommé « El Tostado » (le Bronzé), en raison de son teint mat. Le **musée** installé dans la sacristie contient un ostensoir datant de 1571 réalisé par Juan de Arfe.

Le **Convento de Santa Teresa** est un bâtiment baroque érigé au XVIIe siècle sur le site de l'ancienne maison de sainte Thérèse. Une chapelle, dans la pièce où elle est née, renferme des sculptures de Gregorio Fernández. Sainte Thérèse a passé trente ans au **Monasterio de la Encarnación** *(Paseo de la Encarnación, fermé mar.)* Au cours de la visite guidée, qui est obligatoire, on peut voir sa minuscule cellule. ■

Les fortifications de la célèbre Ávila.

Ávila

www.avilaturismo.com

Plan de la région p. 213

113 km au nord-ouest de Madrid.

En voiture : A-6 pour Villacastín, puis N501

En train : De Chamartín ou de la gare d'Atocha

En bus : Larrea (☎ 91 530 4800) de la gare routière de Estación Sur.

Informations touristiques

Plaza Pedro Davila

☎ 92 021 1387

Catedral

Plaza de la Catedral

☎ 920 211 641

€ (musée)

Convento de Santa Teresa

Plaza de la Santa

☎ 920 211 030

Château, églises et cathédrale sont bâtis dans une belle pierre dorée.

Segovia
www.segoviaturismo.com
Plan de la région p. 213
85 km au nord-ouest de Madrid. En voiture : A-6 pour Guadarrama, puis la route directe N603, ou la route panoramique N601, ou la voie rapide (péage) AP-61
En train : C-8b de la gare d'Atocha ou Chamartín (local)
En bus : La Sepulvedana (tél. : 91 530 4800) de Paseo de la Florida 11

Ségovie

AVEC SON CHÂTEAU DE CONTE DE FÉES, SON AQUEDUC ROMAIN, ET SA situation stratégique sur une crête calcaire entre deux rivières, Ségovie est pour le moins une ville théâtrale. Malgré la richesse de ses monuments, elle n'est pas seulement un site touristique. Sa vie culturelle est très vivante et ses édifices historiques ont été affectés à de nouveaux usages et sont devenus des galeries d'art, des musées ou des écoles. La visite ne serait pas complète sans avoir dégusté un agneau rôti ou un cochon de lait dans l'un des meilleurs restaurants de la ville. À une altitude de 1 000 m, il y fait toujours plus froid qu'à Madrid, et il est préférable d'emporter un lainage, même en été.

Avant que Madrid ne devienne la capitale, Ségovie était l'une des villes les plus importantes de la Castille, comme en témoignent les nombreuses églises romanes de la ville. Le roi castillan Alphonse VI, surnommé le Vaillant, y installa la cour et Isabelle Ire y fut proclamée reine de Castille en 1474, dans l'église de San Miguel. Le déclin de la ville s'est accéléré à mesure que Madrid prenait de l'importance, mais a connu un renouveau certain au XVIIIe siècle quand Philippe V a fait construire le palais, à quelques kilomètres de La Granja (voir p. 232).

La région était habitée depuis l'an 80 av. J.-C., mais elle prit de l'importance avec les Romains qui construisirent l'**aqueduc** à la fin du Ier siècle après J.-C. Fait de blocs de granit provenant des montagnes de

Guadarrama, sans matériau agglomérant pour les assembler, il mesure 29 m de haut et 728 m de long et compte 166 arches. Construit pour apporter l'eau du Río Frío, 19 km plus loin, il a rempli cette fonction jusque dans les années 1960. Depuis sa restauration, trente ans plus tard, il peut à nouveau transporter de l'eau, mais n'approvisionne plus la ville.

De la **Plaza del Azoguejo**, devant l'aqueduc, prenez la **Calle Cervantes** qui monte vers la Plaza Mayor. Sur la droite s'élève la **Casa de los Picos**, du XVe siècle, avec sa façade caractéristique parsemée de pierres de granit en « pointes de diamant ». Plus loin, la rue devient la Calle **Juan Bravo**, un héros de la Révolte des *Comuneros* (1520-1521), lorsque les habitants de Castille protestèrent contre l'autorité et la volonté d'absolutisme de Charles Quint. Une statue de Juan Bravo s'élève sur la **Plaza de San Martín**, à côté de l'église du même nom, dotée d'une tour mudéjare. À côté, se trouve la maison noble de **Torreón de Lozoya** du XVe siècle et transformée aujourd'hui en centre culturel (*ouvert à partir de 19 h*), une altière tour de défense. À côté, le **Museo de Arte Contemporáneo Esteban Vicente** (*Plaza de las Bellas Artes, tél. : 92 146 2010, fermé dim. a.-m. et lun.*), installé dans un palais du XVe siècle, présente des œuvres du peintre expressionniste abstrait et organise de prestigieuses expositions temporaires d'art contemporain.

Au point le plus haut de la ville, passée la **Plaza Mayor** avec ses cafés en terrasse, s'élève la vaste **Catedral**, de style gothique tardif, commandée par Charles Quint et érigée à l'emplacement de l'ancienne cathédrale, détruite lors d'une insurrection des *Comuneros.* Les lignes harmonieuses, la pierre de grès dorée sont l'œuvre de Juan Gil de Hontañon et de son fils, Rodrigo, au XVIe siècle. Près de l'entrée, dans la Capilla de la Piedad, vous pourrez admirer le retable polychrome de Juan de Juni (1571). Le cloître, dessiné par Juan Guas, vient d'un édifice plus ancien. Le maître-autel a été conçu par Francesco Sabatini et ajouté à la fin du

XVIIIe siècle. Le **musée** contient des tapisseries, des statues ainsi que la tombe de Don Pedro, l'infant, fils de Enrique II, qui fit une chute mortelle de l'Alcázar, en 1366.

L'**Alcázar**, au sommet de la crête, ressemble à un navire qui s'apprête à traverser les champs de Castille. Construit à l'origine par la dynastie des Trastámara au XIIIe siècle, il fut agrandi par Philippe II, mais reconstruit en grande partie après un incendie au milieu du XIXe siècle. Avec ses tourelles, ses flèches, ses parapets, ses remparts, il a servi de cadre à de nombreux films.

L'Artillerie royale gère le **Museo real Colegio de Artillería** qui renferme une belle collection d'armes et d'armures dans des pièces aux magnifiques plafonds à caissons de style mudéjar. Si vous gravissez les 150 marches jusqu'au sommet de la tour, vous serez récompensé par la beauté du panorama. ■

Informations touristiques

✉ Plaza Mayor 10
☎ 92 146 0334
✉ Plaza del Azoguejo 1
☎ 92 146 6720

L'aqueduc a été construit par les Romains pour apporter l'eau des montagnes de Guadarrama.

Alcázar

www.alcazardesegovia.com
✉ Plaza de la Reina Victoria Eugenia
☎ 92 146 0759
€ Gratuit le mar. pour les ressortissants de l'U. E.

Catedral

✉ Calle Marqués del Arco 1
☎ 921 462 205
€ (cloîtres, salle capitulaire, musée)

Un circuit dans les montagnes de Guadarrama

La Sierra de Guadarrama, au nord-ouest de Madrid, est une chaîne de montagnes de granit qui s'étend entre les plaines de La Manche et de la Castille. Cet itinéraire vous fera découvrir des paysages très impressionnants, et de nombreux endroits pour s'arrêter et respirer le bon air de la montagne. Les routes sont parfaitement entretenues et signalisées. Vérifiez toutefois les conditions météo avant de partir, car la neige peut être abondante.

La Réserve naturelle de Cuenca Alta del Manzanares est très fréquentée le week-end.

Du centre de Madrid, dirigez-vous vers le nord en direction de Paseo de la Castellana et prenez la M-607. Juste après Colmenar el Viejo, prenez la M-609, et après 5 km, prenez la M-608 vers **Manzanares el Real** ❶. Vous traversez la réserve naturelle de Cuenca Alta de Manzanares avec le lac artificiel de Santillana sur la gauche et les pics escarpés de La Pedriza sur la droite.

En approchant du village de Manzanares el Real, apparaît le **château** du XVe siècle, digne d'un conte de fées *(tél. : 91 853 0008, fermé lun., €€€)*. Cet édifice restauré a été construit pour la puissante famille Mendoza et est orné de deux tours rondes et d'une galerie d'où la vue est superbe. À l'intérieur, vous pourrez également visiter un musée qui retrace l'histoire du château.

Continuez le long de la M-608, vers Cerceda, puis prenez la M-607 vers **Navacerrada** ❷. La route commence à monter fort en passant devant un autre lac artificiel, sur la gauche. Navacerrada, et son église du XVIe siècle, est une destination très prisée des Madrilènes, le week-end avec ses nombreux cafés et restaurants. Tournez tout de suite après le village sur la M-601 vers le col de **Puerto de Navacerrada**. À 1 880 m, une petite station de ski, entre la région de Madrid et la province de Ségovie, s'étend sous vos yeux en atteignant le sommet, juste derrière le village. Au croisement, tournez à droite sur la M-604 vers Cotos et Rascafría, laissant la vallée sur votre gauche et les versants escarpés couverts de pins sur votre droite.

Après 10 minutes de route, vous atteindrez le col de **Puerto de los Cotos** à 1 830 m. Cette ancienne station de ski a été transformée en réserve naturelle, le parc de Peñalara. Sur le versant surplombant le café, un centre d'informations met à votre disposition une brochure détaillant les chemins de randonnée.

Continuez le long de la M-604 vers Rascafría. La route descend maintenant en serpentant vers la vallée de Lozoya, pour atteindre une altitude de 700 m. Après 20 minutes, juste avant Rascafría, vous arrivez au **Real Monasterio de Santa María de El Paular** *(tél. : 91 869 1425, www.monasterioelpaular.com)*. Fondé en 1390, le monastère abrite encore une petite communauté de bénédictins. L'église du XVIe siècle recèle un retable gothique. Une partie du monastère a été convertie en hôtel de luxe, le **Santa María de El Paular** *(tél. : 91 869 1011)*, doté de deux restaurants.

Rascafría ❸ est à cinq minutes de là, sur la M-604 et abrite de nombreux restaurants. Du village, prenez la M-611 vers **Miraflores de la Sierra**, à 24 km sur l'autre côté du versant du col de Puerto de Morcuera. Après avoir traversé la rivière Lozoya, la route commence à monter à nouveau dans une série de virages relativement serrés. Vous découvrirez alors un paysage plus doux avec les troupeaux paissant dans les champs. Après avoir passé le col de Puerto de Morcuera à 1 796 m, les plaines de Castille s'étalent devant vous et la route descend en serpentant vers **Miraflores de la Sierra** ④. Le village, entouré de forêts de pins, est très animé le week-end, mais reste un endroit agréable pour flâner et prendre un café en terrasse. Vous pouvez également prévoir une promenade dans la forêt.

Pour revenir à Madrid, suivez les panneaux pour la M-611, M-609 et M-607, passant par Soto el Real et Colmenar el Viejo. En approchant de Madrid, prenez bien la voie de M-30, puis la sortie Paseo de la Castellana/Plaza de Castilla. ■

Voir carte de la région p. 213
➤ Madrid
177 km
1 journée avec les arrêts
➤ Madrid

NE MANQUEZ PAS

- Castillo de Manzanares el Real
- Real Monasterio de Santa María de El Paular

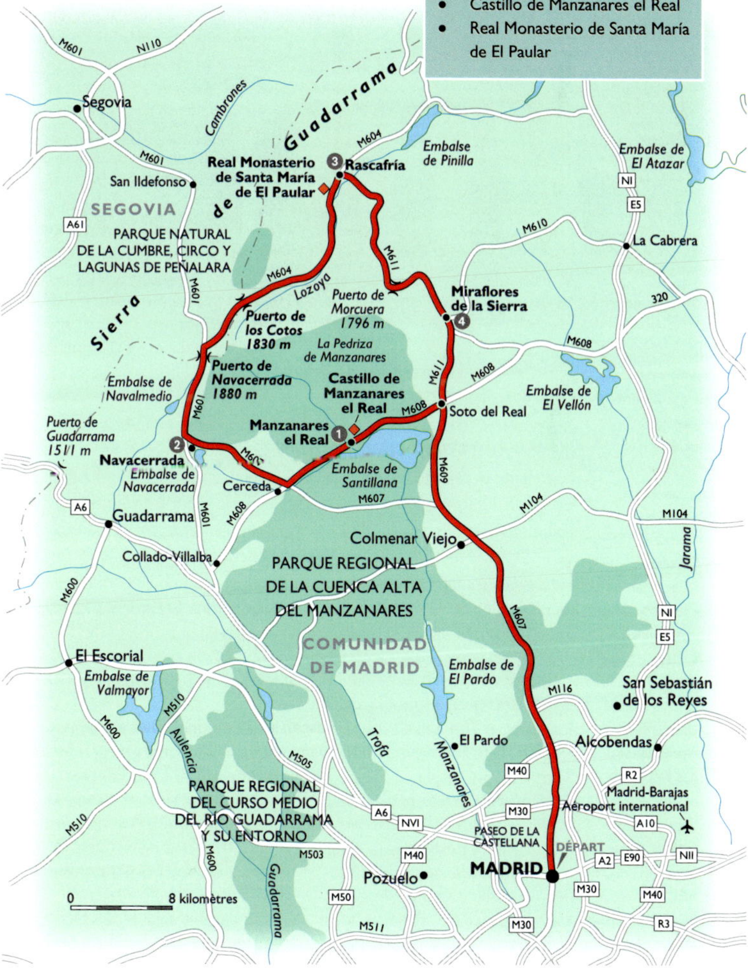

UN CIRCUIT DANS LES MONTAGNES DE GUADARRAMA

Les tours de l'église allègent l'ensemble quelque peu austère du Monasterio d'El Escorial.

San Lorenzo de El Escorial

www.sanlorenzoturismo.org

- Plan de la région p. 213
- 49 km au nord-ouest de Madrid. En voiture : A-6 vers Guadarrama, puis M-600
- En train : C-8a de la gare d'Atocha ou Chamartín. En bus : Herranz (tél. : 91 896 9028) le 661 ou le 664 de la station de métro Moncloa

El Escorial

L'IMPRESSIONNANT MONASTÈRE DE SAN LORENZO, PLUS CONNU SOUS LE NOM d'El Escorial (Escurial), a été fondé par Philippe II pour procurer un endroit convenable et paisible à son père, Charles Quint, et aux futurs monarques espagnols. L'énorme édifice de granit symbolise la gloire de la dynastie des Habsbourg, la puissance de l'Empire espagnol, et l'engagement inébranlable de Philippe II dans la foi catholique. La charmante petite ville de San Lorenzo, en contrebas du monastère, est pourvue de nombreux cafés et restaurants. Bien qu'au pied de la Sierra de Guadarrama, El Escorial s'élève à une altitude de 1 028 m, et le panorama y est magnifique.

Le nom d'El Escorial commémore la victoire des Espagnols sur les Français lors de la bataille de Saint-Quentin, le 10 août 1557, jour de la Saint-Laurent. Le plan de l'édifice monumental rappelle, par sa forme, le *gridiron* sur lequel le martyr fut grillé vivant. Construit entre 1563 et 1584, il fut dessiné par Juan Bautista de Toledo. À son décès, en 1567, un deuxième architecte, Juan de Herrera, reprit le projet, qui ne comprenait pas seulement un monastère, mais aussi un palais, un collège, un séminaire, une bibliothèque. Les travaux gigantesques ont accaparé 1 500 ouvriers mais n'ont duré que vingt et un ans. Le bâtiment mesure 205 m du nord au sud et 160 m d'est en ouest. On compte 2 673 fenêtres, 1 200 portes et 16 cours.

Les premiers moines, des hiéronymites, durent quitter le monastère après la confiscation des biens de l'Église, en 1836. Une communauté d'augustiniens s'y est établie en 1885 et dirige aujourd'hui une école dans le bâtiment.

La visite suit un circuit bien balisé. Vous commencez par la **Sala de San Mauricio**, qui contient la peinture d'El Greco, *Le Martyre de saint Maurice et la légion thébaine* (1580-1582). Des escaliers descendent au **Museo de Arquitectura**, installé dans de magnifiques caves voûtées, qui évoque la construction du monastère et la façon dont Herrera a modifié le plan original. L'essentiel de la magnifique collection d'œuvres d'art de l'El Escorial se trouve aujourd'hui au Prado, mais le **Museo de Pintura** (musée de Peinture) renferme encore quelques chefs-d'œuvre espagnols, flamands et italiens, signés notamment du Titien, Véronèse, Rubens et José de Ribera. Admirez le triptyque dû à Michel Coxcie (1499-1592), qui dépeint le *Martyre de saint Philippe.*

Les escaliers mènent aux appartements royaux. Vous commencerez la visite par le **Palacio de Philippe II**, dont les premières pièces furent occupées par sa fille, l'infante Isabelle Claire. La **Sala de Retratos** renferme des portraits des monarques de la dynastie des Habsbourg. La **chambre du roi**, où il mourut en 1598, est étonnamment austère. Une porte donne accès à l'église qui lui permettait d'assister à l'office depuis son lit.

On retrouve toute la grandeur de l'époque en descendant vers le **Panteón Real** de style baroque, une chambre octogonale toute de dorure, jaspe rouge et marbre noir. Le panthéon contient les tombes de presque tous les monarques, de Charles Ier à Alphonse XIII. Dans les neuf chambres adjacentes reposent princes et princesses.

Les **Salas Capitulares** (Salles capitulaires), voûtées, renferment de magnifiques tableaux du Greco, de Vélasquez et du Titien. Ne manquez pas la salle du fond qui présente des œuvres de Jérôme Bosch. Le *Couronnement d'épines* et la *Charrette de foin* reflètent son imagination débordante.

Le **Patio de los Evangelistas** est entouré d'un cloître décoré de fresques sur le thème de la Rédemption. Au centre de la cour s'élève un petit temple dorique.

La magnifique **Basílica** s'élève au centre d'El Escorial, entourée de 43 chapelles latérales. Elle est couronnée d'un dôme de 92 m de haut et décorée de magnifiques fresques de Lucas Jordán. La **Capilla Mayor** (chapelle principale), le cœur spirituel de l'ensemble de l'édifice, est

Informations touristiques

✉ Calle Grimaldi 2

☎ 91 890 5313

Le retable en bronze doré de la Capilla Mayor est l'un des chefs-d'œuvre de l'église de l'Escurial.

Les tombes des monarques espagnols sont traditionnellement gardées au Panteón Real d'El Escorial.

Real Monasterio de San Lorenzo del Escorial
www.patrimonionacional.es/escorial/escorial.htm
✉ Paseo de Juan de Borbón y Battenberg
☎ 91 890 5904 et 5903 et 5902
🕒 Fermé lun.
€ €€. Gratuit mer. pour les ressortissants de l'U. E.

dominée par un retable en bronze doré et en marbre, flanqué de 15 statues de bronze. De chaque côté du chœur, se trouvent les mausolées de Charles Quint et Philippe, représentés en prière avec leurs familles. Une des chapelles latérales contient un magnifique Christ sculpté par Benvenuto Cellini (1500-1571) en 1562. Il fut offert à Philippe II par le grand-duc de Toscane. Au-dessus du **Patio de los Reyes** (Cour des Rois), sur la gauche de l'édifice, se trouve la **bibliothèque royale**, décorée de voûtes en berceau, longue de 55 m et contenant plus de 40 000 livres et documents, dont les livres autographes de sainte Thérèse et des manuscrits en grec, latin, arabe et hébreu.

Admirez les fresques au plafond peintes par Pellegrino Tibaldi et qui représentent la Philosophie, la Théologie, la Grammaire, la Rhétorique, la Musique, l'Arithmétique, la Géométrie, les Langues et l'Astrologie. Les livres sont rangés dos tournés vers l'intérieur, un procédé qui permet à l'air de pénétrer dans le papier. Parmi plusieurs globes, le plus étonnant est sans doute la **Sphère armillaire**, en pin, élaborée en 1582 et qui présente le système solaire tel qu'il était imaginé par l'astronome grec Ptolémée, avec la terre au centre de l'univers.

Dans les jardins s'étendant autour du monastère, s'élèvent deux pavillons dessinés par Juan de Villanueva sous le règne de Charles III.

EL ESCORIAL

Les heures d'ouverture varient selon la période de l'année : renseignez-vous au monastère.

Dans les **Jardínes del Príncipe** (Jardins du Prince), la **Casita del Príncipe**, de style italien, à la façade néoclassique, entourée de magnolias, séquoias et cèdres, fut construite en 1772 pour le futur Charles IV. À l'intérieur, est disposée une splendide collection d'objets d'art dont des tapisseries, des peintures de Lucas Jordán et Corrado Giaquinto. Une pièce est entièrement habillée de plaques de porcelaine de la fabrique Buen Retiro, à Madrid.

Si vous marchez le long du Paseo de Carlos III pendant 20 minutes environ, vous parviendrez à la **Casita del Infante** (ou Casa de Arriba), un petit relais de chasse qui fut un temps la résidence du roi actuel Juan Carlos, alors étudiant.

Après 5 km sur la colline, au sud du monastère, se trouve la **Silla de Philippe II**, un siège creusé dans la roche d'où le roi avait l'habitude de suivre la construction de l'édifice. Dans la ville de San Lorenzo, un élégant théâtre du XVIIIe siècle, le **Real Coliseo de Carlos III**, a été restauré en 1979. ■

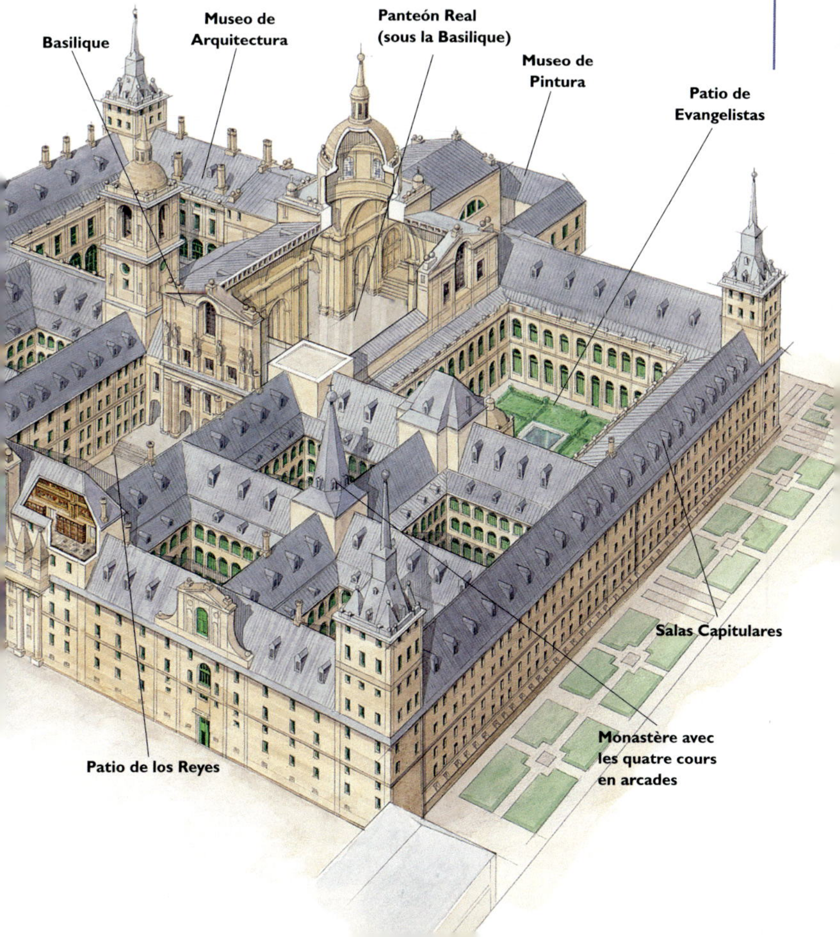

Autres sites à visiter

EL CAPRICHO DE OSUNA

Ce palais et ces jardins néoclassiques, proches de l'aéroport de Madrid, furent construits au XVIIIe siècle pour le duc et la duchesse de Osuna, un couple érudit et ami de Goya et de personnalités marquantes du monde de l'art. Ponts, îles, folies, cascades, labyrinthes de lilas agrémentent les jardins dessinés par Jean-Baptiste Mulot. Très endommagé pendant la guerre civile, quand le palais était un bastion républicain, cet ensemble a été soigneusement restauré au cours des dernières décennies.

Promenade dans les jardins d'El Capricho.

Plan p. 213 Paseo de la Alameda de Osuna, 10 km à l'est du centre de Madrid 91 588 1636, informations à Madrid auprès de l'office du tourisme Fermé lun.-ven. Canillejas puis bus 101, 105, 151

PALACIO REAL DE EL PARDO

À l'origine pavillon de chasse, ce palais royal a été embelli et agrandi au cours des différentes monarchies. Le bâtiment actuel date principalement du XVIIIe siècle et sa décoration, du XIXe siècle. Cette ancienne résidence du général Franco accueille aujourd'hui les chefs d'État étrangers. El Pardo propose un bon choix de restaurants servant des spécialités locales.

Plan p. 213 Calle Manuel Alonso, 14 km au nord-ouest de Madrid 91 376 1500, www.patrimonionacional.es Fermé dim. a.-m. €, Gratuit mer. pour les ressortissants de l'Union européenne. Bus 601 de la station de métro Moncloa

PALACIO REAL DE LA GRANJA DE SAN ILDEFONSO

Ce palais royal, commencé dans les années 1720, fut construit pour Philippe V et reflète l'attirance pour le goût « français » des premiers monarques bourbons. Conçu par Teodoro Ardemans et plusieurs architectes italiens, dont Juvarra et Sacchetti, le palais développe une succession de pièces élégamment décorées. L'intéressant musée de la tapisserie est fermé pour travaux jusqu'en 2007. Mais le principal intérêt du site réside dans ses jardins, dessinés par René Carlier, et dotés de magnifiques fontaines. Non loin, dans le village, se situe le Real Fábrica de Cristales (fermé lun. et mar), une verrerie créée en 1770 et qui dispose d'une boutique.

Plan p. 213. Plaza de España 17, Real Sitio de San Ildefonso, 90 km au nord-ouest de Madrid 92 147 0019, www.patrimonionacional.es Palais fermé lun. €€, Gratuit mer. pour les ressortissants de l'Union européenne. Bus La Sepulvedana de Paseo de la Florida 11 (91 530 4800)

VALLE DE LOS CAÍDOS

Cette vallée spectaculaire, nichée dans la Sierra de Guadarrama, a été choisie par le général Franco comme site pour son mausolée. À son emplacement s'élève une croix de granit de 150 m de haut et visible à des kilomètres à la ronde. Ce monument sinistre a été érigé entre les années 1940 et 1950 par des prisonniers républicains, forcés de creuser les rochers dans la montagne. La basilique a été conçue par Pedro Muguruza et contient une immense crypte dans laquelle reposent le général et José Antonio Primo de Rivera, le deuxième plus important personnage du Mouvement nationaliste. Les restes des 40 000 soldats et civils morts pendant la guerre civile se trouvent dans les ossuaires à côté d'innombrables statues de saints et de soldats espagnols. Le monument est prévu pour être transformé dans un avenir proche en lieu d'exposition.

Plan p. 213 Carretera de Guadarrama/ El Escorial, Valle de Cuelgamoros, 12 km à l'est de l'Escorial 91 890 5344, www.patrimonionacional.es Fermé lun. € Bus 660 de l'Escorial. ■

Informations pratiques

Préparez votre voyage **234**
Se rendre à Madrid **235**
Vous déplacer **235-237**
Conseils pratiques **237-239**
Les urgences **240**
Hôtels **241**
Restaurants **248**
Shopping à Madrid **259**
Sortir à Madrid **262**
Lexique **265**

Un éventaire de cartes postales.

INFORMATIONS PRATIQUES

PRÉPAREZ VOTRE VOYAGE

QUAND PARTIR ?

Madrid est une ville agréable tout au long de l'année. Le fait qu'elle soit relativement peu étendue pour une population assez réduite (elle ne compte que 3 millions d'habitants), la rend plus concentrée et facile à découvrir, même à pied ce qui reste la meilleure façon de la découvrir. Les températures les plus agréables sont celles du début du printemps (avril-mai) et de l'automne (septembre-octobre).

Août est le mois traditionnel des vacances familiales. Beaucoup de Madrilènes vont alors sur la côte, et de nombreux cafés, restaurants et boutiques ferment leur porte durant cette période. Mais les musées et monuments restent ouverts et le festival de Veranos de la Villa (Étés en ville), entre juin et septembre, anime la ville de concerts, de nombreuses expositions et de spectacles, dont beaucoup sont gratuits.

CLIMAT

Madrid est située en plein centre de l'Espagne. Sur le haut plateau de la Meseta, à une altitude de 646 m au-dessus du niveau de la mer, elle est la capitale la plus élevée d'Europe. Elle est aussi l'une de celles qui bénéficient du plus fort taux d'ensoleillement.

Il peut faire très chaud en été, la température ne baissant que de quelques degrés la nuit, et très froid et venteux en hiver. Les périodes les plus pluvieuses s'étalent d'octobre à décembre et d'avril à mai, et il est préférable d'être équipé d'un imperméable. En dehors de ces périodes, l'atmosphère est généralement très sèche.

Moyenne minimum/ maximum des températures

Jan. 2,6°C/9,7 °C
Avr. 7,2 °C/17,5 °C
Juil. 18,4 °C/31,2 °C
Oct. 10,2 °C/19 °C

PRINCIPALES MANIFESTATIONS

Madrid connaît de nombreux fêtes et festivals, certains d'ordre national, d'autres à l'échelle locale. D'autres encore sont organisées par certains quartiers de la ville.

La plus importante fête de Madrid est celle de San Isidro, le saint patron de la ville, qui a lieu le 15 mai et qui annonce le début du *mundial de toris*, la saison des corridas, de la plus haute importance pour les aficionados de tauromachie. Une *romería*, une procession religieuse, se déroule dans le parc de San Isidro et elle est suivie par un immense pique-nique. Musique et danse font ensuite partie du programme, notamment sur la Plaza Mayor et dans le parc de Las Vistillas.

Les fêtes du carnaval, en février ou début mars, célèbrent les derniers jours précédant le Carême avec des processions, des bals costumés. Elles assurent un magnifique spectacle de rue. Le Baile de Máscaras au Círculo de Bellas Artes est un bal qui rassemble plus de 3 000 participants costumés, le samedi soir. Et le dimanche, c'est au tour des enfants de se déguiser.

La Semaine sainte (Semana Santa) peut se tenir en mars ou en avril. La ville fourmille alors de processions religieuses colorées, la plupart remontant au Moyen Âge, en hommage à Jésus ou à la Vierge Marie. Et c'est toujours une étonnante combinaison entre un rituel ancestral, très fervent, et une occasion de bien manger et se divertir.

Du 6 au 15 août, Madrid célèbre trois de ses fêtes les plus typiques, dédiées à San Cayetano, à San Lorenzo et à la Vierge de la Paloma. Les journées sont dominées par les processions religieuses, et les soirées par les *verbenas* (danses en plein air). Les Madrilènes revêtent alors des costumes traditionnels : les hommes portent des pantalons en velours côtelé ou à petits carreaux, une chemise blanche, un foulard autour du cou, une veste noire et une casquette, tandis que les femmes resplendissent dans de longues robes, un foulard noué sur leurs cheveux.

Au mois d'octobre a lieu le Festival de Otoño (le festival d'Automne), qui combine toutes sortes de musiques, de la plus classique à la plus moderne, de la danse, du théâtre et du cinéma.

CE QU'IL FAUT EMPORTER

On peut se procurer tout ce qui est nécessaire à Madrid. Les Espagnols aiment se vêtir de manière assez élégante mais les vêtements décontractés sont parfaitement acceptés dans la journée. Si vous vous rendez dans un restaurant chic, il est pourtant préférable de vous habiller.

Il est conseillé d'emporter avec vous les ordonnances dont vous vous pourriez avoir besoin. Pour les autres médicaments, les pharmaciens sont bien informés et très serviables, et peuvent même délivrer certains remèdes qui nécessiteraient une ordonnance dans un autre pays.

SANTÉ

Aucune vaccination n'est nécessaire. L'eau du robinet à Madrid, d'un goût très doux, est potable. Vous trouverez d'autre part très facilement et partout des bouteilles de 1 litre ou de 33 cl d'eau minérale. En période chaude, le principal souci reste la déshydratation et les coups de soleil. Prenez avec vous des vêtementsbien adaptés et appliquez une crème de protection solaire. Pendant les heures les plus torrides de la journée, en été, vous verrez peu de Madrilènes dans les rues.

ASSURANCE

Vérifiez que votre police d'assurance voyage couvre bien les frais médicaux, ainsi qu'un éventuel rapatriement, et la perte de bagages ou d'argent. Conservez tous vos justificatifs de dépenses. Les pertes et les vols sont à signaler à la police et il vous faudra exiger une déclaration signée (*una denuncia*) au commissariat car elle vous sera réclamée par votre assureur pour vous faire rembourser.

VOUS RENDRE À MADRID

LES FORMALITÉS D'ENTRÉE

Les citoyens de l'Union européenne et les citoyens helvétiques peuvent entrer en Espagne avec une simple carte d'identité ou un passeport même périmé depuis moins de 5 ans. Leur séjour n'est pas limité dans le temps. Les ressortissants canadiens n'ont pas besoin de faire une demande de visa pour un séjour n'excédant pas 90 jours.

EN AVION

Plusieurs compagnies charter ou économiques desservent Madrid, en vols directs, au départ de beaucoup de grandes villes européennes.

Vous trouverez également des liaisons régulières assurées par les compagnies aériennes européennes. La compagnie nationale, Iberia, s'associe à British Airways pour les liaisons avec le Canada, de Toronto, Montréal et Vancouver. Toutes les grandes compagnies nord-américaines desservent Madrid.

NUMÉROS ET ADRESSES INTERNET À CONNAÎTRE

En Espagne
Air France, tél. : 902 20 70 90
Air Europa, tél. : 902 401 501
British Airways, tél. : 902 111 333
Iberia, tél. : 902 400 500

En France
Air France, tél. : 0 820 820 820, www.airfrance.fr
Air Europa, tél. : 01 42 65 08 00, www.air-europa.com
British Airways, tél. : 0 825 825 400, www.ba.com
Iberia, tél. : 0 825 800 965, www.iberia.fr

ARRIVÉE À L'AÉROPORT

Les vols internationaux arrivent à l'aéroport de Barajas, situé à 13 km du centre de Madrid.

Pour rallier la ville, un taxi vous coûtera entre 25 et 30 euros et le trajet durera environ 30 minutes, selon la circulation.

Des bus partent toutes les 10 minutes, de 5 h 36 à 23 h 30, vers Avenida de América, qui n'est pas exactement dans le centre de Madrid, et le coût est de 1 euro par passager. Pour vous rendre dans le centre, il vous faudra ensuite prendre un taxi, le métro ou un autre bus.

Le métro Barajas vous conduira à la station Nuevos Ministerios (ligne 8). Si vous être chargé, prévoyez plutôt une autre solution. Le ticket aéroport coûte 2 euros, mais il faut compter 6,70 euros pour un carnet de dix tickets de métro (*un bono de diez*) également valables dans les bus (comptez 1 euro de supplément aéroport). Compostez votre ticket dans la machine près du chauffeur quand vous montez dans le bus.

Pour revenir vers l'aéroport, les voyageurs des compagnies Iberia, Air Europa ou d'une autre compagnie espagnole peuvent procéder à leur enregistrement à la station de métro Nuevos Ministerios, plutôt qu'à l'aéroport de Barajas. Certains hôtels ont des navettes directes depuis et pour l'aéroport.

EN TRAIN

Les voyageurs venant des capitales europénnes arrivent à la gare de Chamartín, située dans le centre de la ville.

VOUS DÉPLACER

EN BUS

Madrid possède un réseau de bus très étendu, géré par le Empresa Municipal de Transporte (*EMT, Compagnie Municipale de Transports, tél. : 902 507 850 ou 91 406 8810*). Tous les bus sont dotés de l'air conditionné et la plupart sont équipés pour accueillir les voyageurs handicapés.

Les services fonctionnent de 6 h à 23 h, et des bus de nuit (*búhos* qui signifie « hiboux ») partent de la Plaza de la Cibeles, suivant 25 trajets différents, toutes les demi-heures entre minuit et 3 h du matin, et toutes les heures de 3 h à 6 h. Le conducteur ne s'arrête à l'arrêt que si vous lui faites signe à temps ou si un passager a pressé sur le bouton pour descendre.

Les chiens sont admis seulement s'il s'agit de chiens d'aveugles, ou s'ils sont de petite taille et portés par leur propriétaire.

EN VOITURE

À Madrid, trouver une place pour se garer peut se révéler extrêmement difficile (légèrement plus facile en août), à moins d'avoir accès au parking de votre hôtel ou à un parking privé.

Si une voiture n'est pas indispensable pour visiter la capitale, elle peut le devenir pour les excursions en dehors de la ville.

Trois boulevards périphériques encerclent Madrid, le M-30 le plus central, le M-40 et le M-50, qui permet l'accès aux autoroutes.

En dehors de Madrid, les différents types de routes sont les suivants : *autopistas* (autoroutes) et *autovías* (grandes routes nationales) qui sont presque toutes sans péage, les *carreteras nacionales* (routes nationales), indiquées en rouge sur les cartes, qui sont les routes principales traditionnelles pour le trafic local, les *carreteras comarcales* (routes locales), des routes plus petites indiquées en jaune et enfin, les petites routes de campagne indiquées en blanc.

INFORMATIONS AUX AUTOMOBILISTES

Pour conduire en Espagne, les ressortissants de l'Union européenne doivent être en possession de leur permis de conduire national. Les voyageurs d'autres nationalités devront se procurer un permis international.

Dans la voiture, il est indispensable d'être équipé de deux triangles de signalisation, d'ampoules de rechange pour les phares, de fusibles, de deux vestes réfléchissantes et d'un pneu de secours.

En conduisant, il est interdit de se servir d'un téléphone portable, sauf s'il est équipé d'un kit mains-libres. L'alcool au volant est sévèrement sanctionné.

Les enfants de moins de 12 ans ne sont pas autorisés à voyager à l'avant.

L'âge minimum légal pour la conduite est de 18 ans, et de 21 ans pour louer un véhicule.

Si vous voyagez dans votre propre voiture, assurez-vous que votre assurance est adaptée et n'oubliez pas la carte verte, disponible auprès de votre assureur.

En cas de panne ou d'accident

Les *autopistas* (les autoroutes) et les *autovías* (les grandes routes nationales) sont équipées de téléphones marqués « S.O.S », à intervalles réguliers. Une voiture de dépannage vous sera envoyée.

Vous êtes légalement tenu de porter une veste réfléchissante si vous quittez votre voiture et d'utiliser les triangles de signalisation. Certains automobiles clubs nationaux sont en relation avec leur équivalent espagnol, le RACE (*tél. : 902 300 505*).

La conduite et l'alcool

Pour les conducteurs, le taux d'alcoolémie toléré est limité à 0,25 mg pour un alcootest, et 0,5 g par litre de sang pour un test sanguin. Si vous avez votre permis depuis moins de deux ans, ses limites s'élèvent à 0,15 mg et 0,3 g.

Les amendes

Pour avoir dépassé les limites du taux d'alcoolémie toléré, l'amende est au minimum de 600 euros.

Pour avoir dépassé les limites de vitesse ou ne pas avoir respecté le port de la ceinture, elle est de 300 euros. Les non-résidents sont tenus de régler l'amende sur le champ ou d'en garantir le paiement par une compagnie financière avec laquelle la police (*Guardia Civil*) vous mettra en contact. Si vous ne payez pas, votre véhicule sera immobilisé.

L'essence

Le prix des carburants est contrôlé par le gouvernement. L'essence n'est pas très chère en Espagne. Vous trouverez du Super 4-étoiles, du Normal 3-étoiles, du *Sin plomo* (Sans plomb), ainsi que du *Gasoleo* (Diesel).

Le parking

Une ligne jaune continue sur la voie ou sur le bord du trottoir signale qu'il est interdit de se garer, même de s'arrêter ne serait-ce qu'un bref instant. Une ligne jaune discontinue signifie qu'il est interdit de se garer, ou qu'il est possible de le faire pendant une durée limitée, si un panneau indique les heures autorisées.

Les lignes bleues indiquent un parking payant. Réglez votre ticket dans les machines (leur signalétique montre une pièce introduite dans une fente) et mettez-le justificatif en évidence dans votre voiture.

Si votre voiture est enlevée par la fourrière, un autocollant orange sur la chaussée vous indiquera l'heure à laquelle cela s'est produit ainsi que le numéro de téléphone à appeler.

Les panneaux routiers

Si vous quittez Madrid pour un voyage en voiture, trouver la bonne route n'est pas toujours facile. Les panneaux apparaissent parfois au dernier moment, et ne mentionnent pas toujours la destination, mais seulement le numéro de la nouvelle route.

Il peut même s'agir parfois des anciennes numérotations (N-4, E-5) au lieu des nouvelles (A-IV).

Les ceintures de sécurité

Les ceintures de sécurité sont obligatoires à l'avant, comme à l'arrière si la voiture en est équipée. Les passagers de voitures anciennes n'en comportant pas à l'origine en sont dispensés.

Les limitations de vitesse

Les limitations de vitesse sont de 120 km/h sur les *autopistas* (les autoroutes) et *autovías* (les grandes routes nationales)

Sur les routes interurbaines, la vitesse est limitée à 100 km/h ou 90 km/h, selon l'indication que portent les panneaux

Dans les villes et les zones construites, on roule à 50 km/h, parfois moins, selon l'indication.

Les ronds-points

Les véhicules déjà engagés ont la priorité sur les entrants, sauf indication contraire.

Que faire en cas d'accident

Voir p. 240.

LOCATION DE VOITURES

Louer une voiture en Espagne est très simple et revient relativement peu cher. De nombreuses petites compagnies, ainsi que de grandes compagnies internationales, telles que Hertz et Avis, sont largement représentées.

Avis, tél. : 902 180 854
Europcar, tél. : 902 105 030
Hertz, tél. : 902 402 405

Si vous projetez un séjour en dehors de Madrid, il est plus judicieux de vous servir des transports en commun intra-muros et de louer une voiture pour sortir de la capitale.

EN MÉTRO

Le métro est le moyen de transport le plus rapide et peut-être le plus aisé pour se déplacer à Madrid. Il est en service de 6 h à 2 h, avec des heures de pointes du matin, entre 7 h 30 et 9 h, qu'il est préférable d'éviter dans la mesure du possible.

Il compte 158 stations et chaque ligne possède une couleur spécifique et dispose de deux quais dans chaque station, un pour chaque direction, avec indication de la destination finale.

Les enfants de moins de 4 ans voyagent gratuitement. Gardez votre titre de transport sur vous jusqu'à la sortie (*salida*).

Attention : il peut y faire très chaud l'été. Service client, tél. : 902 444 403.

EN TRANSPORTS PUBLICS

Dans le métro et les bus, les tickets à l'unité coûtent 1 euro.

Le ticket Metrobús, valable pour 10 trajets, revient moins cher et il est valable dans le métro (sauf pour la ligne 12) et les bus. Il est en vente dans les stations de métro, chez les marchands de journaux et de tabac (*estancos*, identifiés par un « T » jaune et « *tabacos* » sur un fond marron) mais pas dans les bus.

Un Pass Touristique (Abono Transportes Turístico), couvre l'ensemble de la ville (zone A) et il est valable pour 1, 2, 3, 5, ou 7 jours. Son prix varie de 4 à 20,40 euros, et les enfants âgés de moins de 11 ans payent demi-tarif. On peut l'acheter dans tous les offices du tourisme municipaux.

Un Pass mensuel (Abono Mensual de Transportes), pour le métro et le bus coûte 10,50 euros pour les plus de 64 ans, et entre 27 et 42 euros pour les autres.

Comme dans toutes les autres grandes villes, vous devez être vigilant, particulièrement pendant les heures de pointe et la nuit.

EN TAXI

Les taxis madrilènes sont nombreux. Ils sont reconnaissables à leur couleur blanche, à la ligne rouge qui traverse les portes avant en diagonale et à l'écusson de la ville de Madrid sur le côté. Une lumière verte allumée sur le toit indique que le taxi est libre.

Les stations de taxis sont indiquées par un « T » blanc sur un panneau à fond bleu.

Les taxis ne sont pas très chers, et aucun supplément ne vous sera demandé pour les bagages ou les chiens, mais les gros chiens (sauf les chiens d'aveugles) ne sont généralement pas admis.

Les trajets depuis ou vers une station de bus ou une gare subissent un supplément de 2,75 euros, et ceux depuis ou vers un aéroport de 5,25 euros. Le paiement doit être effectué en espèces.

Il existe aussi des compagnies de taxi privées, au même coût, comme Radio-Taxi Asociación Gremial (tél. : 91 447 5180 ou 3232) ; Radio-Taxi Independiente (tél. : 91 405 1213 ou 5500) ; Radio Teléfono Taxi/ Euro Taxi (tél. : 91 547 8200) et Teletaxi (tél. : 91 371 2131 ou 3711 ou 630 907 990).

EN TRAIN

La Renfe (Red Nacional de los Ferrocarriles Españoles) est la principale compagnie ferroviaire espagnole et le moyen de transport public le plus confortable et le plus agréable pour découvrir des sites à l'extérieur de la capitale.

Les trains TALGO trains (Tren Articulado Ligero Goicoechea Oriol) et les trains à grande vitesse AVE (Alta Velocidad Española) sont rapides, très confortables et équipés de bars-restaurants.

Les principales gares de Madrid sont celles de Chamartín et d'Atocha. Les trains AVE partent de la gare d'Atocha.

Les billets s'achètent chez les agents de voyage, dans les agences portant le signe de la Renfe, dans les bureaux de la Renfe au centre de Madrid, dans les grands magasins Corte Inglés, dans les gares et par téléphone *(90 224 0202)*.

Pendant les heures de pointe et les jours fériés, les trains peuvent être bondés. Prévoyez d'arriver en avance, les trains espagnols partent parfois avant l'heure.

Les billets de retour sont vendus avec une réduction de 20 % si le voyage aller-retour se fait dans une période de 60 jours. Les enfants de moins de 13 ans bénéficient d'une réduction de 40 % sur tous les billets, et ceux de moins de 4 ans voyagent gratuitement s'ils n'occupent pas un siège. Inter Rail et Eurail sont valables en Espagne. Pour les ressortissants de l'Union européenne, le pass Euro-Domino permet de voyager sans limites pendant 3 à 8 jours pendant une période d'un mois pour un coût qui varie de 110 à 230 euros.

Le Flexipass, valable pour les voyageurs non européens, offre de 10 à 15 jours de trajet illimité pendant deux mois, pour un coût variant de 470 à 731 euros, les moins de 26 ans et les plus de 60 ans bénéficiant de reductions.

Un supplément est demandé pour les réservations et les couchettes. La première classe est appelée *Preferente* et la seconde, *Turista*.

Renseignez-vous sur les promotions et les nouvelles offres. Il y en a beaucoup selon les saisons.

CONSEILS PRATIQUES

COMMUNICATIONS

INTERNET

La plupart des hôtels 3 étoiles et de catégorie supérieure mettent à la disposition de leurs clients un accès à Internet. La ville est remplie de cybercafés et de centres Internet. Voici une liste des plus sûrs :

Workcenter
Calle Alberto Aguilera 1,
Calle María Molina 40,
Paseo de la Castelane 149
Ces centres proposent également des services de mail, de photocopie ou d'impression.
☎ 90 211 5011.
🕒 24 heures sur 24.
€ 1,95 € pour 30 min..

Café Comercial
Glorieta de Bilbao 7,
☎ 91 521 5655.
Ⓜ Bilbao.
🕒 Lun.-jeu. 8 h.-1 h, ven.-sam. 8 h-2 h, dim. 10 h-1 h.
€ 1 € pour 50 minutes.

Cafetería Zahara
Gran Vía 31,
☎ 91 521 8424.
Ⓜ Callao.
🕒 9 h-1 h.
€ Environ 2 € de l'heure (fonctionne avec des pièces).

Casa de Internet
Calle Luchana 20,
☎ 91 594 4200.
Ⓜ Bilbao.
🕒 Lun.-ven. 9 h-12 h 30, sam. et dim. 10 h-12 h 30
€ 2,10 € de l'heure.

POSTES

L'expédition d'une lettre ou d'une carte postale de moins de 20 g coûte 0,31 euro pour l'Espagne, 0,60 euro pour l'Europe, et 0,78 euro pour l'Amérique du Nord.

Pour envoyer une lettre recommandée (*carta certificada*) de moins de 20 g, il vous en coûtera 2,44 euros pour l'Espagne, 2,84 euros pour l'Europe et 3,02 euros pour l'Amérique du Nord.

Les timbres peuvent aussi être achetés chez les marchands de journaux *estancos* (fermés de 14 h-17 h).

Les bureaux de poste (*correos*) sont ouverts de 8 h 30 à 20 h 30 et de 9 h 30 à 13 h, le samedi. Un petit nombre d'entre eux (comme celui du Paseo Santa María de la Cabeza 42) sont ouverts aussi le dimanche, de midi à 22 h.

Le bureau de poste du Palacio de Comunicaciones, sur la Plaza de la Cibeles, pourra conserver, pendant 15 jours seulement, le courrier en poste restante qui vous sera adressé à « Lista de Correos, Oficina Principal de Madrid, 28070, Spania ». Il sera ensuite renvoyé à l'expéditeur.

TÉLÉPHONE

Tous les numéros de téléphone espagnols comportent neuf chiffres. Les deux ou trois premiers chiffres (91 pour Madrid) indiquent la province et doivent toujours être composés, même si vous appelez de l'intérieur de la zone.

Les numéros qui commencent par un 6 sont des téléphones portables et les communications sont par conséquent plus chères.

Les numéros gratuits commencent par 900.

Pour appeler l'Espagne de France, composez le 00-34 suivi du numéro de votre correspondant.

Pour appeler d'Espagne

Pour appeler d'Espagne, composez le 00 suivi du code du pays (33 pour la France, 1 pour le Canada et les États-Unis, 41 pour la Suisse, 32 pour la Belgique) puis le numéro de la zone suivi du numéro de téléphone de votre correspondant, éventuellement sans le 0 initial.

Cartes de téléphone

Pour appeler d'une cabine, vous pouvez utiliser des pièces ou, de préférence, achetez une *tarjeta telefónica* (carte téléphonique). Elles sont vendues dans les bureaux de poste, les *estancos* (marchands de journaux) et coûtent entre 5 et 150 euros.

Opérateurs et informations pratiques

Pour des appels en Espagne, l'opérateur est le 1009.

Pour des informations concernant les appels nationaux, composez le 11818 et le 11825, pour les appels internationaux.

CARTES DE RÉDUCTION

La Madrid Card permet d'entrer gratuitement dans 43 musées madrilènes les plus importants, dont celui du Prado, de la Reina Sofía et de Thyssen-Bornemisza. Elle autorise aussi des trajets illimités sur 3 parcours des bus Madrid Visión.

Elle donne l'accès gratuit aux promenades guidées de la Descubre Madrid (Découvrir Madrid), au Parque de Atracciones (Parc d'attractions), au Zoo-Aquarium, au Teleférico (téléphérique), au parc naturel Faunia et au cinéma IMAX de Madrid. Elle vous permet enfin de bénéficier de réductions dans certains magasins, restaurants et spectacles.

La carte coûte 42 euros pour 24 heures, 55 euros pour 48 heures et 68 euros pour 72 heures. Elle est moins chère si elle est achetée via Internet. Elle est disponible dans les offices de tourisme, les agences de voyage et certains hôtels. Les cartes pour enfants existent depuis 2006. Neoturismo, tél. : 902 088 908, www.madridcard.com.

ÉLECTRICITÉ

Le réseau électrique fonctionne en 220V, 50 Hz et les prises présentent parfois deux fiches rondes. Les appareils électriques de type américain nécessitent donc un adaptateur et un transformateur particulier.

USAGES

La sieste espagnole n'est pas qu'une image d'Épinal, même si elle est souvent passée à laisser traîner le déjeuner et à bavarder plutôt qu'à dormir véritablement.

Nombreux sont les magasins qui ferment entre 13 h 30 et 16 h 30 ou de 14 h à 17 h.

Il est rare de déjeuner (pour beaucoup, c'est le repas le plus consistant de la journée) avant 14 h et cela peut dure souvent jusqu'à 17 h, parfois plus le dimanche. Le dîner commence entre 21 h 30 et 23 h. Si vous souhaitez dîner plus tôt, il vous sera plus facile de trouver une table dans les restaurants les plus courus.

JOURS FÉRIÉS

L'Espagne connaît des jours fériés nationaux, régionaux et locaux. À Madrid, il y faut aussi compter avec de nombreuses fêtes de quartier.

Les jours fériés nationaux sont le 1er janvier (*El Año Nuevo*, jour de l'an) ; le 6 janvier (*El Día de los Reyes Magos*, Épiphanie) ; le jeudi et le vendredi saints en mars-avril ; le 1er mai (Fête du Travail) ; le 25 juillet (*Santiago Apostol*, Saint Jacques l'Apôtre) ; le 15 août (*Asunción de la Virgen*, Assomption) ; le 12 octobre (*Día de la Hispanidad*, Fête nationale) ; le 1er novembre (*Todos los Santos*, Toussaint) ; le 6 décembre (Fête de la Constitution) ; le 8 décembre (Immaculée Conception) ; le 25 décembre (*Día de Navidad*, Noël).

Les principales fêtes spécifiques à Madrid sont le 2 mai (Jour de Madrid) ; le 15 mai (San Isidro, saint patron de Madrid) ; le 9 septembre (Santa María de la Cabeza ou La Melonera, la Vierge au melon) ; le 9 novembre (La Almudena, la sainte patronne de Madrid).

La capitale continue de fonctionner pendant ces *días festivos* (jours fériés), l'effet principal (mis à part les célébrations) étant la fermeture des administrations publiques.

À noter que si le jour férié tombe un dimanche, il est en général reporté au lundi. Et s'il tombe le mardi ou le jeudi, cela crée bien souvent un *puente* (un pont).

MÉDIAS

JOURNAUX

Les trois quotidiens les plus populaires du Pays, et de sa capitale, sont *El País*, *El Mundo* et *ABC*. Le journal de gauche *El País* est celui dont la couverture des événements internationaux est la plus développée.

Les journaux français sont faciles à trouver, particulièrement sur la Gran Vía, et sont disponibles le jour de leur parution.

RADIO

Les stations de radio de couverture nationale sont nombreuses en Espagne. La radio d'État, Radio Nacional de España (RNE), dirige quatre stations diffusant de la musique classique et traditionnelle, de la musique de variété, des informations générales et sportives. Elles sont en général de meilleure qualité que les stations locales.

TÉLÉVISION

La télévision espagnole est de bonne qualité pour ce qui concerne les informations et le sport, mais le reste des programmes tend à se composer de feuilletons, d'émissions populaires, de jeux et de variétés à paillettes. La télévision est souvent allumée dans les bars et même dans les restaurants.

Les Madrilènes prennent le football très au sérieux, et les matchs entre les équipes rivales, le Real Madrid et l'Atlético Madrid, ou contre l'adversaire fétiche, l'équipe de Barcelone, sont diffusés dans de nombreux bars.

L'Espagne compte deux chaînes nationales, TVE1 et TVE2, et deux chaînes indépendantes, Antena 3 et Tele 5, ainsi qu'une chaîne locale, TeleMadrid (TM3).

Une grande variété de chaînes satellite sont disponibles dans les bars et les hôtels, comme TV5, la chaîne francophone. Les chaînes satellite peuvent souvent diffuser les films en version originale.

ARGENT

La monnaie espagnole est l'euro. Il existe des billets de 5, 10, 20, 50, 100, 200 et 500 euros et des pièces de 1, 2, 5, 10, 20 et 50 centimes (*céntimos*) et 1 et 2 euros.

De nombreux petits magasins n'acceptent pas les gros billets, craignant les contrefaçons.

Essayez d'arriver en Espagne avec de l'argent liquide ou changez vos devises étrangères en arrivant.

De très nombreux distributeurs automatiques sont à votre disposition, qui prélèvent une petite commission. Les principales cartes bancaires sont largement acceptées. Les chèques de voyage sont un moyen de paiement très sûr et ils peuvent être changés dans la plupart des banques (au meilleur taux de change) ou dans les bureaux de change (la commission est plus coûteuse, mais les horaires d'ouverture plus étendus).

HORAIRES D'OUVERTURE

Les banques ouvrent de 8 h 30 à 14 h ou 14 h 30 (lun.-ven.) et de 8 h 30 à 13 h, le samedi. Vous trouverez des agences de la Caja Madrid dans les gares d'Atocha et de Chamartín, à la Puerta del Sol, à l'aéroport de Barajas (Terminal 2), ouvertes de 8 h 15 à 19 h 45 (lun.-ven.) et de 10 h 15 à 14 h 30, le dimanche.

La plupart des musées, sauf le Museo Centro de Arte Reina Sofía et quelques autres, sont fermés le lundi.

À Madrid, les horaires d'ouverture des magasins sont très variables. Les grands magasins et les boutiques dans les quartiers de la Gran Vía et de la Puerta del Sol ouvrent à partir de 9 h 30 ou 10 h et ferment à 20 h. Les autres magasins ouvrent à 9 h 30 ou 10 h jusqu'à 13 h 30 ou 14 h, puis de 16 h 30 ou 17 h jusqu'à 20 h ou 20 h 30. La plupart des magasins sont fermés le dimanche mais certains sont ouverts le premier dimanche du mois et tous les dimanches pendant la période de Noël, ainsi qu'au mois d'août.

Les restaurants ouvrent en général vers midi, ferment vers 17 h, ouvrent à nouveau vers 19 h et ce jusqu'à après minuit.

Les cafés ouvrent à 7 h, de nombreux bars à 8 h et sont généralement ouverts toute la journée jusque tard le soir.

Dans la soirée, les bars s'animent seulement vers 23 h. Les clubs ferment en général à 3 h et les discothèques à 7 h.

LIEUX DE CULTE

Quand vous visitez une église, n'oubliez pas que la plupart sont toujours des lieux de culte et que la discrétion s'impose.

TOILETTES

Les toilettes publiques sont plutôt rares en dehors des zones touristiques. Mais en Espagne, vous n'êtes jamais loin d'un café ou d'un bar où il serait étonnant qu'on ne vous laisse pas vous servir des toilettes. Munissez-vous toutefois de mouchoirs en papier.

HEURE LOCALE

L'Espagne et la France sont sur le même fuseau horaire. Elle pratique le changement d'heure pour les économies d'énergie, comme les autres pays de l'Union européenne.

POURBOIRE

Le service est compris dans les restaurants et vous n'avez donc pas à laisser de pourboire. Pourtant, il est d'usage de laisser un pourboire si le service a été satisfaisant. Les Espagnols laissent un peu de monnaie pour un verre et 5% de pourboire dans les restaurants. Pour les porteurs et les chauffeurs de taxi, comptez 1 à 2 euros.

VOYAGEURS HANDICAPÉS

L'Espagne ne se préoccupe que depuis peu des besoins des personnes handicapées. Les constructions récentes leur sont plus accessibles mais la situation reste à améliorer. Renseignez-vous auprès des hôtels et des restaurants avant de réserver. Vous pourrez obtenir des renseignements auprès de :

Disabled Peoples' International (DPI)
748 Broadway, Winnipeg, MB R3G 0X3, Canada,
tél. : 204/287-8010,
e-mail : dpi@dpi.org,
www.dpi.org

European Disability Forum
Rue du Commerce 39-41, B-1000 Bruxelles, Belgique, tél. : 32 2 282 4600, e-mail : info@edf-feph.org,
www.edf-feph.org

APF (Association des Paralysés de France)
17, bd Auguste Blanqui, 75013 Paris, tél. : 01 40 78 69 00,
www.apf.asso.fr

LES URGENCES

AMBASSADES EN ESPAGNE

AMBASSADE DE FRANCE
C. de Salustiano Olozaga 9,
28001 Madrid,
tél. : 91 423 8900,
www.ambafrance-es.org

CONSULAT DE FRANCE
C. Marques de la Ensenda, 10,
28004 Madrid,
tél. : 91 700 7700,
www.consulfrance-madrid.org

AMBASSADE DE BELGIQUE
Po. de la Catellana, 10
(6e étage), 28046 Madrid,
tél. : 915 77 63 00,
www.diplobel.org/spain

AMBASSADE DE SUISSE
C. Núñez de Balbao, 35,
Edificio Goya, 28001 Madrid,
tél. : 914 36 39 60,
www.eda.admin.ch/madrid

AMBASSADE DU CANADA
C. Núñez de Balboa, 35,
Edificio Goya, 28001 Madrid,
tél. : 91 423 3250.
www.canada.es.org

NUMÉROS DE TÉLÉPHONE D'URGENCE

Le numéro central d'urgence de la police, des pompiers et des ambulances est le 112. Si vous êtes victime d'une agression, vous pouvez appeler, 24 heures sur 24, le 902 102 112. On vous indiquera le commissariat le plus proche (*comisaría de policía*) où vous pourrez faire une déposition. N'oubliez pas d'en demander une copie.

POLICE
L'Espagne possède trois polices distinctes. La *Policía Municipal* est dirigée par la mairie et ne s'occupe que des affaires mineures telle la gestion de la circulation. La *Policía Nacional* gère les problèmes plus sérieux de criminalité dans les villes. La *Guardia Civil* intervient dans les campagnes et sur les autoroutes. C'est également à elle qu'incombent le contrôle des frontières et celui des prisons.

PERTE DE CARTE DE CRÉDIT
American Express España,
tél. : 902 375 637
(24 heures sur 24)
Diners Club Español,
tél. : 901 101 011
(24 heures sur 24)
Mastercard,
tél. : 900 971 231
(24 heures sur 24)
VISA International,
tél. : 900 991 124
(24 heures sur 24)

QUE FAIRE EN CAS D'ACCIDENT DE LA CIRCULATION ?

La *Guardia Civil* intervient en unités spéciales pour pouvoir intervenir rapidement en cas d'accident grave.

Si votre voiture est mal disposée et que cela peut entraîner un autre accident, marquez sa position, avec autant de précision que possible, avant de la déplacer rapidement vers un endroit plus sûr. Mettez votre veste réfléchissante. Déposez le triangle de signalisation à 50 m derrière la voiture. Si c'est plus grave qu'un banal accident, composez le 112 et attendez la police.

S'il s'agit d'un accident sans blessés à déplorer, mais qui implique une autre voiture, il n'est pas nécessaire d'appeler la police si les deux parties s'accordent sur les circonstances de l'accident et trouvent un arrangement. Si vous ne parvenez pas à vous mettre d'accord sur les responsabilités, appelez la police et relevez le nom, l'adresse, le numéro de la voiture et du permis de conduire de l'autre conducteur, ainsi que les références de son assurance. S'il y a des témoins, tentez d'obtenir leurs témoignages et leurs coordonnées.

Si vous avez besoin d'être dépanné, appelez d'une cabine SOS ou appelez le RACE au 902 300 505 (service valable uniquement pour les membres d'automobiles clubs affiliés. S'il s'agit d'une voiture louée, appelez la société de location.

SANTÉ

Choisissez une assurance aussi complète que possible et vérifiez qu'elle couvre bien les frais médicaux en tous genres. Vérifiez aussi qu'elle prend en charge le rapatriement d'urgence, si nécessaire.

Les ressortissants français doivent se munir de leur Carte européenne d'Assurance maladie mise à jour que leur fournira leur centre de sécurité sociale. En cas d'urgence, composez le 112 et demandez une ambulance (*ambulancia*) ou, si vous êtes près d'un hôpital, dirigez-vous vers les urgences.

Avant de partir, vous pouvez contacter l'Association internationale pour l'Assistance médicale des voyageurs (*tél. : 416/652-0137 au Canada, www.iamat .org*), une organisation à but non lucratif que vous pouvez joindre gratuitement. Les adhérents reçoivent la liste des médecins membres de l'IAMAT que l'on peut appeler 24 heures sur 24 et dont les tarifs sont fixes.

Sachez que certaines cartes de crédit proposent des assurances très complètes. Renseignez-vous auprès de votre banque pour connaître ce qu'elles recouvrent exactement, rapatriements, remboursements et autre.

Si les pharmaciens sont habilités à vous fournir certains médicaments qui nécessiteraient une ordonnance en France, mieux vaut prévoir votre traitement avant de partir et vous munir de votre prescription en cas de renouvellement. Le pharmacien fournira l'équivalent s'il n'a pas le même médicament.

HÔTELS ET RESTAURANTS

Des palais du XVIIe siècle convertis, aux établissements ultramodernes, des tavernes traditionnelles aux restaurants de nouvelle cuisine, sans oublier ses innombrables bars à tapas, Madrid est parée pour accueillir ses visiteurs. Si l'époque de l'Espagne-destination bon marché est révolue, la qualité de ses prestations et du service s'est, en revanche, considérablement améliorée.

HÔTELS

Certains offrent la *media pensión*, la demi-pension, qui comprend le petit déjeuner et le dîner, ou la pension complète, à un prix intéressant. Ceci est à vérifier lors de votre réservation, ou à votre arrivée.

Madrid étant, à juste titre, réputée pour sa vie nocturne, le centre de la ville est parfois bruyant. Les chambres, sur l'arrière, sont beaucoup plus calmes, mais sont en général sans vue.

Classement

Le classement des hôtels est déterminé par des étoiles attribuées sur une échelle de un à cinq, selon des facteurs d'esthétisme et de confort (grandeur des chambres, climatisation, ascenseur, etc.).

À partir de deux étoiles, toutes les chambres doivent disposer d'une salle de bains particulière, avec baignoire et douche dans les établissements les plus luxueux.

Les *hostals* et les pensions, meilleur marché, sont classés de une à deux étoiles, selon des normes qui leur sont propres.

À savoir

Le tarif des chambres inclut la TVA (IVA) de 7 %, mais généralement pas le petit déjeuner.

Les chambres double ont souvent des lits jumeaux (un grand lit se dit *una cama de matrimonio*). Il existe des chambres non-fumeurs.

Pour un séjour en haute saison, il faut être prévoyant et réserver longtemps à l'avance. L'hôtelier peut vous demander un acompte ou le numéro de votre carte bancaire, ainsi que ceux de votre carte d'identité ou de votre passeport.

Cartes bancaires

De très nombreux hôtels acceptent les principales cartes internationales. Il existe pourtant des exceptions et il est recommandé de se renseigner au moment de la réservation.

RESTAURANTS

Les restaurants de Madrid offrent l'occasion de déguster de nombreuses spécialités de toutes les régions d'Espagne. Les établissements de poisson et de fruits de mer, réputés pour leur fraîcheur, sont pléthores.

Le menu en espagnol se dit *carta*. Le mot *menú*, en revanche, signifie *menú del dia* (menu du jour), et n'est proposé qu'au déjeuner. Il est composé de trois plats, au choix, et généralement bon marché. Les restaurants pratiquant des tarifs plus élevés offrent un équivalent : le *menú degustación* qui comporte un nombre impressionnant de petites portions, généralement des spécialités du chef.

La plupart des bons restaurants ferment au mois d'août.

Bars à tapas, bars et cafés

À Madrid, les bars ne sont pas uniquement des lieux où l'on vient boire un verre, ce sont d'importants centres de la vie sociale du matin jusqu'au soir.

Les tapas ont vu le jour en Andalousie. Le mot désignait à l'origine la soucoupe qui couvrait les verres afin de protéger la boisson des mouches ou de la poussière. Puis on commença à servir gratuitement un morceau de fromage ou du jambon avec les boissons. Désormais payantes, les tapas (*ración* pour un assortiment plus important) constituent un excellent moyen de goûter aux différents plats proposés par les établissements.

Les amateurs font généralement plusieurs bars pour déguster leurs spécialités. Les *boquerones en vinagre* (anchois frais au sel et au vinaigre), les *albóndigas* (boulettes de viande), les *callos* (tripes), les *croquetas* (croquettes), et les *tortillas de patatas* (omelettes aux pommes de terre) sont typiquement madrilènes. Cette coutume de boire en mangeant limite l'ébriété. De nombreux bars faisant aussi restaurant, on peut s'y installer pour un vrai repas.

Les hôtels, restaurants et bars à tapas sont ici classés par quartier, par ordre de prix décroissant et par ordre alphabétique.

Déj. = déjeuner Dîn. = dîner

LA PLAZA MAYOR ET LA VIEILLE VILLE

01-HOTEL REYES CATÓLICOS

★★★ €€

CALLE ÁNGEL 18

TÉL. : 91 365 8600

FAX : 91 365 9867

Ⓜ PUERTA DE TOLEDO

Dans le quartier d'Austrias, près de la Basílica de San Francisco el Grande, cet hôtel est idéalement situé pour visiter la ville. Ses chambres spacieuses sont bien équipées et parfaitement entretenues.

02-PETIT PALACE POSADA DEL PEINE

★★★★ €€

CALLE POSTAS 17

TÉL. : 91 523 8151

FAX : 91 523 2993

Ⓜ SOL

Cet hôtel central, situé près de la Plaza Mayor et de la Puerta del Sol, était, en 1610, une auberge en périphérie de la ville. Probablement le plus ancien hôtel de la capitale, il fait également partie de ses meilleurs établissements depuis sa récente rénovation qui l'a doté d'équipements ultramodernes.

03-WESTERN CORTEZO

★★★ €€

CALLE DOCTOR CORTEZO 3

TÉL. : 91 369 0101

FAX : 91 369 3774

Ⓜ TIRSO DE MOLINA

INDICATIONS DE PRIX

(pour une chambre double standard sans petit-déjeuner)

€ < 65 € €€ = 65–130 € €€€ = 130–180 € €€€€ = 180–250 € €€€€€ > 250 €

N°		tél.	prix	chambres	restaurant	parking
25	AC PALACIO DEL RETIRO	91 523 7460	€€€€€	50		•
28	ADLER	91 426 3220	€€€€€	45		•
06	CARLOS V	91 531 4100	€€	67		•
04	CASA DE MADRID	91 559 5791	€€€€	8		•
12	DE LAS LETRAS	91 523 7980	€€	107	•	
35	EL COLOSO	91 548 7640	€€	132		•
33	GALIANO	91 319 2000	€€	29		•
27	HOSPES MADRID	91 432 2911	€€€€	41	•	•
11	HOTEL INFANTAS	91 521 2828	€€	40	•	
24	HOTEL MORA	91 420 1569	€	62		
07	HOTEL ÓPERA	91 541 2800	€€	79	•	
01	HOTEL REYES CATÓLICOS	91 365 8600	€€	38		•
26	HOTEL WELLINGTON	91 575 4400	€€€€€	300	•	•
34	HUSA PRINCESA	91 542 3500	€€€	275		•
19	INGLÈS	91 429 6551	€€	58		•
05	LAS MENINAS	91 541 2805	€€€	37		
13	LIABENY	91 531 9000	€€	220		•
08	MARIO	91 548 8548	€€	54		
18	ME MADRID	91 701 6000	€€€€	192		•
20	MIAU	91 369 7120	€	20		
14	OSCAR	91 701 11 73	€€	75	•	
21	PALACE	91 360 8000	€€€€€	465	•	•
09	PETIT PALACE ARENAL	91 564 4355	€€	64		
15	PETIT PALACE DUCAL	91 521 1043	€€	58		
02	PETIT PALACE POSADA DEL PEINE	91 523 8151	€€	69		
30	PUERTA DE AMÉRICA	91 744 5400	€€€€	342	•	•
10	QUO PUERTA DEL SOL	91 532 9049	€€€	62		
16	REGINA	91 521 4725	€€	180		•
22	RITZ	91 701 6767	€€€€€	167	•	•
31	SANTO MAURO	91 319 6900	€€€€	51	•	•
36	T3 TIROL	91 548 1900	€€	98		
29	VILLA MAGNA	91 587 1234	€€€€€	182	•	•
23	VILLA REAL	91 420 3767	€€€€	120	•	•
17	VINCCI CENTRUM	91 360 4720	€€	87		
32	VINCCI SOMA	91 435 7545	€€€	167	•	•
03	WESTERN CORTEZO	91 369 0101	€€	85		•

Tous ces hôtels acceptent le paiement par cartes bancaires internationales.

Indication de prix (chambre double sans petit déjeuner)

€ moins de 65 €

La Plaza Mayor et la vieille ville

Le Palacio Real et ses abords

Le centre de Madrid

Autour de la Plaza de Santa Ana

ascenseur	climatisation	chambres non-fumeur	salle de sports	site internet	fax
•	•	•	•	www.ac-hotels.com	91 523 7461
	•	•		www.lesein.es/adler	91 426 3221
	•			www.hotelcarlosv.com	91 531 3761
•				www.casademadrid.com	91 540 1100
•	•		•	www.hoteldelasletras.com	91 523 7981
•	•			www.hotelelcoloso.com	91 547 4968
•	•			www.hotelgaliano.com	91 319 9914
•	•			www.fuenso.com	91 432 2912
•	•	•		www.lussohoteles.com	91 521 6688
•	•			www.hotelmora.com	91 420 0564
	•	•		www.hotelopera.com	91 541 6923
	•	•		www.hotelreyescatolicos.com	91 365 9867
•	•	•		www.hotel-wellington.com	91 576 4164
•	•	•	•	www.hotelhusaprincesa.com	91 542 7328
•				www.ingleshotel.com	91 420 2423
•	•	•		www.hotelmeninas.com	91 541 2806
•	•		•	www.liabeny.es	91 532 7421
	•	•		www.room-matehoteles.com	91 559 1288
•	•		•	www.mebymelia.com	91 522 0307
•	•			www.hotelmiau.com	91 429 3068
•	•	•		www.hthoteles.com	91 521 5064
•	•		•	www.palacemadrid.com	91 360 8100
	•	•		www.petitpalacearenalhotelmadrid.com	91 564 0854
•	•			www.hthoteles.com	91 521 5064
	•	•		www.hthoteles.com	91 523 2993
•	•		•	www.hotelpuertamerica.com	91 744 5401
•	•	•		www.hotelesquo.com	91 531 2834
•	•			www.hotelreginamadrid.com	91 522 4088
•	•		•	www.ritz.es	91 701 6776
•	•		•	www.ac-hotels.com	91 308 5477
•	•			www.hotel-tirol.com	91 541 3958
•	•		•	www.madrid.park.hyatt.com	91 431 2286
•	•			www.derbyhotels.es	91 420 2547
•	•	•		www.vinccihoteles.com	91 522 4515
•	•		•	www.vinccihoteles.com	91 431 0943
	•	•		www.hotelcortezo.com	91 369 3774

€€ de 65 à 130 € €€€ de 130 à 180 € €€€€ de 180 à 250 € €€€€€ + de 250 €

Le Paseo del Prado

Le Parque del Buen Retiro et ses environs

La Castellana et Salamanca

Plaza de España et l'ouest de Madrid

Situé à proximité de la Plaza Mayor et de la Puerta del Sol, cet établissement a été rénové en 1997. Simple, mais moderne et confortable, il offre un cadre agréable d'une grande fraîcheur. De nombreuses chambres sont équipées d'un coin bureau.

LE PALACIO REAL ET SES ABORDS

RECOMMANDÉ

04-CASA DE MADRID

★★★★★ €€€€
CALLE ARRIETA 2
TÉL. : 91 559 5791
FAX : 91 540 1100
Ⓜ ÓPERA

Situé dans la vieille ville, face à l'opéra du Teatro Real, cet établissement au luxe discret, aménagé en 2003, est l'un des jardins secrets de Madrid. Il a conservé le caractère aristocratique de la demeure du XVIIIe siècle qui l'abrite. Sept chambres spacieuses et un service sans reproche.

05-LAS MENINAS

★★★★ €€€
CALLE CAMPOMANES 7
TÉL. : 91 541 2805
FAX : 91 541 2806
Ⓜ ÓPERA

Cet hôtel logé dans un immeuble du XIXe siècle proche du Teatro Real conviendra parfaitement aux amateurs d'opéra, mais sa situation est également idéale pour la visite des principaux sites de la ville. Son décor décline une apaisante palette de gris et ses chambres des étages supérieurs sont particulièrement élégantes.

06-CARLOS V

★★★ €€
CALLE MAESTRO VICTORIA 5
TÉL. : 91 531 4100
FAX : 91 531 3761
Ⓜ SOL

Dans une rue piétonne proche de la Puerta del Sol, ce très agréable hôtel familial possède une étonnante entrée Art nouveau. Les chambres sont grandes et très joliment décorées, certaines avec balcons, celles du dernier étage, avec terrasses. Navette avec l'aéroport. Petit déjeuner inclus. Cafétéria.

07-HOTEL ÓPERA

★★★ €€
CUESTA DE SANTO DOMINGO 2
TÉL. : 91 541 2800
FAX : 91 541 6923
Ⓜ ÓPERA
🍴

Proche de l'opéra, cet hôtel propose des chambres confortables, dotées de grandes baies vitrées, et parfois de balcon. Certaines sont réservées aux non-fumeurs. Service chaleureux. Son restaurant, **El Café de la Ópera** *(€€€€, Calle Arrueta 6, Tél. : 91 542 6382)*, sert une cuisine espagnole et internationale sur des airs d'opéra. Il arrive que les serveurs, des chanteurs lyriques entre deux contrats, poussent la sérénade.

08-MARIO

★★ €€
CALLE CAMPOMANES 4
TÉL. : 91 548 8548
FAX : 91 559 1288
Ⓜ ÓPERA

Toujours connu sous son ancien nom (Campomanes), cet hôtel près de l'opéra offre un cadre moderne et un personnel serviable. Les bons petits déjeuners sont inclus dans le prix de la chambre.

09-PETIT PALACE ARENAL

★★★ €€
CALLE ARENAL 16
TÉL. : 91 564 4355
FAX : 91 564 0854
Ⓜ ÓPERA

Aménagé dans un palais du XIXe siècle près de la Puerta del Sol, cet établissement est joliment décoré et parfaitement équipé. Les chambres sont spacieuses et le service très sympathique. Un étage entier est réservé aux clients non-fumeurs.

LE CENTRE DE MADRID

10-QUO PUERTA DEL SOL

★★★★ €€€
CALLE SEVILLA 4
TÉL. : 91 532 9049
FAX : 91 531 2834
Ⓜ SEVILLA

Cet hôtel, très central, aménagé dans un immeuble datant du début du XXe siècle, a ouvert ses portes en 2003. L'intérieur y est moderne et très fonctionnel, Toutes les chambres donnant sur la rue sont assez calmes grâce à leurs fenêtres à double vitrage. Le personnel est particulièrement aimable et prévenant.

11-HOTEL INFANTAS

★★★★ €€
CALLE INFANTAS 29
TÉL. : 91 521 2828
FAX : 91 521 6688
Ⓜ BANCO DE ESPAÑA
🍴

Depuis l'hôtel Infantas, vous pourrez aisément écumer le quartier branché de Chueca, proche de la Gran Via. Les tarifs raisonnables de son restaurant situé au rez-de-chaussée attirent nombre de clients extérieurs à l'hôtel. L'Infantas constitue un bon choix si vous souhaitez combiner visites et vie nocturne.

RECOMMANDÉ

12-DE LAS LETRAS

★★★★ €€
GRAN VÍA 11
TÉL. : 91 523 7980
FAX : 91 523 7981
Ⓜ GRAN VÍA, SEVILLA
🍴

Cet hôtel aménagé dans un bâtiment néoclassique de 1917 présente un décor

avant-gardiste à thème littéraire : bibliothèque et couloirs décorés de citations. Très moderne, parfaitement équipé, il propose un service efficace. Le bar situé sur le toit-terrasse offre de magnifiques vues sur Madrid. Ernesto Hinojal, le chef de son nouveau restaurant (*DL's, calle Caballero de Gracia 11, Tél. : 91 523 7850, €€*) déjà renommé, offre une cuisine traditionnelle, comme le *cocido madrileño*. La *brocheta de chipirón* (brochette de petits calmars), les carpaccios, les sushis, les *tacos de atún a la plancha* (gros morceaux de thon grillé) sont sublimes.

13-LIABENY

★★★★ €€
CALLE SALUD 3
TÉL. : 91 531 9000
FAX : 91 532 7421
Ⓜ SOL, GRAN VÍA

Un grand hôtel moderne, à deux pas de la Puerta del Sol et de la Gran Vía. Salles de bains en marbre et tous les équipements d'un quatre-étoiles. Personnel prévenant et courtois. Facilités de parking.

14-OSCAR

★★★ €€
PLAZA VÁSQUEZ DE MELIA 12
TÉL. : 91 701 1173
FAX : 91 521 6196
Ⓜ CHUECA

Situé au cœur du quartier branché de Chueca, l'Oscar, avec son décor avant-garde et son bar-restaurant à la mode, est l'une des adresses favorites des milieux de la mode et des médias. Cet hôtel du groupe en plein essor Room Mate a ouvert en 2008.

15-PETIT PALACE DUCAL

★★★ €€
CALLE HORTALEZA 3
TÉL. : 91 521 1043
FAX : 91 521 5064
Ⓜ GRAN VÍA

Installé dans un palais datant du XIXe siècle, près de la Gran Vía, récemment rénové, cet hôtel moderne est très bien équipé et idéalement placé pour visiter la ville.

16-REGINA

★★★ €€
CALLE ALCALÁ 19
TÉL. : 91 521 4725
FAX : 91 522 4088
Ⓜ SEVILLA

Central, tout juste rénové, cet hôtel offre des chambres spacieuses, confortables et bien entretenues. Pas de restaurant. Petit déjeuner inclus dans le prix de la chambre.

17-VINCCI CENTRUM

★★★★ €€
CALLE CEDACEROS 4
TÉL. : 91 360 4720
FAX : 91 522 4515
Ⓜ SEVILLA

Ouvert en mars 2004, cet hôtel central (à proximité des trois principaux musées de Madrid) est élégant, moderne, avec un personnel polyglotte et cordial. Certaines des chambres des étages supérieurs (plus chères) sont dotées de balcons bénéficiant de jolies vues sur la ville.

AUTOUR DE LA PLAZA DE SANTA ANA

18-ME MADRID

★★★★ €€€€
PLAZA DE SANTA ANA 14
TÉL. : 91 701 6000
FAX : 91 522 0307
Ⓜ SOL

Ancien monument de l'hôtellerie madrilène, l'ex-Grand Hotel Reina Victoria, qui surplombait la Plaza de Santa Anna, a cédé la place à un établissement calme au style contemporain et décontracté, discrètement high-tech, qui a su mettre en valeur la splendeur de son illustre prédécesseur. Ses salons ménagent de nombreux espaces où se détendre. Le bar sur le toit-terrasse, qui bénéficie d'une magnifique vue sur la ville, devient un des points chauds de Madrid en soirée. Son service 24 heures sur 24 est particulièrement aimable et efficace.

19-INGLÈS

★★★ €€
CALLE ECHEGARAY 8
TÉL. : 91 429 6551
FAX : 91 420 2423
Ⓜ SEVILLA

De nombreux artistes et écrivains, dont Virginia Woolf, ont fréquenté cet hôtel qui fut inauguré en 1886. Établissement sans prétention mais confortable, il est idéalement situé près de la Plaza de Santa Ana et à deux pas de bars légendaires, comme Viva Madrid et Los Gabrieles. Bien entretenu, très convivial et abordable. Sans restaurant.

20-MIAU

★★★ €
CALLE DEL PRÍNCIPE 26
TÉL. : 91 369 7120
FAX : 91 429 3068
Ⓜ ANTÓN MARTÍN, SEVILLA

Derrière une très belle façade du XVIIIe siècle ouvrant sur la Plaza de Santa Ana, vous découvrirez un hôtel familial très accueillant. Certaines chambres bénéficient d'un balcon donnant sur la place. Les prix sont raisonnables. À proximité d'un parking public.

LE PASEO DEL PRADO

21-PALACE

★★★★★ €€€€€
PLAZA DE LAS CORTES 7
TÉL. : 91 360 8000
FAX : 91 360 8100
Ⓜ BANCO DE ESPAÑA

Inauguré en 1912 par le roi Alphonse XIII, cet hôtel est somptueusement décoré de meubles d'époque, de lustres et de tapisseries. Une superbe coupole en verre coiffe l'un de ses salons. Les chambres sont petites, mais luxueuses, tout

INDICATIONS DE PRIX
(pour une chambre double standard sans petit-déjeuner)

€ < 65 € — €€ = 65–130 € — €€€ = 130–180 € — €€€€ = 180–250 € — €€€€€ > 250 €

comme les salles de bains. **Asia Gallery**, le restaurant d'inspiration chinoise, qui s'est ouvert récemment, suscite déjà de nombreux éloges.

22-RITZ

★★★★★ €€€€€

PLAZA DE LA LEALTAD 5

TÉL. : 91 701 6767

FAX : 91 701 6776

(M) BANCO DE ESPAÑA

Sa construction, en 1910, au milieu de jardins, fut décidée par Alphonse XIII qui voulait un hôtel digne de recevoir les hôtes de marque invités à son mariage avec la petite-fille de la reine Victoria d'Angleterre. Il est aujourd'hui encore magnifiquement décoré de superbes antiquités et de lustres.

RECOMMANDÉ

23-VILLA REAL

★★★★★ €€€€

PLAZA DE LAS CORTES 10

TÉL. : 91 420 3767

FAX : 91 420 2547

(M) BANCO DE ESPAÑA

Cet hôtel moderne, très bien situé, a été conçu pour se fondre dans l'environnement architectural plus ancien du quartier. La réception, les salons et les chambres sont décorés dans un style français. Il arbore une collection de belles sculptures, anciennes et modernes, de peintures, de tapisseries, et d'œuvres d'art variées dont des mosaïques romaines datant du IIIe siècle. Meubles en acajou dans les chambres, et marbre de Carrare dans les salles de bains. Suites avec balcon et sauna.

24-HOTEL MORA

★★ €

PASEO DEL PRADO 32

TÉL. : 91 420 1569

FAX : 91 420 0564

(M) ATOCHA

Proche de la gare d'Atocha, des principaux musées et des parcs, cet hôtel accueillant de cinq étages, récemment rénové, est d'un bon rapport qualité-prix. Les chambres des étages supérieurs sont plus calmes et ce n'est pas à négliger, le quartier pouvant être bruyant. Bar.

LE PARQUE DEL BUEN RETIRO ET SES ENVIRONS

25-AC PALACIO DEL RETIRO

★★★★★ €€€€€

CALLE ALFONSO XII 14

TÉL. : 91 523 7460

FAX : 34 91 523 7461

(M) RETIRO

Cet hôtel a ouvert ses portes fin 2004 dans un impressionnant palais datant du début du XXe siècle. Très confortable et proposant d'excellentes installations, son décor agréable et raffiné conjugue avec bonheur les styles traditionnel et moderne. Très bien situé, à proximité des principaux musées de la ville, il jouit de très jolies vues sur le Parque del Retiro.

26-HOTEL WELLINGTON

★★★★★ €€€€€

CALLE VELÁSQUEZ 8

TÉL. : 91 575 4400

FAX : 91 576 4164

(M) RETIRO

Ce bel hôtel classique donne sur le Parque del Retiro. Fréquenté par les toreros que l'on voit sortir en habit de lumière avant d'entrer dans l'arène, il est luxueusement meublé et décoré et doté d'un joli jardin avec piscine. Son restaurant *(**Goizeko Wellington**, calle Villanueva 34, tél. : 91 577 0138, €€€€, fermé sam. dîn., juil. et août, principales cartes bancaires)* propose une bonne cuisine d'inspiration basque, traditionnelle comme les joues de colin (*kokotxa de merluza*), et innovante avec la salade d'huîtres au granito de gin tonic (*ensalada de ostras con granizado de gin tonic*).

27-HOSPES MADRID

★★★★★ €€€€

PLAZA INDEPENDENCIA 1

TÉL. : 91 432 2911

www.fuenso.com

(M) RETIRO

Dominant le Parque del Buen Retiro, cet hôtel proche des musées et des boutiques du quartier de Salamanca jouit d'une situation idéale. Il est également remarquable par sa décoration qui privilégie les tons apaisants. Il bénéficie d'un superbe spa et son restaurant a été récemment rénové. Ses chambres les plus agréables sont des duplex aux poutres apparentes.

LA CASTELLANA ET SALAMANCA

28-ADLER

★★★★★ €€€€€

CALLE VELÁZQUEZ 33

TÉL. : 91 426 3220

FAX : 91 426 3221

(M) VELÁZQUEZ

Cet hôtel, aménagé dans un palais de 1884 niché dans le quartier de Salamanca, a ouvert ses portes en 2001. Accueillant, très confortable, il est parfaitement équipé et joliment meublé. Le service est chaleureux et attentif. Il héberge un restaurant gastronomique proposant, entre autres, une excellente carte des vins.

29-VILLA MAGNA

★★★★★ €€€€€

PASEO CASTELLANA 22

TÉL. : 91 587 1234

FAX : 91 431 2286

(M) RUBÉN DARÍO

Derrière la façade moderne de cet établissement se cache un intérieur de style Charles IV. Les chambres sont bien décorées et d'agréables plantes vertes sont installées dans les salles de bains. L'hôtel propose deux bons restaurants : le **Berceo,** orné de boiseries, qui est spécialisé dans le poisson, et le **Tse-Yang** qui sert la meilleure cuisine chinoise de la capitale. Magnifiques jardins, et terrasse où l'on peut dîner l'été.

RECOMMANDÉ

30-PUERTA DE AMÉRICA

★★★★★ €€€€
AVENIDA DE AMÉRICA 41
TÉL. : 91 744 5400
FAX : 91 744 5401
Ⓜ CARTAGENA

Cet hôtel flambant neuf, inauguré en 2005, comporte 12 étages dont chacun porte la signature d'un architecte de renom (Jean Nouvel, Zaha Hadid, Norman Foster, et Arata Isozaki…). Très bien équipé, il est un peu excentré, mais a par conséquent l'avantage d'être relativement plus calme que les établissements du centre-ville. Aux commandes de son restaurant Lagrimas Negras *(€€€€, Tél. : 91 744 5400)*, José Luis Estevan, une des étoiles montantes de la cuisine espagnole, propose des créations très originales comme le crabe frit dans sa coquille (*cangrejo de caparazón blando*), ou des tourterelles rôties (*tórtolas asadas*).

RECOMMANDÉ

31-SANTO MAURO

★★★★★ €€€€
CALLE ZURBANO 36
TÉL. : 91 319 6900
FAX : 91 308 5477
Ⓜ GREGORIO MARAÑON

Ce palais néoclassique fut érigé en 1894 pour le duc de Santo Mauro. Josep Joanpere, chargé de la décoration intérieure, a associé du mobilier contemporain aux moulures et aux cheminées en marbre italien d'origine. Chaque chambre est personnalisée. En sous-sol, vous pourrez vous reposer au bord d'une belle piscine surmontée d'un plafond voûté et décorée de belles colonnes. Le restaurant de l'établissement, le Santo Mauro *(fermé en août)*, occupe l'ancienne bibliothèque, dont il a conservé les rayonnages de livres. Essayez la salade tiède de coquilles Saint-Jacques (*ensalada templada de vieiras*), le turbot sauvage cuit au four, accompagné de légumes croustillants et d'une sauce au citron vert et au gingembre (*rodaballo salvaje asado con crujiente de verduras y salsa de lima y gengibre*), ou encore le gigot d'agneau et sa salade épicée de légumes (*lomo de cordero presalé asado con ensalada crujiente especiada de verduras*). À la belle saison, il est particulièrement agréable de déjeuner ou de dîner dans son superbe jardin.

32-VINCCI SOMA

★★★★ €€€
CALLE GOYA 79
TÉL. : 91 435 7545
FAX : 91 431 0943
Ⓜ GOYA, VELÁZQUEZ

Entièrement rénové en 2007, cet hôtel se trouve au centre du quartier de Salamanca, loin de l'agitation des nuits madrilènes. Calme et confortable, il offre un service attentionné. Son restaurant sert une cuisine de style méditerranéen, agrémentée d'une singulière touche japonisante, et un menu original souvent renouvelé.

33-GALIANO

★★★ €€
CALLE ALCALÁ GALLIANO 6
TÉL. : 91 319 2000
FAX : 91 319 9914
Ⓜ COLÓN

Érigé sur le site d'un ancien couvent, ce superbe petit palais a été partiellement converti en hôtel par ses propriétaires. Très calme, malgré son emplacement central, entre les quartiers de Chueca et de Salamanca, sa situation est idéale pour visiter la ville.

LA PLAZA DE ESPAÑA ET L'OUEST DE MADRID

34-HUSA PRINCESA

★★★★★ €€€
CALLE PRINCESA 40
TÉL. : 91 542 3500 OU 2100
FAX : 91 542 7328
Ⓜ ARGÜELLES

Cet hôtel spacieux, entièrement rénové en 2001, est situé à la lisière du centre historique et à proximité des parcs. Sa terrasse est ouverte des mois de mai à octobre. Installations pour handicapés.

35-EL COLOSO

★★★★ €€
CALLE LEGANITOS 13
TÉL. : 91 548 7640
FAX : 91 547 4968
Ⓜ PLAZA DE ESPAÑA, SANTO DOMINGO

Proche du centre, établissement confortable et bien équipé. Service attentif. Prix intéressants hors saison.

36-T3 TIROL

★★★ €€
CALLE MARQUÉS DE URQUIJO 4
TÉL. : 91 548 1900
FAX : 91 541 3958
Ⓜ ARGÜELLES

Excentré, mais proche d'une station de métro, cet hôtel, fraîchement rénové, est confortable et propose d'excellents équipements. En basse saison, les réductions peuvent atteindre jusqu'à 50 %.

INDICATIONS DE PRIX
(pour une chambre double standard sans petit-déjeuner)

€ < 65 € €€ = 65–130 € €€€ = 130–180 € €€€€ = 180–250 € €€€€€ > 250 €

N°		tél.	métro
	moins de 15 €		
64	CASA PELLO	91 574 0103	Ibiza
89	CON DOS FOGONES	91 559 6326	Plaza de España
44	CUANDO SALÍ DE CUBA !	91 522 9318	Callao, Santo Domingo
58	IBOO CIBELES	91 781 1555	Banco de España
45	LA BIOTIKA	91 429 0780	Antón Martín
23	LA BOLA	91 547 6930	Santo Domingo
46	LA VACA VERÓNICA	91 429 7827	Antón Martín
35	ZARA	91 532 2074	Chueca, Gran Vía
	de 15 à 20 €		
56	AROLA MADRID	91 467 0202	Atocha
32	BOCAÍTO	91 532 1219	Chueca
04	CASA CIRÍACO	91 548 0620	Sol
63	CASA DOMINGO 1920	91 431 1895	Retiro
05	CASA PACO	91 366 3166	Sol
12*	DL's	91 523 7980	Gran Vía, Sevilla (*Hôtel De Las Lettras)
77	DONDE LEO	91 356 6561	Ventas
21	EL PATO MUDO	91 559 4840	Santo Domingo, Ópera
06	LA CAMARILLA	91 354 0207	La Latina
78	LA CASUCA	91 314 5696	Plaza de Castilla, Chamartín
07	LA CHATA	91 366 1458	La Latina
34	LA PAELLA DE LA REINA	91 531 1885	Banco de España
79	LA TABERNA DE BUENAVENTURA	91 575 8365	Goya
87	LAS BATUECAS	91 554 04 52	Cuatro Caminos
42	PRADA A TOPE	91 429 5921	Sevilla, Sol
88	SAL GORDA	91 553 9506	Guzmán el Bueno
08	TABERNA ARTE DIVINO	91 364 2706	Sol
43	ZERAIN	91 429 7909	Antón Martín
	de 20 à 40 €		
22	ALGARABÍA	91 542 4131	Opera
86	BOKADO	91 549 0041	Ciudad Universitaria
03	BOTÍN	91 366 4217	Sol
30	EL MENTIDERO DE LA VILLA	91 308 1285	Chueca, Colón
41	EL RINCÓN DE ESTEBAN	91 429 9289	Sevilla
20	ENTRE SUSPIRO Y SUSPIRO	91 542 0644	Santo Domingo, Ópera

La Plaza Mayor et la vieille ville

Le Palacio Real et ses abords

Le centre de Madrid

Autour de la Plaza de Santa Ana

N°		tél.	métro
31	ERROTA-ZAR	91 531 2564	Banco de España, Sevilla
62	LA GAMELLA	91 532 4509	Retiro
75	LOS CLARINES	91 356 9859	Ventas
55	PARADÍS RF CASA DE AMÉRICA	91 575 4540	Banco de España
76	PRÍNCIPE DE VIANA	91 457 1549	Santiago Bernabéu
	de 40 à 65 €		
54	BALZAC	91 420 0177	Banco de España
29*	BERCEO	91 587 12 34	Rubén Darío (*Hôtel Villa Magna)
01	CASA LUCIO	91 365 3252	La Latina
60	CASA RAFA	91 573 1087	Ibiza
84	CLUB ALLARD	91 559 0939	Plaza de España
79	EL AMPARO	91 431 6456	Serrano
74	EL BODEGÓN	91 562 8844	Gregorio Marañón
07*	EL CAFÉ DE LA ÓPERA	91 541 2800	Ópera (*Hôtel Ópera)
02	EL LANDÓ	91 366 7681	La Latina
26*	GOIZEKO WELLINGTON	91 577 0138	Retiro (*Hôtel Wellington)
28	LA CASTAFIORE	91 310 6651	Recoletos, Colón
33	LA TASQUITA DE ENFRENTE	91 532 5449	Gran Via
30*	LAGRIMAS NEGRAS	91 744 5400	Cartagena (*Hôtel Puerta de América)
29	LHARDY	91 521 3385	Sol, Sevilla
85	LAS CUATRO ESTACIONES	91 553 6305	Gúzman el Bueno
31*	SANTO MAURO	91 319 6900	Gregorio Marañon
61	VIRIDIANA	91 523 4478	Banco de España, Retiro
29*	TSE-YANG	91 587 1234	Rubén Darío (*Hôtel Villa Magna)
	plus de 65 €		
57	ALBOROQUE	90 220 3025	Anton Martín
59	HORCHER	91 522 0731	Retiro
69	JOCKEY	91 319 2435	Colón
70	LA BROCHE SERGI AROLA	91 399 3437	Gregorio Marañon
27	LA TERRAZA DEL CASINO	91 532 1275	Sevilla
71	SANTCELONI	91 210 8840	Gregorio Marañon
72	ZALACAÍN	91 561 4840	Gregorio Marañón
	Bars à tapas		
24	ANCIANO REY DE LOS VINOS	91 559 5332	Ópera
36	BODEGAS LA ARDOSA	91 521 4979	Tribunal

Le Paseo del Prado — Le Parque del Buen Retiro et ses environs — La Castellana et Salamanca — Plaza de España et l'ouest de Madrid

N°		tél.	métro
25	CAFÉ DE ORIENTE	91 541 3974	Ópera
47	CASA ALBERTO	91 429 9356	Antón Martín
09	CASA DANI	91 365 2621	La Latina
37	CASA LABRA	91 531 0081	Callao
10	CASA LUCAS	91 365 0804	La Latina
48	CERVECERÍA ALEMANA	91 429 7033	Sevilla
11	CERVECERÍA MONJE	91 548 3598	Ópera
90	CUENLLAS WINE BAR	91 542 5621	Ventura Rodríguez
12	EL ALMENDRO	91 365 4252	La Latina
13	EL BONNANO	91 366 6886	La Latina
80	EL RINCÓN DE JAÉN	91 355 4011	Manuel Becerra
17	ENE	91 366 2591	La Latina
91	ENTREVINOS	91 548 3114	Ventura Rodríguez, Plaza de España
81	FINOS Y FINAS	91 575 9069	Velázquez, Príncipe de Vergara
49	LA AGUJA		Lavapiés
65	LA ANTIGUA	91 576 4198	Príncipe de Vergara, Retiro
38	LA COSA NOSTRA	91 521 2153	Sevilla
39	LA CRUZ BLANCA	91 521 0770	Sevilla
14	LA ESCONDÍA	91 365 3419	Tirso de Molina, La Latina
16	LA SALAMANDRA	91 366 0515	La Latina
50	LA TABERNA DE ANTONIO SÁNCHEZ	91 539 7826	Tirso de Molina
66	LA TABERNA DE BUENDI	91 578 2737	Ibiza
82	LA TABERNA DEL BUEY	91 578 1154	Velázquez
18	LA TORRE DEL ORO	91 366 5016	Sol
51	LA TRUCHA	91 429 5833	Sevilla, Sol
52	LA VENENCIA	91 429 7313	Sevilla
15	LAMIAK	91 365 5212	La Latina
67	LUCHARNA	91 573 2243	Ibiza
83	O'CRUCEIRO	91 577 8447	Goya
92	PRADA A TOPE	91 547 8020	Plaza de España
19	SANLÚCAR	91 354 0052	La Latina
40	TABERNA DE ÁNGEL SIERRA	91 531 0126	Chueca
26	TABERNA DEL ALABARDERO	91 547 2577	Ópera
68	TABERNA DEL PUERTO	91 504 6699	Ibiza
53	TABERNA LA DOLORES	91 429 2243	Sevilla, Antón Martín
93	TABERNA LOS PORCHES	91 542 4900	Ventura Rodríguez

LA PLAZA MAYOR ET LA VIEILLE VILLE

01-CASA LUCIO
CALLE CAVA BAJA 35
TÉL. : 91 365 3252
€€€€ 120
FERMÉ SAM. DÉJ. ET AOÛT
Cuisine castillane simple, à base d'ingrédients de première qualité. *Huevos estrellados* (œufs frits aux pommes de terre), *callos a la madrileña* (tripes à la madrilène) et *arroz con leche* (riz au lait). Le jambon Jabugo est excellent.

02-EL LANDÓ
PLAZA DE GABRIEL MIRÓ 8
TÉL. : 91 366 7681
€€€€ 265
FERMÉ DIM. ET AOÛT
Pour commencer, jambon sur une tranche de pain frotté à la tomate fraîche. Ensuite, *cocido madrileño* (pot-au-feu de bœuf, poulet, saucisse et pois chiches), *huevos estrellados* (œufs frits aux pommes de terre), ragoûts, poisson ou viande. Gâteaux maison. Très bons vins. Réservation.

03-BOTÍN
CALLE CUCHILLEROS 17
TÉL. : 91 366 4217
€€€ 260
Fondé en 1725, ce restaurant serait le plus vieux du monde. Conseillés, les traditionnels *cochinillo asado* (cochon de lait rôti), *cordero asado* (agneau rôti), gazpacho et *almejas marineras* (palourdes marinées).

04-CASA CIRÍACO
CALLE MAJOR 24
TÉL. : 91 548 0620
FERMÉ MER. ET AOÛT
€€ 65
Depuis 1917, ce restaurant est fréquenté par la haute société. Excellente cuisine, dont une fricassée de poule (*pepitoria de gallina*), des fèves (*alubias*) de La Granja (Majorque), des gambas à l'ail (*gambas al ajillo*), et le *cocido madrileño* (le mardi). Réservation conseillée.

05-CASA PACO
PLAZA PUERTA CERRADA 11
TÉL. : 91 366 3166
€€ 100
FERMÉ DIM. ET AOÛT
Les enfants sont bien accueillis dans ce restaurant fréquenté par les toreros. Spécialisé dans les grillades, vendues au poids, il propose aussi du *cocido madrileño*, des *callos* (tripes), de la *sopa de ajo* (soupe à l'ail), et du *pisto manchego*, une sorte de ratatouille de légumes et basilic.

06-LA CAMARILLA
CALLE CAVA BAJA 21
TÉL. : 91 354 0207
€€ 60
FERMÉ LUN.
Ici, des plats traditionnels de saison, dont le *risotto de champiñón* (risotto aux champignons), les *cigalas* (langoustines), le *rollito de ternera con gratén de pato* (friand au hachis de bœuf et de canard). Au déjeuner, un très bon *menú del día* à 11 euros.

07-LA CHATA
CALLE CAVA BAJA 24
TÉL. : 91 366 1458
€€ 250
FERMÉ MAR. ET MER. DÉJ
Bonne cuisine espagnole traditionnelle dans un décor dédié à la tauromachie : cochon de lait rôti, queue de bœuf (*rabo de toro*), petits calmars (*chopitos*), crevettes au poulpe (*gambas al pulpo*), et une spécialité maison à base de morue (*bacalao a la Chata*).

08-TABERNA ARTE DIVINO
PLAZA DE LA PROVINCIA 3
TÉL. : 91 364 2706
€€ 40
FERMÉ MAR.-SAM. DÉJ., DIM. DÎN., LUN. ET AOÛT
Installé dans une maison du XVIIe siècle, ce très bon restaurant sert une cuisine inventive : jambon *bellota* (porc nourri au maïs), pâté de foie aux pommes et champignons sauvages, viande fumée aux cinq épices (*cecina a las cinco especies*), et lasagnes aux légumes (*lasaña de verdura*). Excellents vins. Réservation obligatoire.

BARS À TAPAS

09-CASA DANI
CALLE CALATRAVA 11
TÉL. : 91 365 2621
FERMÉ LUN. DÉJ. ET DIM.
Ce bar, à l'ancienne mode, convivial, également connu sous le nom de Vinos 11, propose, entre autres tapas, une saucisse de porc épicée (*longaniza picante*), du lard frit (*chicharrones*), du jambon, et du *queso manchego* (fromage de brebis).

10-CASA LUCAS
CALLE CAVA BAJA 30
TÉL. : 91 365 0804
FERMÉ MER. DÉJ.
Excellents vins et tapas originales : *revuelto de morcilla y tomate dulce* (œufs brouillés au boudin noir et tomates), *solomillo de cerdo con cebolla confitada* (un filet de porc aux oignons confits), ou *tataki de bonito con puré de manzana* (bonite à la purée de pommes).

11-CERVECERÍA MONJE
CALLE ARENAL 21
TÉL. : 91 548 3598
FERMÉ MAR.
Un bar familial sympathique où la consommation est servie avec une tapa aux fruits de mer, offerte par la maison. Difficile ensuite de résister aux huîtres (*ostras*), gambas, bernaches (*percebes*), coques (*berberechos*), ris d'agneau (*mollejas de cordero*), etc. Produits frais et prix abordables.

12-EL ALMENDRO
CALLE EL ALMENDRO 13
TÉL. : 91 365 4252
Dans ce bar bondé, une cloche prévient les clients que leurs tapas attendent sur le passe-plat. Ragoût de porc, saucisse et pois chiches (*pringá*), jambon, soupe de légumes froide (*porra antequerana*), et pâtisseries.

13-EL BONNANO
PLAZA DEL HUMILLADERO 4
TÉL. : 91 366 6886
Ce bar, fréquenté par le monde du flamenco, est une halte idéale le dimanche matin sur le chemin du Rastro. Essayez le pâté de canard (*paté de pato*), la viande fumée (*cecina*), et les anchois au vinaigre (*boquerones en vinagre*). L'ambiance y est excellente, mais l'endroit est un peu cher.

14-LA ESCONDÍA
PLAZA DE LA PUERTA CERRADA 6
TÉL. : 91 365 3419

INDICATIONS DE PRIX (pour un repas, vin non compris)
€ < 15 € €€ = 15-20 € €€€ = 20-40 € €€€€ = 40-65 € €€€€€ > 65 €

Ce petit bar typiquement madrilène du quartier de La Latina, près de la Plaza Mayor, est parfait pour s'arrêter boire une bière pression (*caña*) en grignotant une tapa (à recommander : *torta del Casar*, fromage de brebis crémeux et fort, *morcón*, sorte de chorizo, *mojama*, thon salé, ou jambon).

15-LAMIAK
CALLE CAVA BAJA 42
TÉL. : 91 365 5212
FERMÉ LUN. ET DIM. DÎN.
Cet agréable bar basque, avec un restaurant en sous-sol, sert des tapas inventives : *bocados de rabo de toro* (queue de bœuf), *bacalao ajoarriero* (morue aux poivrons), *kokotxas* (joues de morue ou de colin), *chipirones en su tinta* (calmars cuits dans leur encre), ou *codorniz en salsa de chocolate* (caille à la sauce au chocolat).

16-LA SALAMANDRA
CALLE ALFONSO VI 6
TÉL. : 91 366 0515
FERMÉ DIM. DÎN.
Très bonne sélection de vins, vendus au verre ou en bouteille. Parmi les plats de saison les plus étonnants, magret de canard (*magret de pato*), gâteau au fromage (*torta de queso*), filet de porc (*solomillo de bellota*), et des œufs brouillés originaux (*revueltos*).

17-ENE
CALLE NUNCIO 19
TÉL. : 91 366 2591
FERMÉ. DIM DÎN.
Les tapas servies dans cet espace minimaliste attirent une foule d'élégants gourmets. La carte souvent renouvelée propose des plats tels que les raviolis aux épinards, le carpaccio d'espadon ou les croquettes de morue. L'endroit abrite également un restaurant et un bar. Ses brunchs dominicaux sont particulièrement réputés.

18-LA TORRE DEL ORO
PLAZA MAJOR 26
TÉL. : 91 366 5016
Bar fréquenté par les toreros depuis 1940 et remplis de souvenirs. Spécialisé dans la paella, le poisson frit, et les saucisses.

19-SANLÚCAR
CALLE SAN ISIDRO LABRADOR 14
TÉL. : 91 354 0052
FERMÉ DIM. DÎN. ET LUN.
Ce sympathique bar andalou est réputé pour son xérès manzanilla et ses tapas comme les tourtes aux crevettes (*tortillitas de camarones*), son jambon *bellota* et ses gambas.

LE PALACIO REAL ET SES ABORDS

20-ENTRE SUSPIRO Y SUSPIRO
CALE CAÑOS DEL PERAL 3
TÉL. : 91 542 0644
€€€ 65
FERMÉ SAM. DÉJ. ET DIM.
Au menu de cet excellent restaurant mexicain, dans un très beau palais ancien, poissons et fruits de mer au jus de citron (*cebiche*), maïs aux champignons (*quesadillas con cuitlacoche*), et *djalapeño chilis*, et *ensalada manding* (salade de crevettes, mangue, oignon et coriandre). Excellentes margaritas et bel assortiment de tequilas.

21-EL PATO MUDO
CALLE COSTANILLA DE LOS ÁNGELES 8
TÉL. : 91 559 4840
€€ 55
FERMÉ DIM.
Au cœur du *casco viejo* (vieux quartier), une cuisine méditerranéenne traditionnelle servie ici dans une atmosphère douillette. La paella et les plats de riz au canard, poisson ou légumes sont un régal. Réservation le week-end.

22-ALGARABÍA
CALLE UNION 8
TÉL. : 91 542 4131
€€€ 34
Ce restaurant met à l'honneur la délicieuse cuisine de la région de la Rioja. La carte qui change avec les saisons propose ainsi des plats traditionnels tels que le filet de porc aux oignons caramélisés ou les beignets d'asperges. Pour le dessert, ne manquez pas de commander la pizza au chocolat noir ! L'établissement ne compte que onze tables et il est donc impératif de réserver.

23-LA BOLA
CALLE BOLA 5
TÉL. : 91 547 6930
€ 100
FERMÉ DIM. DÎN.
Depuis 1870, cet excellent restaurant typique est le temple du *cocido madrileño*, un pot-au-feu de poulet, de porc, de jambon, de chorizo, *morcilla* (boudin noir), avec des pois chiches (*garbanzos*), du chou, des poireaux et des pommes de terre. Le bouillon se boit en entrée, la viande et les légumes sont le plat principal. Parmi les autres spécialités : les *callos a la madrileña* (tripes à la madrilène), l'agneau rôti, et les *buñuelos de manzana* (d'excellents beignets aux pommes).

BARS À TAPAS

24-ANCIANO REY DE LOS VINOS
CALLE BAILÉN 19
TÉL. : 91 559 5332
FERMÉ MER.
Ce bar centenaire, aux splendides carreaux de céramique, offre un amuse-gueule chaud, ou une tapa avec chaque consommation. Excellents vins et délicieux xérès. Goûtez au poisson à l'escabèche, aux beignets de morue au safran (*pavías de bacalao*), aux boulettes de viande (*albóndigas*), et à une de ses spécialités, les *torrijas*, sorte de beignets de pain trempé dans du lait, au miel, ou au vin sucré.

25-CAFÉ DE ORIENTE
PLAZA DE ORIENTE
TÉL. : 91 541 3974 ou 91 547 1564
Ici, un bar à tapas et un restaurant sont installés sur le site de l'ancien couvent San Gil, du XVIIe siècle, dont on voit toujours les voûtes. Cuisine originale, et bonne bière pression. Les tapas raffinées, comme le loup de mer mijoté à l'huile d'amandes et à la brandade de harengs fumés (*mero confitado en aceite de almendras con brandada de arenque ahumado*), sont très savoureuses. Réserver pour le restaurant.

RECOMMANDÉ

26-TABERNA DEL ALABARDERO
CALLE FELIPE V 4 & 6
TÉL. : 91 547 2577

Ce restaurant sert une cuisine traditionnelle inspirée de celle du Pays basque français, avec une pointe d'innovation. Parmi les tapas servies au bar, la *bacalao con tomate* (morue à la tomate) ou *con pisto* (à la ratatouille), les *chipirones en su tinta* (calmars dans leur encre), ou la *chistorra*, une saucisse basque, spécialité maison.

LE CENTRE DE MADRID

27-LA TERRAZA DEL CASINO

CALLE ALCALÁ 15
TÉL. : 91 532 1275
€€€€€ 65
FERMÉ SAM. DÉJ., DIM., AOÛT, ET SEMAINE DE PÂQUES

Le restaurant du casino de Madrid est doté de salles somptueuses et d'une très belle terrasse en été. La cuisine méditerranéenne innovante de son chef, Paco Roncero, qui a travaillé avec le grand cuisinier catalan Ferrán Adriá, lui a déjà valu une étoile au Michelin. Textures, saveurs, arômes, tout est sublime. Parmi les plats célèbres, la *tortilla en tres pisos*, trois omelettes superposées servies dans un verre.

28-LA CASTAFIORE

CALLE MARQUÉS DE MONASTERIO 5
TÉL. : 91 310 6651 ou 91 319 4221
€€€€
FERMÉ SAM. DÉJ. ET DIM.

On ne vient pas dans ce restaurant pour discuter, du moins le soir, car les serveurs, chanteurs lyriques entre deux contrats, poussent la chansonnette pendant et après le dîner. La cuisine est méditerranéenne avec une touche basque. Il faut essayer le colin farci aux crevettes (*merluza rellena de langostinos*), le loup de mer grillé, avec pommes de terre panées (*lubina a la espalda con patatas panaderas tosca*), ou le filet de bœuf à la sauce aux cèpes (*solomillo de buey con salsa de boletus*). Réservation obligatoire.

RECOMMANDÉ

29-LHARDY

CARRERA DE SAN JERÓNIMO 8
TÉL. : 91 521 3385
€€€€ 130
FERMÉ DIM. DÎN., ET AOÛT

Fondé en 1839, cet établissement est légendaire. À l'étage, le restaurant qui a conservé son décor d'origine de style isabélin sert un délicieux *cocido madrileño*, du gibier en saison, et du poisson, notamment l'excellent loup au four. Réservation indispensable. Au bar du rez-de-chaussée, un consommé tenu au chaud dans des samovars et servi dans des bols en porcelaine (ne pas hésiter à demander qu'on ajoute une goutte de xérès dedans), des tapas et, pour finir, de légères pâtisseries feuilletées (*hojaldres*).

30-EL MENTIDERO DE LA VILLA

CALLE SANTO TOMÉ 6
TÉL. : 91 308 1285
€€€ 50
FERMÉ SAM. DÉJ., DIM. ET AOÛT

Le chef José Ynglada mijote une cuisine espagnole créative, servie dans une salle décorée de chevaux de manège en bois et d'un plafond en trompe-l'œil. Goûtez à son boudin noir à la sauce au miel et au gingembre (*crujiente de morcilla sobre salsa de miel y gengibre*), ou à sa poule farcie nappée d'une sauce aux bolets et aux truffes. Accès pour fauteuils roulants. Réservation nécessaire.

31-ERROTA-ZAR

CALLE JOVELLANOS 3 (1er étage)
TÉL. : 91 531 2564
€€€ 142
FERMÉ DIM. ET AOÛT

Très bonne table basque traditionnelle. À conseiller : les cèpes rôtis (*boletus al horno*), les joues de colin à l'huile d'olive (*kokotxas de merluza en aceite*), et le yaourt au lait de brebis fait maison (*cuajada*). Impressionnante carte des vins, et grand choix de cigares. Réservation obligatoire.

32-BOCAÍTO

CALLE LIBERTAD 4
TÉL. : 91 532 1219
€€ 80
FERMÉ SAM. DÉJ., DIM. ET AOÛT.

Cuisine andalouse, avec une note madrilène. La carte des poissons varie selon le marché. Les coques (*berberechos*), gambas, ou asperges sauvages sur canapés sont un régal. Ragoût de haricots blancs aux palourdes (*judiones de la granja con almejas*) le mercredi, *cocido madrileño* le jeudi, et soupe aux légumes et aux haricots de Castille (*potaje castellano*), le vendredi. Excellentes tapas.

33-LA TASQUITA DE ENFRENTE

CALLE BALLESTA 6
TÉL. : 91 532 5449
€€€€ 20

Ce petit restaurant situé aux abords de la Gran Via est certainement l'un des meilleurs de la capitale. Usant de produits de la meilleure qualité issus du pays tout entier, Juanjo Lopez concocte une cuisine espagnole à la fois respectueuse de la tradition et créative. Les fruits de mer sont réputés. Réservation indispensable.

34-LA PAELLA DE LA REINA

CALLE DE LA REINA 39
TÉL. : 91 531 1885 ou 91 531 6014
€€ 70

Comme son nom l'indique, ce restaurant proposant de la cuisine de la région de Valence est spécialisé dans la paella – au homard (*bogavante*), aux fruits de mer (*marisco*), maison (*de la casa*), ou valencienne (*valencian*). Le riz y est roi : cuit dans un bouillon de poisson, aux crevettes et à la seiche cuite dans son encre, ou au homard. Très bons desserts. Bonne cave. Il vaut mieux réserver.

35-ZARA

CALLE INFANTAS 5
TÉL. : 91 532 2074
€ 45
FERMÉ SAM., DIM., ET AOÛT

Ce restaurant cubain sert de très bons ragoûts de viande (*ropa vieja*, littéralement « vieille frusque »), omelettes à la banane (*tortilla de plátano*), beignets de manioc (*yuca frita*), et hachis de bœuf au riz à la banane (*picadillo de ternera con arroz y plátano*). Daiquiris réputés. Arrivez tôt : peu de tables et pas de réservation.

BARS À TAPAS

36-BODEGAS LA ARDOSA

CALLE COLÓN 13
TÉL. : 91 521 4979

INDICATIONS DE PRIX (pour un repas, vin non compris)

€ < 15 € | €€ = 15-20 € | €€€ = 20-40 € | €€€€ = 40-65 € | €€€€€ > 65 €

Ce bar existe depuis 1892. Essayez le bœuf fumé (*cecina de León*), les haricots blancs d'Asturies aux calmars (*fabes con calamares*), et les différentes croquettes. Son *salmorejo* (soupe froide, similaire au gazpacho, mais avec du jambon et des œufs à la place des poivrons et du concombre) est légendaire. Bière irlandaise et vermouth au fût.

37-CASA LABRA
CALLE TETÚAN 12
TÉL. : 91 531 0081
C'est dans ce bar, ouvert depuis 1860 que le Parti des travailleurs socialistes espagnols a été créé en 1879. Il est spécialisé dans les croquettes et dans la morue, notamment d'excellents beignets (*tajadas*).

38-LA COSA NOSTRA
CALLE DE LA CRUZ 3
TÉL. : 91 521 2153
Le nom de ce bar est lié à son décor et non à sa clientèle ! Très central, il sert une cuisine simple, à base de crêpes salées ou sucrées (*saladas*) et de tourtes (*empanadas*), idéales pour les gens pressés.

39-LA CRUZ BLANCA
CALLE DE LA CRUZ 11
TÉL. : 91 521 0770
FERMÉ LUN.
Cet établissement sert une excellente bière Cruzcampo à la pression pour accompagner les tapas, notamment le poulpe à la galicienne (*pulpo a la gallega*), les petits calmars (*chopitos*), la seiche (*sepia*), ainsi que du fromage et du jambon.

40-TABERNA DE ÁNGEL SIERRA
CALLE GRAVINA 11
TÉL. : 91 531 0126
Ce bar né en 1917 arbore une superbe façade d'époque. On y sert une bière à la pression et du vermouth au fût, parfaits pour accompagner d'excellentes tapas dont des anchois (*anchoas*) et des escabèches.

AUTOUR DE LA PLAZA DE SANTA ANA

41-EL RINCÓN DE ESTEBAN
CALLE SANTA CATALINA 3
TÉL. : 91 429 9289
€€€ 60
FERMÉ DIM. ET AOÛT
Les hommes politiques viennent ici pour les spécialités : *manda huevos* (œufs frits, servis avec des frites, des copeaux de *jamón ibérico*, et des civelles), *merluza con almejas* (colin aux palourdes), et *perdiz estofada a la toledana* (fricassée de perdrix de Tolède). En mai et en décembre, le restaurant ouvre le dimanche midi.

42-PRADA A TOPE
CALLE PRÍNCIPE 11
TÉL. : 91 429 5921
€€ 45
FERMÉ DIM. DÎN. ET LUN.
Cette taverne propose des tapas au bar, et de succulentes spécialités du village d'El Bierzo (Castille-León) à un prix particulièrement raisonnable. Tentez le *botillo* (côtes de porc, pois chiches, chou, pommes de terre), le chorizo au vin, ou ses fameux *codillos* (pieds de porcs), accompagnés de chorizo, pommes de terre en robe de chambre, chou et autres légumes frits.

43-ZERAIN
CALLE QUEVEDO 3
TÉL. : 91 429 7909
€€ 140
FERMÉ DIM. ET AOÛT
La spécialité de ce sympathique restaurant basque au décor campagnard, c'est le cidre, d'où les énormes tonneaux qui le décorent. Viandes et poissons grillés, *tortilla de bacalao* (omelette à la morue), *alubias de Tolosa* (fèves de Tolosa), ou plats de poisson plus élaborés, tout est ici absolument délicieux.

44-CUANDO SALÍ DE CUBA !
CALLE TERNERA 4
TÉL. : 91 522 9318
€ 40
FERMÉ DIM
Jadis lieu de prédilection d'Ernest Hemingway, ce bar propose aujourd'hui une cuisine sans prétention, avec un menu au déjeuner d'un bon rapport qualité-prix, et d'excellents daïquiris et mojitos, à siroter sur des airs cubains joués par un orchestre (22 h 30-2 h, mer.-sam.).

45-LA BIOTIKA
CALLE AMOR DE DIOS 3
TÉL. : 91 429 0780
€ 25
Près de la Plaza de Santa Ana, ce restaurant très chaleureux et confortable, concocte une très bonne cuisine macrobiotique : salades, soupes, et plats de tofu.

46-LA VACA VERÓNICA
CALLE MORATÍN 38
TÉL. : 91 429 7827
€ 60
FERMÉ SAM. DÉJ.
Un petit restaurant argentin sans façons, calme et superbement décoré. Il offre, outre les grillades de bœuf qui sont excellentes, d'autres viandes, des plats de poisson et un grand choix de salades. Ses pâtes maison aux grosses crevettes grillées sont réputées. Les gourmands se réserveront pour les desserts au chocolat. Réservation conseillée.

BARS À TAPAS

47-CASA ALBERTO
CALLE HUERTAS 18
TÉL. : 91 429 9356
FERMÉ LUN., DIM. DÎN. ET AOÛT
Ce bar-restaurant, ouvert en 1827, est prisé des toreros et aficionados. Il est réputé pour son *rabo de toro estofado* (ragoût de queue de bœuf). Au bar, très bonnes tapas – *callos* (tripes), jambon ibérique, *albóndigas* (boulettes de viande), ou croquettes –, arrosées de vermouth au fût.

48-CERVECERÍA ALEMANA
PLAZA DE SANTA ANA 6
TÉL. : 91 429 7033
FERMÉ MAR.
Fondé en 1904, ce bar agréable, dont le décor a peu changé, donne sur la Plaza de Santa Ana. Parmi ses tapas, salades, *surtido de ahumados* (poissons fumés), *esparragos y palmitos* (asperges et cœurs de palmier), et *ensalada de tomate con queso de cabra* (salade de tomates au fromage de chèvre).

49-LA AGUJA
CALLE AVE MARÍA 25
Rock, blues et jazz, et ambiance qui va avec. On vient ici manger des tapas en sirotant une bière à la pression. La *tortilla de patatas al curry* (omelette pommes de terre au curry), les *croquetas de espinaca* (croquettes d'épinard),

et les *tostas de lacón con albahaca* (toasts au jambon et basilic) sont particulièrement bonnes.

50-LA TABERNA DE ANTONIO SÁNCHEZ
CALLE MESÓN DE PAREDES 13
TÉL. : 91 539 7826
FERMÉ DIM. DÎN.
Du nom du fils de son premier propriétaire, mort dans l'arène au XIXe siècle. On y mange madrilène : *caracoles guisados* (casserole d'escargots), *acelgas con almejas* (bettes aux palourdes), *tortilla San Isidro* (omelette à la morue), *huevos estrellados* (œufs frits aux pommes de terre), et *torrijas* (beignets au lait, au miel ou au vin).

51-LA TRUCHA
CALLE MANUEL FERNÁNDEZ Y GONZÁLEZ 3
TÉL. : 91 429 5833
Décor et tapas frits typiquement andalous : *pescaíto frito* (petit poisson frit), *berenjenas fritas* (rondelles d'aubergine frites), *alcachofas fritas* (artichaut frit). On essaiera aussi la *verbena de ahumados* (assortiment de poissons fumés). Agréable terrasse en été.

52-LA VENENCIA
CALLE ECHEGARAY 7
TÉL. : 91 429 7313
Ce bar est réputé pour ses vins, ses xérès et ses tapas comme la *mojama* (thon salé), le *lomo embuchado* (saucisse de porc), les *encurtidos* (condiments au vinaigre), et de très bons anchois.

53-TABERNA LA DOLORES
PLAZA DE JESÚS 4
TÉL. : 91 429 2243
Fondé en 1908, avec sa belle façade en carreaux de céramique, c'est l'un des plus célèbres bars à l'ancienne de Madrid. Anchois (*boquerones*), tourtes (*empanadas*), et bonne bière à la pression.

LE PASEO DEL PRADO

54-BALZAC
CALLE MORETO 7
TÉL. : 91 420 0177
€€€€ 70
FERMÉ SAM. DÉJ., DIM. ET 2DE QUINZAINE AOÛT
Le chef, Andrés Madrigal, est un maître des arômes. Il propose des plats originaux et inventifs qu'il ne cesse de faire évoluer, et que le *menú degustación* permet de découvrir. Ses fruits de mer sont spécialement réputés. Il est vivement conseillé de réserver.

55-PARADÍS RF CASA DE AMÉRICA
PALACIO DE LINARES
PASEO DE RECOLETOS 2
TÉL. : 91 575 4540
€€€ 60
FERMÉ SAM. DÉJ. ET DIM.
Sous la houlette de Ramón Freixa, ce restaurant, aménagé dans le palacio de Linares, propose une cuisine méditerranéenne innovante, principalement catalane, à base de produits saisonniers de première fraîcheur. Ses plats de riz et de morue font l'unanimité. Décor minimaliste. Bonne sélection de vins. Le musée Thyssen-Bornemisza abrite un établissement frère.

56-AROLA MADRID
CENTRE REINA SOFÍA
ALLE ARGUMOSA 43
TÉL. : 91 467 0202
€€ 104
FERMÉ LUN. (À 21 H) ET MAR.
Installé dans la nouvelle aile du musée Reina Sofía, conçue par Jean Nouvel, et donnant sur son patio, ce restaurant ultramoderne est le petit frère de La Broche, deux étoiles au Michelin (voir p. 256), mais moins onéreux. Essayez la tourte de morue à l'orange et oignons nouveaux (*pastel de bacalao con naranja y cebolleta*) et finissez par la mousse au chocolat blanc (*espuma de chocolate blanco*).

57-ALBOROQUE
CALLE ATOCHA 34
TÉL. : 90 220 3025
€€€€€ 60
FERMÉ SAM. DÉJ. ET DIM.
Ce restaurant dirigé par le chef Andrès Madrigal, distingué parmi ses pairs, est l'un des meilleurs de Madrid. Il est situé dans un palais du XIXe siècle qui abrite aussi un lieu d'exposition ainsi qu'un restaurant de moindre notoriété. La cuisine de l'Alboroque est parfois qualifiée de « fusion méditerranéenne ». Une expérience inoubliable.

58-IBOO CIBELES
CALLE ALCALÁ 55
TÉL. : 91 781 1555
€ 120
Un des restaurants de la chaîne lancée par le jeune chef Mario Sandoval, selon un concept original. On y sert, dans un cadre moderne et plutôt sophistiqué, une excellente cuisine méditerranéenne (salades, poisson, viande, desserts), du style fast-food, à un prix très attractif. Ouvert toute la journée. Succursales : Calle Sor Ángela de la Cruz 17 (Ⓜ Cuzco) ; Calle Génova 4 (Ⓜ Alonso Martínez).

LE PARQUE DEL BUEN RETIRO ET SES ENVIRONS

59-HORCHER
CALLE ALFONSO XII 6
TÉL. : 91 522 0731
€€€€€ 70
FERMÉ SAM. DÉJ., DIM. ET AOÛT
Fondé en 1943, cet élégant restaurant s'est recyclé dans une cuisine plus internationale. Plats de gibier – marcassin (*jabalí*), mais aussi gros gibier et canard (*pato*). Mais poisson et desserts ne sont pas en reste. Tenue correcte exigée. Réserver.

60-CASA RAFA
CALLE NARVÁEZ 68
TÉL. : 91 573 1087
€€€€ 80
FERMÉ LUN. DÎN.
Beaucoup le considèrent comme le meilleur restaurant de fruits de mer de Madrid. Les produits, en majorité du littoral cantabrien, sont sélectionnés avec rigueur. Gambas grillées, bernaches (*percebes*), turbot (*rodaballo*), mais aussi araignée de mer (*centolla*), salade de fruits de mer (*salpicón de marisc*), et délicieuse casserole de grosses crevettes aux légumes (*langostinos con verduras en fideuá*). Les plats de viande sont aussi savoureux. Réservation.

61-VIRIDIANA
CALLE JUAN DE MENA 14
TÉL. : 91 523 4478
€€€€ 60
FERMÉ DIM.
L'une des plus grandes tables de Madrid. Son chef, Abraham García, passionné de cinéma, de

INDICATIONS DE PRIX (pour un repas, vin non compris)

€ < 15 € | €€ = 15-20 € | €€€ = 20-40 € | €€€€ = 40-65 € | €€€€€ > 65 €

tauromachie et de courses hippiques, a influencé le décor. Sa carte saisonnière propose viande et poisson, d'élevage ou sauvages. Tout est absolument sublime. Excellente carte des vins. Réservation indispensable.

62-LA GAMELLA
CALLE ALFONSO XII 4
TÉL. : 91 532 4509
€€€ 48
FERMÉ SAM. DÉJ., DIM. ET 1RE QUINZAINE D'AOÛT
Cet établissement qui donne sur le Parque del Retiro a été ouvert en 1988 par un Américain. Au menu, une très bonne cuisine hispano-américaine, fine et originale. Il faut essayer le *steak tártar* à la Jack Daniel's, le *magret de pato en salsa agridulce de frutas rojas* (magret de canard à la sauce aux fruits rouges aigre-douce). Quant aux hamburgers, ils sont formidables ! Accueillant et reposant. Réservation.

63-CASA DOMINGO 1920
CALLE ALCALÁ 99
TÉL. : 91 431 1895
€€ 150
Ce restaurant familial sympathique, installé depuis 1920 dans un monument historique Art nouveau, sert une cuisine typiquement madrilène. Goûtez la fricassée de poule (*gallina en pepitoria*), la tourte de rascasse (*pastel de cabracho*), le ragoût de queue de bœuf (*estofado de rabo de toro*), ou ses tripes, très réputées. Et en dessert, les légendaires crêpes Suzette. Réservation.

64-CASA PELLO
CALLE DOCTOR CASTELO 2
TÉL. : 91 574 0103
€ 35
FERMÉ DIM.
Ce restaurant familial concocte une bonne cuisine locale – *cocido madrileño* –, poivrons farcis à la morue et aux crevettes (*pimientos rellenos de bacalao con gambas*), et croquettes aux épinards et roquefort (*croquetas de espinacas y roquefort*). Bon rapport qualité-prix. Réservation.

BARS À TAPAS

65-LA ANTIGUA
CALLE O'DONNELL 12
TÉL. : 91 576 4198
Savoureuses tapas, accompagnées d'une bonne bière à la pression, à un prix modique. Il est toujours bondé à l'heure du déjeuner.

66-LA TABERNA DE BUENDI
CALLE DOCTOR CASTELO 15
TÉL. : 91 578 2737
Bar typiquement madrilène, bon enfant. On peut choisir de très bons crus espagnols pour accompagner les tapas – jamón iberico, anchois au vinaigre (*boquerones en vinagre*), et ses canapés – *cabeza de jabalí con brie fundido* (tête de marcassin au brie fondu) et *bacalao ahumado* (morue fumée).

67-LUCHARNA
CALLE MENORCA 9
TÉL. : 91 573 2243
FERMÉ DIM.
Soupes légères, spécialités galiciennes, telle la tourte aux coquilles saint-jacques (*empanada de zamburiñas*), ou d'ailleurs, comme la morue salée aux poivrons (*bacalao ajoarriero*), et l'excellente salade de filets de thon aux poivrons rouges (*ensalada de ventresca con pimientos del piquillo*). Bonne sélection de vins. Atmosphère très chaleureuse.

68-TABERNA DEL PUERTO
CALLE FERNÁN GONZÁLEZ 50
TÉL. : 91 504 6699
FERMÉ DIM. DÎN.
Cuisine andalouse : poisson et fruits de mer, en beignets ou passés rapidement à la friture. À l'autre adresse (*calle Diego de León 58, Tél. : 91 309 2887,* Ⓜ *Diego de León*), on peut déguster des rougets (*salmonetes*), du carrelet (*acedía*), des fritures de calmars (*calamares en fritura*) ou bien d'anchois fraîchement pêchés (*boquerones fritos*), ou une marmite de palourdes. (*chirlas guisadas*).

LA CASTELLANA ET SALAMANCA

69-JOCKEY
CALLE AMADOR DE LOS RÍO 6
TÉL. : 91 319 2435
€€€€€ 100
FERMÉ AOÛT
Cet établissement passe pour l'un des meilleurs du pays. Élégante décoration à l'anglaise, avec boiseries et gravures équestres. Après l'apéritif maison, le gin jockey, on choisira une des spécialités : grosses crevettes roses au caviar et crème fraîche (*langostinos crudos al caviar con crema fresca*), courge et pommes de terre, foie gras et sauce au champagne (*tuétano con patatas, foie gras y salsa de champagne*), ris de veau ou d'agneau (*mollejas*), ou faisan au raisin et au porto (*faisán a las uvas con vino de Oporto*). Excellente carte des vins et de portos. Tenue correcte et réservation.

RECOMMANDÉ

70-LA BROCHE SERGI AROLA
CALLE MIGUEL ANGEL 29
TÉL. : 91 399 3437
€€€€€ 40
FERMÉ SAM., DIM., SEMAINE DE PÂQUES ET AOÛT
Élégant cadre minimaliste. Sergi Arola, le jeune chef catalan, à l'ascension fulgurante, ancien élève de Ferrán Adriá et déjà deux étoiles Michelin, propose une carte novatrice, sans cesse enrichie de nouvelles créations. Les sardines fumées aux œufs frits croustillants (*sardinas ahumadas con crujiente de huevo frito*), le loup rôti au chutney à la mangue et au yaourt (*lubina asada con chutney de mango y yogurt*), le médaillon de homard accompagné de riz parfumé aux épices africaines (*medallón de langosta con cuscús de arroz y especias africanas*) sont exquis. Il est prudent de réserver bien à l'avance car la capacité d'accueil n'est que de 40 couverts.

RECOMMANDÉ

71-SANTCELONI
HOTEL HESPERIA
PASEO DE LA CASTELLANA 57
TÉL. : 91 210 8840
€€€€€ 45
FERMÉ SAM. DÉJ., DIM. ET AOÛT
Le restaurant de l'hôtel Hesperia, l'adresse madrilène du célèbre établissement barcelonais du grand chef Santi Santamaria, a déjà deux étoi-

les au Michelin grâce à l'un de ses élèves, Óscar Velazco. Cuisine saisonnière à base de produits frais, conservant toujours une note traditionnelle. Loup mariné à la compote de pommes fumée (*mero marinado con puré de manzana ahumado*), terrine de poularde au foie gras truffé (*terrina de pularda y foie gras con trufas*), jarret de bœuf à la purée de pommes de terre (*jarrete de ternera blanca con puré de patata*), ris d'agneau au concombre de mer (*espardeñas con mollejas de cordero*… Réserver à l'avance.

72-ZALACAÍN

CALLE ÁLVAREZ DE BAENA 4
TÉL. : 91 561 4840
€€€€€ 120
FERMÉ SAM. DÉJ., DIM, SEMAINE PÂQUES ET AOÛT

Ce restaurant a introduit la nouvelle cuisine en Espagne. Son chef basque, Benjamín Urdaín, compte une étoile au Michelin. Il concocte des mets saisonniers où la tradition côtoie l'innovation. Conseillés, les pieds de porc farcis à l'agneau (*manitas de cerdo rellenas de cordero*), les huîtres à la sauce verte (*ostras en salsa verde*), le soufflé de pommes de terre, le tartare de bonite au caviar et aux poivrons frais (*tartar de bonito con beluga y pimienta verde*). Tenue correcte et réservation à l'avance.

73-EL AMPARO

CALLE PUIGCERDÁ 8
TÉL. : 91 431 6456
€€€€ 65
FERMÉ SAM. DÉJ. ET DIM.

Le chef Carlos Posadas innove dans la cuisine basque. Parmi les plats appréciés : le foie d'oie poêlé à la purée de courge avec une sauce Périgord (*foie caliente a la sartén con crujiente de calabaza dulce y salsa perigord*), les crevettes sautées et raviolis au fromage et basilic (*cigalas salteadas con ravioli de queso y romero*), et le cochon de lait au miel avec compote de pommes et gelée de coing (*lechona confitada con puré de manzana y membrilla*). Le soufflé chaud au chocolat est un régal. Excellente cave. Réservation.

74-EL BODEGÓN

CALLE PINAR 15
TÉL. : 91 562 8844
€€€€ 60
FERMÉ SAM. DÉJ., DIM. ET AOÛT

Ce restaurant un peu guindé, mais sympathique, propose la cuisine basque originale du chef José Machado avec une note catalane. Au choix, le menú degustación, ou la carte : potage aux lentilles et à la perdrix (*potaje de lentejas y perdiz*), ou soupe de poissons, suivie d'un rouget à la gelée de fenouil (*lomo de salmonete en caldo gelatinoso de hinojo*), du pigeon aux prunes (*pichón con ciruelas*). Tenue correcte et réservation.

75-LOS CLARINES

CALLE BOCÁNGEL 2
TÉL. : 91 356 9859
€€€ 70
FERMÉ LUN. SAUF DURANT LA FÊTE DE SAN ISIDRO

Près des arènes Las Ventas, ce restaurant propose de nombreux plats de bœuf (*rabo, estofado de toro*). Très bon poisson également, comme le colin à la sauce aux fruits de mer (*merluza a la cosquera*).

76-PRÍNCIPE DE VIANA

CALLE MANUEL DE FALLA 5
TÉL. : 91 457 1549
€€€ 80
FERMÉ SAM. DÉJ. ET DIM.

Cuisine basco-navarraise, l'un des restaurants préférés des Madrilènes. Parmi les spécialités, la ratatouille de légumes aux asperges, la morue aux poivrons et homard (*bacalao ajoarriero con langosta*), et le colin à l'huile d'olive, ail et persil (*merluza en salsa verde*), ou les croquettes au jambon, sont vivement conseillés. Réservation absolument indispensable.

77-DONDE LEO

CALLE PEDRO HEREDIA 22
TÉL. : 91 356 6561
€€ 75
FERMÉ LUN. SAUF DURANT LA FÊTE DE SAN ISIDRO

Ce restaurant très madrilène, l'un des plus prisés du monde de la tauromachie, est veillé par la Vierge de la Paloma. La queue de bœuf aux escargots (*rabo de toro con caracoles*) et les croquettes sont légendaires.

78-LA CASUCA

CALLE AGUSTÍN DE FOXÁ 16-18
TÉL. : 91 314 5696
€€ 90
FERMÉ DIM. DÎN.

Ici, les classiques de la cuisine de l'Espagne du Nord, notamment de Cantabrie, préparés par Antonio Hoyas. On goûtera au *cocido montañes* (ragoût de boudin noir, oreilles de porc, chorizo, chou, et fèves), aux *rabas* (calmars frits), à la *marmitako de bonito* (bonite), ou à la *brandada de bacalao con vinagreta de pulpo* (brandade de morue au vinaigre de poulpe). Réserver.

79-LA TABERNA DE BUENAVENTURA

CALLE HERMOSILLA 69
TÉL. : 91 575 8365
€€ 96
FERMÉ LUN., DIM. DÎN. ET AOÛT

Cuisine locale de qualité, dont le célèbre *cocido madrileño*, les *callos a la madrileña* (tripes à la madrilène), et des plats de poisson. Chanteur le samedi soir. Réserver.

BARS À TAPAS

80-EL RINCÓN DE JAÉN

CALLE DR. GÓMEZ ULLA 6
TÉL. : 91 355 4011
DON RAMÓN DE LA CRUZ 88
TÉL. : 91 401 6334

Ces deux bars-restaurants agréables servent les meilleures tapas andalouses de Madrid. Poisson frit, fruits de mer, saucisses et salades. Portions généreuses.

81-FINOS Y FINAS

CALLE ESPARTINAS 6
TÉL. : 91 575 9069
FERMÉ DIM. DÎN. ET AOÛT

On essaiera les poivrons rouges farcis aux champignons sauvages et jambon (*pimientos de piquillo rellenos de níscalos y jamón ibérico*), les tourtes aux calmars (*tartaletas de calamares*), ou la fricassée de poulet (*pollo en pepitoria*).

82-LA TABERNA DEL BUEY

CALLE GENERAL PARDIÑAS 7
TÉL. : 91 578 1154

Savoureuses tapas – fromage suisse, *ahumados* (poisson fumé), *gulas* (civettes), *pimientos de piquillo rellenos de bacalao* (poivrons rouges farcis à la morue), *patatas pajas* (frites), croustillantes à souhait –, et canapés succulents.

83-O'CRUCEIRO

CALLE NUÑEZ DE BALBOA 29
TÉL. : 91 577 8447 ou 91 577 7302
FERMÉ DIM. DÎN.

Au bar de ce restaurant galicien, des fruits de mer de qualité : *vieiras* (coquilles Saint-Jacques), *percebes* (bernaches), *ostras* (huîtres), *navajas* (couteaux), et *langostinos* (grosses crevettes). La tourte aux coquilles saint-jacques ou à la morue et aux raisins et le poulpe à la galicienne sont excellents.

LA PLAZA DE ESPAÑA ET L'OUEST DE MADRID

RECOMMANDÉ

04-CLUB ALLARD

CALLE FERRAZ 2
TÉL. : 91 559 0939
€€€€ 70
FERMÉ SAM. DÉJ., DIM. ET LUN. DÎN.

Aux commandes de ce restaurant abrité dans un bel immeuble Art déco, Diego Guerrero a travaillé avec les plus grands des cuisines basque et catalane. En entrée, terrine de foie d'oie à la vinaigrette au miel, ou préparation d'œufs, de pain et de porc sur des pommes de terre à la crème (*huevos con pan y panceta sobre crema ligera de patata*). En plat principal, le poulet de Bresse confit dans la graisse de canard et au jus de raisin (*confitado en grasa de pato con jugo de uvas*) ou le cochon de lait confit, parfumé à la cannelle et au cumin (*cochinillo confitado con canela y comino*). La carte ne cesse d'évoluer, et les plats de poisson changent tous les jours. Excellents vins. Une étoile au Michelin. Tenue correcte exigée. Réservation.

85-LAS CUATRO ESTACIONES

CALLE GENERAL IBÁÑEZ ÍBERO 5
TÉL. : 91 553 6305
€€€€ 130
FERMÉ SAM. DÉJ., DIM., SEMAINE SAINTE ET AOÛT

Cuisine méditerranéenne d'influence française. La carte saisonnière offre un *gazpacho con bogavante* (soupe froide de tomate et de homard), un *foie caliente a las uvas* (foie d'oie poêlé aux raisins), et des *verduras a la plancha* (légumes grillés). Les tripes à la madrilène, le steack tartare et le soufflé aux pommes de terre sont fameux. Excellente carte des vins.

86-BOKADO

AVENIDA JUAN DE HERRERA 2
TÉL. : 91 549 0041
€€€ 90
FERMÉ LUN., DIM. DÎN.

Au Museo del Traje (musée du Costume), Bokado propose deux menus dégustation, et une carte où figurent une terrine de foie gras à la crème fraîche et au cantaloup, une lotte sauce aux palourdes (*rape negro en salsa de almejas*), des raviolis au crabe sauce crevettes, accompagnés de légumes frits (*ravioli de changurro con jugo de carabinero con verduritas fritas*), et un menu enfant. Une jolie terrasse sur les jardins Moncloa.

87-LAS BATUECAS

AVENIDA REINA VICTORIA 17
TÉL. : 91 554 04 52
€€ 60
FERMÉ LUN.-MER. DÎN., JEU.-VEN. DÉJ., SAM. DÎN., DIM., ET AOÛT

Cuisine traditionnelle dans ce restaurant où rien n'a changé depuis cinquante ans. *Tortilla con callos* (omelette sauce aux tripes), *puerros gratinados* (poireaux en gratin), croquettes, beignets d'aubergines (*berenjenas rebosadas*), ou agneau rôti (*cordero asado*). Réserver.

88-SAL GORDA

CALLE BEATRIZ DE BOBADILLA 9
TÉL. : 91 553 9506
€€ 65
FERMÉ DIM. ET AOÛT

Une table traditionnelle à un prix raisonnable, dans un cadre confortable. La morue à l'ail, poivrons et sauce tomate (*bacalao ajoarriero*), le filet de bœuf, ou les bettes au jambon (*pencas de acelgas rellenas de jamón*) sont spécialement recommandés. Réservation obligatoire.

89-CON DOS FOGONES

€ 45
CALLE SAN BERNARDINO 9
TÉL. : 91 559 6326

Petit restaurant de style campagnard, où les végétariens se régaleront aussi. Parmi les plats innovants, un hamburger de colin à la sauce tomate, avec tempura de courge parfumée au soja et au miel (*hamburguesa de merluza*), et la morue confite accompagnée de champignons à la crème à l'ail (*bacalao confitado con pisto de hongos y crema de ajos*). L'addition reste douce. Réserver le soir.

BARS À TAPAS

90-CUENLLAS WINE BAR

CALLE FERRAZ 5
TÉL. : 91 542 5621
FERMÉ DIM.

Parmi les nombreux bars de la rue, le Cuenllas, qui fait aussi restaurant, est à ne pas rater. Ses beignets de morue à la madrilène (*soldaditos de Pavía en fritura ligera a la madrileña*), son caviar Beluga, et sa viande fumée à l'huile d'olive (*cecina con aceite de oliva*) sont de pures merveilles.

91-ENTREVINOS

CALLE FERRAZ 36
TÉL. : 91 548 3114
FERMÉ DIM. ET AOÛT.

Ce beau bar-restaurant propose de remarquables tapas et un choix de très bons vins. Carpaccios de viande ou de poisson, viande fumée maison (*cecina artesana*), jambon *bellota* (porc nourri au maïs), plateau de fromages.

92-PRADA A TOPE

CUESTA DE SAN VICENTE 32
TÉL. : 91 547 8020

Comme son petit frère du quartier de Santa Ana, ce bar-restaurant offre des spécialités du village d'El Bierzo de la Castille-León. *Botillo* (côte de porc, pois chiche, chou, pommes de terre), *codillos* (pieds de porc), *morcilla* (boudin noir).

93-TABERNA LOS PORCHES

PASEO PINTOR ROSALES 2
TÉL. : 91 542 4900
FERMÉ LUN.

Ici le poisson fumé (*ahumados*), le boudin noir de Burgos, et de nombreux délicieux canapés se dégustent en profitant de jolies vues sur les jardins du Parque del Oeste. Bondé le week-end.

SHOPPING À MADRID

Faire du shopping à Madrid peut vous transporter des siècles en arrière en quelques pas. De vieilles échoppes familiales vendent des châles et des mantilles, des couvents proposent des pâtisseries confectionnées par des religieuses. Ces commerces côtoient les boutiques de créateurs parmi les plus novateurs d'Europe, témoignages de l'effervescence artistique qui a suivi la mort du général Franco en 1975, et qui se poursuit encore aujourd'hui.

Le centre de Madrid possède trois grandes zones commerçantes. La première se concentre autour de la Puerta del Sol, et comprend la rue piétonne Preciados qui relie la Plaza de Callao à la Gran Vía. Au sud de la Puerta del Sol, elle s'étend de la Plaza Mayor à la Plaza de Canalejas. On y trouve de grands magasins, des chaînes de vêtements et des boutiques qui vendent de tout, de la mode aux chaussures, des bijoux à l'artisanat en passant par les livres et la musique. Les boutiques pour touristes y sont nombreuses mais s'alignent au milieu des magasins typiquement madrilènes, présents depuis des générations.

La deuxième est le très chic quartier de Salamanca, qui porte aussi le nom très révélateur de La Milla de Oro. Il s'étend sur quelques rues : Serrano, Casteló, Claudio Coello, Goya, Velázquez, Jorge Juan, Núñez de Balboa et Ortega y Gasset. Les maisons de haute couture y ont pignon sur rue ainsi que des boutiques raffinées, dont les prix sont plus abordables, toutes proportions gardées, qu'à l'étranger.

Non loin de là, s'étend la troisième zone, concentrée autour du quartier gay de Chueca et sur Fuencarral, où la mode est beaucoup plus branchée. Vous y trouverez tous les jeunes stylistes. À Chueca, flânez sur Hortaleza, Almirante, Argensola, Augusto Figuero et les rues adjacentes. Sur Fuencarral, qui offre aussi un grand choix de boutiques, arpentez le centre commercial Mercado Fuencarral et ses 60 magasins.

HORAIRES D'OUVERTURE

Voir p. 239.

PAIEMENT

Les grands magasins et les boutiques acceptent en général les cartes bancaires. Il faut parfois montrer une pièce d'identité. Vérifiez avant d'entrer et, sinon, posez la question (*¿Aceptan tarjetas de crédito?* « Acceptez-vous les cartes bancaires ? »)

RETOURS

Si vous avez la moindre réclamation, retournez dans le magasin le plus tôt possible avec le reçu (*el recibo*). Les articles achetés en soldes ne sont généralement pas remboursés.

TAXES

Une taxe de 16 %, la TVA ou IVA, concerne bien des produits espagnols. Pour les livres, elle est de 4 %. Les ressortissants des pays non européens peuvent en demander le remboursement, dans un délai de 90 jours et à partir de 90,16 euros d'achats dans un même établissement. Demandez une facture (*factura*) indiquant le prix, la TVA pour chaque article et le nom du vendeur et de l'acheteur (vous devez montrer votre passeport ou une pièce d'identité). Vous devez faire viser le justificatif à la douane (*aduana*) en sortant du pays. Vous pouvez le renvoyer au magasin pour le remboursement, ou vous rendre dans une agence de la Banco Exterior (il y en a une à l'aéroport de Barajas). Il sera immédiat si le magasin a passé un accord avec elle.

MAGASINS TYPIQUEMENT MADRILÈNES

Belloso
Calle Mayor 23 Ⓜ Sol
☎ 91 366 4258
Fabrique et vend des objets religieux (des chasubles, des images pieuses, des calices, des statuettes) depuis 1893.

Capas Seseña
Calle Cruz 23 Ⓜ Sol
☎ 91 531 6840
Des capes magnifiques vendues depuis plus d'un siècle à la haute société, de la famille royale d'Espagne à Hillary Clinton.

Casa de Diego
Puerta del Sol 12 Ⓜ Sol
☎ 91 522 6643
Calle Mesoneros Romanos 4
Ⓜ Callao
Cannes en argent, parapluies et ombrelles, castagnettes, peignes, châles et éventails, depuis 1858.

Casa Hernanz
Calle Toledo 18 Ⓜ Sol, Ópera
☎ 91 366 5450
Chapeaux et chaussures, dont les typiques espadrilles, depuis les années 1840.

Casa Jiménez
Calle Preciados 42 Ⓜ Sol
☎ 91 548 0526
De magnifiques châles brodés et mantilles en dentelle ainsi qu'éventails et peignes. La boutique loue aussi des vêtements de soirée.

Casa Yustas
Plaza Mayor 30 Ⓜ Sol, Ópera
☎ 91 366 5084
Fondé en 1894, Casa Yustas vend toutes sortes de couvre-chefs, des *boinas* (bérets) aux tricornes de la *Guardia Civil* en passant par d'élégants chapeaux pour hommes et femmes.

El Caballo Cojo
Calle Segovia Ⓜ Sol, Ópera
☎ 91 366 4390
Une boutique au charme un peu vieillot qui vend de magnifiques céramiques des XVIIe et XVIIIe siècles, des objets artisanaux et des meubles.

El Convento de las Carboneras
Plaza Conde de Miranda 3 Ⓜ Sol
☎ 91 548 3701
Cette boutique vend de délicieuses friandises et pâtisseries confectionnées par les religieuses cloîtrées de l'ordre des hiéronymites.

El Flamenco Vive
Calle Conde de Lemos 7 Ⓜ Ópera
☎ 91 547 3917
Tout pour les passionnés de flamenco, des guitares aux *castañuelas* (castagnettes) en passant par les robes, vestes et pantalons.

Filatelia Arias
Plaza Mayor 28 Ⓜ Sol
☎ 91 366 4499
Une magnifique boutique pour les collectionneurs de timbres et de pièces anciennes dont quelques spécimens grecs et romains.

La Favorita
Plaza Mayor 25 Ⓜ Sol
☎ 91 366 5877
Chapelier depuis 1894.

La Pajarita
Calle Villanueva 14 Ⓜ Recoletos
☎ 91 435 7454
Des friandises et des chocolats. La spécialité de la maison : les *pajaritas* (petits oiseaux) en chocolat.

La Violeta
Plaza de Canalejas 6 Ⓜ Sevilla
☎ 91 522 5522

Une boutique datant du début du XXe siècle qui doit son nom à ses bonbons à la violette, célèbres dans le monde entier. Vous ne les trouverez qu'ici.

Maravillas Trajes Regionales
Calle Sal 3 Ⓜ Sol
☎ 91 366 5248
Habits régionaux pour hommes et femmes, costumes de flamenco, capes et châles et tenues de soirée.

LIVRES

Booksellers
Calle Fernández de la Hoz, 40
Ⓜ Iglesia
☎ 91 442 7959
Large sélection de livres en anglais.

Casa del Libro
Gran Vía 29 Ⓜ Gran Vía
☎ 91 524 1900
Calle Maestro Victoria 3
Ⓜ Callao, Sol
☎ 91 521 4898
Les deux plus grandes surfaces consacrées aux livres dans la capitale. Toutes les publications dans tous les domaines.

J&J
Calle Espiritu Santo 47 Ⓜ Noviciado
☎ 91 521 8576
Un libraire (et un café) avec un grand choix de livres d'occasion, dirigé par une Américaine et son mari espagnol. Ouvert à l'heure du déjeuner.

Libros Madrid
Calle Campomanes 5 Ⓜ Ópera
☎ 91 547 8736
Le plus grand magasin de livres anciens et d'occasion de Madrid.

VÊTEMENTS

STYLISTES ESPAGNOLS

Adolfo Domínguez
Calle Serrano 18 Ⓜ Serrano
☎ 91 577 8280
Calle Serrano 96 Ⓜ Serrano
☎ 91 576 7053
Une mode classique mais détendue, des vêtements aux finitions parfaites pour hommes et femmes, à des prix très raisonnables.

Ágatha Ruiz de la Prada
Calle Serrano 27 Ⓜ Serrano
☎ 91 319 0501
Cette célèbre styliste madrilène est devenue à la mode dans la mouvance de la movida dans les années 1980. Vêtements pour hommes et femmes colorés et imaginatifs.

Amaya Arzuaga
Calle Lagasca 50 Ⓜ Velázquez
☎ 91 426 2815
Une mode sensuelle et audacieuse pour hommes et femmes. Cette styliste originale propose aussi du vin du domaine de son père.

Ángel Schlesser
Calle Claudio Coello 46 Ⓜ Serrano
☎ 91 435 4869
Calle Don Ramón de la Cruz 2
Ⓜ Serrano
☎ 91 575 5574
Un style chic et urbain, intemporel, et de spectaculaires robes de soirée.

Antonio Miró
Calle Lagasca 65 Ⓜ Velázquez
☎ 91 426 0225
Souvent inspiré par les peintres, le travail de ce créateur est coloré et imaginatif. Pour hommes et femmes.

The Deli Room
Calle Santa Bárbara 4 Ⓜ Tribunal
☎ 91 521 1983
Exclusivement de jeunes stylistes espagnols. Une adresse idéale pour jeter un œil sur les créateurs de demain. Principalement pour les femmes.

Elena Benarroch
Calle Lagasca 88 Ⓜ Núñez de Balboa
☎ 91 435 5144
Réputée pour ses manteaux et ses vêtements en cuir, cette styliste propose aussi des vêtements de marque. Pour hommes et femmes.

El Jardín de Serrano
Calle Goya 6-8 Ⓜ Serrano
☎ 91 577 0012
Un luxueux centre commercial de 23 boutiques de grandes marques.

Hoss Homeless
Calle Serrano 16 Ⓜ Serrano
☎ 91 781 0612
(aussi à Tetuán 19 et Fuencarral 16)
Une mode branchée, jeune et espagnole. Des jeunes stylistes.

Javier Larraínzar
Calle Castelló 16
Ⓜ Príncipe de Vergara, Velázquez
☎ 91 577 8835
Une mode classique et élégante revisitée pour femmes. Un accent particulier est mis sur les vêtements de soirée faits sur mesure.

Jesús del Pozo
Calle Almirante 9 Ⓜ Chueca, Colón
☎ 91 531 3646
Des vêtements pour femmes classiques et seyants dessinés par une jeune styliste espagnole. Très fréquenté par les jeunes actrices.

Kina Fernández
Calle Claudio Coello 75
Ⓜ Serrano, Núñez de Balboa
☎ 91 426 2420
Un style urbain et féminin pour des vêtements remarquablement bien coupés.

La Compañía Multihispana
Calle Hortaleza 30 Ⓜ Gran Vía
☎ 91 532 3833
Des vêtements pour femmes de leurs propres créations et des marques comme Sybilla et Hoss Homeless.

Loreak Mendian
Calle Argensola 5 Ⓜ Alonso Martínez
☎ 91 319 4716
Une mode pour homme dessinée et élaborée par un talentueux styliste basque.

Mercado Fuencarral
Calle Fuencarral 45 Ⓜ Tribunal
☎ 91 521 4152
Un centre commercial de 60 boutiques dans une ancienne halle de marché. De jeunes stylistes pour une clientèle des plus branchées.

Paco Casado
Calle Castelló 6 Ⓜ Avenida de América
☎ 91 431 0150
Un styliste de renom, réputé pour son style glamour.

Pedro del Hierro
Calle Serrano 24 et 63 Ⓜ Serrano
☎ 91 575 6906
Une mode sophistiquée mais aussi quelques vêtements aux coupes plus sobres, autant pour hommes que pour femmes.

Pedro Morago
Calle Almirante 20 Ⓜ Colón
☎ 91 521 6628
Un styliste à la mode pour les hommes et les femmes qui apprécient les vêtements colorés avec une touche d'audace.

Purificación García
Calle Serrano 28 Ⓜ Serrano, Colón
☎ 91 577 8370
Une mode élégante, aux finitions parfaites, pour hommes et femmes, signée par un styliste renommé.

Roberto Verino
Calle Claudio Coello 27 Ⓜ Serrano
☎ 91 577 7381
Calle Serrano 33 Ⓜ Serrano
Réputé pour ses vêtements élégants mais aux lignes simples et très confortables. Pour hommes et femmes.

Supreme
Calle Martín de los Heros 24
Ⓜ Ventura Rodríguez
☎ 91 541 0042

Une collection jeune et gaie, avec quelques marques connues. Pour hommes et femmes.

Sybilla
Callejón Jorge Juan 12 (M) Serrano
☎ 91 578 1322
Une collection élégante et originale, et une ligne plus abordable pour les jeunes.

Victorio y Lucchino
Calle Lagasca 75 (M) Núñez de Balboa
☎ 91 431 8786
Ces deux stylistes sévillans créent une mode un peu théâtrale, inspirée du flamenco. Nouvelle ligne pour hommes.

AUTRES VÊTEMENTS

Algarabía
Calle Ayala 74 (M) Goya
☎ 91 575 6291
Des marques à des prix raisonnables.

Ararat
Calle Almirante 10/11 (M) Recoletos
☎ 91 531 8156
Des ensembles sophistiqués et des robes du soir.

Cristina Guisado
Calle Doctor Fourquet 1 (M) Lavapiés
☎ 91 528 8788
Vêtements et accessoires des années 1960 et 1970. Prix raisonnables.

Escuela de Divinos
Calle Zurbarán 16 (M) Rubén Dario
☎ 91 308 2816
Des vêtements de créateurs espagnols à prix réduits.

Lefties
Calle Carretas 10 (M) Sol
☎ 91 531 2188
Fins de collections, dont beaucoup de chez Zara, à bas prix.

Mango
Calle Fuencarral 70 (M) Tribunal
☎ 91 523 0412
Une des nombreuses antennes de la marque. Une mode créative.

Restaurante Cambalache
Calle San Lorenzo 5 (M) Tribunal
☎ 91 310 0701
Malgré son nom, ne sert que des vêtements d'occasions et des accessoires, à des prix très raisonnables.

Zara
Gran Vía 34 (M) Gran Vía
☎ 91 521 1283
Une des nombreuses boutiques de cette chaîne de vêtements pour hommes, femmes et enfants.

ARTISANAT

Adamá
Avenida Felipe II 24 (M) Goya
☎ 91 435 9988
Céramiques espagnoles aux lignes contemporaines.

Antigua Casa Talavera
Calle Isabel la Católica
(M) Santo Domingo
☎ 91 547 3417
Un grand choix d'objets décoratifs, dont la célèbre poterie jaune et bleue de Talavera et les céramiques de Manises à Valence.

Cántaro
Calle Flor Baja 8 (M) Santo Domingo
☎ 91 547 9514
Excellente adresse pour faire des cadeaux à des prix raisonnables : plats, pichets, bols, la plupart faits à la main.

Vinçon
Calle Castelló 18 (M) Velásquez
☎ 91 578 0520
Une adresse où acheter des cadeaux originaux signés des plus grands designers espagnols, des jouets aux appareils ménagers en passant par la papeterie.

El Arco
Plaza Mayor 9 (M) Sol
☎ 91 365 2680
Objets de l'artisanat espagnol. Poterie, verrerie, bijoux et maroquinerie.

La Tierra
Calle Almirante 28 (M) Chueca
☎ 91 521 2134
Jolie boutique de cadeaux et d'artisanat. Céramiques, tuiles sévillanes et ustensiles de cuisine traditionnels.

Mercado Puerta de Toledo
Ronda de Toledo 1
(M) Puerta de Toledo
☎ 91 366 7200
Cette ancienne halle aux poissons du XIXe siècle est aujourd'hui un centre commercial. Une bonne adresse pour y trouver des antiquités, de l'artisanat et des boutiques de mode.

GRANDS MAGASINS

El Corte Inglés
Calle Serrano 47 (M) Serrano
☎ 91 432 5490
(Également à Preciados 1, 2, 3 et 9, Princesa 41, 47 et 56, Goya 76 et 85, Plaza de Callao et partout ailleurs)
Cette importante chaîne de grands magasins, un véritable empire en Espagne, propose des articles de toutes sortes et de bonne qualité. Excellent rayon alimentaire.

ALIMENTATION, VINS ET SPIRITUEUX

La Oleoteca
Calle Juan Ramón Jiménez 37
(M) Cuzco
☎ 91 359 1803
De délicieuses huiles d'olive en provenance de toute l'Espagne. Grand choix de couverts et de saladiers.

Lavinia
Calle José Ortega y Gasset 16
(M) Núñez de Balboa
☎ 91 426 0604
Ce grand caviste propose plus de 4 500 vins (et des spiritueux). Le personnel, connaisseur, parle français.

Mariano Aguado
Calle Echegaray 19 (M) Sevilla
☎ 91 429 6088
Une tradition de plus de 150 ans dans la vente de vins et de spiritueux. Admirez le plafond peint.

Mercado de la Paz
Calle Ayala 28 (M) Velázquez
☎ 91 435 0743
Dans ce merveilleux marché, les vedettes sont les fromages et les viandes. Construit par Gustave Eiffel au XIXe siècle, ce lieu n'est devenu un marché qu'en 1943.

Mercado de Maravillas
Calle Bravo Murillo 122
(M) Alvarado, Cuatro Caminos
☎ 91 534 8429
Le plus grand marché traditionnel de Madrid avec les plus beaux étals de poissons de la ville dans une ambiance animée et sympathique.

CUIR ET CHAUSSURES

Acosta
Calle Hermosilla 36 (M) Velázquez
☎ 91 710 3026
Un chausseur établi de longue date qui propose des chaussures de haute qualité, confortables, à des prix très élevés.

Camper
Calle Preciados 2 (M) Callao
☎ 90 236 4598
(Également à Ayala 13, Princesa 75, Gran Vía 54 et Serrano 24)
Cette célèbre marque espagnole, conçue dans un esprit un peu écolo, propose des chaussures originales et confortables, d'excellente qualité. Elles restent moins chères en Espagne qu'à l'étranger.

Guantes Luque
Calle Espoz y Mina 3 (M) Sol
☎ 91 522 3287
Cette boutique vend des gants depuis plus d'un siècle. Le choix est

immense et vous y dénicherez sans aucun doute des merveilles.

Loewe
Calle Serrano 26 (pour femmes)
Ⓜ Serrano
☎ 91 577 6056
Calle Serrano 34 (pour hommes)
Ⓜ Serrano
☎ 91 426 3584
Gran Vía 8 (pour hommes et femmes)
Maroquinerie, ceintures, vêtements en cuir raffinés et d'excellente qualité. Cette grande marque pratique des prix très élevés.

Nere Denda
Calle CasTél :ló 38 Ⓜ Velázquez
☎ 91 435 9723
Maroquinerie et chaussures dessinées par de jeunes stylistes pleins d'imagination.

Piamonte
Calle Marqués de Monasterio 5
☎ 91 522 4580
Ⓜ Chueca, Recoletos
Calle Villanueva 16 Ⓜ Serrano
☎ 91 435 3747
Ce styliste espagnol propose des sacs, des chaussures, des ceintures sur mesure. La boutique de la Calle Villanueva propose les anciennes collections, ce qui permet d'avoir la marque à des prix plus raisonnables.

MARCHÉS DE RUE

El Rastro
Calle Ribera de Curtidores/
Plaza de Carrasco Ⓜ La Latina
☎ 91 588 2900 (Office de tourisme de Madrid)
Ouvert tous les dim. 7 h-14 h
Découvrez le plus grand marché aux puces d'Espagne. N'importe qui peut y installer son stand. On y trouve aussi bien des antiquités que des meubles neufs, des vêtements en cuir que des objets à trois sous. Toujours très animés et bruyants, les nombreux cafés et bars à tapas aux alentours vous permettront de faire une petite pause. Paiement en espèces et marchandage de rigueur. Méfiez-vous des pickpockets.

Feria del Libro
Cuesta de Claudio Moyano
Ⓜ Atocha
À proximité du Jardín Botánico et du Parque de Retiro. Livres rares et originaux toute l'année.

Mercado de Monedas y Sellos
Plaza Mayor Ⓜ Sol
Tous les dimanches matin, cette jolie place est envahie par les étals de timbres et de pièces anciennes.

JOUETS

Bazar Mila
Gran Vía 33 Ⓜ Gran Vía
☎ 91 531 8728
Une boutique à l'ancienne mode pour les tout-petits (avant l'âge de la console de jeux).

Gepetto
Calle Diego de León 47
Ⓜ Diego de León
☎ 91 563 4507
Des marionnettes et des jouets en bois faits à la main. Chers mais uniques.

Sanatorio de muñecos
Calle Preciados 19
Ⓜ Sol, Callao
☎ 91 521 0447
Voici la plus ancienne boutique de jouets de Madrid, qui date des années 1910. Les poupées sont sa spécialité et ont fait sa réputation. On en trouve de nombreuses, des plus anciennes aux plus modernes, mais la boutique vend aussi des soldats de plomb et des petites voitures.

SORTIR À MADRID

Les bars et les cafés ne manquent pas dans la capitale. Les Madrilènes ont tendance à sortir très tard, souvent jusqu'au lever du jour, et savent vraiment s'amuser et faire la fête. L'hebdomadaire *Guía del Ocio* est un excellent guide pour connaître le programme des évènements et des festivités. Vous pouvez aussi trouver des informations aux offices du tourisme.

Pour des billets de théâtre, de cinéma, pour les concerts, les corridas et les rencontres sportives dans toute l'Espagne, appelez ou réservez en ligne (commission supplémentaire) :
Caixa Catalunya, tél. : 902 101 212, www.telentrada.com
El Corte Inglés, tél. : 902 400 222, www.elcorteingles.es/entradas
Entradas.com, tél. : 902 488 488, www.entradas.com
Localidades Galicia Plaza del Carmen 1, tél. : 91 531 9131 et 2732, www.eol.es/lgalicia
ServiCaixa, tél. : 902 332 211, www.serviticket.es

BARS

Midnight Rose
Hôtel ME Madrid, plaza Santa Anna 14
Ⓜ Sol
☎ 91 701 6000
Un bar élégant fréquenté par les milieux de la mode et du cinéma. Idéal pour boire un cocktail avant le dîner.

Casa del Pueblo
Calle León 3 Ⓜ Sevilla
☎ 91 429 0515
Quand les gens de la mode rencontrent les bohémiens sur fond de jazz. Fermé le lundi.

Barrio Alto
Calle Humilladero 16 Ⓜ Latina
Un bar chaleureux dissimulé dans une rue latérale du quartier Palacio, où écouter de la bonne musique en dégustant un cocktail accompagné de tapas.

Museo Chicote
Gran Vía 12 Ⓜ Gran Vía
☎ 91 532 6737
Un célèbre cocktail-bar, fréquenté jadis par Ernest Hemingway et Elizabeth Taylor. Fermé le dimanche.

Viva Madrid
Calle Manuel Fernández González 7
Ⓜ Sevilla
☎ 91 429 3640
Un joli bar carrelé, au décor inspiré du monde de la corrida. On y vient pour ses tapas dans la journée et pour boire un verre et discuter dans la soirée.

CORRIDA

Plaza de Toros Monumental de las Ventas
Calle de Alcalá 237 Ⓜ Ventas
☎ 91 356 2200
Les plus grandes arènes d'Espagne, ouvertes de mi-mars à octobre. Les combats les plus prestigieux ont lieu tous les jours pendant la Feria de San Isidro, de mi-mai à début juin. Réservez à l'avance, les meilleures places sont à l'ombre (*sombra*). Tickets aux arènes ou dans certaines agences.

CAFÉS ET CHOCOLATIERS

Madrid est remplie de cafés, dont voici quelques-uns des meilleurs. Les *chocolaterías* sont dédiées au chocolat chaud, onctueux et très épais, servi avec des *churros* (petits beignets).

Café Central
Plaza del Ángel 10 Ⓜ Antón Martín
☎ 91 369 4143
Un café original qui organise souvent des concerts de jazz en live. Il est fréquenté par les intellectuels madrilènes.

Café Comercial
Glorieta de Bilbao 7 Ⓜ Bilbao
☎ 91 521 5655
Un café traditionnel toujours aussi charmant et chaleureux qu'il l'était il y a un siècle.

Café de Barbieri
Calle Ave María 45 Ⓜ Lavapiés
☎ 91 527 3658
Calme mais chaleureux, ce café traditionnel donne sur la Plaza de Lavapiés. Projections de films le soir (prix modique), le plus souvent en VO.

Café del Espejo
Paseo de Recoletos 33 Ⓜ Colón
☎ 91 308 2347
Magnifique et élégant, ce café est doté d'une superbe terrasse ombragée, idéale en été.

Café del Círculo de Bellas Artes (La Pecera)
Calle Marqués de Casa Riera 2
Ⓜ Banco de España
☎ 91 521 6942
Cadre calme et agréable, l'adresse est idéale pour lire ou bavarder tranquillement.

Café de Oriente
Plaza de Oriente 2 Ⓜ Ópera
☎ 91 547 1564
Sur les ruines d'un ancien couvent, ce café élégant et à la mode donne sur le Palais royal. Sert des petits déjeuners, des repas légers et des tapas. Possède aussi un restaurant.

Café Español
Calle del Príncipe 25 Ⓜ Sevilla
☎ 91 420 1755
Le café du Teatro Español. Concerts de musique classique quotidiens à l'étage et spectacles de magie tous les jeudis. Fermé le lundi.

Café Gijón
Paseo de Recoletos 21
Ⓜ Banco de España, Colón
☎ 91 521 5425
Le rendez-vous des poètes et des écrivains. Sert aussi à déjeuner.

Café Libertad 8
Calle Libertad 8
Ⓜ Chueca, Banco de España
☎ 91 532 1150
Cet ancien repaire des opposants au général Franco accueille aujourd'hui des pièces de théâtre, des conteurs, des concerts de musique en tous genres… Il reste ouvert très tard.

Chocolatería San Ginés
Pasadizo San Ginés 5 Ⓜ Sol
☎ 91 365 6546
Ouvert lun.-mar. 18 h-7 h, mer.-dim. 10 h-7 h
Ouvert toute la nuit, tous les soirs. Un paradis pour les amateurs de chocolat insomniaques.

Café Panini
Calle Campomanes 11 Ⓜ Ópera, Santo Domingo
☎ 91 547 3404
Ce café de style américain proche du Palais royal offre de bons sandwichs et des gateaux faits maison.

ACTIVITÉS POUR LES ENFANTS

Faunia
www.faunia.es
Avenida de las Comunidades 28
Ⓜ Valdebernardo
☎ 91 301 6210
€€€€
À mi-chemin entre le zoo et le parc à thèmes. Reconstitue les différents écosystèmes dans le monde. Amusant et instructif.

Museo de Cera (Musée de Cire)
www.museoceramadrid.com Paseo de Recoletos 41 Ⓜ Colón
☎ 91 319 2649
Fermé 14 h 30-16 h 30, lun.-ven.
€€€
De Frankenstein à Bart Simpson. Raconte aussi l'histoire du pays, en multimédia.

Parque de Atracciones
www.parquedeatracciones.es
Casa de Campo Ⓜ Batán
☎ 91 463 2900
Ouvert tous les jours mai-mi-septembre et principalement le week-end le reste de l'année.
€€€€
Un immense parc d'amusement avec des pistes de rollers, des petits trains, des promenades en bateau et des spectacles de marionnettes. Nombreux cafés et restaurants.

Parque del Retiro
Plaza de la Independencia
Ⓜ Retiro, Ibiza, Menéndez Pelayo
Parc à découvrir avec les enfants. Balançoires, promenades en barques. Très animé le week-end avec des spectacles de marionnettes et des jongleurs.

Planetario (Planétarium)
www.planetmad.es
Avenida del Planetario 16 Parque Tierno Galván Ⓜ Méndez Álvaro
☎ 91 467 3461
Ouvert mar.-ven. 17 h 30-19 h 45, sam.-dim. 11 h-13 h 45 et 17 h-20 h 45 Fermé le lun.
€
Éclipses et voyages dans l'espace.

Safari Madrid
Finca El Rincón
Aldea del Fresno
☎ 91 862 2376
Ouvert tlj. 10 h 30-18 h 30 (21 h 30 en été) €€€
Prendre l'autoroute A-5 ou N-5 pour Navalcarnero, sortie au km 32 et direction Aldea del Fresno. Il est préférable de visiter cette réserve en voiture pour voir les animaux sauvages dans leur cadre naturel. On peut également y observer des oiseaux de proie, des reptiles et des insectes.

CINÉMA

Ces cinémas du centre-ville projettent des films en VO (*versión original*).

Alphaville Calle Martín de los Heros 14, Ⓜ Plaza de España., ☎ 91 559 3836

Cine Doré (Filmoteca Nacional) Calle Santa Isabel 3, Ⓜ Antón Martín, ☎ 91 369 1125.

Pequeño Cinestudio Calle Magallanes 1, Ⓜ Quevedo, ☎ 91 447 2920.

Princesa Calle Princesa 3, ☎ 91 559 9774, Ⓜ Plaza de España.

Renoir Cuatro Caminos Calle Raimundo Fernández Villaverde 10, Ⓜ Cuatro Caminos, ☎ 91 541 4100.

Renoir Plaza de España Calle Martín de los Heros, Ⓜ Plaza de España, ☎ 91 541 4100.

Renoir Retiro Calle Narváez 42, Ⓜ Ibiza, tél : 91 541 4100.

Verdi Calle Bravo Murillo 28, Ⓜ Quevedo, ☎ 91 447 3930.

Yelmo Cineplex Ideal Calle Doctor Cortezo 6, Ⓜ Tirso de Molina, ☎ 90 222 0922.

DISCOTHÈQUES

El Sol
Calle Jardines 3 Ⓜ Sol
☎ 91 532 6490
Une classique boîte disco des années 1980, celles de la movida, qui accueille les meilleurs DJ du moment. Toutes sortes de musiques, acid jazz, hip-hop, funk et tout ce qui est à la mode ou va le devenir. Fermé le dimanche et le lundi.

Joy Madrid
Calle Arenal 11 Ⓜ Sol
☎ 91 366 3733
Une discothèque à succès, où les gens du cinéma, de la mode, du sport et de la télévision s'agitent sur de la techno et de la house. Ouvert de 23 h 30 à 6 h, tous les jours.

Kapital
Calle Atocha 125 Ⓜ Atocha
☎ 91 420 2906
Sept niveaux et une terrasse sur le toit. Chaque niveau est différent : house music, funk, R&B, musique espagnole, airs latinos, spectacles et karaoké. Fermé du lundi au mercredi inclus.

FLAMENCO

Café de Chinitas
Calle Torija 7 Ⓜ Santo Domingo
☎ 91 559 5135
De l'authentique flamenco traditionnel à partir de 21 h 30. Tous les grands ont joué ici. On y sert des plats (chers) et des boissons. Fermé le dimanche.

Candela
Calle del Olmo 2 Ⓜ Antón Martín
☎ 91 467 3382
Un bar culte pour tous les amoureux du flamenco. Authentique.

Cardamomo
Calle Echegaray 15 Ⓜ Sevilla
☎ 91 369 0757
Un nouveau bar de flamenco, et une bonne programmation. Tous les mercredis soir, des artistes reconnus mêlent leur talent aux sonorités jazz et pop.

Corral de la Morería
Calle Morería 17 Ⓜ Ópera
☎ 91 365 8446
Ouvert en 1956 . À partir de 21 h 30.

La Soleá
Calle Cava Baja 34 Ⓜ La Latina
☎ 91 365 5264
Un groupe de gitans madrilènes, parfois rejoint par d'autres artistes, anime les lieux. Ambiance chaleureuse et animée. L'entrée comprend une boisson.

Taberna Casa Patas
Calle Cañizares 10 Ⓜ Antón Martín
☎ 91 369 0496
Chanteurs, danseurs, guitaristes de flamenco de tout premier ordre. Réservation obligatoire. Fermé le dimanche.

OPÉRA ET MUSIQUE CLASSIQUE

Auditorio Nacional de Música
Calle Príncipe de Vergara 146
Ⓜ Cruz de Rayo
☎ 91 337 0140
Musique classique.

Teatro Monumental
Calle Atocha 65 Ⓜ Antón Martín
☎ 91 429 8119
De la musique classique mais parfois d'autres concerts, dont du flamenco.

Teatro Real
Plaza de Oriente Ⓜ Ópera
☎ 91 516 0606
Le plus important théâtre de Madrid pour les spectacles d'opéra et de danse.

Teatro de la Zarzuela
Calle Jovellanos 4
Ⓜ Banco de España, Sevilla
☎ 91 524 5400
Dédié à l'art de la *zarzuela*, l'opérette espagnole.

POP, ROCK ET JAZZ

Berlín Cabaret
Calle Costanilla de San Pedro 11
Ⓜ La Latina
☎ 91 366 2034
Charmant cabaret des années 1930. Des spectacles dans la semaine jusqu'à 1 h. Le week-end, il redevient un bar traditionnel. Fermé le dimanche.

El Berlin Jazz Café
Calle Jacometrezo 4 Ⓜ Callao
☎ 91 521 5752
Du jazz live, moderne ou traditionnel, en plein cœur de la ville. Fermé dim. et lun.

Clamores
Calle Alburquerque 14 Ⓜ Bilbao
☎ 91 445 7938
Autrefois un club de jazz, on y écoute aujourd'hui du flamenco, des airs latinos et de la musique ethnique. Les concerts commencent généralement vers 22 h. Concerts improvisés jusqu'à 3 h, le vendredi et le samedi.

Galileo Galilei
Calle Galileo 100 Ⓜ Islas Filipinas
☎ 91 534 7557
Une scène réservée aux chanteurs mais aussi à des lectures de poésie et autres spectacles.

Honky Tonk
Calle Covarrubias 24
Ⓜ Alonso Martínez
☎ 91 445 6886
Célèbre salle rock et pop, ouverte toute la semaine. Restaurant.

La Boca del Lobo
Calle Echegaray 11 Ⓜ Sevilla
☎ 91 429 7013
Musique variée, projections de films et théâtre. Les spectacles commencent à 22 h 30 ou 23 h. Fermé du dimanche au mardi inclus.

La Sala
Avenida Nuestra Señora de Fátima 42 Ⓜ Carabanche
☎ 91 525 5444
Ses deux salles proposent de la musique moderne espagnole et internationale.

Oba Oba
Calle Jacometrezo 4 Ⓜ Callao
Un groupe brésilien joue durant la semaine, souvent rejoint par d'autres artistes madrilènes. Toujours très animé.

Populart
Calle Huertas 2 Ⓜ Antón Martín
☎ 91 429 8407
Jazz live à partir de 23 h. Entrée gratuite.

Siroco
Calle San Dimas 3 Ⓜ San Bernardo
☎ 91 593 3070
Deux niveaux, l'un avec de la musique calme, l'autre occupé par des concerts pop, soul ou de la musique électronique. Fermé du dimanche au mercredi inclus.

THÉÂTRE

Pour avoir un aperçu du théâtre madrilène, rien de mieux que le Festival de Théâtre (de fin octobre à fin novembre) qui présente toutes formes de théâtre y compris des spectacles de danse.

Cuarta Pared
Calle Ercilla 17 Ⓜ Embajadores
☎ 91 517 2317
Théâtre contemporain. Spectacles pour enfants le dimanche.

El Canto de la Cabra
Calle San Gregorio 8 Ⓜ Chueca
☎ 91 310 4222
Théâtre populaire, mais également moderne et expérimental.

Teatro Abadía
Calle Fernández de los Ríos 42
Ⓜ Quevedo
☎ 91 448 1627
Mélange de théâtre moderne et classique, danse et spectacles musicaux.

Teatro Alfil
Calle del Pez 10 Ⓜ Noviciado
☎ 91 521 4541
Une salle réservée aux spectacles comiques, principalement espagnols.

Teatro Calderón
Calle Atocha 18 Ⓜ Tirso de Molina
☎ 91 429 5890
Le plus grand théâtre de Madrid, avec plus de 2 000 places. Super productions musicales.

Teatro de Bellas Artes
Calle Marqués de Casa Riera 2
Ⓜ Banco de España
☎ 91 532 4437
Théâtre classique.

Teatro Pavón
Calle Embajadores 9 (Plaza de Cascorro) Ⓜ La Latina
☎ 91 528 2819
Un magnifique théâtre de style *modernista*, qui abrite la Compañía Nacional de Teatro Clásico, en attendant la fin des travaux de son propre théâtre, le Teatro de la Comedia, en 2007-2008.

LEXIQUE

MOTS ET PHRASES UTILES

Excusez-moi *perdón*
Bonjour *hola*
Au revoir *adios*
S'il vous plaît *por favor*
Merci *gracias*
De rien *de nada*
Bonjour (le matin) *buenos días*
Bon après-midi/bonne soirée *buenas tardes*
Bonsoir *buenas noches*
Aujourd'hui *hoy*
Hier *ayer*
Demain *mañana*
Maintenant *ahora*
Plus tard *más tarde*
Ce matin *esta mañana*
Cet après-midi/ce soir *esta tarde*
Parlez-vous français ? *¿Habla francés ?*
Je suis français/e *Yo soy francés/a*
Je ne comprends pas *No entiendo*
Où est… ? *dónde está...?*
Je ne sais pas *No sé*
À quelle heure ? *¿A qué hora?*
quand ? *¿Cuándo?*
Avez-vous…? *¿Tiene…?*
une chambre simple *una habitación individual*
une chambre double *una habitación con dos camas (con cama de matrimonio)*
pour une seule nuit *para una noche*
J'ai besoin d'un docteur/dentiste *Necesito un médico/dentista*
Pouvez-vous m'aider ? *¿Me puede ayudar?*
Hôpital *hospital*
Commissariat de police *comisaría de policía*
J'aimerais *Me gustaría*
C'est combien ? *¿Cuánto es?*
Acceptez-vous les cartes de crédit ? *¿Aceptan tarjetas de crédito?*
Pas cher *barato*
Cher *caro*
Poste *correos*
Office du tourisme *oficina de turismo*
Ouvert *abierto*
Fermé *cerrado*
Tous les jours *todos los días*

AU RESTAURANT

desayuno petit déjeuner
almuerzo/la comida déjeuner
cena dîner
me gustaría pedir j'aimerais commander
¿Está incluido el servicio? le service est compris ?
carta menu
menú del día menu du jour (trois plats et une boisson)
a la carta à la carte
lista de vinos liste des vins
la cuenta l'addition
cubiertos couverts (fourchettes et couteaux)

a la parrilla grillé
a la plancha grillé à la poêle
ahumado fumé
crudo cru
estofado ragoût
el pan pain
frito frit
horno four
ración portion
tortilla omelette servie avec des pommes de terre

BOISSONS ET CONDIMENTS

agua mineral eau minérale
sin gas plate
con gas pétillante
azúcar sucre
café americano café américain (grand café noir)
café con leche café au lait
café descafeinado café décaféiné
café solo express
cerveza bière
leche lait
sal sel
té thé
vino blanco vin blanc
vino tinto vin rouge
zumo de naranja jus d'orange

VIANDE ET VOLAILLE

callos tripe
cerdo porc
chorizo chorizo
conejo lapin
cordero agneau
empanasa tourte à la viande (ou au thon)
jamón jambon
morcilla boudin
pato canard
pavo dinde
perdiz perdreau
pollo poulet
salchicha saucisse
ternera veau

FRUITS DE MER

almejas palourdes
atún thon
calamares calamars
camarones crevettes
cangrejo crabe
chipirones calamars
gambas gambas
langosta langouste
lenguado sole
lubina bar
mejillones moules
merluza colin
ostra huître
pescadilla merlan
rape lotte
truche truite
vieira coquille saint-jacques

LÉGUMES

ajo ail
alcachofa artichaut
arroz riz
berenjena aubergine
calabaza potiron
calabacín courgette
cebolla oignons
champiñones champignons
col chou
ensalada salade
espárragos asperges
espinacas épinards
guisantes pois
judías haricots
lechuga laitue
maíz maïs
patatas bravas pommes de terre à la tomate
patatas fritas frites
pepino concombre
puerro poireau
tomate tomate
zanahoria carotte

FRUITS

albaricoque abricot
cereza cerise
ciruela prune
frambuesa framboise
fresa fraise
limón citron
mandarina mandarine
manzana pomme
melocotón pêche
naranja orange
sandía pastèque
uva raisin

INDEX

En gras :
mention du nom
dans une légende

A

Aéroports 16, 18, 38, 235
Aguirre, Esperanza 18-19, 35
Alcalá de Henares 90, 212, **222**
 Catedral Magistral 222
 Corral de Comedias 222
 Museo Casa Natal de Cervantes 222
 Université 222
Alcázar 24-25, 28, 70, 84, 215, 225
Alphonse VI, roi 24, 70, 224
Alphonse XII, roi 31, 73
Alphonse XIII, roi 31, 59, 72
Almagro 219
Almodóvar, Pedro **49-50, 100-101**
Ambassades et consulats 240
Aranjuez 204, 212, **220**
 Casa del Labrador 220
 jardins 76, 220
 Museo de Falúas Reales 220
 Palacio Real 166, 220
Architecture 10-11, 15-18, **36-38**
 baroque 11, 36, **37,** 56-58, 67, 103
 gothique 36, **38,** 56, 59
 mudéjar 36, 56, 60, 68
 voir aussi les entrées des bâtiments
Argent et change 239
Argüelles (quartier) 98, 196
Arts 11, 16-17, **36-50**
 Calle Alcalá **94-97**
 contemporain 14, 39, 174, **190-191,** 207, 210
 voir aussi Musées
 Peinture et sculpture
 Statuaire
Assurance 234, 240
Auditorio Nacional **48,** 81
Autodafé 27
Ávila **223**
Ayuntamiento 18, 27, 36
Aznar, José María 19, 34-35

B

Barrio de las Letras 110, 114-115
Bars 262
 flamenco 47, 48, 100, 114
 tapas 21, 60, **110,** 112, 241
 voir aussi Tavernes
 endroits particuliers
Belmonte 218
Bonaparte, Joseph 30, 74, 80, 205
Bonaparte, Napoléon 29-30, 93, 204-205
Bus 236

C

Cafés 82, 100, 241, 263
 littéraires 110, **118-119,** 155-156
 en terrasses **178-179**
Calderón de la Barca, Pedro 43, 49, 67, 111, 113, 164
Calle Alcalá **89,** 90, **94-95**
 Banco Español de Crédito 94
 cafés 119
 Casino de Madrid **94**
 Círculo de Bellas Artes 94, 95, 100
 Iglesia de las Calatravas 94
 Metrópolis 94, **95**
 Ministerio de Hacienda 94
Calle Cervantes 116-117
 club Ateneo **116-117** 118
 Casa-Museo de Lope de Vega 115-117
 Convento de las Trinitarias Descalzas 115, 116-117
Calle Serrano **183-184**
 Fundación Juan March 183-184
 Fundación La Caixa 183-184
 Mercado de la Paz 184
 Residencia de Estudiantes **184**
 Teatriz 184
Campo de Criptana **218-219**
Voitures 235-236, 239
Casa de Campo 196, **202-203**
Casa de la Villa (Hôtel de Ville) 27, 56, **57,** 68, 144
Châteaux 218, **224,** 226
Cathédrales *voir* Églises et cathédrales
Catholiques 14, 25, 26, 32, 140-141
Cela, Camilo José 43, 46, 49, 119
Centre de Madrid 89-108
 Centre Cultural Blanquerna 108
 Convento de San Plácido 108
 hôtels 244
 Iglesia de San José 108
 Museo Colecciones Ico 108
 promenade 106-107
 Teatro Maria Guerrero 108
 restaurants 253
Cimetières 30, 203
Cervantes, Miguel de 43, 115, 116-117
 ville natale 212, 222
 statue 138, 198, **199**
 voir aussi Don Quixote, le pays de
Charles Ier, roi (Charles Quint) 25-26, 27
Charles II, roi 28, 41
Charles III, roi 29, 41, 73, 81, 92, **93**
Charles IV, roi 29, 30, 73, **123,** 204-205
Charles V, roi 86, 127, 131, 136, 225, 228
Charles Ier, roi d'Angleterre 102, 131
Charles Quint, empereur **24**
Chinchón **221**
 Casa de la Cadena 221
 Iglesia de la Asunción 221
 Teatro de Lope de Vega 221
Chocolate et *churros* **82-83,** 263
Chrétiens 24, 36, 53, 120, 214-215, 223
 voir aussi Reconquête
Chueca 91, 102-103 106-107
Cinéma **49-50,** 100-101, 122, 263
Climat 234
Colomb, Christophe **25,** 74, 138, 140-141, 208
Communications 237
Consuegra 218-219
Couvents
 Convento de la Encarnación 36, 71
 Convento de las Trinitarias 115, 116-117
 Convento de San Plácido 108
 Descalzas Reales 70, **86-87,** 128
 Real Monasterio de la Encarnación **84-85,** 160
 Real Monasterio de Santa Isabel 160
Corrida 11-15, **44-45,** 54, 112, 262
 voir aussi Les arênes de Las Ventas
Cuenca Alta de Manzanares **226**

D

Dalí, Salvador 31, 99, 138, 150
Danse *voir* Flamenco
Déplacements 31, 235-237
 aéroports 16, 18, 38, 235
 bus 235
 voitures 235-236, 240
 métro 16, 18-19, 31, 236
 transports publics 237
 taxis 237
 trains 38, 100, **101,** 170, 237
Don Quichotte, le pays de **218-219**
 Museo Cervantino 218
 Parque Nacional de las Tablas de Damiel 219
Dos de Mayo (1808) 12, 107, 205

E

Églises et cathédrales 239
 Alcalá de Henares 222
 Ávila 223
 Basílica de San Francisco el Grande **66**
 Basílica de San Isidro 36, **37**
 Basílica Pontificia de San Miguel 56, 58
 Capilla de San Isidro **62,** 63, 67
 Capilla del Obispo 63
 Chinchón 221
 Convento de las Carboneras 58
 Convento de los Padres Carmelitas Descalzos 198
 Ermita de San Antonio de La Florida **206**
 Guadarrama, montagnes de 226
 Iglesia Arzobispal Castrense 59
 Iglesia de Jesús de Medinaceli 14, 122
 Iglesia de las Calatravas 94
 Iglesia de las Salesas Reales (Santa Bárbara) 102-103, 106
 Iglesia de los Jerónimos 136
 Iglesia de San Andrés 36, 61, **62-63**
 Iglesia de San Antonio de los Alemanes 103, **104-105**
 Iglesia de San Cayetano 120-121
 Iglesia de San Ginés 88
 Iglesia de San Isidro el Real 63, **67**
 Iglesia de San Jerónimo Real 17
 Iglesia de San José 108
 Iglesia de San Lorenzo 120
 Iglesia de San Marcos 210
 Iglesia de San Nicolás de los Servitas 36, 59
 Iglesia de San Pascual 176, 178
 Iglesia de San Pedro El Viejo 36, 60, 62-63
 Iglesia de San Sebastián 113
 Iglesia de Santa Cruz 68
 Iglesia de Santiago **88**
 Iglesia San Pedro el Viejo 60, 62-63
 Real Basilica de Nuestra Señora de Atocha 172
 Nuestra Señora de la Almudena 66, 67, 71, **78-79,** 172
 Real Oratorio del Caballero de Gracia 99
 Ségovie 224-225
 cuisine populaire 105
 Tolède **214-217**

Monastères
Mosquées
voir aussi Couvents
El Capricho de Osuna 232
El Escorial **26,** 115, 154, 212, **228-231**
Sphère armillaire 230
Casita del Infante 231
jardins 231
Juan de Herrera (architecte) 36, 59, 85, 188, 228-229
Real Coliseo de Carlos III 231
Bibliothèque royale **16-17,** 230
panthéon royal 229, **230**
El Greco 39
musées 11, **130,** 131, 148, 185, 200, 229
Tolède 214-217
El Pardo 203, 232
El Toboso 218
Électricité 238
Enfants, activités pour les 263
Estadio Santiago Bernabéu **39, 189**
Excursions **211-232**
Alcalá de Henares 90, 212, **222**
Aranjuez 76, 167, 204, 212, **220**
Ávila **223**
Chinchón **221**
Don Quixote country **218-219**
El Capricho de Osuna 232
El Pardo 203, 232
montagnes de Guadarrama **226,** 227
Palacio Real de La Granja de San Ildefonso 224, 232
Ségovie 212, **224-225**
Tolède 24, 214, **215**
Valle de los Caídos 32, 232
voir aussi El Escorial
Exécutions 32, 55, 203, **204-205**
see also Autodafés

F
Faro **196,** 207
Philippe II, roi 10, 22, 25-26, **27,** 203, 220
Philippe III, roi 26-27, 55, 70, 84, 160
Philippe IV, roi 27, 80-81, 85, **87,** 114
Philippe V, roi 28, 58, 71, 72, 74, 135, 136, 210, 221, 224, 232
Ferdinand d'Aragon, roi **25, 30,** 62, 74
Ferdinand V, roi 96
Ferdinand VI, roi 102-103, 152
Ferdinand VII, roi 30, 67, 80, 118, 204
Festivals 11-15, 238
ARCO exposition d'art contemporain 14, 39, 190-191
foire du livre 162
Carnaval 234
Chinchón 221
le pays de Don Quichotte 218-219
mois de mai 18-19, 204-205
Saint-Antoine 206
San Isidro 13, 44, 234
Veranos de la Villa 13, 234
Flamenco 14, **46-48,** 100, 114, 261
Football 11-12, **39,** 142, **162, 189**
Fontaines 138, **140-143,** 144, **161,** 165
Franco, Francisco 31-32, **33,** 34, 35, 73, 92, 232
Français (conflits historiques) 28-30, 42, 122, 132, 139, 204-205

G
Galdós, Benito Pérez 43, 114, 115, 118, 120
Gastronomie et boissons 20-21, 82-83
lexique 264
voir aussi Bars
Cafés
Restaurants et hôtels
Tapas
Galván, Enrique Tierno 35, 49
Jardins *voir* Parcs
Gays 13, 19, 91, 106
Gitans 46-48
Goya, Francisco José de 41, 42, 66, 86
arênes de Las Ventas 193
musées 11, 124, 126-127, 131, 132-133, 149, 172, 185, 205
Gran Via 38, 90, 91, 98-99
théâtre du Capitol 99
musée des Montres et des Pendules 99
Palacio de la Prensa 99, 100
Real Oratorio del Caballero de Gracia 99
immeuble de la Teléfonica 99
promenade 106-107
Gran Via, nord de 91, **102,** 103, **104-105**
Casa de las Siete Chimeneas 102
églises 102-103, **104-105,** 106
musées 36, 103, 104-105, 107
Sociedad de Autores 103, 106
Gris, Juan **42,** 150, 151
Guadarrama, montagnes de 226-227
église et monastère 226
Cuenca Alta de Manzanares **226**
Guerre civile (1936-1939) 32, 202, 203
Guerre d'indépendance (1808-1814) 29-30, 126, 167, 205

H
Habsbourg, Madrid des 52
Calle Cuchilleros 60
Calle Segovia 60, 101
Cava Baja 61
Iglesia de San Pedro el Viejo 36, 60, 62-63
Plaza de Alamillo 61
Plaza de la Cruz Verde 60-61
Plaza de los Carros 61
Plaza de Puerta Cerrada 60
Puerta de Moros 61, 64, 100
restaurants et bars 60-61
Viaducto 60, 101
balade 60-61
Handicapés, voyageurs 239
Henri VIII, roi d'Angleterre 146, **147,** 148
Herrera, Juan de 215
El Escorial 36, 59, 85, 188, 228-229
Heure locale 239
Histoire de Madrid **22-35**
Horaires d'ouverture 239
Hôtels 241

I
Immigration 15, 31, 46
Internet 237
Inquisition espagnole 55, 61
voir aussi Autodafés
Isabelle II, reine 30-31, 81, 103
Isabella de Castille, reine **25, 30,** 62, 74, 224

J
Juifs 120, 214-215
Journaux 238
Jours fériés 14, 93, 204-205, 234, 238
Juan Carlos, roi 34, 73, 138, 140, 231

K
Kilomètre zéro (centre de l'Espagne) 93

L
La Castellana 94, 173-194
Banco Bilbao Vizcaya Argentaria 94, 176, 188-189
hôtels 246
musées 174, 180-182, 184, 185-187, 194, 208
restaurants 256
Lexique 265
Larra, Mariano José de 103, 113, 118-119
Las Ventas, arênes de 12-13, 31, 44-45, 174, 192-193, 234
Lavapiés 16, 110-111, **120-121**
églises 120-121
La Corrala 121
Librairies 110, 117, **139,** 171, 260
Littérature 42-46
cafés 110, **118-119,** 155-156
voir aussi les entrées des auteurs
Lope de Vega, Félix 43, 67, 110, 113, 115-117, 120, 164, 221
Los Austrias (la vieille ville) 26-27, 52, 60
Los Jerónimos 101, 162

M
Madrid Card 238
Magerit 24
Malasaña, quartier de 12-13, 91, 105, 106-107
Manifestations 234
voir aussi Festivals
Manolos 120-121
Marguerite d'Autriche, reine 84, 160
María Cristina de Borbón 30, **31**
Marie d'Autriche, impératrice 86, 87
Marianne d'Autriche, reine 97, 134
Marchés 15, 262
Mercado de la Paz 184
Mercado de San Miguel 60
marché aux puces du Rastro 111, **120-121,** 262
timbres et monnaies 54, **55,** 262
Maures 52, 70, 78, 214-215, 223
Médias 238-239
Métro 16, 18-19, 31
Miraflores de la Sierra 226-227
Monastères 226
voir aussi El Escorial
Moncloa, musées de **207-209**
Cité universitaire 32, 196, 202, 207
Montaña del Príncipe Pío 203, 205
Mort noire 24
Mosquées 70, 217
Mota del Cuervo 218
Moulins à vent **218-219**
Musées et galeries d'art 11, 237, 239
Alcalá de Henares 222
Aranjuez 220
de l'Armée 215
Ávila 223
Bibliothèque nationale 177
CaixaForum 160, 191

Casa-Museo de Lope de Vega 115-117
Chueca 191
des Monbtres et Pendules 99
d'Art contemporain 207, 210
le pays de Don Quichotte 218
Dulcinea 43
El Escorial 229-231
Fundación Juan March 183, 184
Fundación La Caixa 183, 184
arênes de Las Ventas 192-193
Monasterio de las Descalzas Reales 70, 86-87, 128
Museo Arqueológico Nacional 174, 180-182, 208
Museo Casa de la Moneda 194
Museo Cerralbo 200
Museo Colecciones Ico 108
Museo de América 196, 208-209
Museo de Escultura al Aire Libre de la Castellana 194
Museo de la Ciudad 194
Museo de San Isidro 63
Museo del Ejército 27
Museo del Prado 11, 17, 29, 36, 38, 39-41, 55, 124, 126-135, 172, 205
Museo del Traje 196, 207
Museo Geominero 194
Museo Lázaro Galdiano 174, 185
Museo Municipal 36, 103, 104-105, 107
Museo Nacional de Antropologia 170-171
Museo Nacional de Artes Decorativas 162, 169
Museo Nacional de Ciencias Naturales 174, 184, 187
Museo Naval 140-141
Museo Panteón de Hombres Ilustres 171-172
Museo Reina Sofía 11, 17, 42, 119, 124, 137, 153, 154-159, 184
Museo Romantico 103
Museo Sefardí 214-215
Museo Sorolla 174, 186
Museo Thyssen-Bornemisza 11, 17-18, 124, 138, 146-151
Museo y Panteón de Goya 206
du Rail 160
de l'Académie royale des Beaux-Arts 96-97
Ségovie 225
Tolède 214, 216
Musique 13, **48,** 49, 119, 261-262
voir aussi Flamenco
Musulmans 22-24, 26, 36, 46, 53, 71

N

Nouvel, Jean 17, 155, 191
Nuestra Señora de la Almudena (cathédrale d'Almudena) 66, 67, 71, **78-79,** 172
Nuevos Ministerios à la Plaza de Castilla **188-189**
AZCA 188

O

Office du tourisme 55, 114
Opéra 48-49, 261
Teatro Real 31, 48, 71, **80,** 81
Ouest de Madrid 195-210
hôtels 247
Palacio de Liria 36, 210
restaurants 258

P

Palacio de Comunicaciones **38, 144-145**
Palacio de Congresos y Exposiciones 189
Palacio de la Zarzuela 72
Palacio de Santoña 114
Palacio de Úceda 36, 68
Palacio de Villanueva 29, 30
Palacio del Buen Retiro 27, 134, 136
svoir aussi Parque del Buen Retiro
Palacio Real 11, 28-29, 36, 69-88, 196
Armurerie royale 76
Capilla Real 76
églises 88
Fundación Caja Madrid 88
Garde royale 70, 73
jardins 76
hôtels 242
bibliothèque 80
Palacio de Gaviria 88
Palacio del Senado 88
restaurants 252
Palacio Real de La Granja de San Ildefonso 224, 232
Real Fábrica de Cristales 232
Parc d'attractions 196, **202-203,** 263
Parcs et jardins 11
Aranjuez 76, 220
Campo del Moro, jardins 36, 76
Casa de Campo 196, **202-203**
El Capricho de Osuna 232
El Escorial 231
Jardín del Príncipe de Anglona 62
Jardines de Sabatini 76
Jardines del Descubrimiento 177
Palacio del Buen Retiro 81
Parque de Atracciones 203
Parque del Emir Mohamed I 79
Parque del Oeste 167, 178-179, 196, 201, 202-203
Parque del Retiro 11, 30, 81, **161-172**
Parque Nacional de las Tablas de Damiel 219
Real Jardín Botánico 11, 29, 137, **152-153**
Parque del Buen Retiro 11, 30, 81, 161-172, 263
Cuesta de Claudio Moyano 170-171
fontaines 161, 165
gare d'Atocha 38, 100, 101, 170, 236
hôtels 246
Ministère de l'Agriculture 171
Monument à Alphonse XII 165
L'Ange déchu 165
musées 162, 169-172
Observatorio Astronómico Nacional 170
Palacio de Cristal 164, 166
Palacio de Velázquez 165-166
Real Basilica de Nuestra Señora de Atocha 172
Real Fábrica de Tápices 139, 160, 162, 172
restaurants 255
Paseo de los Recoletos 27, 174, 176
cafés 176, **178-179**
Iglesia de San Pascual 176, 178
Museo de Cera **176**
Palacio del Marqués de Salamanca 176
Paseo del Prado 29, 123-160, 170
Bolsa de Comercio 139-140, 141
CaixaForum 160, 191
Casón del Buen Retiro 136
églises 136, 160
Congreso de los Diputados 138
fontaines 138, 140-143, 144
la Fábrica Galería 160
hôtels 245
Monumento a los Caídos por España 138-139
Museo Postal y Telegráfico 160
musées 124-141, 143, 146-151, 153, 154-160
Palacio de Fernán Núñez 160
Palacio de Villahermosa 146, 150
Palacio del Buen Retiro 27, 81, 134, 136
Plaza de la Lealtad 138
Plaza de las Cortes 138
Plaza de Murillo 143
Plaza de Neptuno 138, 142-143
Real Academia Española 136
restaurants 255
Peinture et sculpture 38-42
XXe siècle 42
fresques 16-17, 59, 85, 105, 200, 210
l'école de Madrid 41
les grands maîtres du siècle d'or 39-41
voir aussi Musées Sculptures
voir aussi les entrées des artistes
Pèlerinages 14, 234
Picasso, Pablo 11, 138, 154-156
Plaza de Castilla **188,** 189
Tours penchées de la Puerta de Europa **10-11, 188,** 189
Plaza de Cibeles 52, **144-145**
Banco de España 31, 144
Casa de América 144-145
Palacio de Buenavista 145
Palacio de Comunicaciones **38, 144-145**
Palacio de Linares 144-145
Plaza de Colón 177
Biblioteca Nacional 31, **177**
Centro Cultural de la Villa 177
Jardines del Descubrimiento 177
Torres de Colón 177
Torres de Jerez 177
Plaza de España 195-210
Arco de la Victoria 196
églises 198, 210
Cuartel del Conde Duque 196, 210
Cuartel General del Ejercito del Aire 210
Edificio España 38, 198
Faro 196, 207
hôtels 247
musées 196, 200, 207-209
restaurants 258
Torre de Madrid 198
Plaza de Juan Pujol 107
Plaza de la Paja 52-53, 61, **62-63**
églises 36, 61, **62-63,** 67
Jardín del Príncipe de Anglona 62

Plaza de la Villa 52, **56-59**
Casa de Cisneros 56
églises 56, 58, 59
Palacio Arzobispal 58
Torre y Casa de los Lujanes 36, 56
Plaza de Oriente **80,** 88
Teatro Real 31, 48, 71, **80,** 81
Plaza de Santa Ana 100, 109-122
églises 113, 122
Filmoteca Española-Cine Doré 122
hôtels 245
La Casa Encendida 122
Palacio de la Magdalena 122
Marché aux puces du Rastro 111, 120-121, 260
restaurants 254
théâtres 110, 112, 113, 114, 118, 122
Plaza de Toros de Las Ventas *voir* Arênes de Las Ventas
Plaza Dos de Mayo 12-13, **106,** 107, 205
Plaza Mayor 14-15, 51-68, 90, 100
Casa de la Carnicería 55
Casa de la Panadería 36, 55
églises 67, 68
hôtels 241
Palacio de Abrantes 68
Palacio de Santa Cruz 68
Palacio de Úceda 36, 68
marché des timbres et monnaies 54, 55, 260
restaurants 251
Police 240
Politique 18-19, 22-35, 88, 92-93
Postes 29, 92, **144-145,** 238
Pourboire 239
Prado Museum 11, 29, 36, 38, 39-41, 55, **126-135,** 143
réhabilitation 17, 38, 126, 134, 136, 162
Prisons 36, 68
Promenades et balades 60-61, 106-107, 114-115, 216-217
Puerta de Alcalá 36, 165, **168**
Puerta de Europa, Tours penchées de la **10-11, 188,** 189
Puerta de Madrid 45
Puerta de Moros 61, 64, 100
Puerta del Sol 29, 90, 92-93
Casa de Correos 92, 93
hôtels et restaurants 119, 139
Puerto Lápice 219

Q
Quevedo, Francisco de 67, **109,** 116

R
Rascafría 226
Rastro, marché aux puces 111, **120-121,** 260
Real Academia de Bellas Artes de San Fernando 40-41, 94, **96-97**
Real Academia de la Historia 115
Reconquête 24-25, 52, 61-64, 70, 78, 105
Reina Sofía, Musée de la 11, 42, 119, 124, 137, 153, **154-159,** 166, 184
galeries d'art alentour 191
Jean Nouvel (architecte) 17, 155, 191
Restaurants 248
voir aussi les entrées des quartiers spécifiques
Ribera, José de 11, 41, 85, 122, 200
Ribera, Pedro de 104, 108, 114, 122, 210
Ricci, Francisco 41, 87, 88, 105, 108
Riera, José Grases 94, 103, 165
Rodríguez, Ventura
Campo del Moro, jardins 36
églises et couvents **66,** 67, 85, 113, 210
fontaines 142, **161,** 165
Palacio de Liria 36, **210**
Palacio Real 73, 76
Paseo del Prado 137
Rogers, sir Richard 16, 38
Ruíz-Gallardón, Alberto 18-19, 35

S
Sabatini, Francesco 36, **66,** 73, 94, 103, 152, 154, **168,** 225
Saints
Antoine de Padoue of Padua 85, 105, 206
François d'Assise 66
Jean-Baptiste 78
Juste et Pasteur 58
Pantaleón 85
San Isidro 13, 44, 62-63, 67, 116, 234
Teresa 223, 230
Thérèse 85
Salamanca 36, 98, 173-194
hôtels 246
restaurants 256
San Carlos (hôpital) 137, 153
voir aussi Musée de la Reina Sofía
Santé 234
Sculptures
Christ 14, 66, 78-79, 85, 99
Iglesia de San José 108
Viaduc Juan Bravo **194**
Palacio Real 73
Saint Jean-Baptiste 78
Suñol, Jerónimo 144
voir aussi les entrées des musées et des parcs
Ségovie 212, **224-225**
Alcázar 225
églises 224-225
musées 225
aqueduc romain 224, **225**
Shopping 10, 259-262
Calle Almirante 106
Calle Preciados 86, 90
Calle Serrano **183-184**
El Corte Inglés 86, 93, 188, 259
Mercado de Fuencarral 107
voir aussi Marchés Salamanca
Sociedad Cervantina 115
Sofia, reine 73
Solana, José Gutiérrez 42, 119, 155-156
Sortir 262-264
Succession d'Espagne 28-29, 221
Squillace, marquis de 103
Statues
Balaguer, José María Escrivá de 58
ange en bronze 59
ours en bronze 93
Charles III 73, 81, **93**
Charles IV **123**
Cervantes 138, 198, **199**
Philippe IV 80-81
Iglesia de las Salesas Reales 103
lvaro de Bazán 56
Plaza de Oriente 81
Plaza Dos de Mayo 107

T
Tapas, bars à 21, 60, 110, 112
voir aussi Hôtels et restaurants
entrées spécifiques
Tàpies, Antoni 154, 157, 158
Tavernes **64-65,** 114
Taxis 237
Teatro Maria Guerrero 108
Téléphone **59,** 238
Tembleque 218
Templo de Debod **201,** 203
Terrasses, cafés en **178-179**
Terrorisme 19, 34, 171
Tertulias (cercles de discussion) 118-119, 155-156
Théâtres 110-111, 261
théâtre du Capitol 99
Plaza Santa Ana 110-112, 113, 114, 118, 120-122
affiches 99
Teatro de la Comedia 122
Teatro de la Zarzuela 49
Teatro de Lope de Vega 221
Teatro Español 110, 112, 113, 114, 118
Teatro Real 31, 48, 71, 80, 81
Veranos de la Villa 13
Tiepolo, Giovanni Battista 73
Tirso de Molina 43, 110, 120
Toilettes 239
Tolède 24, 26, **214-217**
Alcázar 215
églises et mosquées **214-217**
musées 214-216
Palacio Arzobispal 216
Plaza de Zocodover 215, 216
Puerta de Bisagra 217
promenade 216-217
Torre de Madrid 198
Torre Picasso 100, 189, 198
Torres Kio 38, 100, 189
Trains 38, 100, **101,** 170, 236

U
Urgences 240
Usages 238

V
Valle de los Caídos 32, 232
Valle-Inclán, Ramón del 113, 114, 119
Velázquez, Diego de 81, 86, 96-97, 138
Museo nacional del Prado 11, 39, **40,** 108, 126-127, 133-134
Vieille ville **51-68**
églises 36, 60, 62-63
voir aussi Plaza Mayor
Vie nocturne 11, 19, 110
voir aussi Sortir
Bars
Villacañas 218
Villanueva, Diego de 66, 86, 87
Villanueva, Juan de 56, 99, 112, 113, 115, 126, 152, 153, 170
Visas 235

Z
Zapatero, José Luis Rodríguez 19
Zarzuela (musique, opéra, théâtre) 48-49
Zoo-Aquarium 196, **202-203**
Zurbarán, Francisco de 11, 40, 66, 86, 96-97, 133, 149

CRÉDITS PHOTOGRAPHIQUES

En couverture, de gauche à droite et de bas en haut : Tino Soriano ; Elke, Stolzenberg/CORBIS ; Bridgeman Art Library/Getty Images ; Tino Soriano.

Toutes les photos sont de Tino Soriano, à l'exception des photos suivantes :

24, Gianni Dagli Orti/CORBIS ; 25, Bridgeman Art Library/Getty Images ; 26, Ruggero Vanni/CORBIS ; 27, Bettmann/CORBIS ; 30, Historical Picture Archive/CORBIS ; 31, Archivo Iconografico, S.A./CORBIS ; 33, Hulton-Deutsch Collection/CORBIS ; 34-35, Pierre-Philippe Marcou/AFP/Getty Images ; 40, Bridgeman Art Library/Getty Images ; 41, Bettmann/CORBIS ; 42, Christie's Images/CORBIS ; 49, Sergio Perez/Reuters/CORBIS; 50, CORBIS SYGMA ; 100, J.M. Leroy/KIKA/CORBIS SYGMA ; 124, Grant Faint/Getty Images ; 130, Bridgeman Art Library/Getty Images ; 132, Bridgeman Art Library/Getty Images ; 135, Archivo Iconografico, S.A./CORBIS ; 147, Francis G. Mayer/CORBIS ; 204-205, Archivo Iconografico, S.A./CORBIS.

Première institution scientifique et pédagogique à but non lucratif du monde, la National Geographic Society a été fondée en 1888 « pour l'accroissement et la diffusion des connaissances géographiques ». Depuis lors, elle fait découvrir le monde à des millions de personnes par le biais de ses magazines, livres, programmes de télévision, vidéos, cartes et atlas, bourses de recherche, ateliers pour enseignants, matériel scolaire innovant et ses championnats de géographie. La National Geographic Society est financée par les cotisations de ses membres, des dons et la vente de ses produits éducatifs. Ce soutien est essentiel à sa mission, qui consiste à mieux faire comprendre le monde et favoriser la sauvegarde de notre planète grâce à l'exploration, la recherche et l'enseignement.

Dépôt légal : décembre 2009

Impression : Cayfosa-Impresia Iberica (Espagne)

Madrid

est une publication de la National Geographic Society

Président directeur général : John M. Fahey, Jr.
Président du conseil d'administration : Gilbert M. Grosvenor
Premier vice-président et président du Département livres : Nina D. Hoffman
Vice-président et directeur du Département livres : Kevin Mulroy
Directeur artistique : Marianne Koszorus
Directeur des publications des guides touristiques : Elizabeth L. Newhouse
Direction de la maquette : Cinda Rose
Directeur de la cartographie : Carl Mehler

Éditeur : Barbara A. Noe
Responsable du projet : Rebecca Hinds
Responsable artistique du projet : Kay Kobor Hankins
Recherche iconographique : Jane Menyawi
Édition des textes : Patricia Daniels
Recherche : Xander Fraser
Assistante éditoriale : Judith Klein
Cartographie : XNR Productions
Réalisation des cartes : Chapel Design & Marketing Ltd.
Directeur de la fabrication : R. Gary Colbert
Responsable du projet en fabrication : Mike Horenstein
Assistante iconographique : Meredith Wilcox
Indexation : Robert Swanson
Consultants : Jack Brostrom, Dana Chivvis, Steven D. Gardner, Lawrence Porges, Jane Sunderland

NG France
***Direction éditoriale :* Françoise Kerlo**
***assistée de* Marilyn Chauvel**
***Chef de fabrication :* Alexandre Zimmowitch**

***Adaptation :* Les Éditions de l'Après-Midi**
Traduction : Patricia Gautier, Catherine Grive, Chloé Leleu
Secrétariat de rédaction et édition : Bulle Helardot
Relecture et vérifications : Marie-Paule Rochelois
Adaptation graphique de la couverture et mise en pages : Olivier Canaveso

ISBN : 978-2-84582-312-9